기독교문서선교회(Christian Literature Center: 약칭 CLC)는 1941년 영국 콜체스터에서 켄 아담스에 의해 시작되었으며 국제 본부는 미국 필라델피아에 있습니다.
국제 CLC는 59개 나라에서 180개의 본부를 두고, 약 650여 명의 선교사들이 이동 도서차량 40대를 이용하여 문서 보급에 힘쓰고 있으며 이메일 주문을 통해 130여 국으로 책을 공급하고 있습니다. 한국 CLC는 청교도적 복음주의 신학과 신앙 서적을 출판하는 문서선교기관으로서, 한 영혼이라도 구원되길 소망하면서 주님이 오시는 그날까지 최선을 다할 것입니다.

류 호 준 박사
백석대학교 신학대학원 구약학 교수

『구약성서개론』(*An Introduction to the Old Testament: Exploring Text, Approaches & Issues*)은 신진학자가 쓰는 것이 아니라 원로급 학자가 쓰는 법이다. 그는 오랜 경험을 통해 대중의 눈높이를 정확하게 안다. 이 책을 읽노라면 마치 강의실에서 새내기 신학생들에게 구약성서에 대해 알아야 하는 모든 것을 차근차근 친절하게 가르쳐 주는 중후한 노 교수가 연상된다. 매 수업 시간마다 필요한 강의안을 나눠 주고 그에 따라 설명해 가는 교실 풍경이 떠오른다.
이 책은 구약성서 전체의 내용과 윤곽, 핵심과 구성을 눈감고 그려낼 수 있는 장인(匠人)의 손끝에서 나온 쉽고도 알찬 개론서이기에 누구든지 쉽고 알차게 구약성서를 알아가게 된다. 우리 시대의 온건한 복음주의 구약학자인 영국인 존 골딩게이 박사는 이 책의 저술 목적을 이렇게 분명히 밝힌다. "구약성서의 배경적 자료를 제시하고, 해석에 접근하는 방법을 소개하며, 질문을 제기하고, 질문에 다가가는 방법을 제시하는 데 초점을 맞추었다. 내가 원하는 것은 내가 강의한 자료 및 연구를 통해 얻은 유익한 결과에 기초한 학습서를 제공하는 것이다." 쉽고, 흥미롭고, 설득력 있고, 진지하고, 고개를 끄덕이게 만든다. 목회자들과 신학생들, 성경 교사들과 일반 신자들 모두에게 꼭 권하고 싶은 구약성서 학습서다.

차 준 희 박사
한국구약학연구소 소장, 한세대학교 구약학 교수

본서는 기존에 없었던 전혀 새로운 방식의 구약성서에 대한 개론이다. 저자인 존 골딩게이(John Goldingay) 박사는 누구나 쉽게 접근할 수 있게 깊이 있는 내용을 최대한 풀어서 자상하게 전해 주고 있다.
또한 이 책은 구약성서의 형성, 내용, 신학, 의미에 대한 신학적이고 신앙적인 가르침들이 총망라된 백과사전과 같다. 완전 초보 독자가 신학교의 강의실에 초대되어 최고의 전문가에게 조목조목 그간의 궁금증을 속 시원하게 상담받는 기분이다.
일반 독자들이 구약성서를 제대로 읽기 위해서는 신뢰할 만한 전문가의 도움이 필수적이다. 이제부터 이 책을 옆에 두고 저자와 같은 전문가에게 개인 레슨을 받으며 관련 구약성서를 읽는다면 앞에 펼쳐진 성경이 전혀 다르게 보일 것이다.

홍 성 혁 박사
구약학회 부회장, 서울신학대학교 구약학 교수

이 책은 구약성서 독자의 고민을 해소해 주는 보기 드문 역작이다. 크게 다섯 부분으로 구성된 내용은 독특한 항목 번호들(1,2,3 등)과 영어 알파벳 목록들을 사용하여 쉽게 비교·참조하게 되어 있을 뿐만 아니라, 골딩게이 박사 자신의 웹사이트를 통해 연관된 내용에 대한 추가 정보를 제공한다.

비교와 질문을 통해 구약성서의 용어, 배경, 주제를 쉽고 명료하게 해명하고 있어 구약성서의 해석과 씨름해 온 신학도들은 물론, 평신도의 답답한 갈증 또한 해소해 준다. 구약성서를 스스로 해석하기를 원하는 누구에게나 일독을 권한다.

구약성서개론

An Introduction to the Old Testament: Exploring Text, Approaches and Issues
Written by John Goldingay
Translated by Hyeongyu Ju
Originally published by InterVarsity Press as An Introduction to the Old Testament by John Goldingay.
ⓒ 2015 by John Goldingay. Translated and printed by permission of InterVarsity Press, P.O. Box 1400, Downers Grove, IL 60515, USA. www.ivpress.com.
All rights reserved.
Korean Edition Copyright ⓒ 2019 by Christian Literature Center, Seoul, Republic of Korea.

구약성서개론

2019년 3월 10일 초판 발행

지은이	|	존 골딩게이
옮긴이	|	주현규

편집	|	변길용, 백승현
디자인	|	박인미
펴낸곳	|	(사)기독교문서선교회
등록	|	제16-25호(1980.1.18)
주소	|	서울특별시 서초구 방배로 68
전화	|	02-586-8761~3(본사) 031-942-8761(영업부)
팩스	|	02-523-0131(본사) 031-942-8763(영업부)
이메일	|	clckor@gmail.com
홈페이지	|	www.clcbook.com
송금계좌	|	기업은행 073-000308-04-020 (사)기독교문서선교회

ISBN 978-89-341-1932-6 (93230)

이 도서의 국립중앙도서관 출판예정도서목록(CIP)은 서지정보유통지원시스템 홈페이지(http://seoji.nl.go.kr)와 국가자료공동목록시스템(http://www.nl.go.kr/kolisnet)에서 이용하실 수 있습니다. (CIP제어번호: CIP2019002771)

이 한국어판 저작권은 InterVarsity Press와 독점 계약한 (사)기독교문서선교회가 소유합니다.
신저작권법에 의하여 한국 내에서 보호를 받는 저작물이므로 무단 전재와 무단 복제를 금합니다.

AN INTRODUCTION
TO THE OLD TESTAMENT:
EXPLORING TEXT,
APPROACHES
AND ISSUES

본문
탐색

구약
성서
개론

접근

이슈들

존 골딩게이 지음
주현규 옮김

CLC

목차

추천사	류호준 박사(백석대학교 신학대학원 구약학 교수)	1
	차준희 박사(한국구약학연구소 소장, 한세대학교 구약학 교수)	1
	홍성혁 박사(서울신학대학교 구약학 교수)	2
저자서문		9
역자서문		11
웹 자료		14

PART1 서론

101	구약성서에 접근하는 방법	16
102	정경으로서 구약성서	19
103	하나님의 말씀 자체로서 구약성서 읽기	22
104	구약성서의 책들	25
105	구약성서는 어떻게 기록되었는가?	27
106	구약성서의 이야기와 역사	30
107	구약성서의 연대	33
108	구약성서에 있어서 사실과 진실	36
109	역사가 아닌 비유로서 구약성서	39
110	근대 이전, 근대, 근대 이후 관점에서의 구약성서 읽기	42
111	가나안의 지형	45
112	중동의 지형	47
113	구약성서는 어떻게 정경이 되었는가?	49
114	구약성서의 연대 및 신뢰성	52
115	구약성서 역본 및 각 역본에 나타난 하나님의 이름	55
116	이스라엘 백성, 히브리인, 유대인; 이스라엘, 유다, 에브라임	58
117	구약성서를 들여다보기 위한 신약성서의 렌즈	61
118	외경 또는 제2정경	65
119	웹 자료	68

PART2 토라

201-5	서론	70
206-11	창세기 1-11장	85
212-17	창세기 12-50장	103
218-21	출애굽기 1-18장	121
222-30	출애굽기 19장-레위기-민수기 10장	133
231-34	민수기	160
235-38	신명기	169
239-44	토라에 대한 회고	184
245	웹 자료	201

PART3 선지서

301	선지서 서론	205
302-5	여호수아-열왕기	208
306-12	여호수아	219
313-16	사사기	239
317-22	사무엘상하	250
323-28	열왕기상하	269
329	후기 선지서	286
330	이사야	289
331-37	이사야 1-39장	292
338-40	미가, 요엘, 호세아	313
341-43	아모스, 오바댜, 요나	322
344-49	예레미야	331
350	나훔, 하박국, 스바냐	349
351-53	에스겔	352
354-57	이사야 40-66장	361
358-59	이사야에 대한 회고	373
360	학개, 스가랴, 말라기	379
361-62	선지서에 대한 회고	382
363	웹 자료	388

PART4 성문서

401	성문서 개요	392
402-3	에스라-느헤미야	395
404-5	역대상하	401
406-7	에스더	407
408-9	룻기	413
410-26	시편	420
427	예레미야애가	471
428	구약성서의 지혜서	474
429-30	잠언	477
431	아가	483
432-34	욥	486
435-36	전도서	495
437-41	다니엘	501
442	웹 자료	516

PART5 전체 구약성서 되돌아보기

501-3	전체 구약성서 되돌아보기	520
504-6	정경 내 본문 상호 간의 대화	532
506	구약성서와 신약성서의 관계	540
507	웹 자료	544
508	참고문헌	545

저자 서문

존 골딩게이 박사
미국 풀러신학교 구약학 교수

　본서인 『구약성서개론』(*An Introduction to the Old Testament: Exploring Text, Approaches & Issues*)의 목적은 독자로 하여금 스스로 성경을 공부하게 하는 것이다. 나는 구약성서가 말하는 내용이나 학자들이 한 말에 대해서는 거의 다루지 않았다. 그보다는 배경적 자료를 제시하고, 해석에 접근하는 방법을 소개하며, 질문을 제기하고, 질문에 다가가는 방법을 제시하는 데 초점을 맞추었다. 내가 원하는 것은 내가 강의한 자료 및 연구를 통해 얻은 유익한 결과에 기초한 학습서를 제공하는 것이다. 본서의 구조는 서론(제1부)에 이어 유대 공동체의 구약성서 3분법에 따라 토라(제2부)와 선지서(제3부) 및 성문서(제4부)에 관한 내용을 본론으로 다룬 후, 결론(제5부)을 통해 전체 내용을 다시 한 번 조망하는 방식으로 구성된다.
　결론 부분에는 내가 언급한 도서들에 대한 서지학적 정보도 담겨 있다.

5개의 모든 부는 2페이지 분량의 항목들로 나뉘어져 있으며 각 항목에는 번호가 매겨져 있다(예를 들어, 101, 102…). 따라서 여러분은 어떤 페이지를 펴든 그 항목에서 다룬 내용은 어느 정도 파악할 수 있다. 제2부 본론으로 들어가기 전에 서론을 다 읽거나 제3부로 들어가기 전에 제2부를 읽어야 하는 것은 아니다. 또한, 웹페이지에는 본서의 내용을 보완하는 자료가 수록되어 있다(본 서문에 이어지는 웹 자료 참조).

　나는 앞서 "성경이 무엇을 말하는가"보다 성경을 스스로 읽을 수 있도록 도움을 주는 데 초점을 맞출 것이라고 했다. 종교개혁은 교황을 성경이 말하는 의미를 결정하는 자로 규명하지만, 사실 목사나 교수도 얼마든지 교황의 자리에 앉을 수 있다. 여러분도 예외는 아니다. 내가 원하는 것은 여러분이 본서를 통해 스스로 성경을 연구할 수 있게 되는 것이다.

　라틴 아메리카에는 "가톨릭 신자가 성경을 읽지 않는 이유는 너무 어렵기 때문이며 개신교 신자가 성경을 읽지 않는 이유는 내용을 다 알고 있다고 생각하기 때문이다"라는 조크(joke)가 있다. 나의 경험에 의하면 미국의 개신교는 가톨릭의 태도를 따르려는 경향이 있는 것 같다. 그들은 성경이 무엇을 말하는지 듣기 위해서는 전문가가 필요하다고 생각한다. 그러나 나는 여러분이 성경을 이해할 수 있다고 믿는다. 또한, 다른 사람이 여러분을 가르치는 데에는 한계가 있다. 학습은 적극적 참여, 진지한 고찰, 다른 사람에 대한 이상적 표현 및 논쟁, 그리고 적용을 필요로 한다. 그것은 경험과 연구와 기도의 상호 작용을 포함하는 과정이다.

　나는 영국 노팅엄의 세인트존스신학대학(St. John's Theological College)에서 구약을 가르치는 동료, 길리안 쿠퍼(Gillian Cooper)에게 감사한다. 그는 우리가 구약성서를 가르치는 목적과 방법에 대해 다시 생각하게 함으로써 25년 후 본서가 나오는 데 큰 영향을 주었다. 로버트 허바드(Robert Hubbard)는 나에게 이 책을 집필할 생각을 심어 주고 많은 유익한 의견을 개진해 주었다. 또한, 세인트존스신학대학 및 캘리포니아 파사데나(Pasadena)에 있는 풀러신학교(Fuller Theological Seminary)의 학생들에게도 감사드린다. 그들은 나의 사고와 저술에 큰 자극을 주었으며 특히 캐슬린 스캇(Kathleen Scott)은 나의 아내가 되어 여러 가지 통찰력 있는 조언을 해 주었다. 아내는 나의 강의에 재미있는 농담이 필요하다고 했으나 미국인에게 통할 수 있을지는 모르겠다.

별도의 언급이 없는 경우 성경 번역은 내가 히브리어나 아람어, 또는 헬라어에서 직접 번역한 것이다(본서에서는 주로 개역개정을 사용하였다-역주).

역자 서문

주 현 규 박사
백석대학교 구약학 교수

구약성서와 신약성서로 이루어진 "한 권"의 성경을 읽는 방법은 여러 가지가 있다. 한국교회 목회자들과 성도들이 꽤나 익숙하게 사용하고 있는 "언약"이라든지 모형론을 바탕으로 한 "약속과 성취" 내지는 "구속사"라는 단어들은 성경을 통전적으로 읽어 나가는 방법들을 지칭하는 용어들이다. 즉 성경을 "띄엄띄엄" 부분적으로 읽는 것이 아니라, 전체에 대한 이해를 바탕으로 성경을 "통으로" 읽어 나간다는 말이다.

성경의 독자이며 하나님의 백성인 우리들은 성경을 읽어 나가는 "시각"이라고도 할 수 있는 이러한 방법들을 사용하여 구약성서와 신약성서 전체를 아우르는 하나님의 말씀을 생명의 말씀으로 읽고 묵상하며, 나아가 하나님의 뜻을 깊이 이해하고 신앙심을 고취한다.

본서 『구약성서개론』(An Introduction to the Old Testament: Exploring Text, Approaches & Issues)의 저자인 존 골딩게이(John Goldingay) 박사는 성경을 바라보는 또 하나의 시각을 우리에게 제공해 주는데, 바로 "다양성과 통일성"이라는 시각이다. 이 다양성과 통일성이라는 시각으로 골딩게이 박사는 특별히 "옛적 말씀"이요 거대 담론(Meta-Narrative)인 구약성서를 음미하고 탐험하는 길고 긴 여정으로 우리를 초대한다. 그의 안내를 통하여 우리는 장

엄하고 찬란한 온 우주의 창조 이야기의 세계를 시작으로, 하나님의 형상을 왜곡하고 죄와 어둠의 골짜기를 걷게 된 인간의 침울하고 음울한 발자취들이 새겨진 이야기들의 세계를 거쳐, 그토록 문제투성이인 우리네 인간 존재들을 긍휼과 사랑으로 이끌어 가시는 야훼 하나님에 관한 이야기의 세계에 이르기까지 기나 긴 여행을 떠나게 된다.

그 여정 가운데 하나님은 우리 인간 존재들이 창조의 목적과 이상(理想)에 합당하게 다시금 회복되도록, 때로는 거칠고 투박하지만 깊은 속정이 묻어나는 부성적인 사랑의 마음으로 우리에게 다가오신다. 또한, 그 여정 중에 우리는 다정다감한 사랑이 담긴 손길로 갓 태어난 어린 아기의 손짓 발짓 하나하나에 눈을 떼지 못하며 안쓰러움과 기쁨의 탄식을 연신 자아내는 가녀린 어머니의 마음으로 우리에게 말 걸어 오시는 하나님을 만나기도 한다.

구약성서가 그려내는 형형색색의 다채로운 세계를 향하여 이처럼 아름다운 여정의 발걸음을 떼게 해 주는 골딩게이 박사의 저작을 이렇게 한국교회에 소개할 수 있게 된 것은 하나님의 은혜요 선물이다..

이 책에 대한 귀한 추천사를 써 주신 백석대학교 류호준 교수님께 감사드린다. 아울러 한세대학교 차준희 교수님께서 바쁘신 와중에 추천사를 기꺼이 허락해 주셨으며, 서울신학대학교 홍성혁 교수님께서도 멋진 추천사를 통해 이 책의 가치를 더 높여 주셨음에 또한 감사드린다. 이 책의 뒷면에 원서 뒷면에 실린 해외 석학들의 추천사도 함께 실었다. 그들의 추천사들을 통해 존 골딩게이의 학문적 위상과 실천적 자리가 어느 정도인지 충분히 확인할 수 있을 것이다.

또한, 이 책을 한국교회에 소개하기로 결정하고 판권을 구입하고 번역 및 출판 과정을 책임있게 이끌어 준 기독교문서선교회(CLC) 박영호 목사님께 깊은 감사를 드린다. 아무쪼록 원 저자인 골딩게이 박사의 수고는 물론이거니와, 이 책의 다양한 부분에에 동참해 주신 모든 분들의 헌신과 기도가 한국

교회의 강단과 많은 성도들에게 아름답고 유익한 열매로 결실하기를 바라는 마음으로 이 책을 찾는 모든 독자들에게 강력히 추천하는 바이다.

2019년
우면산에 가을 단풍이 무르익어 가는 가을 어느 날
방배동 캠퍼스에서

웹 자료

본서의 내용을 보충할 자료로 웹사이트인, johngoldingay.com에 OT Introduction이라는 탭(tab)이 있다. 이 사이트에는 우리에게 필요한 내용 및 배경적 자료가 더 많이 수록되어 있다. 필요한 내용은 인쇄하거나 복사하기를 바란다. 본서에서는 "119 참조, 245 참조, 442 참조, 507 참조"와 같은 형식으로 이 웹사이트의 자료를 소개하고 있다. 인용된 숫자의 내용은 각 부(part 1-5) 끝에 항목별로 간략히 제시되어 있다. 웹사이트의 자료 번호는 본서의 각 부 끝 번호에 이어지는 숫자로 계속된다. 또한, 이 자료에는 그동안 강의실에서 학생들이 질문한 내용에 대한 대답이 담겨 있다.

본 자료에서 다루지 않은 질문이 있을 경우 사이트 주소(johngold@fuller.edu.)로 이메일을 보내 주면 가능한 매주 답변을 들을 수 있으며, 질문 및 답변 내용은 홈페이지의 "질문 및 답변"란에 수록된다. 이 과정이 제대로 작동되지 않는다는 것은 내가 죽었거나 망령이 들었다는 것을 의미한다.

나는 시간이 지나면 웹 자료도 점차 늘어날 것으로 기대하며, 또한, 본 사이트에는 구약개론 외에도 여러 가지 제목 아래 많은 자료가 있다. 그러나 본서는 자체적으로 한 권의 완전한 책이다. 내가 제시하는 질문 가운데는 웹사이트의 자료를 참조해야 할 경우도 있으나 그렇지 않은 경우 성경을 읽기 위해 사이트를 방문할 필요는 없으며 본서만으로도 충분한 연구가 가능하다.

PART 1
서론

101 구약성서에 접근하는 방법
102 정경으로서 구약성서
103 하나님의 말씀 자체로서 구약성서 읽기
104 구약성서의 책들
105 구약성서는 어떻게 기록되었는가?
106 구약성서의 이야기와 역사
107 구약성서의 연대
108 구약성서에 있어서 사실과 진실
109 역사가 아닌 비유로서 구약성서
110 근대 이전, 근대, 근대 이후 관점에서의 구약성서 읽기
111 가나안의 지형
112 중동의 지형
113 구약성서는 어떻게 정경이 되었는가?
114 구약성서의 연대 및 신뢰성
115 구약성서 역본 및 각 역본에 나타난 하나님의 이름
116 이스라엘 백성, 허브리인, 유대인; 이스라엘, 유다, 에브라임
117 구약성서를 들여다보기 위한 신약성서의 렌즈
118 외경 또는 제2정경
119 웹 자료

101 구약성서에 접근하는 방법

"구약성서"는 유대 공동체가 성경으로 받아들인 히브리어 및 아람어 두루마리 모음을 가리키는 용어이다. 이 구약성서는 "토라[율법서], 선지서, 성문서"로 구성되며, 세 문헌의 이니셜을 딴 "타나크"(Tanak)로 불린다. 학자들은 종종 "히브리 성경"(Hebrew Bible)으로 부른다.

구약성서의 책들은 주전 8세기에서 주전 2세기까지 여러 시대에 걸쳐 기록되었다. 구약성서가 정확히 언제부터 지금과 같은 형태의 경전으로 자리 잡게 되었는지는 알 수 없다. 그리스도인의 관점에서 우리가 말할 수 있는 것은 구약성서는 예수님과 그의 첫 번째 제자들이 인정한 문헌이며 대부분의 책이 신약성서에 인용된다는 사실이다.

구약성서의 절반에 가까운 내용은 천지창조 및 이어지는 수 세기 동안의 이스라엘 백성에 관한 내러티브들(narratives)로 구성된다. 이 내러티브의 첫 부분에는 이스라엘이 어떻게 살아야 할 것인지에 대한 교훈 묶음이 들어간다. 이 구약성서에는 계속해서 일부 선지자의 메시지가 담긴 글, 분별력 있는 삶에 대한 가르침 및 모범적 찬양과 기도가 담긴 시와 산문이 덧붙여졌다.

구약성서는 구약성서에 포함되지 않은 다른 역사적 기록과 선지자 및 교사들에 대해서도 언급한다. 우리는 이스라엘과 동시대를 살았던 중동 민족에게서 이러한 자료에 대한 사례를 찾아볼 수 있다. 구약성서는 이스라엘이 하나님의 백성에게 영원한 의미가 있는 내용으로 보존해 온 대표적 자료이다. 그리스도께서 오시기 수세기 전부터 오신 직후까지 구약성서에 포함되지 않은 문헌도 많이 있으며, 그 가운데 일부는 교회에서 구약성서 문헌과 함께 사용되었다. 이 자료는 "외경"(Apocrypha: 은닉된 책들), 또는 제2정경 문헌(Deuterocanonical Writings)으로 불렸다. 두 용어 가운데 후자는 다소 어색하지만 보다 적합한 표현이다.

"캐논"(canon)은 "정경"라는 뜻이며 "듀테로"(deutero)는 "두 번째"라는 뜻이다. 따라서 구약성서(토라, 선지서 및 성문서)는 제1정경이며 이들은 제2정경이라는 것이다. 우리가 아는 한 유대 공동체는 이 책들을 성경으로 인정한 적이 없으며 신약성서에서 인용되지도 않았다. (신약성서는 실제로 에녹서를 인용하지만 대부분의 역본에서 에녹서는 외경으로 분류되지 않는다. 에티오피아 교회는 신약성서에 인용되었다는 이유로 에녹서를 정경으로 받아들인다). 118 참조.

구약성서를 공부하는 올바른 방법은 무엇인가?

이 시점에서 이 질문에 대해 논하기에는 애매한 면이 있다. 이 부분은 연구 과정에서 다룰 수 있는 문제이기 때문이다. 따라서 내가 할 수 있는 것은 지금까지의 결론을 제시하는 것이다.

1. 나는 구약성서를 나의 생각과 삶의 표준 또는 잣대가 되는 교회의 경전으로 읽는다. 우리가 종종 언급하듯이 여기에는 "하나님의 말씀"이 수록되어 있다. 따라서 나는 이 책을 자기 비판적 관점에서 연구할 필요가 있다고 생각한다. 구약성서가 나의 생각과 다를 경우 나는 내가 잘못되었다고 생각한다. 다른 사람들과 마찬가지로 나는 성경의 권위를 받아들인다.

2. 덧붙여서, 구약성서는 중동이라는 역사적 정황을 배경으로 형성된 이스라엘 역사의 산물이자 문학 작품에 해당한다. 따라서 나는 구약성서를 인간적, 역사적, 상황적 문헌으로 받아들이는 동시에 성경 기자 및 당시 독자와 무관한 의미를 부여하지 않을 것이다. 이 원리는 신약성서의 개념들을 억지로 끌어들이지 않겠다는 것이다. 구약성서가 인간적이고 상황적이

라는 것은 자료가 오래 되었고 예수님 이전 시대의 것이기 때문에 제한적이고 오류가 있다는 뜻이 아니다. 다만 우리가 이러한 정황 속에서 이해해야 한다는 것이다.

3. 이 과정에서 나는 성경을 비판하기 위해서가 아니라 성경을 이해하기 위해서 성경비평적 방법을 사용할 것이다. "성경비평"은 오랫동안 성경을 비판하는 작업으로 이해되어 왔으나, 사실은 교회 지도자들과 학자들이 성경을 해석하는 방법에 대한 질문을 돕고 성경이 스스로 말하게 하기 위해 시작된 것이다. 내가 관심을 가진 것은 이러한 성경비평적 용례이다.

4. 서구 교회 지도자들과 학자들은 대부분 중년의 백인이다. 따라서 구약성서를 중년 백인의 관점이 아닌 다른 관점에서 연구하는 것도 비평적 관점에 포함된다. 나는 그들 가운데 한 명이기 때문에 다른 부류의 사람들로서 구약성서에 대해 읽는다.

102 정경으로서 구약성서

● ● ● ● ●

학생들은 종종 내가 구약성서에 관심을 가지게 된 배경에 대해 묻는다. 나는 이러한 질문에 대해 재미삼아 대답하는 말이 있다. 나의 신학 학위 과정은 헬라어를 요구한 반면, 히브리어는 선택 과목이었다. 나는 이미 헬라어를 공부했기 때문에 히브리어를 택했다. 수업에서 구약 과목을 먼저 듣게 되었는데, 만일 교회사를 먼저 들었다면 교회사 과목을 더 좋아했을는지도 모른다. 뿐만 아니라 학부 과정을 선택할 당시 구약성서 연구는 적극적이고 견고한 양상을 보였으며, 그런 점에서 매우 고무적인 과목으로 보였다. 보다 중요한 것은 당시 나에게는 두 분의 탁월한 멘토가 있었다는 사실이다. 존 베이커(John Baker)는 구약성서에 대한 학문적 연구 및 목회자가 되려는 사람에게 귀감이 되는 분이었고 알렉 모티에(Alec Motyer)는 구약성서에 대한 탁월한 설교가로 알려진 목회자이자 교수였다.

그러나 수년 전부터, 이러한 고려는 더 이상 내가 구약성서에 열정을 가지게 된 이유가 아니다. 나의 열정은 연구 과정에서 얻은 것이다. 나는 이스라엘 조상들, 사사기의 지도자들, 요나와 에스더에 대한 이야기를 사랑한다. 시편의 담대한 기도와 찬양을 사랑한다. 나는 선지자들이 이스라엘 백성에게 믿음과 신실함을 촉구했던 이야기를 사랑한다. 나는 욥기와 전도서가 제기했던 담대한 질문을 사랑한다. 사실, 내가 무엇보다 사랑한 것은 질문이 향한 방향이다. 구약성서는 인간과 삶에 대해 치열하게 현실적이지만 이러한 문제들과 관련하여 하나님과의 교제 가운데 머물기를 벗어나지 않는다.

또한, 나는 최선을 다해 구약성서의 정황 속에서 의미를 찾으려는 노력을 지속한다. 나는 창세기나 이사야나 예레미야애가의 눈을 통해 사물을 보기 원한다. 그리스도인으로서 나의 믿음은 구약성서에서 놓칠 뻔 했던 사실들을 인식하게 해 줄 것이다. 그것은 나에게 구약성서로 들어가는 길을 제시할 것이다.

그러나 나는 그곳에 무엇이 있는지 보기 원하며 필요하면 구약성서를 통해 내가 가지고 있는 기독교적 가정들을 고칠 것이다. 또한, 나는 성경이 당시의 이스라엘에게 어떤 의미를 가지는지 이해할 때에 그것이 나에게 어떤 의미를 가지는지 찾을 수 있는 기회가 주어짐을 확인한 바 있다.

나는 구약성서가 듣기 거북한 말을 할 때에도 나보다는 옳을 것이라고 생각한다. 나는 종종 학생들이 성경은 자신이 믿는 것과 결코 다르게 말하지 않는다는 사실을 확인시켜주는 것이 교수가 할 일이라는 인상을 받을 때가 있다. 결국 학생들은 훌륭한 그리스도인이며 그들은 자신의 세계관과 전제들(presuppositions)을 믿을 수 있어야 하는 것이다.

나는 우리가 자신이 살고 있는 문화에 의해 결정적으로 형성되며 우리의 믿음과 전제들은 얼마든지 잘못될 수 있다고 믿는 것이 지혜로운 태도라고 생각한다. 따라서 나에게는 성경이 내 생각과 다르게 말할 때 성경 연구가 특히 흥미로워 지는 순간이다. 그러므로 여러분은 본서가 구약성서를 더욱 편하게 읽게 해 줄 것이라는 생각을 하지 않게 될 것이다.

나의 이러한 열정은 재즈에 대한 열정처럼 나의 독특한 취향으로 보아야 하는가?

그리스도인이 이러한 사고를 가져야 하는 이유는 두 가지이다.

첫째, 예수님과 신약성서가 이런 사고방식을 가졌다는 것이다. 예수님과 제자들에게 구약성서는 그들에게 유익을 주고 그들을 바르게 하는 "성경"이었다(딤후 3:14-17). 그들에게는 자신의 신앙이 이러한 성경과 일치하는지가 매우 중요했다.

둘째, 또 한 가지 이유는 교회가 성경을 받아들여서 교회 유산의 일부이자 삶과 생각의 표준으로 우리에게 전수했다는 사실 때문이다.

문제는 구약성서가 우리가 기대하는 것과 다르다는 것이다. 우리는 하나님의 계시가 매우 훌륭하며 성경 이야기들은 우리에게 하나님과 좋은 관계를 유지하는 모범적 삶을 사는 자들의 사례를 보여 줄 것이라고 생각한다. 그러나 성경이 우리에게 보여 주는 것은 하나님의 말씀은 우리에게 훌륭하게 보이거나 우리의 기분을 맞추어 줄 의무가 없다는 것이다.

우리는 성경의 역사가 우리에게 신실한 삶을 사는 백성의 사례를 제시하며 그들의 메시지를 더욱 분명하게 해 줄 것이라고 기대한다. 그러나 여호수아와 사사들 및 사무엘은 그렇게 하지 않는다. 그러므로 우리는 하나님이 우리에게 보여 주시고 싶어 하는 것에 대한 관점을 바꾸고 왜 하나님이 그런 것을 보여 주고 싶어 하시는지를 물어보아야 할 것이다. 하나님은 훌륭한 이야기(예를 들어, 한나)뿐만 아니라 이처럼 부정적인 이야기(예를 들어, 레위인의 첩)를 통해 우리의 사고와 삶 및 하나님과의 관계를 바꾸고 싶어 하시는 것이다.

103 하나님의 말씀 자체로서 구약성서 읽기

1. 신약성서는 우리에게 구약성서로부터 지혜를 얻도록 격려한다. 성경은 우리를 가르치고 의로 교육할 수 있다(딤후 3:14-17).

2. 그러나 구약성서 속에 신약성서가 숨어 있다거나 구약성서가 신약성서 안에 계시된다는 것은 사실이 아니다. 구약성서는 하나님이 사람과 실제로 어떤 관계에 있으며 그들에게 무슨 말씀을 하셨는지 보여 준다. 하나님은 그들이 이해할 수 있는 방식으로 그렇게 하셨다. 그것들은 불분명하지 않다. 따라서 신약성서는 구약성서가 영감으로 기록된 하나님의 권위 있는 말씀이며, 따라서 우리는 절대적 말씀으로 진지하게 받아들여야 한다고 말한다. 구약성서는 별도의 해독(decoding)이 필요 없다.

3. 구약성서는 예수님에 대한 시연회가 아니다. 예수님은 하나님이 하실 말씀의 전부가 아니다. 하나님은 다른 하실 말씀이 많으시며, 구약성서를 통해 많은 부분을 말씀하셨다. 우리가 구약성서를 신약성서의 말씀으로만 범위를 제한할 경우 이러한 것들을 놓치게 될 것이다. 그러나 우리가 하나님께서 구약성서를 통해 우리에게 무엇을 말씀하고 싶어 하시는지 알고 싶다면 우리의 시야를 좁히는 신약성서에 너무 많은 비중을 두지 않아야 한다.

4. 구약성서의 하나님은 진노하시는 하나님이시며 신약성서의 하나님은 사랑의 하나님이시라는 주장은 잘못된 것이다. 신구약성서 모두에서 하나님은 사람을 사랑하시는 분이시지만 필요하면 언제든지 진노하실 수 있는 분이시다.

5. 구약성서는 부분적이거나, 완성되지 않았거나, 불완전한 계시라는 주장은 잘못된 것이다. 정확히 말하면, 구약성서에는 나타나지 않으나 신약성서에만 나타나는 말씀이 하나 있다. 그것은 사람들 가운데 일부가 지옥으로 갈 것이라는 (재미있는) 말씀이다. 구약성서에는 천국이나 지옥이 등장하지 않는다. 그러나 신약성서는 여러분에게 부활 생명을 누리는 것이 가능하다고 말씀한다. 예수님이 다시 사셨기 때문에 우리도 다시 살 수 있다는 것이다.

6. 구약성서는 율법의 종교이며 신약성서는 은혜의 종교라는 말은 틀린 것이다. 나는 이러한 오해 때문에, 구약성서의 첫 부분을 "율법서"로 지칭하는 관습을 따르지 않는다. 나는 "가르침"이라는 뜻을 가진 "토라"(Torah)라는 히브리어 단어를 선호한다. 신구약성서에서 하나님은 은혜라는 토대 위에서 사람들을 대하시지만 그 후에는 그들이 순종의 삶을 살기 원하신다.

7. 구약성서는 우리의 본보기가 될 사람들에 대한 이야기책이라는 주장은 사실이 아니다. 이러한 사실은 성경을 읽어 보기만 하면 금방 알 수 있다. 신구약성서 모두 하나님이 사람들-그들이 누구라서가 아니라 그들이 누구이든 상관없이-을 통해 하신 일에 대한 이야기책이다. 그들이 특별한 사람이기 때문이 아니라 그들이 누구이든 상관없이 그렇게 하셨다는 것이다. 구약성서에서 모범이 될 만한 분이 계시다면 아브라함이나 모세나 다윗과 같은 사람이 아니라 하나님 자신이시다(레 19:2 참조).

8. 신약성서가 우리가 구약성서로부터 얻기를 원하는 지혜 가운데 하나는 이스라엘이 어떻게 잘못 되었는지를 보는 것이다(고전 10:1-13). 우리는 이스라엘과 비슷한 실수를 하기 쉽다. 이스라엘은 하나님의 참 안식에 들어가지 못했다(시 95편). 우리도 같은 상황에 놓일 수 있다(히 3-4장).

9. 구약성서에서는 우리가 대적에게 마음대로 해도 괜찮다는 주장은 잘못된 것이다. "이웃을 사랑하라"는 말씀에는 원수도 포함되어 있다. 여러분의 대적은 대체로 여러분 주변에 사는 사람이다. 그들은 여러분을 공격하거나 여러분을 속여서 빼앗는다. 물론 신약성서에는 여호수아가 가나안 족속을 진멸한 것과 같은 사건은 없다. 그러나 신약성서는 여호수아와 같은 구약 영웅들의 행위를 나쁘게 생각하지 않는다(예를 들어, 히 11장).

10. 구약성서는 하나님이 하나님의 백성에게 무슨 말씀을 하셨으며, 하나님이 그들의 삶 및 국가적 사건에 어떻게 개입하셨는지를 보여 주는 기록이다. 우리는 구약성서를 통해 하나님이 어떤 분이시며, 우리에게 무슨 말씀을 하셨으며, 어떻게 세상 역사에 개입하시는지에 대해 더욱 많이 알게 된다.

11. 구약성서는 우리의 삶을 변화시키려는 목적을 가지고 있다. 이러한 목적을 위해 구약성서가 취하는 방법은 우리의 삶을 하나님이 이스라엘에게 행하신 이야기라는 정황 속에 설정한 후 하나님과의 관계 속에서 조망하고(찬양, 반역, 신뢰, 회개 및 증거), 우리의 생각을 문제와 맞서야 하는 논쟁적 상황 속에 설정함으로써 기존에 믿고 있는 제한적 영역으로부터 구하는 것이다. 이와 같이 구약성서는 하나님의 백성으로 하여금 더욱 확고하고 예배적이며 지혜롭고 소망이 가득한 삶을 살도록 돕는다. 따라서 구약성서는 우리로 하여금 하나님이 어떤 분이신지 깨닫게 하고 하나님과 함께 살도록 도와준다.

104 구약성서의 책들

● ● ● ● ●

대부분의 영어 성경은 내용은 히브리 성경을 따르지만 순서는 "70인역"이라는 헬라어 성경을 따른다. 70인역은 주전 2-3세기경 히브리어 성경을 헬라어로 번역한 것으로, 제2정경 또는 외경(118 참조)이 포함되어 있다. 따라서 성경은 순서가 다른 두 가지 목록의 버전이 존재한다. 다음의 표에서 헬라어/영어 목록은 제2경전을 포함한다(제2경전의 목록도 몇 가지 형태가 있다). 본서는 내용적으로 히브리 성경을 따르기 때문에 순서도 히브리 성경을 따라 토라, 선지서 및 성문서의 순서로 살펴볼 것이다.

유대 공동체는 첫 번째 항목의 순서를 사용하고 기독교 공동체는 두 번째 항목의 순서를 사용하지만 두 가지 순서 모두 원래는 유대 공동체로부터 나온 것이 분명해 보인다. 그러나 사본(codex)이 책의 형태로 나오기 전 수세기 동안의 기독교 시대에는 순서(및 성경 각권의 분류)에 관한 문제는 큰 문제가 되지 않았다는 사실을 기억해야 한다. 성경 각권이 두루마리 형태로 되어 있었던 당시에는 책의 순서나 분류가 큰 의미가 없었기 때문이다. 두 가지 순서는 책을 편집하는 순간부터 메시지를 어떻게 볼 것인지에 대해 상호 보완적인 방식을 제시한다. 유대인의 순서는 대체로 과거에서 미래를 거쳐 현재로 향하는 방식이고 기독교의 순서는 대체로 과거에서 현재를 거쳐 미래로 향하는 방식이다.

히브리 성경	헬라어 성경 및 영어 성경
토라 창세기, 출애굽기, 레위기, 민수기, 신명기	**오경 및 첫 번째 역사** 창세기, 출애굽기, 레위기, 민수기, 신명기, 여호수아, 사사기, 룻기, 사무엘서, 열왕기서
전기 선지서 여호수아, 사사기, 사무엘서, 열왕기서	
	두 번째 역사 (히브리 성경에서는 성문서에 해당한다) 역대기, 제1에스드라스, 제2에스드라스(에스라-느헤미야의 두 가지 버전), 에스더(긴 버전) [유딧서, 토비트서, 마카비서] [라틴 성경에는 제2에스드라스로 알려진 또 하나의 외경 문헌이 나타난다]
	시가서 (히브리 성경에서는 성문서로 분류된다) 시편, 잠언, 전도서, 아가, 욥기 [시편 151편, 시경(Odes), 므낫세의 기도, 지혜서, 벤 시락]
후기 선지서 이사야, 예레미야, 에스겔, 12 소선지서	**선지서** 이사야, 예레미야, 예레미야애가, 에스겔, 다니엘(긴 버전), 12소선지서 [바룩서, 예레미야의 편지]
성문서 시편, 욥기, 잠언 오축(아가, 룻기, 예레미야애가, 전도서, 에스더), 다니엘, 에스라, 느헤미야, 역대기	

히브리 성경의 후기 선지서는 헬라어 및 영어 성경의 선지서와 거의 같다.
히브리 성경에서 여호수아~열왕기는 전기 선지서에 해당한다("전기"는 시간이 아니라 순서에 있어서 앞선다는 뜻이다).

105 구약성서는 어떻게 기록되었는가?

　나의 아내 캐슬린(Kathleen)은 소설가이다. 이야기의 배경이 신약성서 시대이기 때문에 예루살렘이나 로마와 같은 장소에서 어떤 일이 일어났으며 당시의 삶은 어떠했는지에 대해 많은 것을 조사하지만 이야기 자체는 아내의 머릿속에서 나온다. 사실 아내는 이야기가 자신으로부터 나온다기보다 자신에게 들어온다고 말할 것이다.

　그녀는 들어 온 것을 옮겨 쓸 뿐이다. 아내는 정해진 순서에 따라 편집할 것이며 실제로 책으로 출간될 때는 처음 집필할 때와 상당히 다른 모습이 될 것이다. 내가 쓰고 있는 본서도 유사한 과정을 유추해 볼 수 있다. 미국의 출판사들은 저자를 위해 편집하기를 좋아한다.

　따라서 본서에는 내가 쓰지 않은 구절도 있을 것이다. 내가 직접 쓴 글은 처음부터 차근차근 준비하거나 때로는 강의실에서 사용하던 틀에 살을 붙여 확대하기 때문에 이전에 문자화된 적이 없는 전혀 새로운 글이다. 또한, 본서에는 내가 정성껏 준비한 강의안의 일부를 재사용한 곳이 여러 군데 있다. 책이 나오는 과정은 이처럼 다양하다.

　그렇다면 성경은 어떤 과정을 통해 기록되었을까?

　우리는 성경 기자가 말한 내용 및 중동 세계 문헌과의 비교를 통해, 성경 기자에 대한 성령의 영감은 그들의 문화와 낯선 방식으로 성경을 기록하게 하지 않았음을 알 수 있다.

　예를 들어, 성경의 법, 잠언, 시편 및 시는 형식에 있어서 다른 중동 문헌과 비슷함을 볼 수 있다. 성경의 내적 증거는 저자가 성경을 기록한 방식에 대해 말해 주며, 본서는 그들이 다른 사람들과 유사한 방식으로 성경을 기록했음을 확인해 준다. 성령은 인간으로 하여금 위대한(영감 된, 권위 있는) 문학을 기록하도록 영감을 주었으나 도구로 사용된 인간은 다른 사람들과 동일한 방식을 사용했다는 것이다.

우리는 구약성서의 기록 방식과 관련하여 구약성서 자체로부터 무엇을 알 수 있는가?

1. 어떤 책은 캐슬린이 소설을 기록하듯이 처음부터 차근차근 서술된 것처럼 보인다. 요나, 룻기 및 에스더와 같은 짧은 이야기가 이러한 방식에 해당되는 것으로 보인다. 이러한 이야기는 배후에 있는 원래 버전이나 원자료에 대한 정보를 얻을 수 없다. 토라는 원자료나 원래의 버전 없이 페르시아 시대에 처음부터 차근차근 기록된 것으로 알려진다.

2. 어떤 책은 기존의 자료에 기초한다. 그들은 다른 초기 자료에 대한 새로운 편집이다. 여기에 해당하는 사례로는 역대기를 들 수 있다. 다윗부터 예루살렘 함락까지 이어지는 이스라엘에 대한 역대기의 이야기는 사무엘-열왕기서에 기초하거나, 또는 두 책 모두 지금은 존재하지 않는 다른 버전에 의존했을 가능성이 있다. 그러나 이러한 가능성은 우리의 쟁점에 영향을 주지 않는다. 우리는 역대기의 여러 곳에서 열왕기와 축어적(word-for-word)이거나 약간만 다른 표현을 발견할 수 있다. 토라의 기원에 관해서도 이런 식의 이론이 있다. 즉 우리가 알고 있는 토라는 원래 저자의 자료에 다양한 종류의 부가적 자료가 덧붙여져 완성되었다는 것이다.

3. 여러 가지 자료를 짜깁기한 책도 있다. 우리는 편집자가 다양한 원천에서 가져온 자료들을 결합한 책이 에스라-느헤미야라는 사실을 알고 있

다. 이 책은 포로지에서 돌아온 사람들 및 예루살렘 성벽 재건에 동참한 사람들의 목록, 예루살렘 당국과 바사 궁정 사이에 오간 서신의 복사본, 에스라와 느헤미야의 사역에 관한 1인칭 서술, 성전 재건 및 다른 사건에 관한 3인칭 서술, 다른 사람이 쓴 것이 명백한 기사 등으로 구성되어 있다. 누군가 이 자료를 모아 하나로 결합했다. 토라에 대해서도 이와 유사한 "단편" 이론이 있다. 즉 예전에 독립된 자료들이 하나로 결합되었다는 것이다.

4. 여호수아-사사기-사무엘-열왕기도 이러한 짜깁기 흔적이 있지만, 여기에 덧붙여 한 차례 이상의 편집 가능성도 있다.

5. 마태와 누가가 기존의 자료를 결합하여 자신의 복음서를 기록한 것처럼, 사복음서가 기록되고 약 한 세기가 지난 후 신학자 타티안(Tatian)은 사복음서를 하나의 책으로 조화시킨 디아테사론(Diatessaron)을 편찬했다. 토라의 기원에 대한 지배적 관점은 이러한 "문서"(documentary) 또는 "자료"(source) 가설이다. 즉 이전의 네 개의 문서가 하나로 결합하여 생성되었다는 것이다.

106 구약성서의 이야기와 역사

구약성서 전체는 하나의 이야기를 들려준다. 우리는 이것을 여섯 개의 막과 수많은 장으로 구성된 이야기로 생각할 수 있다(이 이야기에 대한 상세한 설명은 119 참조).

1.
(a) 하나님은 세상을 창조하셨으나 문제가 발생했다.
(b) 하나님은 세상을 거의 멸하시고 새로 시작하게 하셨으나 다시 잘못되어 갔다.

2.
(a) 하나님은 특별히 한 가족을 부르시고 그 가족을 통해 세상에 복을 주시고자 했으며 자기 땅에서 큰 민족을 이루게 될 것이라고 약속하셨다.
(b) 그들은 큰 민족을 이루었으나 애굽으로 피신해야 했으며 결국 그곳에서 종이 되고 말았다. 따라서 하나님은 그들을 애굽에서 구원하심으로 자신이 애굽 왕보다 위대하심을 보이셨다.

3.
(a) 다음 세대는 땅을 차지해서 지파별로 나누었다.
(b) 이어지는 세대는 신앙적으로나 사회적으로 점점 완악해졌다. 뿐만 아니라 그들은 다른 민족에 대해 자신의 소유를 주장할 수도 없었다.
(c) 그들은 다른 민족처럼 왕을 주시길 구했다. 사울, 다윗, 솔로몬이 처

음 왕들이었다. 다윗과 솔로몬은 예루살렘에 성전을 세웠다.

4.

(a) 나라는 북쪽의 에브라임과 남쪽의 유다로 분열되었다. 특히 에브라임은 야훼께 불순종하였으며 앗수르에게 정복당하였다(이스라엘, 에브라임 및 유다라는 이름에 대해서는 116 참조)

(b) 유다도 에브라임과 큰 차이가 없었으며 바벨론에게 멸망당하였다. 예루살렘과 성전은 파괴되었다.

5.

(a) 바사가 강대국이 되어 바벨론을 대신하여 들어섰으며 유다 백성에게 성전을 다시 짓게 하였다. 그러나 예루살렘으로 돌아오지 않고 그곳에 남아 있는 사람도 많았다.

(b) 에스라는 토라를 예루살렘으로 가져왔으며 토라에 기초하여 예루살렘을 개혁하려 했다.

(c) 느헤미야는 예루살렘으로 돌아와 성벽을 재건하고 에스라의 사역에 동참했다.

6.

(a) 헬라가 바사를 대신하여 강대국으로 등장했으나 나라가 분열되어 시리아를 기반으로 하는 셀류시드(Seleucid) 제국과 애굽을 기반으로 하는 톨레미 제국(Ptolemaic Empire)으로 나뉘었다.

(b) 셀류시드는 예루살렘에 이교도 숭배를 강요했다. 유다 민족은 반역했으며 야훼는 그들을 구원하셨다. 그들은 로마가 이르기까지 독립국의 지위를 누렸다.

이것이 구약성서 이야기의 개요이다. 그러나 우리는 때때로 이 이야기가 실제로 일어난 역사가 아닌지도 모른다고 의심한다(창조 기사는 대표적인 사례이다). 일부 고고학적 발견은 이 이야기와 일치한다. 예를 들어, 고고학은 여호수아 시대에 누군가가 갈릴리에 있는 하솔이라는 큰 성을 멸망시켰으며, 사사기가 언급하는 기간 중 가나안에는 상당히 발전된 형태의 정착민 사회가 존재했음을 보여 준다.

그러나 일부 고고학적 발견은 구약성서의 이야기와 일치하지 않는다. 예를 들어, 고고학적 발견은 여리고가 여호수아 시대에 파괴되지 않았음을 보여 준다. 구약성서 이야기의 일부 사건들은 중동이나 헬라의 기록 및 역사에도 언급된다. 예를 들어, 앗수르와 바벨론 및 바사는 에브라임 및 유다와 관련된 자체적 기록을 가지고 있다. 그러나 대부분의 사건들은 그곳에 언급되지 않으며, 사실 주전 8세기 이전에는 전무하다. 따라서 구약성서 이야기가 얼마나 역사적이며 사실적인지에 대해 다양한 학문적 견해가 존재한다.

이 문제는 구약성서 여러 부분에 대한 기록 연대와 관련된 다양한 관점과 맞물리면서 더욱 복잡한 양상을 띤다. 우리는 적당한 시점에-특히 창조 기사, 이스라엘의 조상, 출애굽 및 이스라엘의 가나안 출현과 관련하여-이 문제를 다시 다룰 것이다.

107 구약성서의 연대

1220	1260 출애굽 (모세)	
	1220 가나안 입성 (여호수아)	**이스라엘과 주변국의**
	1125 사사 (예를 들어, 드보라)	**충돌**
1100		**예를 들어, 블레셋**
	1050 사울	
	1010 다윗	
1000		**이스라엘의**
	970 솔로몬	**독립**
	930 분열왕국	
900	북이스라엘(에브라임), 남유다	
	850 엘리야와 엘리사	
800		
	요나, 아모스, 호세아, 미가, 이사야 (아모스의 아들)	**앗수르의**
	722 에브라임이 시리아에 함락됨; 에브라임 사람들이 포로로 잡혀감	**지배**
700		
	예레미야, 나훔, 하박국, 스바냐	
	622 요시아의 개혁	**바벨론의**
600	에스겔	**지배**
	587 예루살렘이 바벨론에 함락됨; 유다의 바벨론 유수	
	예레미야애가, 오바댜, 이사야 40-55장	
	539 바사가 바벨론을 정복함	
	유다의 귀환, 성전 재건	**바사의**
500	학개, 스가랴, 이사야 56-66장	**지배**

		요엘, 말라기	
	458	에스라가 토라를 예루살렘으로 가져옴	
	445	느헤미야가 성벽을 재건함	
400			
	333	바사가 알렉산더(323년에 죽음)에게 멸망됨, 제국의 분열	**헬라의 독립**
300			
		유다가 시리아(셀류시드)나 애굽(톨레미)의 통치를 받음	
200	198	예루살렘에 대한 지배권이 애굽에서 시리아로 교체	
	167	안티오쿠스 에피파네스가 성전에 이교도 예배 도입	
		다니엘의 환상, 예루살렘의 구원	**유다의 독립**
100	63	폼페이우스(Pompey)가 예루살렘을 방문함	**로마의 지배**

이 연대표와 관련하여 알아두어야 할 사항은 다음과 같다.

1. 나는 창세기의 사건들에 대한 연대는 제시하지 않았다. 왜냐하면, 창세기 자체가 확실한 연대를 제시하지 않으며, 고대 중동 지역 어디에도 연대를 추정할 수 있을 만한 자료가 없기 때문이다.

2. 사람들은 종종 주전 587년의 바벨론 유수가 구약 시대의 마지막 사건이라는 인상을 받는다. 사실상 바벨론 유수는 모세로부터 구약 시대 끝까지 이어지는 이야기의 중간 지점 정도에 해당한다. 구약성서의 이야기는 포로지에서 돌아온 유다의 후 회복 및 바사와 헬라 시대에 일어난 사건들을 중심으로 400년 이상 이어지지만 우리는 이 이야기의 전반부에 해당하는 출애굽에서 열왕기까지와 같은 이야기를 가지고 있지 않다.

3. 이스라엘의 이야기를 전개하는 방식에 있어서 한 가지 핵심적인 요소는 앗수르, 바벨론, 바사 및 헬라와 같은 대제국의 부상이다. 일련의 제국에 대한 이해는 이스라엘의 이야기가 이런 식으로 전개되는 이유 및 다양한 선지자들의 메시지를 이해할 수 있는 중요한 열쇠가 된다.

108 구약성서에 있어서 사실과 진실

구약성서가 하나님이 누구신지, 우리는 누구이며 하나님과 어떤 관계에 있는지를 보여 주는 전적으로 믿을 만한 자료라면, 모든 면에서 사실이어야만 하나님의 말씀이 될 수 있는가?

구약성서의 사실성(factual nature)에 대한 관점은 광범위한 스펙트럼을 형성한다. 한쪽 끝에는 구약성서 내러티브 전체가 문자적인 사실(literally factual)이라는 확신이 자리 잡고 있다. 하나님은 세상을 6일 만에 창조하셨으며, 이스라엘의 모든 조상들은 출애굽에 동참했으며, 요나는 고기 뱃속에 있었다는 것이다. 중도적 입장은 구약성서의 이야기는 기본적으로 신뢰할 만한 하지만 구체적인 모든 내용이 반드시 사실이어야 할 필요는 없다는 입장이다. 이러한 관점과 정도의 차이는 있지만 다른 보수적인 관점들도 있다. 그러나 스펙트럼의 반대쪽 끝에는 구약성서는 기본적으로 구약 시대 후기에 작성된 상상력의 산물이라는 관점이 존재한다. 마찬가지로 그러한 견해에도 관점과 정도의 차이는 있다(다윗과 에스라는 실존 인물일수도 있고 그렇지 않을 수도 있다). 나의 생각으로는 대부분의 학자들이 중도적 관점을 취하는 것으로 보인다. 그러나 첫 번째 관점이나 마지막 관점을 취하는 복음주의 학자들도 있다.

성경이나 성경 외적 자료 가운데 성경 전체가 사실임을 뒷받침하는 근거는 없다. 19세기 후반, 성경비평의 도전에 대한 반응으로 B. B. 워필드(B. B. Warfield)는 성경의 영감을 성경 역사의 실제적 무오(inerrant)를 믿어야 할 근거로 내세웠다. 그러나 이러한 추론은 성경에 기초한 것이 아니다. 성경이 성경 내러티브가 영감 되었다고 말할 때 성경이 말하고자 하는 초점은 내러티브의 모든 세부적인 부분에까지 사실적으로 정확하다는 것이 아니라 원래적 상황을 넘어 우리에게까지 말씀하시는 살아 있는 말씀(감동과 감화를 주는 설득력 있는 메시지)이라는 것이다. 그것은 최상의 가능성 높은 인간 역사이다. 무오성은 성경적 교리가 아니라 19세기의 교리이다.

한편으로, 성경은 꾸며낸 이야기가 아니라는 비평적 및 신학적 근거가 있다. 이야기가 "설득력"을 가지기 위해서는 기본적으로 사실을 바탕으로 해야 한다. 만일 출애굽 사건이 없었고 출애굽 이야기가 상상력의 산물이라면 출애굽기의 저자들은 자신의 이야기가 설득력을 가질 것이라는 생각을 할 수 없었을 것이다. 우리는 하나님이 우리로 하여금 성경의 내러티브가 충분히 정확하다는 확신을 가지도록 섭리하심을 믿는다. 그러나 이러한 신뢰는 모든 면에서의 무오성을 기대할 수 있는 근거가 될 수 없다. 하나님은 무오한 성경을 주실 필요가 없었으며 거의 정확한 성경으로 충분하셨다.

따라서 성경의 역사가 정확하지 않을 것처럼 보일지라도 염려할 필요가 없다. 성경은 여전히 하나님의 영감으로 기록된 말씀이며 사실적인 부분은 물론 그렇지 못한 부분까지 오늘날 우리에게 주시는 살아 있는 메시지이다. 우리가 어디까지가 사실이고 어디서부터 그렇지 못한 부분인지 모르더라도 문제될 것은 없다. 구약성서가 하나님의 말씀이라는 확신의 근거는 우리가 그것의 역사를 보여 주거나 그것을 누가 기록했는지 아는 것에 있지 않으며 예수님이 구약성서를 우리에게 주셨으며 그것이 우리에게 말씀하고 계신 사실에 있다.

우리는 성경의 권위 때문에 예수님을 믿는 것이 아니라 예수님이 하나님의 아들이심을 알기 때문에 성경의 권위를 믿는 것이다. 나는 예수님을 신뢰하기 때문에 구약성서를 신뢰하는 것이지 그 반대의 경우가 아니다.

우리는 하나님의 계시는 요셉 스미스(Joseph Smith)가 발견했다는 금판이나 모세가 받은 돌판이나 예언처럼 하늘로부터 직접 받아야 한다고 생각할 수 있다. 성경 자체는 전혀 상반된 이야기를 한다. 성경의 많은 부분은 시나 편지나 잠언과 같은 글로 되어 있다. 즉 성경은 인간의 통상적인 문화 활동이라는 것이다. 내러티브의 경우, 누가복음 1:1-4은 우리에게 성경 저자가 어떻게 역사를 기록했는지 보여 주는데, 다른 내러티브도 마찬가지이다.

전통적 사회가 역사를 어떤 식으로 기록하였는가?

중동에는 구약성서 내러티브에 비교할 만한 역사서가 없지만 지중해에는 있다. 헬라 역사가 투키디데스(Thucydides)는 네 가지를 결합하였다.

(a) 역사적 서술
(b) 전통적 이야기
(c) 상상력의 산물(이야기와 진술)
(d) 평가 등

우리는 성령께서 영감하신 "역사"의 종류가 투키디데스와 같은 사람이 기록한 책과 유사할 것이라는 추측을 해 볼 수 있다. 우리는 사무엘서와 열왕기서에서 이러한 사실을 확인할 수 있다. 두 책은 역사적 자료를 바탕으로 기록하지만 어느 자료가 역사적인 내용인지 구분하기 어렵다. 그러나 그것은 문제가 되지 않는다. 성경은 역사적인 부분뿐만 아니라 전체가 성령의 영감으로 기록되었기 때문이다. 구약성서 이야기는 사실이며 역사적 근거를 가지고 있지만 사건에 대한 단순한 역사적 기록은 아니다.

우리는 하나님이 구약성서를 통해 말씀하시려는 것과 그것을 통해 우리에게 말씀하시고자 하는 뜻을 찾을 때 역사와 비역사적인 부분의 경계에 대한 조바심 없이 읽을 수 있다. 왜냐하면, 비역사적인 부분까지 진실하다는 것을 알기 때문이다.

109 역사가 아닌 비유로서 구약성서

● ● ● ● ●

　우리는 앞서(108) 구약성서 전체의 틀을 제공하는 중요한 "역사적" 내러티브의 본질에 대해 살펴보았다. 성경의 이야기는 실제로 일어난 일에 대한 메시지이기 때문에 기본적으로 사실이어야 한다. 일어나지 않은 일이라면 복음이 될 수 없다. 우리는 이처럼 영감 된 내러티브가 상상력과 비사실적 요소들을 포함할 수 있으나 모두 사실에 바탕을 두었음을 살펴보았다.
　예수님의 비유처럼 지어낸 이야기도 하나님의 영감으로 기록된 말씀임은 당연하다. 어떤 메시지는 비유를 통해 가장 효과적으로 전달될 수 있다. 비유는 진실하지만 실제로 일어난 일은 아니다.
　성경의 일부가 역사가 아닌 비유이거나 역사와 비유가 혼합된 것이 아니냐는 노골적인 의문을 가질 수도 있다. 어쩌면 하나님이 특정 이야기를 역사로 볼 것인가 비유로 볼 것인가라는 문제에 대한 해결을 우리에게 맡겨 주신 것일 수 있다.
　예수님은 종종 사람들에게 자신의 말씀이 비유임을 밝히시지만 때로는 그들 스스로 판단하기를 기대하신다(예를 들어, 눅 15:11-16:31).
　예수님은 그들이 어떻게 판단하기를 기대하시는가?
　우리가 예수님의 말씀 가운데 비유에 해당하는 것으로 볼 수 있는 요소가 있다.

(a) 유머와 풍자

(b) 과장(실물보다 확대된 묘사)

(c) "전형적으로 진부한" 인물

(d) 도식적 구조

(e) 숫자적 배열

(f) 판에 박힌 결말 및 산뜻함

비유(parable)는 기본적으로 역사적인 틀 속에서 이루어지는 이야기이다. 복음서 전체는 진부하거나 풍자적이거나 과장적이지 않다. 비유는 복음서의 역사적 이야기에 도움이 된다. 왜냐하면, 역사적 이야기의 의미를 설명해 주기 때문이다. 뿐만 아니라 복음서의 역사 이야기는 비유에 도움을 준다. 왜냐하면, 실제적인 복음 이야기가 없다면 비유는 그것을 사실로 믿을 근거를 제시하지 않는 그저 흥미로운 이야기에 지나지 않기 때문이다.

복음서와 비유에 대한 이러한 통찰력은 구약성서에도 적용할 수 있다. 구약성서의 거대한 내러티브가 감화를 주는 설득력 있는 이야기가 되기 위해서는 기본적으로 역사적이어야 하지만 룻기, 에스더 및 요나와 같은 구약성서 이야기는 비유와 유사한 특징(유머, 과장 등)을 가지고 있는데, 이러한 요소는 이들 이야기가 비유적임을 보여 준다. 이 이야기들은 성령의 영감으로 기록되었으나 창세기 1-11장 및 다니엘서와 같은 책들에 나타나는 요소들과 마찬가지로 비유적 진술이다. 이런 이야기는 진실하지만 전적으로 사실적이지는 않다("전적으로 사실적이지는 않다"는 표현은 요소의 핵심적인 부분은 사실이지만 모든 사소한 부분까지 사실일 필요는 없다는 뜻이다).

이런 이야기는 역사가 아니라 비유라는 사실을 알게 되면 오히려 하나님의 말씀으로 진지하게 받아들이는 데 도움이 된다. 왜냐하면, 우리는 성령께서 이런 이야기를 통해 하나님이 우리를 다루시는 방식에 대해 묘사하도록 특별한 영감으로 감동하셨음을 알기 때문이다. 이런 이야기는 단순한 역사가 아니다. 마르타 누스바움(Martha Nussbaum)은 픽션의 중요성에 대해 언급함으로써 성경의 픽션이 영감으로 기록된 이유를 깨닫도록 돕는다.

1. 본질상 역사는 이미 지나간 일에 대해서만 기록한다. 그러나 픽션은 사람에게 언제든지 일어날 수 있는 일 속으로 우리를 초대한다.

2. 역사는 일어난 일을 기록하지만 픽션은 일이 어떻게 될 것인지 또는 어떻게 되어야 하는지를 보여 주거나 일의 본질에 대한 날카로운 통찰력을 제시한다. 그것은 세계를 다른 관점에서 보도록 초청한다.

3. 역사는 전통적으로 국가적 사건 및 "중요한" 인물들에게 초점을 맞춘다. 픽션은 평범한 삶을 사는 평범한 사람들 및 그들에게 영향을 주는 이슈들에 대해 특징적으로 묘사한다.

4. 픽션은 구체적인 사회적 상황 속에 나타난 인간의 소망, 두려움, 필요 및 욕망에 대해 묘사한다. 독자는 이러한 상황에서 드러나는 유사성 및 차이점을 통해 깨달음을 얻는다.

5. 사실성이라는 역사의 본질은 우리로 하여금 객관적 입장이 되게 한다. 그러나 픽션은 우리로 하여금 감정적으로 개입하게 하며 내적 세계로 들어가게 한다. 픽션은 반응을 요구하며 우리를 혼란케 한다.

6. 특히 픽션은 실존하는 개인 및 공동체와 관계하게 하며, 광범위한 역사적 발전이나 목적의 한 부분으로서 뿐만 아니라 문제 자체와 관계하게 한다.

7. 성경 밖의 세상(고대 사회 및 오늘날 사회)에서 픽션은 언제나 신학적, 철학적 및 도덕적으로 중요한 이슈들과 관계하는 최상의 방식이었다.

이러한 고찰은 성경에 픽션이 들어 있다는 생각이 성경의 본질과 부합됨을 보여 준다.

110 근대 이전, 근대, 근대 이후 관점에서의 구약성서 읽기

구약성서가 기록된 방식, 구약성서 역사의 "혼합적" 성격 및 비유나 픽션의 중요성에 대한 견해는 근대 이전, 근대 및 근대 이후 사고방식을 통해 살펴볼 수 있다.

1. 근대 이전 시대 독자는 성경의 제목에 언급된 사람들이 그 책을 기록했다고 생각했다. 모세는 토라를 기록했으며, 여호수아는 여호수아서를 기록했으며, 사무엘은 사무엘서를 기록했으며, 다윗은 시편을 기록했으며, 솔로몬은 잠언을 기록했으며, 전도자는 아가서를 기록했으며, 이사야는 이사야서 전체를 기록하였으며, 예레미야는 예레미야서 전체를 기록했다는 것이다. 독자는 이러한 확신을 책을 이해하는 열쇠로 활용했다.

2. 그러므로 독자는 성경이 하나님과 가까이 살면서 하나님의 길(God's ways)에 대해 믿을 수 있는 말을 하고 사건과 가까이 살면서 사건에 대해 믿을 수 있는 말을 할 수 있는 중요한 사람들에게서 나왔다고 생각한다.

3. 또한, 독자는 성경의 이야기는 당연히 일어난 사건을 사실대로 기록한 것으로 여겼다. 따라서 인간이 존재한 기간은 세상이 창조된 주전 4004년부터라고 계산할 수 있다.

4. 독자는 구약성서가 예언과 예표를 통해 예수님에 대해 언급한다고 생각했다.

5. 근대의 독자는 아무것도 당연한 것으로 여기지 않았다. 모든 것은 입증되어야만 했다. 따라서 성경비평학자들은 저작권(authorship)에 대해 의문을 가졌으며 믿을 수 없다는 결론을 내렸다. 예를 들어, 토라의 모든 내용은 모세 이후 여러 세기에 걸친 다양한 자료를 짜깁기한 것이라고 생각했다. 보수적 비평가들은 현대적 방법을 사용하여 전근대적 가정들이 유효함을 보여 주려 했다.

6. 성경이 무명의 저자에 의해 기록되었다고 생각한 독자는 우리와 같이 평범한 사람들이 성령의 영감으로 성경을 기록했을 것이라고 생각했다.

7. 독자는 책의 배경에 대해 조사하면서 아무것도 당연한 것으로 여기지 않았기 때문에 그들의 연구는 구약성서 역사에 대해 믿음에 의지하지 않는 증거를 제시할 기회가 있었다.

8. 그들은 구약성서가 예수님에 대한 진술이 아니라 당시의 사건에 대한 진술이라고 생각했다.

9. 근대 이후 시대 독자는 현대적 방식의 증거가 불가능하다는 사실로부터 시작한다. 20세기는 구약성서 역사의 저작권에 대한 공감대가 붕괴되었으며 어떤 공감대도 부상하지 않았다. 한 가지 이유는 자료의 성격이 우리가 기대하는 정보를 제시하지 않는다는 것이다. 우리가 제기하는 질문은 그것이 대답할 수 없는 것이다.

10. 이것은 독자가 근대 이전 시점의 관점으로 돌아가야 한다는 뜻은 아니다. 왜냐하면, 근대의 이론을 뒷받침하는 데이터가 여전히 존재하기 때문이다. 우리는 모세가 토라를 쓰지 않았으며 이사야가 이사야서 전체를 기록하지 않았다는 사실을 알고 있다. 그러나 우리는 전통적 이론을 대체할 수 있는 보다 광범위한 이론을 가지고 있지 않다.

11. 근대 이후 그리스도인은 전근대성(premodernity)과 근대성(modernity)을 새로운 방식으로 결합할 수 있다. 즉 우리는 구약성서를 있는 대로 받아들이며 신뢰한다. 그러나 우리는 이 과정에서 눈을 뜨고 있을 것이다. 우리는 근대 이전의 전통이 말하는 것으로 되돌아가지 않을 것이다. 이런 의미에서 구약성서에 대해 우리의 접근은 비판적이라고 할 수 있다. 우리는 텍스트의 문제를 해결할 수 있는 것이면 무엇이든 사용할 것이며, 억지가 아니라 자연스럽게 열릴 때까지 계속해서 새로운 시도를 해 볼 것이다. 우리는 소위 "신앙적 비평"(believing criticism)을 시도하겠다는 것이다.

12. 근대의 역사적 접근은 자물쇠를 열 때도 있고 못 열 때도 있다.

13. 우리는 구약성서에서 하나님은 당시의 이스라엘에게 말씀하신다고 생각한다. 그러나 이것은 하나님이 미래를 향해 말씀하신다는 사실과 하나님의 말씀이 그리스도인의 신앙에 중요한 의미를 가진다는 사실을 배제하지 않는다.

14. 근대 이후 접근은 구약성서가 하나님의 말씀이라는 생각을 뒷받침하거나 입증해야 한다고 주장하지 않는다. 그리스도인의 경우 구약성서는 하나님의 말씀이라는 전제하에 접근하는데, 이것은 부분적으로 예수님이 구약성서를 주신 사실(108 참조) 및 구약성서가 오늘날 우리에게 광범위하게 적용된다는 사실에 기인한다.

111 가나안의 지형

이스라엘의 국경은 자주 바뀌었으나 중심부는 오늘날 서안 지구, 유대와 사마리아, 또는 팔레스타인 등으로 불리는 산악 지역이다. 이 지역은 동서로 약 20마일 정도 되고, 예루살렘을 중심한 남북의 길이는 약 50마일 정도 되며, 고도는 해발 3-4000피트(1km) 정도 된다. 서쪽 비탈 지역에는 비가 자주 내리기 때문에 토지가 비옥하며 동쪽 비탈은 매우 건조한 땅이다.

다윗 시대 이전 예루살렘은 하나의 성읍이었으며 주요 성읍으로는 남쪽의 헤브론과 북쪽의 세겜이 있었다. 주전 722년 사마리아가 함락된 후 앗수르는 다른 지역의 사람들을 이곳으로 이주시켰다. 포로기 이후 유다가 돌아와 나라를 세우면서 사마리아와 유다는 정치적으로나 종교적으로 긴장 관계를 유지했다.

이 산지의 북쪽과 서쪽 및 남쪽은 반원형 평지를 형성하며 북쪽 지역은 물의 공급이 원활하나 남쪽으로 갈수록 땅이 건조하다. 예루살렘을 제외한 대도시는 대부분 이 반원형 평지에 모여 있으며 가나안 족속도 주로 이 지역에 거주했다. 따라서 초기 이스라엘은 정착할 공간이 있는 산지에서 부상하는 경우가 많았다. 구약성서에서 대규모 전쟁이 일어난 곳은 주로 북쪽 평원이다.

북쪽으로 더 올라가면 또 하나의 산악 지대가 나타난다. 전통적인 북쪽 경계는 단(Dan)이다. 단으로부터 전통적인 남쪽 경계인 브엘세바까지는 150마일 정도 된다. 브엘세바 남쪽은 사막 지대이다. 동쪽으로는 요단강이 깊은 계곡을 형성하며 해수면보다 1000피트나 낮은 사해로 흘러간다.

서쪽에서 동쪽, 지중해에서 요단강까지는 50-80마일 정도 된다. 요단강을 건너 동쪽 지역은 다시 산악 지대가 나타난다. 토라는 이스라엘이 언제 어떤 방식으로 이 동쪽 지역으로부터 가나안 족속에게로 넘어왔는지 보여준다. 북쪽 끝에는 헤르몬산이 있으며, 헤르몬산 남쪽으로는 바산과 길르앗의 비옥한 땅이 자리 잡고 있다. 다메섹과 북동쪽으로부터 지중해와 애굽으로 이어지는 길이 바산을 통과한다. 이스라엘 조상들은 이 길을 장악하고자 했으며(요단 유역은 야곱의 딸들의 이름을 붙였다) 나중에 유다 백성은 이 길을 따라 유배되고 귀환한다.

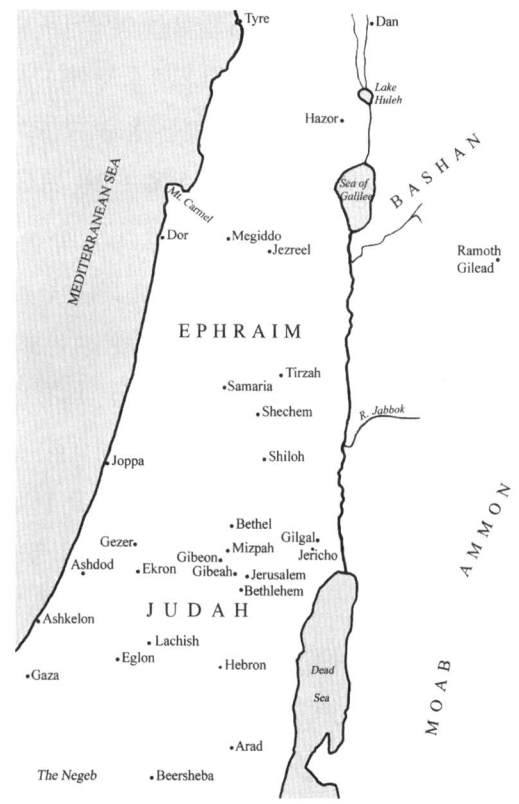

112 중동의 지형

가나안은 지리적으로나 역사적으로 교차로에 위치한다. 이러한 위치는 하나님이 자신의 선민을 그곳에 두신 이유를 말해 주는 듯하다. 남쪽으로는 애굽과 아프리카 국가들이 위치하며 구약성서는 이스라엘이 그곳으로부터 가나안으로 올라왔다고 기술한다. 구약성서 이야기의 대부분에서 애굽은 강대국은 아닐지라도 중요한 지역 세력으로 등장한다. 이곳은 이스라엘의 역사 초기에 박해를 받았던 땅이자 바벨론 유수 때 도피처가 되었으며 그 후에는 유다의 중요한 거점이 되었다. 동쪽으로는 요단강 바로 건너편이 사막 지역이며 사막의 동쪽과 북동쪽은 티그리스 강과 유브라데 강이 흐르는 지역으로 앗수르, 바벨론, 메데와 바사로 이어지는 중동 강대국들의 중심지였다.

이 지역은 에덴동산 기사 및 홍수와 바벨탑 기사의 배경이 되며 하나님은 아브라함과 사라를 이곳으로부터 가나안으로 데려오셨다. 앗수르는 에브라임을 함락시켰으며 바벨론은 예루살렘을 정복하고 백성들을 포로로 잡아갔다. 메데와 바사는 유다의 재건을 도왔으며 헬라가 등장하기 전까지 두 세기 동안 그들을 지배했다. 서쪽으로는 지중해와 유럽 국가들이 있었다. 블레셋은 이스라엘이 산지에서 자리 잡고 있을 무렵, 이곳으로부터 와서 가나안의 해안 지대에 정착했다. 구약성서 이야기의 끝 부분에는 헬라가 이곳으로부터 와서 메데와 바사를 정복하고 유다를 지배한 강대국으로 부상한다(이어서 로마가 같은 곳으로부터 들어왔으나 별개의 이야기이다).

이사야 19:23-25은 지리적 관점에서 들여다볼 수 있는 중요한 본문이다. 이 예언은 하나님의 백성이 될 애굽과 하나님의 손으로 지으실 앗수르 및 하나님의 기업인 이스라엘 사이에 비유적인 대로가 있을 한 날에 대해 예언한다.

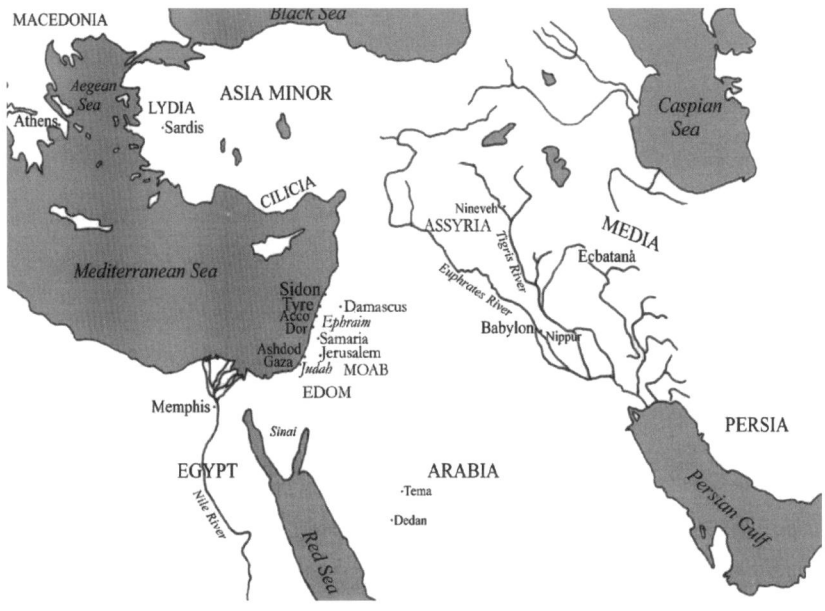

113 구약성서는 어떻게 정경이 되었는가?

● ● ● ● ●

우리는 토라와 선지서 및 성문서가 언제 성경으로 인정받았는지 알 수 없다. 일반적으로는 주후 90년의 "얌니아 회의"(Synod of Jamnia)에서 결정했다고 말한다. 소위 얌니아 회의는 주후 70년 이후 얌니아(오늘날 텔아비브[Tel Aviv] 근처에 있는 야브네[Yavneh])에 모인 유대 지도자들 사이에 반세기에 걸쳐 이어진 긴 논쟁을 가리킨다. 이 논쟁의 초점은 성전이 함락된 후 유대 백성의 삶의 틀에 맞추어졌다.

이 회의에는 성경 가운데 일부의 지위에 관한 논쟁도 있었으나 어떤 책을 성경으로 할 것인지 결정하는 자리는 아니었다. 성경은 이미 오래 전에 확립되어 있다는 전제하에, 그들은 마틴 루터가 신약성서에서 야고보서와 요한계시록의 위상을 낮춘 것처럼 이론적인 문제를 다루었다. 얌니아의 이론이 매력적인 이유는 성경이 정경으로 확정된 시기는 알 수 없다는 말로 피해 갔기 때문이다. 실제로, 우리는 알지 못한다.

일부의 주장에 의하면 유대 공동체는 수 세기 후에 이 문제에 대한 결정을 내렸다고 한다. 그러나 사실상의 결정은 예루살렘이 안티오쿠스 에피파네스(Antiochus Epiphanes)로부터 해방 된 주전 164년에 이루어졌다는 주장도 있다. 이 때는 예루살렘의 해방으로 다니엘의 환상이 하나님의 참된 계시임이 드러났기 때문에 다니엘서가 정경으로 인정을 받은 시점이다.

"사실상의" 결정이라는 표현은 중요하다. 토라와 선지서와 성문서가 최종적으로 성경으로 확정된 시점에 대한 논쟁은 "정경의 종결"이라는 이슈와 맞물려 혼란이 가중되었다. 즉 어느 한 시점에 "이 책들 외에 더 이상의 성경은 없다"라고 결정한 회의가 있었을 것이라는 가정이다.

　공동체가 수집된 책을 규범적 성경으로 받아들이는 과정은 점진적이었을 가능성이 높으며, 어느 시점에 이르러서는 누구의 결정도 없었지만 더 이상 추가되는 책이 없을 것이라는 공감대가 형성되었을 것이다. 아마도 주전 164년은 마지막으로 성경이 추가된 시점이며, 그로부터 오백년이 지나서 한 유대인 회의가 정경이 종료되었음을 선포했을 것이다. 그러나 확실한 것은 알 수 없다. 토라와 선지서 및 성문서가 언제 성경으로 인정을 받게 되었는지에 대한 정보가 없는 상황에서 이들을 정경으로 인정해야 한다는 주장은 두 가지 차원에서 제시된다.

　첫째, 교회가 유대인의 성경을 전적으로 받아들임으로써 유대 민족과의 연속성 및 그들이 교회의 기반임을 인정해야 한다는 것으로, 유대 공동체가 성경을 결정하는 주체가 되어야 하며 유대인의 성경을 결정하는 것은 교회가 할 일이 아니라는 것이다.

　둘째, 우리가 베드로나 바울, 또는 예수님께 성경에 해당하는 책에 대해 묻는다면 우리가 들을 수 있는 대답은 틀림없이 토라와 선지서 및 성문서가 될 것이라는 사실이다.

　오늘날의 교회(또는 유대교)가 성경에 다른 책을 추가하거나 원래 있던 책을 제외시킬 수 있는가?

　우리는 그것이 불가한 이유를 세 가지로 제시할 수 있다.

　첫째, 우리는 후기 자료를 성경으로 덧붙일 수 없다. 왜냐하면, 신학적으로 구약과 신약이 성경이 될 수 있는 이유는 그리스도에게서 절정에 달하는 과정을 통한 하나님의 세상 구원에 관한 이야기와 신구약성서가 연관되어 있기 때문이다. 신구약성서는 이러한 구원 과정으로부터 흘러나오며, 또한, 이 과정에 대해 증거한다. 후기 자료는 진실하고 교훈적일 수 있지만 그러한 역할은 하지 못한다.

둘째, 우리가 이사야의 다른 예언이나 바울의 다른 서신을 발견했다고 해 보자.

성경에 덧붙일 수 있는가?

이 문제와 관련하여 우리가 생각해야 할 것은 특정 자료를 성경에 포함시킬 것인지의 여부를 결정하는 것도 하나님이 세상을 구원하시는 과정의 일부로 보아야 한다는 것이다. 하나님으로부터 온 것으로 받아들일 수 있는 예언이나 서신이 있을 수 있지만 이처럼 영감된 자료를 모두 포함시키는 것이 성경의 의도는 아니다. 유대교와 교회가 신구약성서로 확정한 문헌에 다른 자료를 덧붙이려는 시도는 그러한 자료가 있다는 것을 암시한다.

셋째, 물론 구약성서에 다른 책을 덧붙이는 것은 가능하다. 여러분은 모든 유대인 단체와 모든 기독교 단체를 대표하는 권위 있는 회의를 소집하여 합의에 이르기만 하면 된다. 행운을 빈다.

114 구약성서의 연대 및 신뢰성

구약성서 텍스트에 대해 우리가 가지고 있는 중요한 지식은 구약성서를 수 세기 동안 보존해 온 유대 학자들의 노력이 있었기에 가능한 일이었다.

그러나 텍스트가 수 세기 동안 사람의 손에 의해 필사되었다면 필사 과정 중에 내용이 달라지지 않았을 것이라고 어떻게 확신할 수 있는가?

구약성서 역본들 사이에는 사소한 차이점이 많이 나타난다. 예를 들어, 시편 89편은 역본에 따라 다음과 같이 시작한다.

> 내가 여호와의 인자하심(loyal love[신실한 사랑])을 영원히 노래하며(CEB).
>
> 여호와여, 내가 주의 인자하심(steadfast love[변치 않는 사랑])을 영원히 노래하며 (NRSV).

CEB는 "신실한 사랑"이라고 한 반면, NRSV는 "변치 않는 사랑"이라고 한 것은 단지 헤세드(hesed)라는 히브리어 단어에 대한 번역의 차이일 뿐이다. 그러나 여기서 CEB는 하나님에 대해(about) 언급하고 있는 반면, NRSV는 하나님께(to) 직접 호소하고 있다.

이러한 사소한 차이는 어디서 오는 것일까?

모든 히브리 성경은 동일한 텍스트를 가지고 있다. 이것은 신약성서와 다른 점이다. 신약성서에는 수많은 헬라어 사본이 존재하며 모두 조금씩 다르다. 따라서 편집자는 각 장마다 어떤 필사본이 신약성서 저자의 기록과 가장 근접하는지에 대한 의견을 제시한다. 그 결과 헬라어 신약성서는 판마다 그 내용이 조금씩 다르다.

구약성서의 상황은 다르다. 그리스도 시대 이후 천년이 지나는 동안 유대 학자들은 히브리 성경을 보존하는 데 최선을 다해 왔으며 여기에는 악센트와 같은 사소한 부분에까지 텍스트의 전통을 고수하려는 노력도 포함된다. "전통"에 해당하는 히브리어 단어는 마소라(masorah)이다. 따라서 그들은 "마소라 학자"(masoretes)로 불렸다. 그들의 노력은 주후 천 년경 히브리 성경의 본문에 대한 공감대를 형성함으로써 절정에 달했다. 이 본문은 마소라 사본(MT)으로 불린다. 가장 오래되었으며 따라서 권위 있는 마소라 사본은 알레포 사본(Aleppo Codex)이다(시리아의 알레포에 소장되었기 때문에 이 이름이 붙여졌다). 그러나 이 사본은 1/3이 소실되었다. 현존하는 가장 오래 된 완전한 사본은 1009년경 이집트의 사무엘 벤 야곱(Samuel ben Jacob)이 작성한 사본이다. 이 사본은 오늘날 모든 히브리어 성경에 사용되고 있다. 현재 이 사본은 레닌그라드로 불리는 상트 페테르부르크에 있는 러시아 국립 박물관에 소장되어 있으며, 레닌그라드 사본(Leningrad Codex)으로 알려져 있다(코덱스는 사본을 가리키며 두루마리가 아닌 책의 형태로 되어 있다).

마소라 학자들이 믿었던 것이 올바른 본문인지를 결정함에 있어서 마소라 사본보다 오래 된 사본은 거의 없다. 이러한 사실은 두 가지의 의문-실제적인 의문과 이론적인 의문-을 제기하게 한다. 실제적인 의문은 구약성서 가운데 이치에 맞지 않는 본문이 있을 경우 원래의 내용이 바뀌었을 가능성에 대한 의문이다. 이론적인 의문은 이치에 맞는 본문일지라도 텍스트가 바뀌었을 가능성에 대한 의문이다.

우리는 이러한 두 가지 의문에 대해 어떻게 접근해야 하는가?

마소라 학자들이 나타나기 오래 전에 구약성서는 헬라어, 라틴어, 아람어 및 시리아어와 같은 언어로 번역되었다. 따라서 한 가지 방법은 이 역본들을 다시 히브리어 본문으로 바꾼 후 마소라 사본과 어떻게 다른지 확인하는 것이다. NRSV의 시편 89편은 이러한 과정의 산물이다. 이 본문은 헬라어 역본, 즉 70인역을 따른다. 다른 내용에 대해서는 번역자가 원래의 본문에 대해 추측만 할 뿐이다. 오늘날 역본의 난외주는 이처럼 "수정된" 마소라 사본에 대해 알려 주고 있다.

우리가 가지고 있는 가장 오래 된 히브리 구약성서 사본이 천 년 밖에 되지 않았다는 사실은 1947년부터 사해에서 가까운 유대 수도원 쿰란에서 발견되기 시작한 "사해 문서"(Dead Sea Scrolls)가 얼마나 중요한지를 보여 준다. 이 발견으로 마소라 사본보다 천 년이나 오래 되었으며 따라서 그만큼 원래의 기록에 가까운 필사본이 드러나게 되었다.

쿰란의 필사본에는 마소라 사본과 70인역의 차이와 같은 사소한 차이들이 나타난다. 이러한 본문 가운데는 70인역과 같은 텍스트에서 히브리어로 다시 번역할 때 추측한 가설과 일치하는 것들도 있다. 그러나 모두 사소한 차이일 뿐이다. 이러한 차이는 오늘날 역본들 간에 볼 수 있는 정도의 차이에 불과하다.

115 구약성서 역본 및 각 역본에 나타난 하나님의 이름

● ● ● ● ●

오늘날 공인된 성경 역본들은 번역 방침의 차이(예를 들어, 문자적 번역에 치중할 것인가 구문 중심의 번역에 치중할 것인가 등)에도 불구하고 비교적 정확하다. 또한, 이러한 역본들은 마소라 사본을 바로 잡으려는 경향이 있다. 나는 연구나 설교를 할 때 NRSV와 TNIV를 선호하는데, 이런 역본들은 문자적 번역에 치중하며, 성 포괄적인(gender-inclusive) 언어를 사용하기 때문이다(예를 들어, 저자가 남자와 여자를 염두에 두고 "men"[사람]이라는 단어를 사용한 경우 "men"[남자]로 번역하지 않는다). 또한, 나는 예루살렘 바이블(Jerusalem Bible)과 새 예루살렘 바이블(New Jerusalem Bible)을 선호하는데, 이유는 하나님의 이름을 일반적 용어인 "주"(Lord)나 "하나님"(God)으로 대체하지 않기 때문이다. 이러한 관습의 배경은 다음과 같다.

대부분의 현대 역본들은 하나님의 이름인 "야훼"(Yahweh)를 일반적 용어인 "주"(Lord)나 "하나님"(God)으로 대체한다(이 경우 작은 대문자[LORD, GOD]를 사용한다). 따라서 (작은 대문자[small capital]가 아닌) "주"나 "하나님"의 경우에만 야훼가 아닌 고유의 의미를 가진다. 이처럼 하나님의 이름을 대체하는 관습은 고대부터 시작되었으며, 이스라엘의 하나님이 낯선 이름을 가진 이상한 신이라는 인상을 주지 않고 야훼라는 이름을 함부로 사용하지 못하게 하려는 의도에서 나온 것이다.

이러한 관습은 장점도 있지만 몇 가지 단점을 가지고 있다.

- "야훼는 하나님"(마르둑은 신[Marduk being God]이라는 표현과 대조하기 위해)이
  라는 표현처럼, 하나님의 실제 이름을 사용해야 할 때가 있다.

- 하나님의 이름을 부르도록 초청을 받았다는 것은 하나님과의 관계로 들어가
  는 과정 가운데 하나로 허락되는 특권이다. 따라서 이러한 초청을 거부한다
  는 것은 하나님으로 멀어지려고 하는 안타까운 행위로, "예수님"이라는 이
  름을 사용하기를 거부하는 것처럼 이해할 수 없는 행위이다.

- "구주"를 뜻하는 "예수"라는 이름처럼 "야훼"는 일반적 호칭이 아니다. 이
  이름에는 의미가 있다. 야훼는 모세에게 자신의 이름에 대해, 어떤 상황에
  서도 이스라엘 백성과 영원히 함께하실 이스라엘의 하나님이라고 말씀해
  주셨다("나는 스스로 있는 자이니라," "나는 너희와 함께 할 것이다"). 이러한 이름
  의 의미를 놓친다는 것은 안타까운 일이다.

- "야훼"라는 이름 대신 "주"라는 특정 단어를 사용하는 것은 본문이 의도하
  지 않은 가부장적이고 권위주의적인 요소를 구약의 신앙 속에 가져오는 것
  이다. 여호와라는 이름은 인격적 관계를 촉구하지만 "주"라는 호칭은 거리
  감이 느껴지는 복종적 관계를 촉구한다.

흠정역(King James Version) 성경을 개정한 19세기의 미국 표준역(ASV) 성경은 이 이름의 용례를 회복하였으나 "여호와"라는 발음을 사용한다. 이러한 전통적 발음은 오해의 소지를 안고 있다. 결국 서기관들도 히브리 성경 본문 속에 "야훼"가 아닌 "주"(또는 "하나님")를 상기시키는 표현을 덧붙였던 것이다.

여호와라는 발음의 배경은 다음과 같다. 대부분의 성경은 히브리어로 기록되어 있으며 에스라와 다니엘서 일부만이 자매 언어인 아람어로 기록되

어 있다. 밀접한 관계가 있는 언어로는 우가릿어(Ugaritic, 고대 가나안 방언) 및 아카드어(Akkadian, 동시대 바벨론 언어)등이 있다.

히브리어와 같은 셈어에는 모음이 없기 때문에 독자는 알아서 발음해야 한다(이것은 마치 오늘날 모음이 없는 문자 메시지와 비슷하다). 오늘날 히브어도 마찬가지이다. 이런 시스템은 언어를 구사할 때는 문제가 없지만 문자로만 접할 경우에는 그렇지 않다. 따라서 유대 학자들은 히브리어에 익숙하지 않은 사람들을 위해 점과 선으로 모음을 나타내는 방식을 고안했다. 마소라 학자들은 본문에 대한 독법에 기초하여 이 방식을 텍스트에 접목했다. 본문에 하나님의 이름이 등장할 경우 필사가는 야훼라는 단어의 자음(yhwh에 ’ădōnāy])나 "하나님"(엘로힘[’ĕlōhim])에 해당하는 모음을 붙여 대신 사용하게 했다. "여호와"라는 이름은 이렇게 나온 것으로, 엄밀히 말해 단어가 아니다. 그것은 yhwh라는 자음에 아도나이(’ădōnāy)의 모음을 결합한 것이다.

유대인이 이 이름에 대한 사용을 포기하였기 때문에 우리는 정확한 발음을 알 수 없지만 "야훼"가 구약성서를 기록한 자들이 생각한 발음일 가능성이 가장 높다. "야훼"가 가장 정확한 발음이라고 생각하는 근거는 초기 교회 저자들이 이 단어의 발음과 관련하여 유대인에게서 들은 내용에 기인한다(구약성서의 번역에 대해서는 119 참조).

116 이스라엘 백성, 히브리인, 유대인; 이스라엘, 유다, 에브라임

구약성서와 신약성서에 나오는 백성의 이름은 혼동을 준다.

이스라엘	(a) 조상 야곱 (b) 야곱의 열두 아들의 후손 (c) 솔로몬 시대 이후 북왕국에 속했던 백성 전체를 지칭하며, 당시 "이스라엘"은 남왕국 지파를 대표하는 "유다"와 대립적 관계에 있었다. 그러나 구약성서는 북왕국을 "에브라임"(북쪽 지파 가운데 가장 큰 지파의 이름)으로도 불렀는데, 이러한 관례를 따르면 혼란이 줄어들 것이다. 에브라임(북왕국이라는 의미의 이스라엘)은 주전 722년 사마리아의 함락과 함께 사라진다. (d) 하나님의 백성을 가리킨다. 이런 의미에서 유다 백성은 이스라엘이다.
히브리인	(a) 구약성서에서 인종적 집단이라기보다 사회학적 집단에 가깝다. 히브리인은 특별한 지위가 없는 인종적 소수 집단으로부터 유래한다. 따라서 히브리인은 이스라엘 백성을 특별히 지칭하지 않는다. (b) 신약 시대에 히브리어를 구사하는 유대인과 헬라어를 구사하는 유대인은 대립적 관계를 형성한다.
유다 (judah)	(a) 야곱의 열두 아들 가운데 하나 (b) 유다를 조상으로 하는, 열두 지파 가운데 하나 (c) 솔로몬 시대 이후 남왕국(유다가 가장 큰 지파이다)을 지칭 (d) 포로기 이후 바사 제국에 속한 지방의 이름으로, "예후드"(Yehud)라는 아람어 이름을 가지고 있다.

유대인 (jew)	유다/예후드 지역의 한 지파를 가리키는 "예후디"(yĕhûdî)라는 단어의 줄임말이다. 유다/예후드는 제2성전 기간 중 이스라엘의 중심지였기 때문에 예후딤("Jews"[유대인])은 이스라엘 전체를 지칭하는 말이 되었으며, 인종적 그룹의 지체를 가리키기보다 이러한 종교적 공동체의 지체를 가리키는 일반적인 용어가 되었다. 그러나 구약성서에는 예후딤(yehudim)이라는 용어가 거의 나타나지 않는다. 아마도 구약의 용례에서 이 단어의 의미에는 대부분의 이스라엘 백성이 배제되었을 것이다.
유대 (judea)	로마에 속한 지역으로, 유다와 사마리아와 이두메를 포함한다.(에스라 시대 및 예수님 시대 유대인/유대인은 사마리아인이 야훼께 신실하지 못했다고 생각했다. 그러나 사마리아인은 유대인들이 그렇다고 생각했다. 그들은 선지서와 성문서는 인정하지 않고 토라만 받아들였으며 유대인이 지나치게 자유롭다고 생각했다).

따라서 우리는 구약 시대 하나님의 백성은 "이스라엘"이라는 결론을 내릴 수 있다. 그들을 "히브리인"이나 "유대인"으로 부르는 것은 혼란을 초래할 수 있다. 다음의 개관을 참조하라.

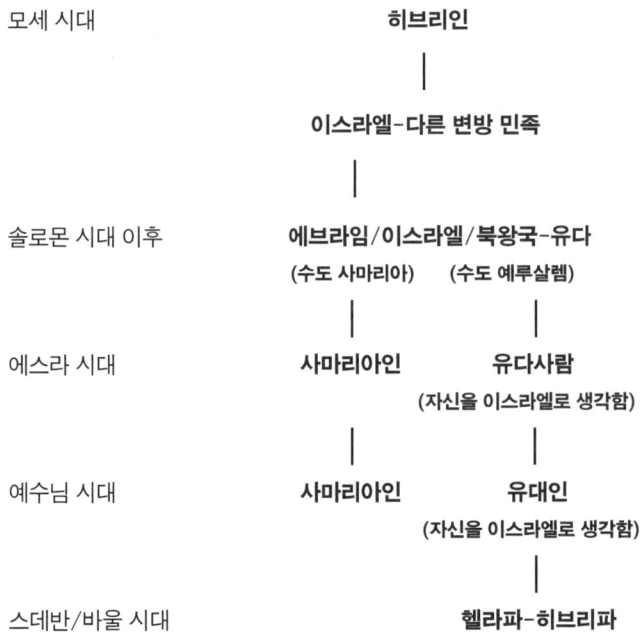

혼란을 초래하는 몇몇 이름들은 다음과 같다.

1. "가나안 사람"은 가나안 백성을 가리키는 일반적인 용어이다. 가나안은 이스라엘이 정착하여 거주하는 지역이지만, 특정 그룹을 지칭하지 않는다. 이것은 "아메리카"라는 용어가 미합중국을 가리키거나 보다 광범위한 의미로 아메리카 대륙 전체를 가리키는 것과 같다. "아모리족속"도 마찬가지이다(234 참조).

2. "히타이트"는 일반적으로 히타이트 제국에 속한 백성을 가리키지 않고 가나안에 거주하던 소수 민족을 가리킨다.

3. 갈대아인(Chaldeans 또는 Kaldeans)은 구약 시대 남동 메소포타미아에서 건너와 바벨론을 지배했던 민족을 가리킨다. 따라서 갈대아인은 "바벨론 사람"을 가리킨다.

4. 예루살렘과 시온은 둘 다 이스라엘의 수도를 가리키지만 기원에 있어서 "예루살렘"은 정치적인 용어로, 이정표에서 볼 수 있는 지명이다. 반면, "시온"은 종교적인 용어로, 성전이 있는 곳으로서 예루살렘을 가리킨다.

117 구약성서를 들여다보기 위한 신약성서의 렌즈

● ● ● ● ●

나는 구약성서를 그 자체로서 이해하고 싶지만 기독교적 관점은 구약성서의 내용을 이해하는 데 도움을 준다. 신약성서는 몇 가지 렌즈를 통해 구약성서를 들여다본다. 우리는 렌즈들을 통해 들여다볼 수 있으며 다양한 렌즈들은 다양한 사건에 초점을 맞춘다.

1. 그리스도인은 예수님 렌즈(Jesus lens)에 가장 익숙하다. 예수님의 탄생은 일련의 특이한 사건들과 연계된다. 구약성서는 마태로 하여금 이러한 사건들을 이해하도록 도와준다(마 1:18-2:23 참조). 예수님은 자기 백성으로부터 반대와 거부를 경험한다. 그러나 이러한 거부는 구약성서에서 사람들이 하나님과 하나님의 선지자들에게 했던 일에 비추어 볼 때 놀라운 일이 아니다. 예수님의 죽음은 하나님과 우리의 관계를 어떤 식으로든 해결한다.
그러나 어떻게 그렇게 될 수 있는가?
구약성서의 제사 제도는 그 이유를 이해하도록 도와준다. 구약성서에서 하나님은 여러 모양으로 말씀하셨으며 우리는 그러한 말씀들이 어떤 식으로 조화를 이루는지 모를 수 있지만 이제 하나님은 그의 아들을 통해 말씀하셨으며 그는 우리에게 이 모든 말씀이 어떤 식으로 결합하여 조화를 이루는지 보게 한다(히 1:1). 그는 새로운 계시를 가져오신 것이 아니라 옛 계시의 구현에 초점을 맞춘다.

2. 신약성서는 교회 렌즈를 사용한다.

> 그러나 너희는 택하신 족속이요 왕 같은 제사장들이요 거룩한 나라요 그의 소유가 된 백성이니…너희가 전에는 백성이 아니더니 이제는 하나님의 백성이요 전에는 긍휼을 얻지 못하였더니 이제는 긍휼을 얻은 자니라(벧전 2:9-10).

이 묘사에 나타난 거의 모든 용어는 출애굽기 19:6 및 호세아 1-2장에 나오는 단어들이다.

교회의 지체들은 자신을 대적하는 다른 백성의 잘못된 행위에 대해 어떻게 대처할 것인가?

그들은 예수님이 이사야 53장에서 보여 주신 모범을 따라야 한다. 따라서 이사야 53장은 예수께서 성취하신 본문일 뿐만 아니라 그들이 성취해야 할 본문이다(벧전 2:21-25). 고린도전서 10장 및 히브리서 3-4장은 유사한 방식으로 구약성서를 돌아보게 하며 하나님의 백성이 하나님과의 관계를 통해 누리는 지위를 얼마든지 잃을 수 있다는 사실을 상기시킨다. 이스라엘의 역사는 교회에 교훈을 준다.

3. 따라서 신약성서는 이스라엘에 대한 구약성서의 말씀으로부터 교회의 의미에 대해 보다 많은 통찰력을 얻게 된다. 이것은 교회가 이스라엘을 대치한다는 뜻이 아니라 이스라엘과 어느 정도 분리된 단체로서 교회의 부상은 교회가 이스라엘을 어떻게 이해할 것인가라는 의문을 제기하며, 이스라엘 렌즈는 신약성서가 이 질문에 대한 답을 찾기 위해 구약성서를 들여다보는 렌즈라는 것이다(롬 9장 참조).

4. 신약성서는 선교/사역 렌즈를 사용한다.

바울은 사도로서 자신의 사명을 어떻게 이해했는가?

그는 예레미야가 자신의 사명에 대해 언급했던 용어를 통해 이해한다(갈 1:15; cf. 렘 1:5). 구체적으로, 바울은 이방인에게 복음을 전하는 자신의 사명에 대해 어떻게 이해했는가? 이사야 49:6에서 하나님의 종은 자신에게 이러한 사명이 있음을 깨닫는데, 바울은 이 말씀을 자신에게 적용한다(행 13:47).

5. 우리는 우리 편에서 하나님과의 관계 및 하나님 편에서 우리와의 관계의 역동성에 대해 어떻게 이해해야 하는가?

마태복음 5:3-12에서 예수님은 대답을 제시하신다. 본문의 모든 구절은 사실상 구약성서-대부분 이사야 및 시편-으로부터 나온 것이다. 예수님은 성경의 다양한 요소로부터 새로운 독창적 완전체를 만드신 것이다. 그러나 영성에 대한 통찰력을 위한 원재료는 구약성서로부터 얻는다. 신약성서는 영성 렌즈(spirituality lens)를 사용한다. 바울이 에베소서 5장 및 6장에서 찬양과 기도를 호소한 것 역시 그리스도인이 기도를 배워야 할 곳이 시편임을 보여 준다.

6. 나는 하나님의 사람으로서 어떻게 성숙해야 하는가?

바울은 디모데에게 그가 구약성서를 통해 양육을 받았으며 구약성서는 이 질문에 대한 답을 제공한다는 사실을 상기시킨다(딤후 3:14-17 참조).

예를 들어, 우리는 원수를 어떻게 대하여야 하는가?

구약성서는 그들에게 먹을 것을 주라고 말씀한다(롬 12:20).

7. 우리는 주변 나라들 및 강대국에 대해 어떻게 이해해야 하는가?

신약성서에는 요한계시록에 이 질문이 두드러진다. 바벨론(로마)의 의미는 핵심적인 이슈이다. 요한계시록에는 구약성서 인용문이 사실상 한 구절도 없지만 구약성서의 암시를 제거하면 요한계시록에 남아 있을 구절은 한

절도 없을 것이라는 말이 있다.

일련의 질문(우리는 예수님, 교회, 이스라엘, 선교 및 사역, 하나님과의 관계, 세상과의 관계에 대해 어떻게 생각할 것인가?) 전체는 구약성서에 대해 질문을 하고 들여다볼 수 있는 렌즈를 제공한다. 그리스도인은 때때로 구약성서의 유일한 초점이 예수님에 대한 예언이라고 말한다. 그러나 이러한 생각은 신약성서로부터 나온 것이 아니다.

118 외경 또는 제2정경

● ● ● ● ●

주후 2세기 이후 여러 지역의 교회는 토라와 선지서 및 성문서 외에도 더 많은 두루마리를 성경으로 받아들였다. 우리가 아는 한 유대 공동체는 이러한 문헌을 성경으로 인정하지 않았으며 예수님이나 신약성서 저자들이 인용한 적도 없다.

이들 문헌이 교회 내에서 차지하는 위상에 대한 의문은 제롬(Jerome)으로까지 거슬러 올라간다. 그는 주후 400년경 교회를 위해 구약성서를 새롭게 번역하고(이 역본은 "벌게이트"로 불린다) 이들 문헌이 원래 구약성서에 있던 자료가 아니라 헬라어나 라틴어 성경에만 들어 있는 자료임을 주지시켰다.

그러나 이러한 의문은 마틴 루터가 "외경"(Apocrypha)은 신학적 권위가 없는 교훈적 자료로서 간접적 권위만 가진다고 선언한 16세기에 들어와서야 공식적으로 이슈화되었다.

이에 대해 로마 가톨릭의 트렌트 공의회(Council of Trent the Roman Catholic Church)는 이들 문헌이 성경의 한 부분임을 확인했다. 칼빈과 영국의 개혁자들은 루터를 지지했으나 나중에 웨스트민스터 신앙고백(Westminster Confession)은 나중에 이들 책이 "하나님의 교회에서 아무런 권위도 갖지 못한다"고 선언했다.

제2정경(the Second Canon)의 책들은 주로 헬라어나 라틴어로 기록되어 있지만 일부는 애초에 히브리어로 기록되었다. 또한, 모든 책이 주전 300년경 이후에 기록되었으나 구약성서 마지막 책들보다 오래된 것도 있다. 그리고 일부 자료에 대해서는 신학적 의문이 제기되지만 구약성서의 다른 책들도 마찬가지이다.

게다가 제2정경의 몇몇 책들은 윤리적으로 문제가 있는 것처럼 보인다. 그렇다면 어떻게 이러한 책들에 대해 교훈적이라고 할 수 있는지 의심스러울 따름이다.

제2정경에는 세 가지의 신학적 특징이 나타난다.

첫째, 외경은 구약성서에 비해 사후 세계에 대해 더 많이 언급한다. 이 점에 있어서는 신약성서와 궤를 같이 한다. 마카비2서 7장에 나오는 순교에 관한 이야기는 순교자의 부활에 대해 강조한다. 이 주제는 마카비2서 12:39-45에서 반복된다. 본문에서 유다(Judas)의 부활 신앙은 하나님께 전쟁 중에 죽었으나 토라를 순종하지 않은 자들에 대한 용서를 구할 마음을 가지게 한다(죽은 자를 위한 기도에 대한 이 본문은 루터를 공격하는 근거가 되었으나 그는 제2정경 자체를 인정하지 않았다).

둘째, 지혜서 및 집회서는 지혜와 토라를 결합하지만 구약성서의 지혜서들은 둘을 분리한다.

셋째, 제2정경은 마카비 혁명과 하나님의 구원 및 이어지는 수십 년간의 사건들에 관한 이야기를 창조로부터 에스라 및 느헤미야 시대까지 이어지는 하나님의 행위에 대해 기록한 성경의 일부로 받아들인다. 마카비서는 300년이 지난 후 이 이야기를 다시 다룬다.

여기서 제2정경은 역사적 사건에 대한 내러티브를 통해 하나님이 이스라엘의 이야기를 이어 가시기 위해 역사하셨음을 보여 줌으로써 다시 한 번 신약성서와 비교된다(507 참조).

다음은 여기저기서 가장 많이 등장하는 제2정경의 내용들이다.

- 마카비1-2서: 주전 160년대 유대인 공동체에 대한 안티오쿠스(Antiochus)의 박해에 관한 이야기

- 마카비3서: 주전 3세기 말의 초기 박해 및 구원에 관한 이야기
- 마카비4서: 감정보다 이성에 따라 살기를 촉구하며 마카비 이야기에 호소함
- 솔로몬의 지혜서: 잠언과 전도서의 전통에 따른 교훈서
- 집회서(벤 시라[Ben Sira] 또는 시락[Sirach]): 또 하나의 지혜서로 전도서와 구별됨
- 유딧서: 느부갓네살의 장군 홀로퍼네스(Holofernes)의 목을 벤 한 유다 과부에 관한 이야기
- 토비트서: 북왕국 에브라임의 한 신실한 포로의 삶 및 그가 눈을 뜨게 되는 이야기
- 헬라어 에스더: 헬라어 성경에서 확장된 에스더로, 하나님의 개입을 분명히 함
- 헬라어 다니엘: 헬라어 성경에서 찬양과 기도 및 몇 가지 기사를 덧붙여 확장된 다니엘
- 헬라어 예레미야: 헬라어 성경에서 바룩의 책과 예레미야의 편지를 추가하여 확장된 예레미야
- 제1에스드라스: 역대기, 에스라 및 느헤미야의 성전에 관한 내용을 담은 헬라어 버전
- 제2에스드라스: 주후 70년 예루살렘의 함락에 관한 외경
- 므낫세의 기도: 역대하 33장에 언급된 므낫세의 회개를 담은 기도
- 시편 151편: 다윗의 기름 부음 및 골리앗을 물리친 사건과 관련된 다윗의 증거

119 웹 자료

이 책 서두에 제시된 웹 자료의 내용을 참조하라.

120 구약성서 용어 색인(An Old Testament Glossary)
구약성서의 용어 및 학자들이 사용하는(또는 본서에 사용된) 용어에 대한 설명 또는 정의이다.

121 성경을 어떻게 읽을 것인가?(How to Read the Bible).
성경 전체에 대한 간략한 소개, 본서보다 기본적인 내용으로 이루어진다.

122 서론: 기타 자료(Introduction: Further Resources)
(a) 번역본이 텍스트를 교정하는 방법
(b) 가장 훌륭한 구약성서 역본
(c) 구약성서에 나타난 큰 숫자
(d) 구약성서의 죽음 및 사후 세계
(e) 신약성서의 죽음 및 사후 세계
(f) 구약성서에 나타난 사탄
(g) 사탄의 타락
(h) 영혼

123 (본서가 출간된 후 내가 계획하는 것들)

PART 2
토라

201-5	서론
206-11	창세기 1-11장
212-17	창세기 12-50장
218-21	출애굽기 1-18장
222-30	출애굽기 19장-레위기-민수기 10장
231-34	민수기
235-38	신명기
239-44	토라에 대한 회고
245	웹 자료

201 토라: 다섯 권의 책

토라는 성경의 첫 번째 다섯 권-창세기, 출애굽기, 레위기, 민수기, 신명기-으로 구성된다. 사실 토라를 지칭하는 또 하나의 히브리어 단어는 "다섯"을 뜻하는 "쿠마쉬"(Chumash)이며, 영어에서 토라는 종종 "다섯 두루마리"라는 뜻의 오경(Pentateuch)으로 불린다.

이 두루마리들은 하나님이 세상을 창조하신 이야기로부터 시작해서 하나님이 이스라엘 조상 및 애굽에서 종살이하던 이스라엘 나라에 대해 어떻게 역사하셨는지를 보여 준다. 하나님은 그들을 애굽에서 구원하시고 시내 산에서 그들과 만나셨으며 조상들에게 주시겠다고 약속하신 땅 가장자리까지 인도하신다. 이 이야기는 이처럼 복음 이야기-기쁜 소식-이지만 여기에는 하나님이 모세를 통해 들려주신, 그들에게 원하시는 삶에 대한 구체적인 가르침이 들어 있다.

▪ 토라에 대한 잘못된 견해 (245 참조)

1. 토라는 법이 아니다. 우리는 "토라"라는 단어의 뜻이 "법"(law)이 아니라 "가르침"(teaching)이라는 사실에 대해 언급한 바 있다. 토라가 들려주는 이야기 속에는 이스라엘의 삶에 대한 거대한 교훈 체계를 찾아볼 수 있으며 토라는 종종 이것을 "법도"(laws)라고 부르지만 "법"은 토라 전체를 가리키는 용어가 아니다.

2. 토라는 예수님에 대한 예견(anticipation)이 아니다. 토라는 하나님과 이스라엘의 실제적 관계에 대한 솔직하고 직접적인 묘사이다. 그것은 메시아에 대한 예언을 포함하지 않는다.

3. 토라는 진노하시는 하나님에 대한 계시가 아니다. 하나님은 세상 부모처럼 때로는 자녀에게 화를 내시지만 그럼에도 불구하고, 토라는 처음부터 사랑의 하나님에 대한 계시이다.

4. 토라는 사건의 당위성에도 불구하고 우리와는 무관한 잡다한 이야기들을 모은 것이 아니다. 고린도전서 10장에 의하면 그것은 우리와 소름끼칠 만큼 밀접한 관련이 있다.

▪ 토라와 전기 선지서

토라의 다섯 권을 이어지는 책들(여호수아, 사사기, 사무엘, 열왕기)과 구분한다는 것은 인위적인 작업이다. 먼저, 이스라엘의 기원에 관한 복음의 기쁜 이야기는 어떤 면에서 이스라엘이 그들의 땅에 도착하는 여호수아서에서 일단락된다. 소위 "여호수아서"는 하나님이 아브라함에게 주신 그의 백성이 땅을 소유하게 될 것이라는 약속의 성취와 관련된 책이다. 따라서 창세기부터 신명기까지가 오경이라면 창세기부터 여호수아까지는 육경, 곧 여섯 권의 두루마리로 이루어진 책이다.

그러나 이야기는 여호수아에서 완전히 끝나지 않는다. 왜냐하면, 이 여섯 번째 책은 이스라엘의 가나안 정복이 완전하지 않으며 사사기, 사무엘 및 열왕기를 통해 계속된다는 사실을 강조하기 때문이다. 이어지는 책들은 이야기의 방향이 다르며 결국 열왕기하에서 모든 이야기가 끝난다. 따라서 창세기부터 열왕기까지는 마치 9부작 TV 연속극과 같은 하나의 긴 이야기를 형성한다. 이 드라마는 매회, 에피소드마다 그 자체로 완전한 이야기를 형성하지만 모든 책은 전체적 관점에서 조망해야 한다(창세기부터 여호수아, 창세기부터 열왕기까지의 대칭 구조에 대해서는 245 참조).

- 오경

첫 번째 다섯 권은 그리스도께서 오시기 오래 전에 일어난 사건이지만 (연속극의 일부를 따로 떼어낼 수 없듯이) 별도의 이야기로 분리하는 것은 바람직하지 않다. 일부 교회에서 구약성서에 덧붙인 책으로는 "집회서"(벤 시라 또는 시락)가 있다. 주전 132년의 자료를 담고 있는 집회서 서론은 "율법과 선지서 및 이어지는 책들"에 대해 언급한다. 이것은 첫 번째 다섯 권의 책이 이미 이어지는 책들과 구별되어 있었음을 보여 준다.

이러한 구별이 있었던 이유는 무엇인가?

한 가지 이유는 창세기부터 열왕기까지 이어지는 내러티브 가운데 모세 시대가 가장 중요한 때문이며 여호수아부터 열왕기까지는 그 시대를 회고하기 때문이다. 또 하나의 이유는 모세의 가르침이 하나님의 백성의 삶의 기초가 되기 때문이다.

오경은 다음과 같이 전개된다.

- 창세기: 야훼께서 어떻게 세상을 창조하시고 그것과 관계하시며, 아브라함에게 어떤 약속을 하셨는지를 보여 준다.
- 출애굽기: 야훼께서 이스라엘 백성을 애굽의 종살이에서 구원하시고 먼저 시내산에서 자신을 섬기게 하심을 보여 준다.
- 레위기: 예배와 거룩한 삶을 통해 이러한 섬김은 어떤 것인지 보여 준다.
- 민수기: 야훼께서 어떻게 이스라엘을 시내산으로부터 약속의 땅 가장자리까지 인도하셨는지 보여 준다.
- 신명기: 모세가 그 땅 가장자리에서 이스라엘에게 행한 마지막 설교이다.

202 토라: 사실상 다섯 권의 책이 아니다

● ● ● ● ●

201에서 제시한 개요는 오경의 각 권이 통일성이 있다는 사실을 보여 준다. 그러나 토라를 다섯 권으로 나눈 것은 이야기 전체의 역동성을 방해할 수 있다.

다섯 권 가운데 일부는 둘 이상의 독립적인 단위로 쪼갤 수 있다. 또한, 오경의 각 권 자체로는 완전한 이야기를 형성할 수 없으며 각 권의 끝은 다음 이야기로 이어지기 때문에 중간에 멈출 수 없다. 반복되는 말이지만 오경은 매회 아슬아슬한 순간에 끝나 다음 편을 기다리게 하는 TV의 연속극과 같다.

1. 창세기는 각각 일관성 있는 독립적 이야기로 형성된 두 부분으로 나뉜다.
   (a) 창세기 1-11장은 이 세상이 하나님과 어떤 관계에 있는지를 말씀한다.
   (b) 창세기 12-50장은 하나님이 이스라엘 조상에게 하신 약속에 대해 말씀한다.

2. 출애굽기는 두 부분으로 나뉜다.
   (a) 출애굽기 1-18장은 하나님이 이스라엘을 애굽으로부터 구원하셔서 시내산까지 인도하신 기사이다.
   (b) 출애굽기 19-40장은 시내산에서 있었던 하나님의 계시의 첫 부분이다. 여기에는 그곳에서 하나님을 섬길 제사장의 위임식에 관한 내용

및 성막에 관한 가르침이 포함되며 계속해서 성막을 세우는 방법에 대해 말씀한다.

3. 레위기는 이 성막에서 제사를 어떻게 드리는지에 대해 묘사한다. 이 점에서 출애굽기 19-40장에 이어지는 이야기라고 할 수 있으며 그곳에서 제사 드릴 첫 번째 제사장들의 위임식에 관한 내용이 이어진다.

4. 민수기는 하나님이 시내산에서 가나안 여정과 관련하여 마지막으로 하신 말씀으로 시작한다는 점에서 레위기의 이야기를 이어 간다. 이어지는 이야기는 다음과 같다.
(a) 민수기 10-21장은 이스라엘의 가나안 여정에 관한 이야기이다.
(b) 민수기 22-36장은 이스라엘이 그 땅을 건너기 위해 기다릴 때 일어난 사건이다.

5. 신명기는 이스라엘이 가나안에 들어가기 위해 요단 동편 모압 땅에 머무를 때에 있었던 이야기를 이어 간다.

따라서 우리는 오경을 다음과 같이 조망할 수 있다(확장된 버전에 대해서는 245[토라: 6막으로 구성된 하나의 이야기] 참조).

1. 창세기 1-11장: 시작
2. 창세기 12-50장: 이스라엘 조상들에 대한 하나님의 약속
3. 출애굽기 1-18장: 하나님이 그의 아들 이스라엘을 바로의 지배로부터 불러내심
4. 출애굽기 19장-레위기-민수기 10장: 시내산에서의 이스라엘
5. 민수기 10-36장: 약속의 땅을 향한 이스라엘의 여정

6. 신명기: 모세의 마지막 설교

이러한 구조와 관련하여 또 하나 주목할 것은 각 에피소드별로 할당 받은 지면의 분량은 연대기적 시간과 무관하다는 것이다.

1. 창세기 1-11장은 수천 년(우리의 추측으로는 수백만 년) 동안 일어난 사건을 다룬다.
2. 창세기 12-50장은 수백 년 동안 일어난 사건을 다룬다.
3. 출애굽기 1-18장은 적어도 수십 년 동안 일어난 사건을 다룬다.
4. 출애굽기 19장-레위기-민수기 10장은 1년 동안 있었던 일이다.
5. 민수기 10-36장은 39년 동안 일어난 사건을 다룬다.
6. 신명기는 한 달 동안 있었던 일이다.

연대기적 시간과 내러티브의 분량이 다른 데에는 이유가 있다. 어떤 사건은 중요한 사실을 수반하거나 중요한 이슈에 대한 고찰을 가능하게 하기 때문에 특정 사건이나 시기는 탐구해 볼 만한 가치가 있다.

토라의 연대기적 구조 가운데 주목할 만한 특징은 모든 내용 가운데 시내산 및 가나안 언저리에서 머문 시기에 대한 관심이 지나치게 높다는 사실이다. 따라서 토라는 사실상 "율법" 책이 아니라 이스라엘이 어떤 삶을 살아야 할 것인지에 대한 가르침 또는 교훈서라고 할 수 있다.

203 토라: 이스라엘을 위한 질문 및 대답

토라는 이스라엘이 물어볼지도 모르는, 또는 물어야 할 질문에 대해 대답한다.

- **이스라엘과 나머지 세계는 어떤 관계인가?**

창세기 1-11장은 이 질문을 던진다. 이스라엘은 그들이 다른 나라와 어떤 관계를 맺어야 하며 하나님은 그들과 어떤 관계에 있는지를 물어야 한다.

그들이 이러한 의문을 가질법한 순간은 몇 차례 있었다.

1. 다윗과 솔로몬 시대(주전 1000-950년경)는 그들의 국가적 역량이 최고조에 달한 시기였다. 이 무렵의 이스라엘은 가나안 영토에 대한 지배를 공고히 하고 가나안 족속과 블레셋을 완전히 장악하였을 뿐만 아니라 지역적 영향력을 기반으로 중동 정치의 한 축을 담당하면서(이 시기의 이스라엘은 제국으로 불러도 될 만한 규모였다) 약속의 땅 너머로까지 진출했다.

2. 또 한 차례의 순간은 에브라임과 유다가 차례로 앗수르와 바벨론에 의해 멸망당하여(주전 722년 및 주전 587년) 나라를 잃고 많은 사람이 포로로 잡혀간 때이다.

3. 또 한 번은 바사 제국의 식민지였던 유다가 같은 식민지국인 사마리아 및 암몬과 인접해 있던 시기였다(주전 500년경 이후).

창세기 1-11장은 이스라엘과 다른 나라들과의 관계 및 하나님과 이들 나라들과의 관계에 대해 어떻게 생각해야 할 것인지를 보여 준다. 야훼는 이러한 나라들의 창조주이시며 주권자이시다. 그들도 야훼의 목전에 살고 있다.

야훼는 그들을 위한 목적을 가지고 계신다. 창세기 12장에서 아브라함에 대한 야훼의 약속에 관한 이야기로 전환된 것은 야훼께서 이들이 자신의 복을 찾기를 원하신다는 사실을 분명히 보여 준다. 이스라엘은 그들을 무시하거나 더 중요하게 생각하거나 그들의 지배를 두려워해서는 안 된다.

▪ 이 땅은 실제로 이스라엘의 소유인가?

창세기 12-50장은 이 질문을 던진다. 주전 722년, 북왕국 에브라임은 앗수르의 공격으로 멸망했다. 많은 사람이 포로로 잡혀갔으며 앗수르 제국 여러 지역의 사람들이 그곳으로 이주해 왔다. 이러한 에브라임의 패망은 가나안 땅이 정말로 이스라엘의 소유인가라는 의문을 제기하게 했을 것이다. 주전 587년, 남왕국 유다가 붕괴되고 많은 유다 백성이 바벨론으로 사로잡혀 갔을 때 다시 한 번 이 질문이 제기되었을 것이다.

우리는 당시 유다 공동체가 그들의 조상들에게 주신 하나님의 약속에 관한 이야기에 귀를 기울임으로써 그 약속이 여전히 유효하다는 사실을 믿도록 자극을 받았을 것이라는 상상을 해 볼 수 있다. 많은 살육을 경험한 이 공동체는 다윗과 솔로몬 시대에 그처럼 부강했던 이스라엘의 비참한 남은 자가 되기보다 이 나라가 다시 한 번 번성한 나라가 될 수 있을지도 모른다는 생각을 했을 수 있다.

그들이 실제로 이러한 궁금증을 가졌는지의 여부는 우리의 추측으로만 끝나지 않는다. 이사야 40-55장은 그것이 사실임을 보여 준다. 창세기 12-50장은 우리로 하여금 이러한 운명이 여전히 유효하다는 확신을 갖게 한다.

■ **이스라엘은 어떤 백성이며 그들의 하나님은 어떤 분이신가?**

출애굽기 1-18장은 이 질문을 던짐으로써 이스라엘 백성에게 그들이 종이라는 신분으로 시작하였으며 영적 통찰력이 탁월하지 못했던 사실을 상기시킨다. 그러나 야훼는 그들을 "내 아들"이라고 부르며(출 4:22-23), 자신의 아들을 계속해서 붙잡아 두려는 바로의 궤계를 무산시키신다. 바로와 야훼의 상반된 생각은 양자 간에 갈등을 초래한다. 문제는 누가 실제적 힘을 지닌 왕이 될 것인가라는 것이다. 이 이야기는 야훼께서 다른 곳에서와 마찬가지로 애굽에서도 왕이시며 이스라엘이 아들로 섬겨야 할 분이 야훼이심을 보여 준다.

이러한 의미는 이 이야기가 기본적으로 사실임을 보여 준다.

첫째, 이 이야기는 야훼에 대해 언약을 지키시며 종살이하는 이스라엘의 부르짖음을 들으시고 능력으로 바로를 물리치신 분으로 묘사한다는 의미에서 하나님이 누구신지를 보여 준다.

둘째, 이 이야기는 야훼는 신실하시며 능력으로 우리를 보살피시는 분이라는 진술을 믿게 하는 근거를 제공한다는 의미에서 하나님이 누구신지를 보여 준다.

이 이야기가 기본적으로 사실이 아니라면 야훼의 본성에 대한 정의는 사라지고 말 것이다. 즉 야훼는 여전히 언약을 지키시며 이스라엘의 부르짖음을 들으시고 바로를 물리치는 분이시며 신실하시고 능력으로 우리를 돌보시는 분이시라고 할지라도 이 이야기가 이러한 사실을 믿게 하려고 제공하는 근거는 사라지게 될 것이다.

204 토라: 역사적 고찰

● ● ● ● ●

따라서 토라가 이스라엘의 신앙의 토대가 되는 역사적 사건들에 대해 진술한다는 것은 중요하다. 이 진술은 앞서 토라가 이스라엘 백성을 위해 대답했던 여러 가지 질문과 관련하여 다양한 차원에서, 그리고 다양한 수준에서 사실이다. 따라서 그들은 토라에 대한 역사적 고찰에 관심을 가질 수밖에 없다. 그러나 토라는 전적으로 사실적인 다큐멘터리가 아니라 실제에 바탕을 둔 영화라고 할지라도 충분하며, 토라를 단순한 역사가 아니라 내러티브나 이야기로 묘사할 경우 오히려 우리가 읽고 있는 내용이 어느 시점의 일인지 따지지 않아도 된다.

또한, 우리는 다른 이유에서 토라에 대한 역사적 고찰을 추구해 볼 필요가 있다. 토라는 동일한 청중을 대상으로 하는 하나의 이야기이다.

예를 들어, 토라는 하나님이 세상과 인간을 어떻게 창조하셨는가에 대한 두 개의 이야기로 시작하며, 두 이야기는 중요한 차이가 있다. 여기서 말하는 중요한 차이란 창세기 1장은 남자와 여자를 함께 창조했다고 진술한 반면, 창세기 2장은 남자를 창조한 후에 여자를 창조했다고 말한 것이나, 창세기 1장은 인간 창조를 창조의 마지막 행위로 묘사한 반면, 창세기 2장은 인간 창조를 첫 번째 행위로 묘사했다는 것과 같은 사소한 차이가 아니다.

더욱 중요한 차이는 창세기 1장은 우주 전체에 초점을 맞추어 넷째 날에 해와 달과 별을 창조한 기사를 포함시킨 반면, 창세기 2장은 지구 외에는 어떤 것에도 특별한 관심이 없다는 것이다. 또 하나의 차이는 창세기 2장은 선악을 알게 하는 나무에 대해 강조하지만 창세기 1장은 선악과에 대한 언급조차 하지 않는다.

이러한 차이들은 이 이야기의 역사적 정황이 다르다는 사실을 보여 준다. 창세기 1장은 이스라엘이 바벨론 시대 바벨론 군주들의 주장-예를 들어, 천체와 별은 지구 상에 일어나는 일을 결정한다-을 거부하는 창조론에 대한 통찰력을 형성하도록 돕는다.

한편으로 선악을 알게 하는 나무에 대한 강조는 이스라엘이 국가적 삶을 위해 지혜에 모든 초점을 맞춘(그리고, 아마도 다른 민족의 통찰력으로부터 배우려는 경향을 보인) 시점에, 이스라엘에게 "여호와를 경외하는 것은 지식의 근본"(잠 1:7)임을 촉구하는 상황임을 보여 준다.

토라가 기록될 당시, 또는 토라를 읽을 시점의 역사적 상황에 대한 질문은 토라의 의미를 이해하는 데 도움이 된다. 다음은 역사가 토라와 결합하는 몇 가지 방식이다.

- 주전 1220년: 이스라엘의 가나안 입성은 창세기의 약속을 성취하고 신명기의 임무를 완수한다.

- 주전 1100년대: 왕이 없던 시기, 이스라엘의 삶은 출애굽기 21-23장 및 33-34장에 나오는 사회적 상황과 일치한다(당시 이스라엘이 실제로 토라를 따라 살았다는 암시는 없지만).

- 주전 1000-772년: 이스라엘의 삶은 더욱 도시화되고 성전 중심적이었다. 레위기와 신명기의 관심사는 이러한 사회적 상황에 대해 언급한다.

- 주전 700년대: 호세아와 같은 선지자들은 에브라임이 예배 및 공동체의 삶

에서 토라를 무시한 것에 대해 책망하며, 에브라임이 앗수르에게 함락된다.

· 주전 622년: 요시아 왕이 개혁을 통해 신명기의 요구 가운데 일부를 이행함으로써 신명기가 유다의 삶에 실제적인 영향력을 끼친다.

· 주전 587년: 예레미야나 에스겔과 같은 선지자가 유다가 지속적으로 토라를 무시하는 것에 대해 책망한 후 유다가 바벨론에 함락된다.

· 주전 500년대: 예루살렘의 함락은 다시 한 번 생각하는 시간을 가지게 되며 토라는 함락 이후 회복 가능성에 대해 언급한다.

· 주전 400년대: 토라를 가르치는 교사, 에스라가 바벨론으로부터 온다. 그는 느헤미야와 함께 예루살렘으로 하여금 토라에 삶의 기초를 둘 것을 촉구한다.

· 주전 160년대: 안티오쿠스 에피파네스(Antiochus Epiphanes)는 토라가 규정한 성전 예배를 금했으며 유다 공동체는 이에 반발했으며 토라가 명한 대로 예배를 회복한다.

205 토라: 약속의 땅 가장자리에서 드러난 하나님의 기대

하나님이 이스라엘 백성을 바로의 지배로부터 구원하신 것은 위대한 해방의 행위였다. 그들은 흑인 영가의 가사처럼 "마침내 자유"를 얻은 것이다.

자유를 얻는다는 것은 무엇이든 마음대로 할 수 있다는 의미인가?

토라의 큰 틀은 직설적이지만, 그 내용은 명령으로 가득하다. 토라는 이스라엘에게 어떻게 예배할 것이며, 공동체에 갈등이 있을 때 상호 간에 어떻게 대처할 것이며, 가난한 자에 대해서는 어떻게 대하며, 가정은 어떻게 지킬 것인지에 대해 가르친다.

토라가 이러한 주제를 다룬다는 것은 놀랄 일이 아니다. 토라는 이스라엘에게 우리가 기대하는 것, 예를 들어, 개인적인 기도 생활은 어떻게 하고 자신의 인생을 위한 하나님의 뜻은 어떻게 발견하며 성공적인 결혼 생활은 어떻게 영위할 것인지에 대해 가르치지 않는다.

토라가 이스라엘 백성에게 가르치는 것은 전쟁하는 방법이나 허가된 음식과 허가되지 않은 음식을 구별하는 방법 등 우리가 놀랄만한 내용이다. 이스라엘에게 전쟁은 자주 반복되는 일상으로 어떻게 싸울 것인지는 매우 중요한 문제이다. 하나님은 이스라엘에게 전쟁을 해서는 안 된다고 말씀하지 않으시며, 오늘날 장군들이라면 실망할 만한 전쟁 수칙을 제시하신다.

또한, 대부분의 문화는 적합한 음식과 그렇지 못한 음식에 대한 확고한 기준이 형성되어 있으며 음식과 신앙은 때때로 밀접한 관계를 가진다는 점에서, 어떤 것을 먹을 것인지는 누구에게나 중요한 문제이다. 하나님은 이러한 본능적 문제를 이스라엘의 제자도의 한 부분으로 적용하신다.

따라서 이러한 가르침은 하나님이 예수께서 태어나실 공동체를 형성하시는 한 방법이 되었다. 누가복음의 서두는 이러한 사실을 잘 보여 준다.

예수님이 오시기까지 어떤 준비와 과정이 필요했는가?

예수님을 있게 한 요소 가운데 하나는 예수님이 태어나신 가정이다. 누가는 마리아와 요셉을 토라가 형성한 공동체의 일원으로 묘사한다. 넓게는 예수님의 오심을 예비했던 세례 요한과 그들의 부모, 엘리사벳과 사가랴도 예수님의 가족이다. 그들은 모두 토라가 형성한 공동체의 일원이다. 그들이 속한 공동체를 확장하면 성전에서 예배하는 중에 예수님을 만나 기뻐한 시므온과 안나도 포함된다. 그들 역시 토라가 형성한 공동체의 일원이다.

출애굽기와 레위기 및 신명기는 다양하고 유사한 주제를 통해 야훼가 기대하시는 것에 대해 설명하지만 접근 방식은 다르다. 이러한 차이는 이스라엘의 가정이 종(노예라는 용어는 오해의 소지가 있으므로 피한다)을 대하는 방법과 같은 문제에 있어서 다르게 적용된다.

토라의 이야기에 대한 이해와 마찬가지로 토라의 기대가 무엇인지를 이해하기 위해서 당시 토라의 역사적 정황이 도움이 된다. 이와 관련하여, 우리는 204에 언급된 바 이스라엘의 역사에 있어서 전환기가 될 수 있는 중요한 사건들을 마음에 새겨야 한다. 이러한 역사적 사건들은 토라의 발전에 중요한 변수가 될 것이며 이러한 상황에서 이스라엘은 토라에 귀를 기울이지 않을 수 없을 것이다.

토라가 제기하는 또 하나의 질문은 하나님이 애굽에서 구원해 내신 이스라엘은 어떤 백성인가라는 것이다. 출애굽기 중반에 나오는 이야기 및 민수기는 확실한 대답을 제시한다. 성경은 그들이 얼마나 쉽게 하나님의 기대를 무시하고 반역과 불신에 빠지는지를 잘 보여 준다.

이스라엘에 대한 이러한 묘사는 토라의 서두에 제시된 인간에 대한 묘사와 일치한다. 토라는 하나님이 세상을 창조하시고 첫 번째 커플이 "섬길"

동산을 세우신 이야기를 들려준다.

그러나 그들이 목숨을 걸고 지켜야 할 하나님의 유일한 금지 명령을 어김으로 모든 일이 틀어지기 시작하고 그들은 동산 밖으로 쫓겨난다. 그들의 아들 가운데 하나는 다른 아들을 죽이며, 공동체에는 문제가 발생하고 이러한 문제는 영적인 존재들과 성적 유혹에 사로잡힌 인간이 관계를 맺는 상황으로까지 발전한다.

하나님은 창조 명령이 실패로 돌아갔으며 따라서 현재의 질서는 포기해야 한다는 결론을 내리신다. 그러나 하나님은 앞으로 있을 멸망에서 한 가족은 면해 주신다. 하나님은 그들에게 홍수로 세상을 멸하실 때 어떻게 살아남을 것인지 말씀해 주신다. 그들은 모든 생물을 종류대로 한 쌍씩 방주로 이끌어 들여 생명을 보존하게 함으로써 홍수 후에 있을 새로운 세상의 출발점으로 삼았다.

하나님은 새로운 인간에게 새로운 명령과 함께 언약을 주셨으나 그들 역시 첫 번째 인간들과 다를 바 없었다. 가정과 사회 및 하나님과의 관계는 다시 한 번 파괴되었으며 그에 따라 하나님은 그들을 온 지면에 흩으셨다.

이것이 이스라엘 이야기의 배경이다.

206 창세기 1-11장: 시작에 대한 이야기

● ● ● ● ●

　창세기 1-11장을 읽고 아래의 질문에 대해 생각하기 위해서는 수 시간이 필요하겠지만 이런 식의 독법은 구약성서를 배우기 위해 꼭 필요한 과정이다. 지름길은 없다. 이어지는 장들(특히 245)은 이와 같이 성경을 읽고 제기된 이슈 가운데 일부와 관련된 내용을 다룬다.

　나는 이 질문 및 다른 곳에서 종종 "창세기 1:1-2:3"과 "창세기 2:4-2:25"을 "창세기 1장" 및 "창세기 2장"으로 표현한다는 사실에 유념하기 바란다. 여러분은 창세기 1:1-2:3의 내용으로부터 창세기 2장의 서두가 사실상 1장의 결론이라는 사실을 확인할 수 있다. 영어 성경은 장 구분을 하지만 원문에는 이러한 장 구분이 없다. 성경에 장과 절이 들어간 것은 13세기경의 일로, 신자들이 특정 본문을 가리키기 위해 편의상 만든 것이다(히브리 성경도 장절을 구분하지만 숫자를 사용하지 않기 때문에 특정 본문을 가리키는 용도로는 사용할 수 없다). 이런 시스템은 대체로 파리에서 교수로 지내며 훗날 캔터베리 대주교가 된 스티븐 랭턴(Stephen Langton)에 기인한 것으로 본다.

　장 구분은 본문의 의미를 명확히 하는 역할을 할 때도 있지만 때로는 오히려 본문의 의미를 모호하게 하기도 한다. 일반적으로 영어의 장 구분-이러한 장 구분은 오늘날 히브리 성경에도 나타난다-은 예전 히브리 성경의 장(chapter 또는 section) 구분과 일치하지 않는다. 그러나 아이러니하게도 우리가 살펴보고 있는 본문의 경우, 히브리 전통은 소위 창세기 2:1부터 시작하는 영어 성경 장 구분과 일치하며 따라서 도움이 되지 않는다.

1. 창세기 1:1-2:3을 처음 읽는 것처럼 읽어 보라.

   여러분은 어떤 인상을 받는가?

2. 어떤 단어와 주제가 되풀이 되는가? 특히 어떤 부분이 강조되는가?

3. 본 장은 하나의 이야기로서 어떤 역할을 하는가?

   본 장은 어떤 구조로 되어 있는가?

   이야기의 초점은 어디에 맞추어지는가?

   (마지막 질문에 대한 답은 두 가지로 제시할 수 있다).

4. 이어서 창세기 2:4-3:24을 읽어 보라. 당분간 창세기 1:1-2:3을 잊어라.

   이 이야기의 메시지는 무엇인가?

5. 이제 창세기 2:4-3:24과 창세기 1:1-2:3을 비교해 보라.

   하나님에 대해, 하나님의 창조 방법에 대해, 인류에 대해, 남자와 여자에 대해, 그 외의 주제에 대해, 메시지에 대해, 독자에게 복음이나 도전을 제시하는 방법에 대해, 두 본문이 전하고자 하는 말에는 어떤 유사성과 차이점이 존재하는가?

6. 두 이야기의 (내용과 달리) 전달 방식에는 어떤 유사성과 차이점이 존재하는가?

   두 본문은 동일한 이야기인가?

   어떻게 다른가?

7. 창세기 4:1-26을 읽으라.

   이야기를 하는 방식에 있어서 본문은 창세기 1:1-23과 창세기 2:4-3:24 가운데 어느 것과 더 많이 비교되는가?

   유사성과 차이점은 무엇인가?

8. 창세기 4:1-26이 이스라엘 독자에게 전하려는 메시지는 무엇이라고 생각하는가?

   본문은 그들에게 복음이나 도전을 어떤 방식으로 제시하는가?

9. 하나님, 인간 및 죄를 이해함에 있어서 창세기 4:1-26은 창세기 1:1-

2:3 및 창세기 2:4-3:24과 어떻게 비교되는가?

10. 창세기 1장, 창세기 2장, 창세기 3장 및 창세기 4장은 남자와 여자, 남편과 아내에 대해 어떤 통찰력을 제시하는가?

각 장에는 남자가 여자에게, 또는 남편이 아내에게 권위를 행사할 수 있다는 생각이 함축되어 있는가?

신약성서 디모데전서 2:8-15과 같은 본문의 가르침은 이러한 장들의 가르침과 일치하는가?

11. 창세기 5-11장을 읽어 보라. 창세기 1-11장 전체에서 반복되는 패턴을 찾아볼 수 있는가? 어떤 단어가 반복되는가?

전체적 구조나 패턴은 무엇을 암시하는가?

12. 창세기 1-11장에 따르면 하나님은 어떤 분이신가?

하나님은 우리 인간과 어떤 관계이신가?

13. 창세기 1-11장에 따르면 인간은 어떤 존재인가?

(죄 문제는 다음 질문에서 생각하라).

14. 창세기 1-11장은 어떤 통찰력을 함축하고 있는가?

죄에 해당하는 용어, 악한 행동이나 부작위, 죄의 결과, 죄와 관련된 자 및 하나님은 죄를 어떻게 대하시는지에 대해 살펴보라. 이러한 질문을 다음 본문과 관련하여 물어보라. 창세기 2:4-3:24; 4:1-24; 6:1-4; 6:5-13; 8:20-9:17; 9:18-27; 11:1-9. 이것은 죄에 대한 언급이 나타나지 않는 창세기 1:1-2:3에 대해서도 생각해 볼 수 있다. 즉 이 장의 내용에 있어서 죄로 볼 수 있는 요소는 무엇인가?

207 창세기 1장과 중동의 창조 설화

고대 바벨론 창조 설화 가운데 최초로 발견된 가장 유명한 자료는 에뉴마 엘리쉬(*Enuma Elish*[When on High])이다. 이 제목은 이야기의 맨 처음에 나오는 단어이다(이스라엘 세계에서 책의 첫 번째 단어는 제목으로 사용되기도 했다. 창세기(베레쉬트[*Bereshit*], 태초에), 출애굽기(쉐모트[*Shemot*], "이름들"), 레위기(바이크라[*Wayyiqra*'], "그리고 그가 부르셨다"), 민수기(베미드바르[*Bemidbar*], "광야에서"), 신명기(데바림[*Devarim*], "말씀").

에뉴마 엘리쉬의 기원은 여호수아 시대인 것으로 보인다.

그렇다면 바벨론은 모세 시대에 기록된 이야기로부터 창조에 관한 지식을 얻었는가?

그러나 바벨론은 이스라엘 보다 발전된 문화를 가지고 있었으며 이스라엘에게 배우려는 생각을 가지지 않았을 것이다. 또한, 우리는 이스라엘과 바벨론이 당시에 교류가 없었다는 사실을 알고 있다.

에뉴마 엘리쉬는 이스라엘의 창조 기사의 원천인가?

바벨론 이야기를 읽어 보면 이스라엘이 바벨론의 창조 설화를 그대로 가져오지 않았다는 사실을 알 수 있다. 바벨론 설화와의 차이점은 유사성만큼이나 뚜렷하다. 그러나 유사성도 나타나며 이러한 유사성은 우연의 일치로 보이지 않는다. 에뉴마 엘리쉬(245 참조)를 읽고 창세기 1장과의 유사성과 차이점에 대해 질문해 보라.

다음은 이러한 질문에 대해 나의 대답이다.

1. 에누마 엘리쉬에 나오는 사건들의 기본적 순서는 창세기 1장과 유사하며 세부적인 내용에까지 유사성이 나타난다. 예를 들어, 티아맛(Tiamat)이라는 이름은 어원학적으로 테홈(tehôm, "깊음"[창 1:2])이라는 히브리어와 관련되며, 인간은 신을 섬기기 위해 창조되었다. (다른 메소포타미아 창조 설화에서 인간은 흙으로 창조되며[cf. 창 2:7], 생명나무와 생명수에 대해 언급한 이야기도 있다).

2. 두 문서는 인간과 물질 세계의 배후에는 궁극적 실재들이 있다고 말한다. 두 문서의 세계관은 유신론적이다. 그러나 에누마 엘리쉬에서 궁극적 실재들(Apsu, Tiamat, Mummu)은 물질과 연결되어 있으며 물질 자체가 영원하기 때문에 사실상 태초라는 개념은 없다. 또한, 궁극적 실재들은 신이 아니며 이러한 궁극적 실재들로부터 신들이 나온다. 그들은 영원하지 않으며 물질적이다.

3. 따라서 에누마 엘리쉬는 신과 인간을 명확히 구별하지 않는다. 둘 다 물질로부터 나오며, 생물학적 방법으로 번식한다. 신들의 삶은 인간의 삶을 반영한다. 그들은 결혼하고 출산하며 가정 생활을 영위하며 먹고 마시며 죽는다. 그들은 싸우며, 이 땅에서의 분열은 하늘에서의 분열을 반영한다. 신들은 당황하고 속임을 당하며 좌절한다. 그들은 거칠고 악하며 악을 즐긴다. 악은 영원히 초월적인 실재이며, 하늘에는 폭력의 도덕 외에는 도덕성이 없다. 이와는 대조적으로 창세기에서 죄와 갈등 및 문제는 궁극적인 실재가 아니다. 이러한 것들은 피조물의 실패로부터 기인한다. 하나님은 한 분이시다. 하나님은 물질이 아니시다. 하나님은 시작(출생)이나 끝(죽음)이 없으시다. 하나님은 자연의 질서로부터 벗어나 계시며 따라서 지배를 받지 않으신다. 하나님은 인간(결혼을 하며 먹고 마시는 존재라는 의미에서)과 다르시다. 하나님은 선하시며 은혜로우시다.

4. 에뉴마 엘리쉬에서 마르둑(Marduk)은 지상의 사건들을 미리 결정하며 우주의 안정을 보장한다. 창세기에는 하나님의 인격적 뜻이 역사하지만 모든 사건들은 미리 정해져 있지 않다. 하나님은 인간과 인격적 관계를 맺으신다. 하나님은 대장이시지만 여러분은 그의 문을 두드릴 수 있다.

5. 에뉴마 엘리쉬에서 마르둑의 위대함은 바벨론과 바벨론이 메소포타미아에서 가지는 리더십을 반영한다. 따라서 에뉴마 엘리쉬는 정치적 문헌이자 사회적 문헌이다. 그것은 사회의 비전을 보여 준다. 창세기 1장도 유사한 기능을 한다. 창세기는 하나님이 특별히 개입하시는 역사로서 이스라엘의 역사를 소개한다. 그러나 창세기 자체는 예루살렘이나 성전에 대해 언급하지 않는다. 창조와 계속되는 역사의 연결은 창세기의 독특한 점이라고 할 수 있다.

6. 에뉴마 엘리쉬에서 인간은 신을 위한 부속품으로 만들어졌다. 인간 창조는 추가된 내용에 불과하지만 창세기에서 인간 창조는 이야기의 절정(창 1장) 또는 중심(창 2장)이다. 창세기는 이 땅에서 인간의 역할 및 결혼에 대해 긍정적인 신학을 가지고 있다.

208 창세기 1-4장: 역사적 정황에 대한 추측

● ● ● ● ●

이스라엘이 바벨론 문화를 직접 경험한 것은 그들이 바벨론의 포로로 사로잡혀 간 주전 6세기이며, 따라서 바벨론의 창조 설화를 접할 수 있었던 것도 그때일 것이다. 당시 바벨론은 중동 사회의 주류 문화를 형성하고 있었으며, 마르둑 신전에서 마르둑과 바벨론을 찬양하기 위해 매년 열린 신년 축제에서는 창조 설화를 담고 있는 에누마 엘리쉬가 낭독되었다. 이 이야기는 바벨론의 신, 마르둑이 어떻게 신들의 왕이 되었으며 따라서 바벨론이 세상의 중심지가 되었는지 설명한다.

우리는 이사야 40-55장을 통해 바벨론 신들의 실물이 유다 백성에게 유혹이 될 것임을 경고하는 내용을 볼 수 있다. 신의 형상 및 화려한 행렬을 자랑하는 바벨론 종교의 외양은 이스라엘 종교의 외양보다 인상적이었다. 이러한 차이는 바벨론이 야훼의 신전을 파괴했다는 사실로 인해 더욱 뚜렷이 부각되었을 것이다.

창세기 1장과 이사야 40-55장은 설명하는 방식에 있어서 차이가 있기는 하지만 하나님에 대한 실제적 진리와, 동일한 역사적 상황에서 나온 신들 및 창조 설화를 비교한다. 이사야 40-55장은 하나님이 포로 된 유다 백성으로 하여금 예루살렘으로 돌아가 성을 새롭게 회복하게 할 것이라는 주권적 창조 행위를 강조한다. 창세기는 하나님이 태초에 행하신 주권적 창조 행위를 강조한다.

그것은 유다 백성에게 다음과 같이 말한다.

너희는 바벨론 창조 설화를 아느냐? 그것은 어리석은 이야기이다. 내가 실제로 있었던 이야기를 들려주겠다.

우리는 창세기 1장을 통해 바벨론의 종교와 맞서 이스라엘의 신앙과 행위를 뒷받침하는 특별한 방식을 볼 수 있다. 창세기 1장은 하나님이 한 주간 일하시고 하루를 쉬신 것으로 묘사함으로써 이스라엘의 일주일이 독특한 구조를 가지는 것이 그들의 독특성 때문이 아님을 보여 준다. 이러한 구조는 하나님이 일하시는 패턴을 반영한 것이다.

하나님이 창조 주간의 넷째 날에 해와 달을 만드신 것은 특이해 보인다. 바벨론에서는 해와 달이 사람의 삶을 지배하는 존재이기 때문이다. 창세기는 해와 달을 그들의 자리로 돌려놓으며 "또 별들을 [만드시고]"이라고 넌지시 언급함으로써 이러한 사실을 강조한다. 바벨론 사람들은 별이 이 땅에서 일어나는 일을 주관하는 중요한 역할을 한다고 생각했다. 이처럼 창세기 1장의 창조 주간에 대한 차분하고 체계적인 논리와 구조는 바벨론 설화의 혼란스러운 창조 과정과 대조를 이룬다.

창세기 1장이 역사적 상황과 이런 식으로 대조되는 것처럼 보인다면 창세기 2-4장도 그렇게 볼 수 있지 않겠는가?

창세기 1장은 토라의 내러티브에서 맨 처음에 나오지만 해석가들은 창세기 2-4장이 더 오래 된 자료라고 생각했다. 다시 말하면 원래 창세기 2장부터 시작하는 자료가 있었고 창세기 1장이 서두에 덧붙여졌다는 것이다. (복음서도 이런 식으로 유추해 볼 수 있다. 즉 마가복음이 가장 오래된 자료이지만 마태복음이 서두에 삽입되었다는 것이다. 이것은 아마도 마태복음이 이해하기 쉬웠기 때문일 것이다).

해석가들은 특히 다윗과 솔로몬 시대 이스라엘의 역사를 배경으로 다양한 방식으로 창세기 2-4장을 조망했다(245 참조). 이러한 방식에는 창세기 2-4장의 개연성 있는 역사적, 문화적, 종교적 배경에 대한 여러 가지 이론과 당시 독자에 대한 본문의 원래적 의미가 포함된다.

문제는 이 본문의 배경에 관한 이론 및 원래의 독자를 위한 중요한 의미가 너무 많다는 것이다. 이러한 자료가 모두 사실인 것은 아니다. 모든 자료는 본문을 다른 정황에서 해석할 수 있는 통찰력 있는 조망이 될 수 있지만 실제적인 역사적 상황에서 본 장의 의미에 대한 진술은 될 수 없다. 모든 자료는 본문의 의미에 대한 그럴듯한 설명은 될 수 있지만 우리에게는 자료를 판단할 수 있는 기준이 없다는 것이다.

따라서 창세기의 앞부분에 대한 역사적 기원을 밝히려는 시도는 혼합된 자료를 양산할 소지가 있다. 이러한 가능성은 창세기 2-4장보다 창세기 1장이 높다. 그러나 이것이 창세기 2-4장에 대한 이해를 가로 막는 것은 아니다. 다만 본문의 배경이 되는 정확한 역사적 정황을 알 수 없을 뿐이다.

또한, 창세기 2-4장은 창세기 1장에 비해 토라와 관련하여 우리에게 훨씬 전형적인 상황이다. 따라서 우리는 마땅히 "이 이야기는 이스라엘 공동체에 무엇을 의미하는가"라고 물을 수 있지만 일반적으로 이 공동체를 구체적인 역사적 상황에 둘 수는 없다.

209 창세기 1-4장: 동시대의 상황으로서 가부장제

가부장제는 인간이 다른 인간을-특히 남자가 여자를-지배하고 권력을 행사할 수 있다고 생각한다. 우리는 구약성서에서 이스라엘이 이 주제에 대해 지난 세기 서구 문화의 관심의 초점이 될 만큼 지대한 관심을 가졌다는 어떤 암시도 발견할 수 없다. 반면, 토라와 그 외 여러 본문에는 이러한 이슈가 그들의 문화 곳곳에 나타남을 간접적으로 보여 주는 많은 이야기와 규례와 말씀이 나온다. 20세기 말, 서구에서 발전된 성경 접근 법 가운데는 페미니스트 해석(feminist interpretation)이 있다. 페미니스트 해석의 원래적 관심은 성경에 대한 가부장적 해석, 즉 성경이 가부장제를 뒷받침하는 것으로 해석되어 온 방식을 드러내는 것이었다. 그러나 텍스트 자체에는 가부장제를 인정하는 내용도 발견된다.

창세기 1-4장을 이 문제에 대한 서구의 관점에서 해석하면 어떻게 되겠는가?

1. 창세기 1장은 남자와 여자가 함께 하나님의 형상을 따라 창조되었으며 그러한 토대 위에서 세상을 다스리라는 위임을 받은 것으로 묘사한다. 본문에는 한 인간이 다른 인간에게-특히 남자가 여자에게-권력을 행사했다는 어떤 징후도 없다. 우리는 저자가 남자(특히 제사장)일 것이라고 생각하기 때문에 그들이 그런 진술을 하지 않았을 것이라고 생각한다. 그러나 이것은 그들이 한 말이다.

2. 창세기 2장은 남자가 여자에 대해 권력을 행사할 수 있다는 의미로 해석되어 왔다. 그러나 남자가 먼저 창조되었다는 사실이 그러한 우월성을 인정하는 것은 아니다. 차라리 2장의 인간에 대한 관점이 1장의 그것보다 탁월하다고 생각하는 것이 논리적이다. 여자를 남자를 "돕는" 배필로 묘사한 것은 여자가 열등하다는 뜻이 아니다. 구약성서는 종종 하나님에 대해 "돕다"라는 단어를 사용한다. 남자가 생물의 이름을 부르는 행위는 그들에 대한 권세를 가리키는 것으로 보이지만 그는 생물에 대해 이름을 붙이는 것과 같은 방식으로 여자의 이름을 부르지 않는다.

3. 창세기 3:1-7에서 뱀이 하와에게 접근한 것은 그녀의 복종이나 열등성과 마찬가지로 그녀의 우월성이나 권위를 보여 주는 것일 수 있다. 남자와 여자는 함께 하나님의 명령에 불순종한다.

4. 창세기 3:16은 남자가 여자, 적어도 남편이 아내를 다스릴 것이라고 말씀한다. 이것은 남자와 여자의 성적인 관계 또는 남자가 여자에 대한 일반적 권위에 대한 언급이다. 어느 쪽이든 계급 구조나 지배나 가부장제는 인간 창조와 관련된 요소가 아니라 인간의 불순종으로 인한 산물이라고 할 수 있다.

5. 창세기 3:14-19의 상황은 일반적으로 가부장제처럼 인간의 불순종에 의한 결과는 하나님의 뜻임을 보여 준다. 그러나 이 때에도 하나님은 이러한 결과가 자신이 직접적인 의도가 아님을 보여 주신다(내가 네게 임신하는 고통을 크게 더하리니 네가 수고하고 자식을 낳을 것이며).

6. 창세기 4장에 나오는 라멕 이야기는 당시 인간의 삶에서 폭력과 억압이 얼마나 성행했는지를 보여 주며 라멕의 아내들은 이러한 타락의 한 단면을 잘 보여 준다.

7. 우리는 디모데전서 2장을 통해 교회 문제의 일면을 볼 수 있다. 즉 교회 안에 혼인을 금하라고 가르치는 자들이 생겨나리라는 것이다(딤전 4:3). 창세기는 이러한 가르침에 반대하여 결혼과 자녀는 여자들에 대한 하나님의 목적의 중요한 요소임을 보여 준다. 따라서 여자는 이처럼 중요한 소명을 거부해서는 안 된다.

따라서 구원을 받는다는 것은(딤전 2:15) 하나님의 진노에서 구원함을 받고, 정숙함으로써 믿음과 사랑과 거룩함에 거하는 특정한 삶을 지속함으로써 마지막 날에 생명을 얻는 것을 뜻한다(cf. 딤전 4:16). 이러한 삶은 우리의 소명이자 하나님이 우리를 창조하신 목적이다.

여자들이 아이를 가지는 것은 이러한 삶과 소명의 한 부분이며 따라서 여자는 출산을 통해 구원을 받는다. 그러나 이것은 모든 여자가 아이를 가져야 한다는 것은 아니다. 창세기와 마찬가지로 디모데전서의 말씀도 여성에 대한 일반론이다.

210 창세기 1-11장과 역사: 스펙트럼에 따른 관점

우리는 108-109를 통해 구약성서의 역사적 성격과 진실의 관계에 대해 대략 살펴보았다. 서구의 많은 사람에게 창세기 1-11장은 이 문제를 특히 예민하게 제기한다. 창세기를 읽을 때 드러나는 몇 가지 중요한 문제는 다음과 같다.

하나님은 실제로 7일 만에 세상을 창조하셨는가?
하와는 실제로 아담의 갈비뼈로부터 만들어졌는가?
뱀은 실제로 말을 했는가?
가인은 어디서 아내를 얻었는가?
므두셀라는 실제로 천년 가까이 살았는가?
하나님은 실제로 지구 행성 전체에 홍수를 일으키셨는가?
실제로 모든 생물이 한 쌍씩 방주로 들어갔는가?

우리는 창세기의 앞부분에 대해 "사실을 그대로 묘사했다"와 "픽션이다"라는 두 가지 관점을 양극단으로 하는 스펙트럼 속에 저자들을 배열함으로써 본문의 역사적 본질에 대한 관점을 보여 줄 수 있다.

사실을 그대로 묘사했다

프란시스 쉐퍼(Francis Schaeffer, *Genesis in Space and Time*): 실제적 역사다.

데렉 키드너(Derek Kidner, *Genesis*): 실제적 사건들에 대한 비유적 표현이다.

칼 바르트(Karl Barth, *Church Dogmatics* III.1) 및 게르하르트 폰 라드(Gerhard von Rad, *Genesis*): 영웅 이야기이다.

알란 리차드슨(Alan Richardson, *Genesis*): 단순한 비유이다.

루돌프 불트만(Rudolf Bultmann, *Existence and Faith*) 및 윌리엄 데버(William Dever, *What Did the Biblical Writers Know?*): 전설이다.

로렌스 쉬프만(Rabbi Lawrence Schiffman, "Losing Faith"): 남자와 여자의 인간 관계, 하나님과 백성, 선과 악에 대한 축소판과 같다.

픽션에 불과하다

스펙트럼의 한쪽 끝에 있는 프란시스 쉐퍼(Francis Schaeffer)는 하나님이 "시공 세계"에서 실제로 행하신 사실의 중요성을 강조하며, 이러한 원리와 관련하여 어떤 타협도 용납하지 않는다.

스펙트럼의 다른 쪽 끝에 있는 저자들은 이 이야기를 인간의 삶 및 하나님과 인간 사이에 있는 상황을 예수님의 비유나 하나님과 세상의 관계에 대한 시편의 진술과 같은 방식으로 묘사한 것으로 본다.

다시 말하자면, 이 이야기가 사실이 아니라는 말의 의미는, 이 이야기는 진실하지만 역사적 사실로서가 아니라 영원한 진리로서 그렇다는 것이다. 예를 들어, 창세기 2장은 남자와 여자가 서로를 찾을 때 그곳에 낙원이 있다는 사실에 대한 진실한 이야기라는 것이다(William Dever, *What Did the Biblical Writers Know?*).

양 극단 사이에 있는 저자들은 본문에 대해 어느 면에서 실제적이고 역사적인 진술이지만(즉 "하나님이 세상을 창조하신 것은 역사적 사건이며, 하나님은 아름답고 놀라운 세계를 창조하셨으나 인간이 하나님의 명령에 불순종함으로써 후손에게 재앙적 결과를 물려주었다." 등) 모든 구체적인 묘사에까지 문자적 사실로 받아들일 필요는 없다고 믿는다.

나는 이러한 중도적 관점이 합리적이라고 생각한다. 이 이야기는 실제로 일어난 일에 대해 진술하지만 생명나무, 선악을 알게 하는 나무, 말하는 뱀 등 상징으로 가득하다. 성경 곳곳에 나타나는 이러한 모티프는 문자적 사실로 받아들일 것을 강요하지 않는 상징적 내용으로 볼 수 있다.

이러한 상징은 성경의 예언은 물론 창세기의 반대쪽 끝에 있는 요한계시록에서 다시 본격적으로 나타나기 시작한다. 성령께서는 요한계시록의 종말에 관한 기사를 영감으로 기록하게 하실 때 저자가 달리 경험해 보지 못한 실재에 대해 사실적으로 보여 주시지 않았다. 성령께서는 장차 실제로 일어날 역사적 사건에 대한 내러티브를 구체적이고 사실적인 묘사가 아니라 신학적 상징으로 묘사하도록 영감을 주셨다.

앞서 이러한 상징이 사용된 창세기의 앞부분에 대한 성령의 영감도 동일한 관점에서 접근할 수 있다. 두 본문에서 저자는 이러한 상징을 통해 자신이 경험해 보지 못한 실재를 묘사한 것이다.

211 비유적 역사로서 창세기 1-11장

다른 말로 하면, 창세기 1-11장은 사건을 회화적으로 묘사한 비유적 역사라는 것이다. 이것은 우리가 이야기의 세밀한 부분까지 진지하게 받아들이지 않아도 된다는 뜻이 아니다. 모든 성경은 성령의 영감으로 기록되었으며 그것을 기록한 목적이 있다. 다만 이러한 본문으로부터 문자적 역사에 대한 정보를 얻으려 애쓸 필요는 없다는 것이다.

데렉 키드너(Derek Kidner)는 창세기 주석을 통해 사무엘하 12:1-4의 기사와의 비교를 제시한다. 본문에서 나단은 다윗에게 많은 양을 소유한 자와 새끼 양 한 마리뿐인 자에 대한 비유를 제시한다. 전자는 자기에게 온 행인을 접대하기 위해 후자의 양을 빼앗는다. 이 이야기는 실제로 양떼를 소유한 부자와 가난한 사람과 행인과 접대가 있었다는 것이 아니다. 이것은 다윗과 밧세바와 우리아에 대한 이야기를 다윗에게 알리기 위한 비유이다.

마찬가지로 창조 기사는 창조가 실제로 6일 동안 일어났다거나, 넷째 날까지 해와 달이 존재하지 않았다거나, 첫 번째 죄에 말하는 뱀이 개입했다는 것이 아니라 태초에 있었던 일을 이스라엘 백성에게 비유적 방식으로 전달한 이야기로 보아야 한다. 사무엘하 12장의 이야기는 실제적 인물과 사건들(다윗, 우리아, 밧세바)에 대한 이야기라는 점에서 역사이지만 상징적 방식으로 묘사된다. 창세기 1-11장도 실제적 인물과 사건들(하나님, 창조, 질서, 보기에 좋음, 기대가 충족되지 못함, 하나님의 뜻이 무산됨)에 대한 이야기라는 점에서 역사이지만 상징적 방식으로 묘사된 것이다. 본문에서는 뉴스를 통해 얻을 수 있는 정보를 얻을 수 없다. 예를 들어, 여러분은 가인이 어디서 아내를 구했는지 물어볼 수 없다. 그렇게 하는 것은 비유를 모든 세부적 내용이 실제적 사건과 일대일로 대응하는 일종의 알레고리로 보는 것이다.

창세기 1-11장이 비유적이라면, 토라는 언제 비유적 역사에서 실제적 역사로 바뀌는가?

창세기에서 열왕기까지 이어지는, 토라가 속한 긴 내러티브에서 실제 역사와 가장 근접한 장은 끝 부분에 나오는 열왕기하 25장의 예루살렘 멸망에 관한 기사이다. 이 부분은 성경 전체에서 가장 실제적인 역사에 근접한 기록이다. 또한, 이 부분은 설교 본문으로도 거의 사용되지 않는다. 역사 자체는 설교하지 않는다. 역사적 기록은 설교를 위한 이야기로 바뀌어야 한다. 따라서 많은 성경 내러티브는 역사적 진술과 상징, 해석 및 의미를 전달하기 위한 방법을 결합한다. (아브라함의 집을 "갈대아 우르"로 묘사한 것이 단적인 예이다. 아브라함 시대에 우르에는 갈대아인들이 살지 않았으나, 이러한 묘사는 훗날 독자에게 하나님이 아브라함을 그들이 알고 있는 갈대아인의 바벨론에서 부르셨다는 사실을 강조한다). 따라서 토라의 내러티브는 특정 시점에서 비유적 내러티브로에서 실제적 내러티브로 바뀌는 것이 아니다. 그것은 처음부터 끝까지 역사를 상징이나 해석 또는 전달 방식과 다양한 비중으로 결합한다.

우리는 사실적 묘사의 정도에 따라, 그리고 상징과 해석 및 전달 방식을 결합하는 비중에 따라, 성경 전체를 또 하나의 스펙트럼에 둘 수 있다. 열왕기하 25장조차 열왕기하 24장 마지막 구절(히브리 성경 장 구분에서는 동일한 장에 해당한다)에 의해 해석된다.

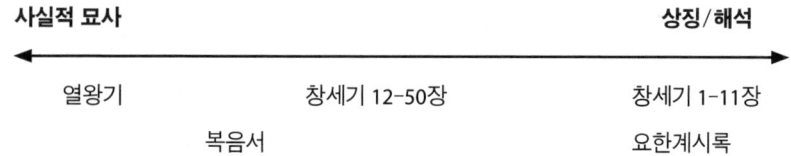

사실적 묘사		상징/해석
열왕기	창세기 12-50장	창세기 1-11장
	복음서	요한계시록

102

앞서의 스펙트럼에서 인용한 랍비 쉬프만(Schiffman)은 아담과 하와에 관한 프로그램을 만드는 TV 인터뷰 기자에게 했던 말을 들려준다. 그 기자는 인터뷰한 모든 사람이 "에덴이 어디 있는가? 태초에 정말 한 사람만 있었는가?"라는 문제에 대해 언급할 시점에 그들이 했던 것처럼 쉬프만과 인터뷰를 할 대에도 그 부분에서는 녹음기를 꺼버렸다.

이제 내가 보기에 창세기의 기사는 우리와 하나님 사이에 언제나 있는 상황에 대해 말하는 것 같지 않다. 그것은 어떻게 지금과 같은 상황이 존재하게 되었는지에 대한 설명을 제시한다. 그러나 본문은 사실적 묘사가 아니라 상징적 설명을 제시한다.

우리는 여기서 다시 한 번 요한계시록과의 평행을 발견할 수 있다. 요한계시록은 하나님이 새 하늘과 새 땅을 창조하시면 어떻게 될 것인지에 대해 언급한다. 그러나 요한계시록도 상징적 방법을 통해 묘사한다. 실제적 모습이 어떻게 될 것인지는 별개의 문제이다.

창세기와 역사에 관한 일련의 질문은 우리가 아는 세상이 어떻게 존재하게 되었는지에 대한 과학적 이해와 창세기 사이의 관계에 초점을 맞춘다. 이 문제에 대해서는 245를 참조하라.

212 창세기 12-50장: 이스라엘 조상에 대한 하나님의 약속

토라의 여섯 개 "막들"(acts) 가운데 두 번째 막은 이스라엘의 조상에 대한 이야기를 들려준다. 그들은 "족장"(patriarchs)으로 불리지만 "족장"이라는 단어는 부정적 개념이기 때문에 "조상"이라는 용어를 사용하는 것이 바람직하다. 또한, "조상"은 족장들과 함께 사라, 리브가 및 라헬과 같이 이 이야기에서 중요한 역할을 하는 여주인까지 포함하는 용어이다.

- **창세기 12-25장**

이 내러티브는 아브라함, 사라 및 그들의 식솔에게 바벨론을 떠나 가나안으로 향하라는 하나님의 부르심과 함께 시작된다. 사라의 불임에도 불구하고 하나님은 이 가정을 큰 민족이 되게 하시겠다고 약속한다. 뿐만 아니라 하나님은 가나안 사람이 버티고 있음에도 불구하고 장차 이 땅이 아브라함과 사라와 그들의 가족의 소유가 될 것이라고 약속하신다(하나님은 나중에 아직 가나안족속이 땅을 빼앗길 만큼 죄악으로 관영하지 않았다는 이유로 이러한 소유권의 전환을 연기하신다).

하나님이 이 가정을 축복하셔서 큰 민족으로 바꾸시는 과정을 통해 세상은 동일한 복을 찾게 될 것이다. 이렇게 해서 온 세상을 복 주시려는 하나님의 원래적 의도가 성취될 것이다. 아브라함과 사라에 대한 이야기는 하나님의 약속이 불가능해 보이지만 점차 성취되기 시작한다는 주제를 발전시킨다. 그들의 가나안 거주는 이루어지며 아브라함과 사라는 결국 아들을 낳는다.

▪ 창세기 26-36장

아브라함과 사라의 아들 이삭과 그의 아내 리브가에게 초점에 맞추어진다. 또한, 이삭과 사라에 대한 이야기 역시 그들의 자녀에게 초점을 맞춘다. 왜냐하면, 자녀를 낳는다는 것은 그들에게 복을 주고 그들을 통해 열국에 복 주시려는 하나님의 목적을 이루는 데 중요한 의미를 가지기 때문이다.

에서는 쌍둥이 가운데 먼저 태어났기 때문에 장남이 되어야 하지만 구약성서에서 하나님은 종종 이러한 인간적 관행을 역행하신다. 따라서 본문의 경우 하나님은 야곱을 자신의 목적을 이룰 아들로 삼으신다. 구약성서에서 볼 수 있는 또 하나의 패턴은 하나님이 사용하신 자 가운데 많은 사람이 도덕적 비난의 대상이라는 것이다. 본문의 경우 에서는 야곱보다 훌륭하지만 하나님이 사용하신 자는 거짓말쟁이 야곱이다.

결국 야곱은 "이스라엘"이라는 이름을 가지게 되며, 그의 전기를 읽는 이스라엘 백성은 조상의 성품에 대해 두고두고 곱씹을 것이다. 한편, 에서는 이스라엘의 남동 지역에 거주하는 에돔의 조상이 되었으며 이 이야기 속에서 보여 준 그의 모습은 이스라엘 백성으로 하여금 친척에 해당하는 이 광범위한 가족과의 관계에 대해 상기시킬 것이다(이 이야기에는 이스라엘의 동쪽에 거주하는 또 다른 이웃, 모압과 암몬의 조상 롯도 포함된다).

▪ 창세기 37-50장

창세기 마지막 부분은 야곱과 그의 아내 레아와 라헬 및 사실상 야곱의 첩인 그들의 종 빌하와 실바에 대한 이야기를 들려준다. 야곱의 열두 아들의 출생에 대해서는 앞서 이삭과 리브가편에서 소개된 바 있다. 창세기의 마지막 부분에 해당하는 37-50장은 그들에게 초점을 맞춘다. 형제간의 잘못된 관계로 말미암아 그들 가운데 한 명은 애굽의 종으로 팔려간다. 그러나 이 사건은 가나안에 기근이 찾아왔을 때 야곱과 그의 아내와 자식들이 애굽으로 가게 되는 일련의 사건들을 초래하게 한다. 나중에 이스라엘의 열두 종족은 자신의 기원을 야곱의 열두 아들에게로까지 거슬러 올라가며, 따라서 여기서 열두 아들의 관계에 대한 역사는 이러한 후기 종족 간의 상호 관계에 대한 통찰력을 보여 준다("종족"은 종종 "지파"로 언급되지만 이들이 친족관계인 점을 감안할 때 "종족"이라는 표현이 적합하다).

창세기 12-50장을 읽어 보라.

1. 이 이야기를 통해 하나님에 대해 어떤 사실을 발견하는가?
   하나님은 어떤 본성 또는 성품을 가지고 계신가?
   하나님은 언제나 변함이 없으신가, 아니면 하나님은 변하기도 하시는가?
   하나님은 놀라운 일이나 말씀을 하시는가?
2. 이 이야기에서 하나님은 여자에 대해 어떻게 말씀하시는가?
   여러분은 여자들에 대한 이야기에 대해 어떻게 생각하는가?
   여러분이 발견한 내용은 어떤 문제를 제기하는가?
   여러분은 여자다움에 대한 내용을 발견하는가?
3. 하나님은 다른 인종("택자"가 아닌 민족)에 대해 어떻게 말씀하시는가?
   택한 백성은 그들에 대해 어떻게 말하는가?
4. 이 이야기에서 가정은 어떤 역할을 하는가?
   그들의 문제는 무엇인가?
   그들의 이야기는 우리의 가정 문제에 대해 어떤 통찰력을 제공하는가?
   하나님은 이러한 가정들에 대해 어떻게 말씀하시는가?
5. 하나님은 이 이야기에 나오는 네 명의 주인공, 아브라함, 이삭, 야곱 및 요셉에 대해 무엇이라고 말씀하시는가?
   창세기는 이들에 대해 어떤 생각을 가지고 있는가?
   여러분이 발견한 내용은 어떤 문제를 제기하는가?

213 창세기 12-50장:
창세기는 결혼에 대해 어떻게 묘사하는가?

창세기에서 결혼과 가정은 많은 문제점을 노출하며 따라서 그럼에도 불구하고, 그들을 통해 역사하시는 하나님을 바라보게 한다. 서구의 독자는 결혼과 가정에 대한 일부 이야기에 대해 당황하거나 두려워할 수 있다. 그러나 전통적 사회의 독자에게는 이러한 이야기들이 대수로운 내용이 아닐 수 있다(예를 들어, 아프리카의 경우 이와 유사한 상황을 찾아볼 수 있다).

역본은 "남편"과 "아내"라는 단어를 사용하지만 이 단어에 해당하는 히브리어의 원래적 의미는 남편의 경우 "주인"이나 "소유자"라는 뜻이며, 아내는 "지배를 받는 자"나 "소유된 자"라는 의미이다.

구약성서는 대체로 "남자"와 "여자"라는 일반적 단어를 선호한다. 따라서 "그의 아내"는 문자적으로 "그의 여자"라는 뜻이며 "그녀의 남편은" "그녀의 남자"라는 뜻이다. 구약성서는 아내를 남편의 소유로 보지 않으며, 이러한 소유 개념은 단지 모든 아내는 남편에게 속하고 모든 남편은 아내에게 속한다는 의미에서만 가능한 개념이다. 또한, 이것은 남편이 자신의 아내를 지배하거나 명령을 내린다는 뜻도 아니다. 아브라함은 애굽에서 사라에게 누이로 부르게 해 줄 것을 요구해야 했다. 리브가와 라헬은 남편이 마음대로 할 수 있는 여자들이 아니다.

이러한 이야기들은 결혼이 남자와 여자 및 가족의 협의를 통해 성사된다는 사실을 보여 준다. 그러나 이러한 협상이 어떻게 시행되었는지에 대한 정해진 패턴은 없다. 결혼이 정치적 책략의 일환이었던 후기 이스라엘의 왕족 간의 결혼은 예외적인 경우이지만, 일반인의 경우 남자나 여자가 자신의 의지와 상관없이 결혼하는 일은 없었던 것으로 보인다.

창세기는 결혼 절차에 대해 어떤 정보도 제공하지 않지만 창세기 2:24은 우리에게 결혼의 본질에 대해 말해 준다. 즉 사람은 자신이 태어난 가정을 떠나 배우자와 합하여 새로운 사회적 단위를 형성해야 한다는 것이다("한 몸"은 단순한 성적 행위를 가리키는 것이 아니라 우리가 다른 사람을 "내 혈육"이라고 말할 때처럼, 두 사람이 새로운 사회적 단위를 형성한다는 의미이다).

확실히 창세기 2:24의 진술은 당황스럽다. 왜냐하면, 창세기의 경우, 일반적으로 부모를 떠나는 것은 남자가 아니라 여자이며 또한, 두 사람은 새로운 단위를 형성하지만 대체로 남편의 방계 가족 안으로 들어온다는 사실 때문이다. 아마도 창세기 2:24의 초점은 여기에 있을 것이다. 즉 남자가 여전히 방계 가족의 범위 안에 머무르기 때문에 오히려 그가 부모를 떠나 아내와 함께 그들의 장막(나중에는 그들의 집)에서 새로운 단위를 형성하는 것의 중요성을 더욱 부각시켜야 할 필요가 있다는 것이다.

창세기 1-2장은 결혼의 본질은 두 사람이 세상을 다스리고 땅을 정복하는 소명을 함께하는 것이라는 사실을 전제한다. 결혼의 본질은 두 사람의 밀접한 인격적 친밀함에 있는 것이 아니다. 이삭과 야곱의 이야기에는 실제로 낭만적인 사랑이 나타나지만 그것을 결혼의 본질로 이해해서는 안 된다. 창세기 2:18은 아담이 외롭다고 말하지 않는다. 아담의 문제는 그가 혼자 살기 때문에 그를 도와 소명을 이루게 할 사람이 필요하다는 것이다. 사실 구약성서는 낭만적 관계에 대한 이상을 가지고 있지만 이러한 비전은 창세기가 아니라 아가서에 나타난다.

이스라엘의 조상들에 대한 이야기는 그들의 결혼이 창세기 1장 및 2장의 기대에 부응하지 못한 사실을 보여 준다. 부부는 종종 아이를 갖지 못하거나 갈등을 경험한다. 이것은 서로 사랑하고 소중이 여겨야 할 사이에서 "너는 남편을 원하고 남편은 너를 다스릴 것"이라고 바뀐 창세기 3장의 선언이 이루어진 것이다(Kidner, *Genesis*, p. 71).

조상들에 대한 이야기는 가부장제 및 남성 중심 사회의 현실과 일치한다. 이러한 이야기들은 주로 가정을 이끌어 가는 남자에게 초점을 맞추어 말씀하시고 행하시는 하나님에 대해 언급하며 딸보다 아들에 대한 이야기를 많이 한다.

또한, 남자가 밖에서 성적 욕구를 해소하는 수단이자 여자가 살아남기 위한 자구책으로서-예를 들어, 남편에게 버림을 받은 경우-매춘 행위를 당연시하며, 경우에 따라서는 일부다처제도 용인한다(주로 첫 번째 아내가 아이를 갖지 못할 때, 특히 구약성서의 후기 상황에서 왕이 많은 아내와 자식을 두는 것은 지위의 상징이었다). 그들은 첫 번째 아내와 두 번째 아내를 구별하는 것을 당연시 했다. (역본은 종종 이들을 "첩"으로 부르지만, 이 단어는 오해의 소지가 있다. 당시 두 번째 아내는 단지 자녀의 상속권 등과 관련하여 서열이 낮았을 뿐이다).

이 이야기들은 이스라엘 조상들의 다소 의아한 행동에 대해서와 마찬가지로 이러한 문제에 대해서도 거의 비판하지 않으며 독자에게 스스로 결론을 내리도록 유도한다.

214 창세기 12-50장: 창세기는 가정을 어떻게 묘사하는가?

● ● ● ● ●

창세기의 가정에 대한 관점은 서구의 독자가 창세기와 관련하여 "가정"이라는 단어를 사용할 수 없을 만큼, 서구 문화의 가정관과 다르다(이러한 상황은 "결혼"이라는 개념에도 해당될 것이다). 구약성서에 나오는 가정과 관련된 단어는 "친족"(kin group)과 "집"(household)이다. 개념을 명확하게 하기 위해 도식화해 보고자 한다.

친족은 가까운 곳에 모여 사는 3-4대를 포함한다. 야곱의 경우는 훌륭한 사례가 될 수 있다. 야곱의 친족은 원래의 두 아내와 두 명의 두 번째 아내, 열두 아들과 그들의 아내(다른 친족에게서 왔다)와 자녀, 야곱의 결혼하지 않은 딸(디나만 언급된다)을 가리키며 아마도 남녀 종들과 고아와 과부와 같은 외부인도 포함될 것이다. 마지막에 언급된 외부인의 경우, 나그네에게 음식을 준다는 의미가 아니라(창 18장에는 이러한 모습을 볼 수 있지만) 집 없는 자가 없어야 한다는 의미에서 함께 기거하는 구조를 전제한다.

야곱의 아들들은 결혼하면, 특히 아이를 가졌을 때, 아내와 함께 친족의 범위 안에서 새로운 집(household[가정])을 시작한다. 창세기의 상황에서 이것은 그들이 자신의 장막(tent)을 가진다는 의미이며 가나안에서는 자신의 집(house)을 가진다는 뜻이지만, 어느 쪽이든 이러한 거처는 친족 내 다른 집(가정)의 거처와 비슷하다. (가나안에서는 대체로 두 세 개의 친족으로 구성된 1-200명의 사람들이 한 마을에 모여 살며, 젊은 사람들은 마을 내 다른 친족과 결혼한다).

자녀가 성인이 되면 결혼하여 자녀를 낳는다. 그들은 계속해서 친족 안에서 가정(집)을 형성하기 때문에 친족은 윗세대가 죽기까지 사대를 형성하게 된다(출 20:5 및 신 5:9의 계명에 나오는 "삼사 대까지"라는 표현에 주목하라). 그들이 친족 안에 머무를 것인지 자산을 나누어 새로운 친족을 형성할 것인지는 남은 자식들이 협의할 문제이다. 아브라함과 부모를 잃고 그의 양자가 된 조카, 롯과의 협상은 하나의 사례가 될 수 있다.

가정은 평생의 협정이다. 노동의 영역과 가정의 영역은 특별한 구분이 없다. 가정은 가축을 보살피고 농작물을 재배한다는 의미에서 노동의 토대가 된다. 창세기에서 여자는 남자와 마찬가지로 가축을 돌보는 일을 해야 한다. 창세기에는 서구 사회처럼 요리나 육아와 같은 가사 활동이 가축 사육이나 농사와 같은 바깥일보다 천하게 여긴다는 암시가 나타나지 않는다. 당시 사람들은 음식을 만드는 것과 같은 가사 노동은 대체로 가축을 돌보는 것과 같은 바깥일보다 힘은 덜 들지만 더 많은 기술이 요구된다는 사실을 인정한 것으로 보인다.

친족은 하나님과 관계된 단위이다. 하나님은 세상에서 자신의 목적을 성취하심에서 있어서 친족의 가장을 상대하신다. 가장은 친족이 하나님을 예배할 수 있도록 제단을 쌓는 자이다. 토라의 후반부는 친족이나 가정은 구성원으로 하여금 하나님이 그들을 어떻게 대하셨으며 무엇을 기대하시는지에 대한 이야기를 배우는 장이 된다는 사실을 분명히 보여 준다. 그것은 배우고 가르치는 교육의 단위이다.

가정이 갈등의 현장이 될 수 있다는 것은 가정이 평생의 협정이라는 사실에 기인한다. 그러나 수많은 갈등은 해소된다. 그러므로 가정은 화해의 장이기도 하다. 야곱(에서와의 관계에 있어서)과 요셉의 형제들(요셉과의 관계에 있어서)은 이러한 갈등이 지속적인 분노와 원한으로 이어질 것을 우려하지만 에서와 요셉은 그렇지 않다는 것을 보여 주는 모델이 된다.

우리는 이처럼 역기능을 보여 주는 결혼과 가정으로부터 무엇을 배울 수 있는가?

이러한 것들이 우리에게 보여 주려는 것은 도덕적 모범인가?

신학적 진리를 제공하기 위함인가?

남자다움이나 여자다움의 의미를 제시하기 위함인가?

아니면 정치적 통찰력이나 선교적 통찰력을 제공하는가?

우리가 이러한 질문에 대해 어떻게 접근할 것인지는 이 이야기에서 무엇을 발견할 것인가에 대해 결정적 영향을 미치게 될 것이다.

일부 질문의 경우, 질문하는 독자에 따라 다양한 대답을 듣게 될 것이다. 이것은 우리가 잘못된 질문을 하고 있다는 것을 보여 주는 하나의 단서가 될 수 있다. 이러한 원리에 대해서는 245를 참조하라.

215 창세기 12-50장: 본문은 어느 정도 역사적인가?

창세기 12-50장의 역사적 본질에 관한 문제는 많은 서구 독자에게 다시 한 번 중요한 이슈가 된다. 창세기 12-50장의 몇 가지 특징은 조상들 시대보다 후기의 상황임을 보여 준다.

1. 우르는 "갈대아 우르"(창 11:31)로 표현되는데, 갈대아라는 단어는 조상들 시대보다 수 세기 이후 시대의 용어이다.
2. 리브가는 낙타를 타는데(창 24장), 조상들 시대에 낙타는 일반적으로 집에서 기르는 가축이 아니다.
3. 이삭 이야기에는 블레셋에 대한 언급이 나오는데(창 26:14-18), 그들은 여호수아 시대 이후에 가나안에 정착한 것으로 알려진다.
4. 창세기는 이스라엘을 다스리는 왕이 있기 전에 에돔에 왕들이 있었다는 사실을 언급하는데(창 36:31), 이것은 이스라엘에 왕이 있을 시기의 기록임을 함축한다.
5. 창세기는 하나님을 "야훼"라고 부르지만 출애굽기 3장 및 6장은 이 이름이 모세 시대 이후에 계시되었음을 보여 준다.

이것을 "실수"라고 말하는 것은 설교자가 예수께서 포드 무스탕을 운전하셨다고 말한 것을 실수라고 하는 것과 같다. 상기 리스트는 이 이야기를 듣는 자들이 자신의 시대와 관련이 있음을 인식하게 한다. 그들의 시대와 아무런 연계도 찾을 수 없는 과거에 대한 이야기가 아니라는 것이다.

그러나 이러한 이야기들은 확실히 창세기에 언급된 사건들이 수백 년 후에 기록되었음을 보여 준다. 동시에, 창세기는 후기 이스라엘과 다른 생활 방식 및 신앙에 대한 기억을 보존하고 있다는 사실도 보여 준다. 창세기는 그들의 조상들에 대해 그들보다 수백 년 앞서 다른 유형의 삶을 살았던 실제적 인물들로 묘사한다.

1. 조상들은 거룩한 나무들을 숭배했는데(창 12:6-7, 13:18) 이것은 후기 시대와 일치하지 않는다(호 4:13).
2. 그들은 예배와 관련하여 거룩한 기둥을 세웠으나(창 28:18-22) 후기 시대에는 이러한 행위가 금지된다(신 16:21-22).
3. 그들의 예배는 가정이 토대가 되며 제사장이나 선지자는 없다.
4. 안식일 준수나 음식 규례에 관한 언급은 나타나지 않는다.
5. 그들은 예배할 때 하나님에 대해 히브리어로 "엘"(*El*)이라는 단어를 사용하며, 종종 "엘 엘리온"(*El Elyon*[지극히 높으신 하나님])이나 "엘 샤다이"(*El Shadday*[전능하신 하나님]), 또는 친족의 하나님("아브라함의 하나님"이나 "이삭이 경외하는 이" 또는 "야곱의 전능자")과 같은 복합어를 사용한다. 이러한 표현들은 모두 동일한 하나님을 가리킨다.
6. 이 하나님과의 관계는 하나님의 약속에 대한 믿음 및 이어지는 하나님의 지시에 기초한다. 어떻게 순종할 것인지에 대한 상세한 규례는 없다.
7. 다른 민족과의 관계는 개방성을 특징으로 한다. 친족은 구별된다는 의미에서 거룩함을 드러낼 의무를 지지 않는다.
8. 친족은 중동의 상황에서 볼 수 있는 사회적 관습-예를 들어, 아내가 자식을 낳지 못할 경우 새로운 아내를 맞는 풍습 등-을 행한다.

주후 2000년대 들어와 십 수 년간 창세기의 역사적 가치에 대해 학계의 입장은 대체로 회의적이었다. 그들은 그처럼 늦게 기록된 책이 주전 2000년대의 삶에 대한 정확한 진술을 보존하고 있다는 사실에 대해 의문을 가진다.

정보를 어떤 식으로 보존할 수 있다는 것인가?

어쩌면 창세기가 묘사하는 이스라엘 조상들의 특징적인 신앙과 삶은 왕조 시대 사람들이 거주했던 지역에 해당하는 것인지도 모른다. 이러한 회의적 접근은 창세기가 포로 시대나 포로기 이후에 기록되었고 조상들의 시대와 부합되지 않는 세부적인 내용을 더욱 강조한다는 확신에서 비롯된 것이다. 모든 저명한 고고학자들은 아브라함이나 이삭이나 야곱을 "역사적 인물"로 믿게 할 만한 정황을 발견할 수 있는 희망을 포기했다(Dever, *What Did the Biblical Writers Know*? 98). (지나친 과장이다!).

그러나 창세기가 제시하는 이스라엘 백성의 삶 및 신앙과 그들의 조상들의 삶 및 신앙의 차이점으로부터 얻을 수 있는 보다 쉬운 추론은 창세기가 조상들의 시대에 실제로 일어났던 사건들에 대한 기억을 보존하고 있다는 것이다. 우리는 창세기가 이스라엘의 후기 삶 및 신앙을 조상들의 시대로까지 거슬러 올라가 적용한 묘사 방식을 통해 창세기가 이야기를 세밀한 부분까지 소급해서 업데이트한 것으로 추정할 수 있다(자세한 내용은 Moberly, *Genesis 12-50*; Wenham, *Genesis 1-15* 및 *Genesis 16-50* 참조).

216 창세기 12-50장: 기원에 대한 단서 찾기

● ● ● ● ●

흠정역(KJV) 창세기 서두에는 "모세의 첫 번째 책"이라고 되어 있다. 그러나 이 책 자체는 저자의 이름을 밝히지 않으며, 우리는 모세가 창세기를 기록했다는 전승을 받아들이기 어렵게 하는 후기 이스라엘의 요소들에 대해 살펴본 바 있다. 그리스도인이 모세가 창세기와 이어지는 네 권의 책을 기록했다고 믿는 이유는 예수님과 신약성서 기자들이 모세를 이들 책과 연계했기 때문이다. 그러나 우리가 예수님(신약성서 기자들)이 사실상 아무런 관심이 없었던 문제에 대해 마치 중요한 선언을 하신 것처럼 생각하는 것은 착각이다. 예수님과 신약성서 기자들은 자신이 말하는 내용이 권위 있는 성경으로부터 나왔으며 권위 있는 성경 어디에서 인용했는지를 보여 주려 한 것이다. 그들은 저자 문제를 거론한 것이 아니다.

토라의 기원에 관한 문제는 두 가지로 나누어 생각하는 것이 편리하다. 하나는 창세기에서 시작되는 내러티브(narrative)에 관한 것이고, 또 하나는 출애굽기로부터 신명기까지 관통하는 교훈(instructions)에 관한 것이다. 내러티브와 교훈은 과정과 결말이 다르게 나타난다. 여기서는 내러티브의 기원, 특히 창세기 12-50장의 기원에 대해 고찰할 것이다.

창세기 자체는 저자에 대해 어떤 진술도 하지 않는다. 사실 토라는 모세가 율법의 일부(및 민 33:2의 여정)를 기록했다고 말하지만 토라 전체의 저자는 알 수 없다. 그러나 로마 시대로부터 18세기 후반까지 모세가 토라를 기록했다는 주장은 정설로 받아들여졌다(토라의 마지막 장은 예외이다. 물론 성령께서 모세에게 자신의 죽음을 미리 기록하도록 영감하셨을 수 있으며 랍비들도 이 문제에 대해 논의한 바 있다).

출애굽기부터 신명기까지 모세는 사건들과 가까이 있었지만 그가 창세기를 기록했다면 어디서 정보를 얻었는가?

그는 어떤 출처를 사용했을까?

이러한 학자들의 질문에 대해 두 가지 단서가 제시되었다.

▪ 단서 #1 어떤 사건은 창세기에서 두 번 이상 언급된다.

창조 기사(창세기 1장 및 2장), 홍수의 원인(창세기 6:5-8 및 창세기 6:9-12), 하나님이 아브라함과 언약을 맺으심(창세기 15장 및 17장), 하갈이 추방 당함(창세기 16장 및 21장), 브엘세바라는 이름의 유래(창세기 21장 및 창세기 26장), 하나님이 모세에게 나타나셔서 야훼라는 이름을 계시하심(출애굽기 3장 및 6장).

또한, 우리는 이 한 쌍의 본문을 반복적 특징을 가진 일련의 평행구로 구별할 수 있다. 가장 뚜렷한 특징은 창세기에서조차 하나님에 대해 "야훼"라는 이름을 사용하는 일련의 본문과 "하나님"을 가리키는 일반적인 히브리어 명사 "엘로힘"을 사용하는 일련의 본문으로 구별된다는 것이다.

이 두 가지 계열의 본문은 "J"(독일어로 "야훼"에 해당하는 Jahwist)문서와 "E"("엘로힘"을 가리키는 Elohist)문서로 나뉜다(하나님을 가리키는 전통적 호칭인 "여호와"에 대해서는 115 참조).

▪ 단서 #2 두 번째 요소는 E 문서를 두 가지로 나눌 수 있다는 것이다.

어떤 자료는 보다 구조적이고 공식적이며 안식일, 제사나 식용이 가능한 동물과 그렇지 못한 동물에 대한 구별 및 할례와 같은 신앙적 문제와 관련된다.

이러한 문제에 대한 관심으로 인해 이 자료는 P문서, 즉 "제사장"(Priestly)문서로 불린다.

제사장 문서는 나머지 E 문서, 즉 소박한 스타일 및 일상적인 삶에 대한 관심 때문에 J 문서에 가까운 자료와 구별된다. 이 자료는 E(엘로힘['ĕlōhim]) 문서라는 이름으로 남는다. 따라서 창세기에는 J, E, P 문서라는 세 가지 버전의 이야기가 등장한다.

E 문서의 이야기는 비교적 적다(창 22장이 한 예이다). E 문서의 이야기는 대체로 J 문서와 비슷하기 때문에 창세기가 편집될 때 빠졌기 때문이며, 그 결과 E 문서의 존재는 논쟁이 되었다.

창세기 22장과 같은 이야기에는 또 하나의 특징이 나타난다. 이 본문은 아브라함의 순종을 강조하는데, 이러한 강조는 창세기 26장에서 야훼께서 이삭에게 나타나실 때 다시 나타난다. 토라에서 순종을 복의 열쇠로 보는 관점은 신명기의 중요한 특징에 해당한다. 따라서 이러한 요소는 신명기에 나타난 사상이 창세기의 네 번째 요소를 형성할 수도 있다는 문제를 제기한다.

217 창세기 12-50장: 두 가지 단서는 우리를 JEDP 구조로 인도한다

창세기의 내러티브는 창조 기사 및 이스라엘 조상들에 관한 여러 가지 초기 버전을 결합한 것으로 보이기 때문에 출애굽기부터 신명기까지는 상호 간에 중첩된 내용이 포함된 여러 가지 교훈이 결합되어 있다. J 버전과 E 버전의 이야기는 출애굽기 19-34장과 연결되며 가장 오래된 자료이다. zP(Priestly) 버전의 이야기는 레위기에 집중된 제사장적 내용과 연결된다. 신명기는 독특한 언약 신학 및 설교 형식으로 구별되지만 창세기의 일부 기사는 신명기와 연결된다. 고전적 자료 이론은 신명기가 P 자료보다 오래된 것으로 본다. 따라서 창세기와 토라의 나머지 문서의 기원에 관한 자료 이론은 모든 자료를 연대순으로 배열한다. 이것이 JEDP 이론이다. 고전적 JEDP 이론은 다음과 같다.

J(Yahwist) 문서는 창세기 2-3장의 창조로부터 민수기에서 이스라엘이 약속의 땅 가장자리에 도착할 때까지 계속되는 이야기이다. 뚜렷한 특징은 창세기에서 야훼라는 이름을 사용한다는 것이다.

이 문서의 연대는 주전 10세기, 소위 솔로몬 시대까지 거슬러 올라가지만 이론적 뒷받침은 약하다. J 문서는 유다 예루살렘에서 기록되었다. 유다(Judah)와 예루살렘(Jerusalem) 모두 편의상 J로 시작할 수 있는 이름이다. 이 문서는 이야기 전달 방식이 산뜻하고 활기차며 확고하고 신인동형동성론적(anthropomorphic) 표현을 사용한다. J는 창세기 3장에서 동산에 거니시는 하나님에 대해 이야기하는 스토리텔러(storyteller)이다.

E(Elohist) 문서는 이 이야기의 대안적 버전으로, 창세기의 하나님에 대해 엘로힘(*ĕlōhîm*)이라는 호칭을 사용한다는 점에서 구별된다. 우리가 아는 한 E 문서는 토라에서 J 문서를 보충하기 위한 단편으로만 사용된다. 이 문서의 연대는 전통적으로 J 문서가 작성되고 한두 세기 후에 북왕국, 에브라임에서 작성된 것으로 알려진다.

에브라임(Ephraim) 역시 편의상 E로 시작되는 이름이다. E 문서는 J 문서와 비교할 때 덜 산뜻하고 활기차며 신인동형동성론적 표현이 적고 신학적으로 복잡한 내용을 담고 있다. E 문서에서는 하나님의 인격적 임재보다 백성에 대한 하나님의 영적 도우심이 많이 나타난다.

우리는 지금까지 문자로 기록된 내러티브의 버전에 대해 살펴보았다. J 문서와 E 문서의 유사성은 두 문서가 기존 문서의 이문(variant)이거나 구전 버전(oral version)이었을 가능성을 보여 준다. 구전 버전의 배후에는 개별적 이야기에 대한 별도의 구전이 존재했으며 이러한 구전은 아브라함 이야기, 이삭 이야기, 야곱 이야기 등으로 묶어졌을 것이다.

D(Deuteronomist) 문서는 이야기라기보다 설교에 가까우며, 야훼에 대한 순종에 초점을 맞춘 체계적인 호소이다. 이 문서의 중요한 부분은 주전 622년, 요시야 시대에 성전에서 발견된 토라 두루마리로 분류된다(왕하 22장). 이 문서는 아마도 앞 세기에 기록되었을 것이다. D 문서의 연대는 JEDP 전체에 대한 연대 산정의 핵심이 된다.

P(Priestly) 문서는 J 문서와 유사하지만 신앙-예를 들어, 안식일과 연계된 창조-에 초점을 맞춘 이야기가 틀을 형성한다. 이러한 틀 속에 신앙적 관점에서 제사장과 관련된 일련의 교훈 자료가 들어간다. 전통적으로, P 문서는 포로기나 포로기 이후에 기록된 마지막 원자료로 보이지만 첫 번째 성전의 관습이나 예배 방식을 보존하고 있다.

네 가지 자료가 결합된 것은 포로기 이후의 일이다. 에스라를 모세의 토라에 정통한 신학자로서 예루살렘에 토라를 가져온 자로 묘사한 것은 그가 우리가 가지고 있는 토라의 출현에 중요한 인물이었음을 암시한다.

JEDP 이론은 19세기 독일에서 체계적으로 발전되었다. 이 가설의 영웅 또는 악당(이 가설을 받아들일 것인지 거부할 것인지에 따라)으로는 신명기의 연대를 요시야의 개혁과 연계한 빌헬름 데 베테(Wilhelm de Wette), 발전하고 있는 자료에 나타난 이스라엘의 종교에 대한 발전적(또는 변증적) 접근을 제시한 빌헬름 바트케(Wilhelm Vatke), P 문서를 마지막 자료로 본 칼 그라프(Karl Graf), J 문서를 첫 번째 자료로 보았던 아브라함 쿠에넨(Abraham Kuenen) 및 JEDP 구조 전체를 종합하여 대중화 한 율리어스 벨하우젠(Julius Wellhausen) 등이 있다(Arnold, "Pentateuchal Criticism" 참조).

JEDP 이론에 맞서 제기된 오경의 기원에 관한 이론은 245를 참조하라. 흥미롭게도 이러한 이론들은 대부분 19세기의 이론을 복원하려 하지만 JEDP 이론은 다루지 않는다.

218 출애굽기 1-18장

● ● ● ● ●

출애굽기로의 전환은 이스라엘의 삶에서 큰 전환점을 이룬다. 실제적인 이스라엘의 삶이 시작된 것이다. 야곱의 친족은 한 무리의 백성이 되었다. 아브라함에 대한 하나님의 약속은 성취되었다. 문제는 그들이 머물고 있는 나라이다. 설상가상으로 그 나라 정부는 그들을 국가의 종처럼 대했으며 국고성을 건축하게 하고 학대했다. 애굽의 왕(또는 "바로")은 그들이 강성한 민족이 되는 것을 막으려 했다. 그러나 그의 딸 가운데 한 명은 이스라엘의 남자 아이 하나를 입양하여 목숨을 구해 준다.

성장한 모세는 자기 백성과 동질감을 가지고 자신의 동포인 이스라엘 사람을 괴롭히는 한 애굽인을 죽인다. 그는 결국 미디안 동쪽으로 도망하여 미디안 아내와 결혼한다. 그곳에서 모세에게 나타나신 하나님은 그에게 자신이 어떤 하나님인지에 대한 새로운 계시를 주신다. 그는 단순한 엘 샤다이("전능한 신"이라는 뜻으로 가나안 신들과의 유사성을 보여 준다)가 아니라 아브라함과 이삭과 야곱의 하나님이시다(이것은 조상들의 삶과 연결하는 묘사이다. 하나님은 친족의 리더를 인도하시고 그들이 어디로 가든 그들의 여정에 함께하시는 방식으로 백성과 관계하신다).

그는 본문에 따라 야훼, 그곳에 계신 하나님, 이스라엘의 필요가 되시는 하나님이 되신다.

이러한 호칭에 대해서는 245를 참조하라.

야훼는 모세의 반대에도 불구하고 그를 애굽 왕에게 보내어 이스라엘 백성이 그들의 하나님을 섬길 수 있게 내보내게 하신다. 이스라엘은 야훼의 아들이며 야훼는 아들을 부르고 계신다. 모세는 노중에 거의 죽게 되는데, 그가 언약의 징표인 할례를 받지 않았음이 드러난다. 따라서 모세의 아내는 필요한 조치를 취한다(이 에피소드에 관해서는 245 참조).

결국 하나님은 애굽의 모든 장자와 가축의 처음 난 것을 죽이시며(이것은 죽은 자가 아기라는 뜻이 아니다. 대부분의 장자는 성인이었다), 왕은 이스라엘 백성을 내보낸다. 이스라엘 백성은 이 사건을 기념하여 매년 유월절과 무교절로 지킬 것이다(유월절에 대해서는 245 참조).

그들이 애굽을 떠나자 하나님은 이스라엘 백성을 낯선 길로 인도하시며 (또 한 번 마음이 바뀐) 왕은 그들을 추적하여 궁지로 몬다. 하나님은 기적적 방식으로 홍해를 가르시고 이스라엘 백성을 탈출하게 하신다. 그러자 물이 다시 흘러 애굽 군대를 수장시킨다. 모세와 그의 누이 미리암은 이스라엘 백성으로 하여금 야훼의 권능을 찬양하게 한다.

이스라엘은 하나님이 모세에게 나타나신 산으로 향하지만 도중에 마실 물과 음식이 부족하자 그들과 하나님, 그들과 모세 사이에 위기가 초래된다. 그들은 안전한 종살이로부터 불확실한 자유로 옮긴 사실에 대해 무관심했다. 하나님의 시험에 대해 이스라엘 백성이 보여 준 반응은 그들이 하나님으로부터 구원 받기 전과 전혀 달라지지 않았음을 보여 준다.

그들은 먼 친척 관계인 사막 민족 아말렉으로부터 공격을 받았으나 그들을 물리친다. 그들은 미디안에 있는 모세의 가족을 만나며 모세의 장인은 야훼의 위대하심을 인정한다. 또한, 그는 모세에게 백성을 다스리는 방법에 대해 조언한다.

출애굽기 1-18장을 읽어 보라.

1. 하나님은 공동체로서 이스라엘 백성을 어떻게 대하시는가? 그들은 하나님과 사건들에 대해 어떻게 받아들이는가?

2. 하나님은 이 이야기에 나오는 여자들에 대해 어떻게 대하시는가?

   여자들은 하나님과 사건들에 대해 어떻게 받아들이는가?

3. 이 이야기에서 모세의 리더십의 본질은 무엇인가?

4. 하나님은 어떤 사람을 지도자로 택하시는가?

   그의 장점과 약점은 무엇인가?

   출애굽기는 그에 대해 어떤 평가를 내리는가?

5. 이 이야기에서 애굽의 왕에게서 볼 수 있는 국가 지도자의 본질은 무엇인가?

6. 하나님은 이 나라의 정치 지도자에 대해 어떻게 대하시는가?

219 출애굽기 1-18장: 교훈을 얻는 방법

■ **이스라엘 가운데 임재하시고 역사하시는 야훼**

　출애굽기 전체는 이스라엘에 대한 하나님의 역사하심과 임재하심에 대한 보충적 묘사를 제시하는 두 부분으로 나뉜다. 출애굽기 1-18장에서 야훼는 이스라엘 가운데 임재하시고 중보자 모세를 통해 그들을 애굽의 종살이에서 구원하신다. 출애굽기 19-40장에서 야훼는 이스라엘 가운데 임재하시고 시내산에서 중보자 모세를 통해 그들에게 말씀하신다. 출애굽기는 야훼께서 이스라엘 가운데 임재하시고 광야의 처소에서 그들과 함께 거하시는 장면으로 끝난다. (이러한 관점은 내가 Durham, *Exodus*에서 발췌한 것이다).

　출애굽기의 전반부는 비록 남자들이 중심적 역할을 하지만 이야기의 시작과 끝은 여자들의 활동이 사건의 중심이 된다. 이야기의 서두에서 모든 사건은 여자들-두 산파, 한 어머니, 누이, 공주(그녀는 자신이 무슨 일을 하고 있는지 알았는가?) 및 시녀-의 용기 있는 행위에 의존한다. 이 이야기의 끝 부분에서 하나님의 구원에 대한 찬양을 이끄는 것은 누이와 그녀의 친구들이다. 여자들의 활동은 인간의 능력(바로의 힘)이 무기력함을 보여 준다.

　본문의 상당한 분량은 야훼께서 왕으로 하여금 이스라엘을 내보내어 왕 대신 야훼를 섬기게 하시려는 과정으로 채워진다. 하나님이 그들을 구원하신 목적은 이스라엘을 학대로부터 벗어나게 해서 마음대로 살게 하기 위한 것이 아니라 애굽의 종살이에서 야훼를 섬기게 하기 위함이다. 이러한 사실은 고대 역본을 통해 더욱 분명해진다. 왜냐하면, 출애굽기 3:12, 4:23,

7:16과 같은 본문에서 종종 "예배"로 번역된 단어가 "섬기다"라는 의미를 가지기 때문이다.

이 이야기는 바로의 마음의 완악함 및 닫힌 마음을 중시한다. 그의 마음의 완악함은 야훼의 뜻이다. 이러한 행동은 바로에 대한 야훼의 판단이다(막 4:11-12의 예수님의 말씀과 비교해 보라). 이것은 야훼께서 바로로 하여금 그의 뜻을 대적하게 만드셨다는 의미가 아니다.

나는 야훼께서 그의 신경 세포를 조작해서 완악하게 하신 것이 아니라 바로로 하여금 이스라엘 백성을 내보낼 경우 입을 손해를 생각하게 하고 "네가 아니라 내가 하나님"이라고 속삭이심으로 그의 마음이 완악해졌을 것이라고 생각한다(245 참조).

■ **이해를 위한 출발점**

우리가 본서를 통해 고찰하고자 하는 것은 출애굽기가 성령의 영감으로 기록된 책을 읽는 당시 독자에게 무엇을 전하려 했느냐는 것이다. 우리는 주해에 관심이 있다. 그러나 대부분의 사람은 역사적 호기심에서 출애굽기를 읽는 것이 아니라 자신의 시대에 필요한 교훈을 위해 읽는다. 그들은 다음과 같은 출발점 위에서 출애굽기에 접근한다(이러한 해석 방법이 작동하는 과정에 대해서는 245 참조).

- 하나님과의 개인적 관계를 위한 관심(우리는 이스라엘처럼 구원이 필요하다).

- 영국과 미국의 역사에 대한 이해(영국은 바로이며, 미국은 이스라엘이다).

- 해방신학(억압받고 있는 남미 국가들은 이스라엘과 같은 처지에 있다).

- 흑인 신학(아프리카계 미국인은 이스라엘과 같은 처지에 있다).

- 페미니스트 해석(출애굽 이야기에는 여성이 중요한 역할을 한다).

- 민중 신학(억압받는 한국 백성은 이스라엘과 같은 처지에 있다).

- 탈식민주의적 해석(가나안 민족에게 출애굽은 이스라엘이 그들을 공격한다는 의미로, 나쁜 소식이다).

우리가 역사적 사건에 대한 추적에 관심을 가지든, 출애굽기가 우리에게 주는 다른 의미에 관심을 가지든, 우리가 본문에 대해 가지고 있는 질문이나 가정은 우리가 찾고자 하는 것에 영향을 미치고 우리에게 본문을 읽는 렌즈를 제공할 것이다.

이러한 렌즈는 초점을 맞춘 부분은 확대하지만 다른 곳은 어둡게 할 수 있다. 따라서 우리는 우리가 사용하는 렌즈에 대한 각성 및 우리가 본능적으로 사용하는 렌즈 이외의 렌즈를 사용해야 할 것이다. 이런 식의 각성은 주석과 해석의 관계에 대해 알고 있음을 보여 준다. 주석은 텍스트의 객관적 의미에 대한 객관적 이해를 추구한다.

그러나 주석 작업은 독자의 해석학적 가정에 영향을 받는다. 해석은 우리가 텍스트로 가져오는 관점이 자신의 문화와 자신이 가지고 있는 질문으로부터 나온다는 사실을 인정한다. 그러나 이러한 질문은 자신이 기존에 알고 있는 내용만 텍스트에서 찾으려는 방식이 아니라 텍스트 자체의 관심에 초점을 맞추는 방식이 되어야 할 것이다.

220 출애굽기 1-18장: 출애굽은 실제로 일어났는가?

● ● ● ● ●

출애굽이 실제로 일어난 역사적 사실인지에 대해서는 학계의 의견이 분분하다. 2007년 애굽의 고고학자 자히 하와스(Zahi Hawass)는 "출애굽의 증거는 없다. 그것은 신화"라고 했다.

다른 고고학자 모하메드 압델막수드(Mohammed Abdel-Maqsoud)는 "바로는 익사했고 모든 군대는 전멸했다…이것은 애굽에 닥친 큰 위기이지만 애굽인은 그들의 위기를 문서로 남기지 않는다"(Slackman, "Did the Red Sea Part?")고 했다. 출애굽의 역사성을 입증하기 위한 증거 수집에는 한계가 있으며 이러한 상황은 바뀔 것 같지 않다.

따라서 다양한 주장은 앞으로도 계속될 수밖에 없다. 한 세대의 학자들은 일반적으로 앞 세대에 맞서 새로운 주장을 전개한다. 다음의 주장에 대해 살펴보자.

- **제임스 K. 호퍼마이어**(James K. Hoffmeier, *Israel in Egypt*)

이 이야기는 주전 13세기 애굽의 배경과 일치한다. 기사의 내용이 매우 상세하고 세부적이기 때문에 이것이 후기의 기록이라면 놀라지 않을 수 없다. 이와 같이 호퍼마이어는 고고학이 성경 이야기를 정황적으로 뒷받침한다는 사실을 인정한다.

▪ **윌리엄 G. 데버**(Willliam G. Dever, *What Did the Biblical Writers Know?* 99)

"모세와 출애굽에 대한 고고학적 연구는…무익한 작업으로 폐기처분되었다. 사실 오늘날 초기 이스라엘의 기원에 대한 전반적인 고고학적 증거는 애굽으로부터의 탈출에 대한 어떤 여지도 남기지 않는다."

데버가 말하려는 요지는 두 번째 문장이다. 서안 지구의 소규모 정착에 대한 연구는 이스라엘 백성이 외부에서 들어오지 않았다는 주장에 힘을 실어 주었다. 출애굽의 여지가 없다는 것은 여기서 나온 것이다.

▪ **카렐 반 데르 투른**(Karel van der Toorn, "Exodus as Charter Myth")

그는 출애굽 이야기가 유다와 분리된 에브라임의 삶을 뒷받침하기 위해 발전되었다고 주장한다. 에브라임은 (유다에 있는) 예루살렘과 성전을 거슬러 올라가는 역사, 곧 모세와의 관련성을 강조한다. 이러한 이론은 적어도 왜 이스라엘 백성이 외부에서 들어오지 않으면서도 애굽에서 왔다는 이야기를 만들었는지에 대한 설명은 될 수 있다. 그러나 이러한 주장은 추측에 불과하다.

▪ **J. 필립 하야트**(J. Philip Hyatt, *Commentary on Exodus*)

"출애굽은…역사적 사건이라는 확실한 근거에 기초한다…그러나 우리가 지금 이 책에 나오는 모든 역사적, 전설적 요소들을 규명하기는 불가능하다…홍해를 건넌 사건은 도망하는 히브리인과 애굽인의 전쟁과 자연 현상이 결합된 결과일 것이다…탈출한 자의 수는 수천 명 정도였을 것이다."

따라서 하야트는 홍해 사건이 이 땅에서 실제로 일어난 것으로 상상할 수 있는 사건으로 본다. 이러한 태도의 문제점은 출애굽기가 전쟁에 관해 어떤 언급도 하지 않으며 은연중에 이러한 생각을 배제한다는 것이다.

그러나 한편으로 출애굽기는 홍해 사건을, 과학적으로 이해할 수 있는 사건과 기적을 구별하는 오늘날 서구인이 생각하는 것과 같은 "기적"으로 묘사하지도 않는다. 홍해 사건의 핵심은 이것이 하나의 표징(sign)이며, 하나님의 진리의 핵심적 요소를 드러내고 하나님의 목적을 성취하는 특별한 사건이라는 것이다.

■ 그레함 데이비스(Graham Davies, "Was There an Exodus?")

그는 다음과 같은 사실에 주목한다. 구약성서 전체에는 출애굽에 대한 언급이 광범위하게 나타난다. 후기 사람들에게는 이름이 알려지지 않은 "비돔"과 "라암셋"에 대한 암시가 나타난다. 모세와 미디안의 관계는 도저히 꾸며낸 이야기로 보이지 않는다. "이스라엘"보다 "히브리"라는 단어를 즐겨 사용한다. 모세의 노래(출 15:1-18)는 고대 히브리어를 사용한다.

한 국경 관리는 유목민이 동쪽으로부터 이주해오는 것을 허락할 것인지에 대해 보고한다(역사적 문제에 대한 이러한 "중도적" 입장에 대해서는 Finkelstein and Mazar, *Quest for the Historical Israel*, Greenspahn, *Hebrew Bible*. 참조).

■ 베렐 러너(Berel Lerner, 이스라엘 학자)

"역사적 주장이 대담하면 할수록, 많은 사람들이 그것을 받아들인 이유는 더욱 설명하기 어렵다. 따라서 모든 유다 백성이 자신에 대해 기록한 최초의 문서(출애굽기)를 통해 하나님이 세상 역사에 광범위하게 개입하셨다는 주장(일부 자료는 유다 백성에게 그다지 유쾌한 내용이 아니지만)을 거의 맹신하는 것처럼 보인다는 것은 출애굽 이야기가 사실이 아니라는 가정으로는 도저히 설명할 수 없다."

221 출애굽기 1-18: 백성

- **출애굽의 사실성에 대해 학자들이 다양한 입장을 취하는 이유는 무엇인가?**

학자들 사이에 다양한 주장이 제기되는 배후에 대해서는 몇 가지 고려할 사항이 있다.

학자들은 각자의 개성에 따라 좀 더 보수적이거나 회의적인 관점을 가진다. 출애굽의 역사성은 다른 문제와 달리 출애굽기의 연대 및 저자를 입증할 만한 확실한 증거가 없어 역사적 가치를 확립하기 어렵기 때문에 전제(presupposition)나 개인적 요소가 학자들의 관점을 형성하는 데 많은 영향을 미친다. 신앙적 확신(예를 들어, 성령께서 신학적 가치가 무너질 수 있는 허구적 이야기를 기록하도록 영감시키지 않을 것이라는 믿음이나 홍해 사건과 같은 일은 일어날 수 없다는 믿음)은 학자로 하여금 좀 더 보수적인 관점 또는 회의적인 관점을 가지게 한다.

많은 학자는 출애굽-시내산-광야-정복 기사가 다소 허구적이라고 생각하지만 나는 이스라엘이 이런 이야기를 만들어 내지 않았으며, 적어도 당시 가나안 거민이 알고 있는 일단의 백성에게 실제로 일어난 사건에 기초한 이야기라고 생각한다. 나는 이것이 하나님이 입증하시는 성경이며, 하나님의 픽션을 영감한 것이 아니라는 관점에 기울어져 있으며, 이 이야기는 결코 "만들어진" 것이 아니라고 생각한다.

▪ **출애굽 사건이 실제로 일어났다면 시기는 언제인가?**

열왕기상 6:1에 따르면 출애굽은 전통적으로 주전 1400년대에 일어난 것으로 추정되지만 고고학적 입장은 대체로 주전 1200년대를 가리킨다. 람세스 2세(주전 1290-1224년)는 출애굽 시대의 바로이다. 이것은 열왕기상 6:1이 실제적 연대기를 제시하지 않았을 가능성을 보여 준다. 본문의 "사백팔십 년"이라는 구절은 마태복음에 나오는 예수님의 계보에서 세 차례 반복되는 열네 대와 유사한 상징적인 숫자로 보인다. 마태는 구약성서에 대한 선택적 접근을 통해 하나님이 의도적으로 예수님까지 이어지는 가족 계보에 개입하셨음을 보여 주는 도식을 제시한다.

마찬가지로, 열왕기상 6:1은 구약성서 역사의 연대기적 도식을 위해 전체적 틀의 한 부분이 되는 출애굽 시점으로부터 성전을 건축하기까지 40년씩 열두 세대가 흘렀음을 보여 준다. 성전을 건축한 시점으로부터 포로기에 성전이 파괴될 때까지도 비슷한 시간이 경과하며, 성전이 무너진 시점 또는 성전 재건축 시점으로부터 메시아가 오실 때까지도 비슷한 시간이 흐를 것이다.

실제적 의미에서 한 세대는 20-25년 정도 되며, 따라서 출애굽 시점인 주전 1200년대부터 성전을 건축한 900년대까지는 열두 세대 정도가 경과한 것으로 볼 수 있다.

주전 1200년대는 구약성서 외 자료에서 이스라엘의 존재에 대해 언급한 내용과 일치한다. 애굽의 바로 메르넵타(Pharaoh Merneptah, 주전 1214-1204년경)는 주전 1210년경 가나안에서 전쟁을 수행한 후 자신의 업적을 기리기 위해 비문(석비)을 세웠다. 이 비문에는 다음과 같은 문구가 기록되어 있다.

> 가나안은 비참한 포로가 되었다. 아스켈론(Ashkelon)은 정복되고 게셀(Gezer)은 사로잡혔고. 야노암(Yanoam)은 사라졌다. 이스라엘은 황폐화되고 씨가 없어졌다.

이 석비의 내용은 다소 과장되었으나, 비문에 사용된 상형 문자가 지역적 개념보다 민족으로서 이스라엘에 초점을 맞춘 것은 아직 가나안에 정착하지 못한 이스라엘의 상황과 일치한다는 점에서 의미가 있다.

■ 백성

출애굽기 12:37에 언급된 육십만은 200-300만 명을 의미한다. 이 수치는 신명기 7:7에 나오는 모세의 언급과 대조되며 애굽의 전체 인구와 비슷한 수치이다. 당시 가나안 인구는 이십만 명 정도 되었을 것이다.

만일 이스라엘 백성이 마차대(wagon train)처럼 도열한다며 그 길이가 2,500마일은 될 것이며, 나란히 열대씩 세운다고 해도(실행가능한 일은 아니겠지만) 250마일은 넘을 것이다. 물론 하나님은 이 백성 모두에게 물과 음식을 제공하실 수 있지만 어울리지 않게 많은 규모임은 분명하다.

아마도 후기 이스라엘 부족 가운데 일부만 애굽 생활을 경험했을 것이다. 여호수아 24장은 이 문제에 대한 단서를 제공한다. 여호수아는 마치 청중을 처음 대하듯, 야훼에 대한 헌신을 촉구한다. 그들 가운데 많은 사람은 출애굽을 경험한 백성에 합류하여 출애굽 이야기를 자신의 것으로 만들었을 것이다.

또한, "천"(엘렙['elep])이라는 단어는 "부족"(clan)이나 "가정"(family)이라는 의미로 사용되었을 수 있다(삿 6:15[집]에서 볼 수 있듯이).

"육백 가정"이 "육십만 명"보다 이치에 맞는 것처럼 보인다(구약성서의 큰 숫자에 대해서는 119 참조).

222 출애굽기 19장-레위기-민수기 10장: 시내산에서의 이스라엘

● ● ● ● ●

우리의 분류에 따르면 토라의 네 번째 책에 해당하는 이 부분은 가장 길고 복잡하지만 본문이 다루는 기간은 출애굽 첫 해 셋째 달 첫째 날(출 19:1)부터 둘째 해 둘째 달 스무날(민 10:11)까지 1년이 채 안 된다. 우리는 이 부분에 대해 내러티브의 개요에 초점을 맞추어 살펴보되 대괄호로 교훈을 묶는 방식을 사용할 것이다.

이 이야기는 이스라엘의 시내산 도착 및 하나님이 향후 백성과 어떤 관계를 형성할 것인가에 대한 요약(출 19:1-8)으로 시작한다. 이 이야기는 앞으로도 하나님의 주도권과 이스라엘의 반응에 기초하여 진행되겠지만, 지금까지는 하나님의 약속과 이스라엘의 신뢰에 바탕을 두었다면 지금부터는 하나님의 실제적인 행위와 이스라엘의 실천적인 순종에 바탕을 둘 것이다.

하나님은 이러한 연결을 통해 모든 백성과의 관계를 새롭게 하고 싶어 하시며, 하나님의 초청은 모세의 성별과 관련된 언급에도 불구하고(출 19:15) 남녀를 포함한다. 이 초청은 하나님의 은혜로부터 나온 것이지만 이스라엘 백성은 하나님을 만나기 위해 하나님의 거룩하심이라는 엄숙한 본질을 진지하게 받아들여야 한다(출 19:9-25).

출애굽기 20:1-23:33은 먼저 십계명-구약성서에는 정확히 십계명(Ten Commandments)이라는 구절이 나타나지 않는다. 구약성서에서 가장 근접한 표현은 신명기 4:13의 "열 가지 말씀"(ten woreds)이다-의 기본 원리를 제시한 후, "언약의 책"을 통해 이스라엘이 그 땅에서 어떻게 살아야 할 것인지에 대해 상세히 진술한다.

모세와 이스라엘 백성의 지도자들은 함께 시내산에 올라 제사와 음식에 대한 언약을 새롭게 한다(출 24장). 모세는 산에 머물며 야훼를 위한 이동식 성막을 세우고 그곳에서 예배를 인도할 제사장을 세우는 방법에 대한 지시를 받는다(출 25-31장).

한편, 시내산 꼭대기에서 계시가 주어지는 동안 산 아래에서는 배역한 이스라엘이 금송아지를 만들어 예배한다. 이러한 행위는 하나님의 백성의 헌신과 함께 그들의 변덕스러움을 잘 보여 준다. 또한, 그들의 안전성과 함께 그들의 취약성을 드러낸다. 이러한 사실은 하나님이 그들을 진멸하고 모세와 함께 다시 시작하겠다고 위협하신 것과 모세가 실제로 백성을 응징하려는 행동을 한 것에서 알 수 있다.

따라서 송아지를 만든 행위는 백성과 야훼의 관계에 중대한 위기를 초래한다. 그러나 언약은 적절한 때에 재확인된다(출 32-34장은 또 하나의 언약책을 형성한다). 이어서 백성은 성막을 세우며 야훼는 그곳을 처소로 삼으신다(출 35-40장). 이제 야훼는 그들 가운데 계신 것이다.

레위기 1-7장은 성막에서의 제사에 관한 교훈을 제시한다.

모세는 아론과 그의 아들들을 제사장으로 세워 성소에서 봉사하게 한다. 그러나 그들 가운데 두 아들이 다른 불을 담아 분향하자 야훼께서 그들을 치신다(레 8-10장).

레위기 11-27장은 정한 것과 부정한 것, 속죄일, 거룩함의 의미 및 기타 여러 가지 교훈을 제시한다.

야훼는 모세에게 가나안 여정을 위한 교훈을 주신다(민 1-10장).

모세와 바로의 이야기와 마찬가지로, 출애굽기에서 이스라엘이 시내산에 머문 이야기는 일련의 내러티브에 신학적 묵상을 위한 요소를 결합한다. 이번에는 "하나님의 임재"(God's presence)의 의미가 무엇이며 야훼께서 자기 백성의 죄를 어떻게 다루시는지를 보여 준다(223에는 출 19-40장을 읽기 위한 몇 가지 질문이 제시된다).

어떤 신학적 문제는 너무 복잡해서 체계적인 방식으로 설명하기 어렵다. 하나님의 주권과 인간의 자유의지와의 관계는 한 예이다. 구약성서에는 내러티브가 많은데, 이러한 내러티브는 우리로 하여금 자신이 답을 알고 있다고 생각하는 함정에 빠지지 않고 신학적 질문을 탐구하게 한다는 장점이 있다. 출애굽기는 이러한 내러티브 신학의 거대한 보고이다.

223 출애굽기 19-40장 및 레위기 읽기

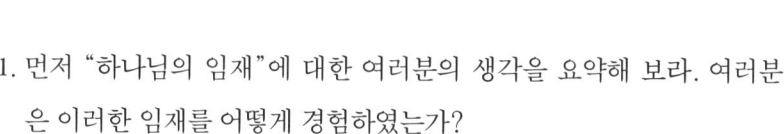

1. 먼저 "하나님의 임재"에 대한 여러분의 생각을 요약해 보라. 여러분은 이러한 임재를 어떻게 경험하였는가?
   하나님이 우리와 함께 계신다는 것이 무슨 뜻이라고 생각하는가?

2. 이어서 출애굽기 19, 24-31, 32-34장을 읽으라.
   (a) 출애굽기에서, 하나님은 시내산 위에 계시는가?
   그것은 어떤 의미인가?
   (b) 출애굽기에서, 사람들은 그곳에서 하나님을 만날 수 있는가?
   그것은 어떤 의미인가?
   (c) 출애굽기에서, 우리는 어떤 의미에서 하나님 만나기를 간절히 원해야 하며, 어떤 의미에서 하나님 만나기를 두려워해야 하는가?
   (d) 출애굽기에서, 사람들은 어떻게 하나님을 만난 것을 확신하는가?
   또한, 하나님을 만나는 일은 하나님께 달렸다는 것은 무슨 뜻인가?
   (e) 출애굽기 25-31장의 회막(meeting tent)은 하나님의 임재에 대해 무엇을 시사하는가?
   (f) 출애굽기에서, 죄는 하나님의 임재에 대한 경험을 어떻게 다르게 하는가?

3. 출애굽기 20:22-23:33을 읽고 모세보다 오백년 전에 기록된 바벨론 함무라비왕(King Hammurabi of Babylon)의 "법전"을 읽어 보라(함무라비법전에 대한 요약은 245를 참조하라. 법전 전문은 인터넷에서 쉽게 찾을 수 있다).
   (a) 출애굽기의 이 부분은 삶의 어떤 영역에 대해 다루는가?
   여러분은 그 이유를 알겠는가?
   (b) 본문이 다루지 않는 영역은 무엇인가?
   여러분은 이유를 짐작하겠는가?
   (c) 본문에는 어떤 원리 또는 가치관이 드러나거나 암시되는가?
   (d) 이 명령의 윤리는 어느 부분에서 감동을 주며 어느 부분에서 그렇지 못한가?
   (e) 함무라비법전은 삶의 어떤 영역에 대해 다루는가?
   여러분은 그 이유를 알겠는가?
   (f) 그것이 다루지 않는 영역은 무엇인가?
   여러분은 이유를 짐작하겠는가?
   (g) 함무라비법전에는 어떤 원리 또는 가치관이 드러나거나 암시되는가?
   (h) 이 법전의 윤리는 어느 부분에서 감동을 주며 어느 부분에서 그렇지 못한가?
   (i) 출애굽기와 함무라비법전의 유사성 및 차이점은 무엇인가?

4. 여러분은 출애굽기 32-34장으로부터 중보 기도와 관련하여 어떤 교훈을 얻는가?
   본문은 우리가 기도해야 하는 이유 및 누구에게 기도하며, 어떻게 기도하며, 누구를 위해 기도하며, 무엇을 구할 것이며 어떤 응답을 받을 것인가에 대해 무엇이라고 말씀하는가?
   이러한 질문을 다음 본문과 관련하여 생각해 보라.
   (a) 출애굽기 32:11-14 (출 32:1-14의 상황에서).

(b) 출애굽기 32:30-35 (출 32:15-35의 상황에서).

(c) 출애굽기 33:12-23.

(d) 창세기 18:22-33(창 18-19장의 상황에서)으로 돌아가 본문에 대해 동일한 질문을 해 보라. 본문은 중보 기도에 대해 무엇이라고 말씀하는가?

5. 여러분은 출애굽기 32-34장, 레위기 8-10장 및 레위기 16장을 통해 하나님이 하나님의 백성의 죄를 다루시는 방식에 대해 무엇을 배우는가?

6. 레위기 1-7장의 제사법에 대해 읽어 보라. 다양한 제사의 의미를 분별할 수 있겠는가?

7. 레위기 11-15장의 정한 것과 부정한 것에 대해 읽어 보라. 이러한 것들에 대한 규례의 의미를 분별할 수 있겠는가?

8. 레위기 17-27장을 읽어 보라.

(a) 이 교훈은 어떤 면에서 출애굽기 20:22-23:33과 유사한가?

(b) 본문이 출애굽기 20:22-23:33과 동일한 주제를 다른 방식으로 다루는 곳은 어디인가?

(c) 본문은 출애굽기 20:22-23:33에 어떤 내용을 덧붙이는가?

(d) 본문이 특히 강조하는 것은 무엇인가? 본문은 하나님이 우선하는 것들에 대해 무엇이라고 말씀하는가?

(e) 본문이 제시하는 것은 거룩함의 본질인가?

(f) 예수님은 모든 율법과 선지자의 강령은 레위기 19:18b 및 신명기 6:5이라고 선언하신다. 레위기 17-27장이 19:18b의 정신을 외적으로 실현하기 위한 방식은 무엇인가?

224 출애굽기 19-40장: 그들과 함께하시며 말씀하시는 야훼

- **자비와 공의, 거룩하신 자**

출애굽기는 하나님을 자비하고 공의로우신 분으로 묘사하며 레위기는 그를 거룩하신 자로 묘사한다. 전자는 출애굽기 34:6-7에서 야훼의 고전적 자기 묘사를 통해 제시된다. 이 표현은 구약성서에서 여러 번 반복된다.

- 자비롭고: 이 단어(라함[rāḥam])는 "모태"(womb)와 관련이 있으며, 따라서 하나님이 이스라엘을 어미가 자식을 생각하듯 대하신다는 것을 보여 준다 (창 43:30; 욥 31:13-15 참조).

- 은혜롭고: 이 단어(하안[ḥāan])는 헬라어의 카리스(charis)에 해당하며, 이스라엘에 대한 하나님의 값없는 은총을 가리킨다.

- 노하기를 더디하고: 이 표현은 하나님이 이스라엘에게 쉽게 흥분하지 않으심을 보여 준다. 하나님은 노하시지만 쉽게 노하지 않으신다.

- 인자: 이 단어(헤세드[hesed])는 "변함없는 사랑," "영원한 사랑," "긍휼" 또는 단순한 "사랑" 등 다양하게 번역되며, "인자"는 원래적 의미에 가장 근접한 표현이다(408 참조).

- 진실: 이 단어(에메트['ĕmet])는 하나님의 변치 않으심 및 신뢰성을 보여 준다.

- 인자를 천대까지 베푸심(약 25,000년).

- 용서: 이 단어(나싸[nāśā'])의 문자적 의미는 "짊어지다"이다. 하나님은 이스라엘의 배교에 대해 책임을 묻는 대신 그 짐을 대신 지신다는 뜻이다.

- 벌을 면제하지 아니함: 이것은 용서를 구하지 않는 자에게 해당되는 것으로 보인다.

- 죄에 대한 보응: 죄를 고집하는 세대에 한해(죄가 자동적으로 영향을 미칠 수 있는) 삼사 대까지 이어질 것이다.

창세기나 출애굽기는 하나님을 거룩한 자로 묘사하지 않지만 레위기에서 하나님은 자신의 성품에 대해 거룩한 자로 묘사한다(예를 들어, 레 19:2). 구약성서 다른 곳에서와 마찬가지로 여기서도 "거룩"은 도덕적 특성이 아니라 형이상학적 특성에 해당한다. 거룩하신 자로서 야훼는 인간과 전혀 다른, 초월적이고 경이로우며 특별한 분이시다. 따라서 이스라엘은 이러한 하나님의 특성을 반영해야 한다.

"거룩"이 도덕적 용어가 아니라 야훼의 특별한 성품을 보여 주는 형이상학적 용어라는 사실은 이 단어가 구약성서에 사용된 첫 번째 세 차례의 용례-안식일, 이방 신을 섬기는 여자, 호렙 땅에 대한 언급(창 1장, 39장, 출 3장)-를 통해 확인할 수 있다.

■ 이스라엘 가운데 말씀으로 임재하신 야훼

출애굽기 1-18장은 이스라엘 가운데 거하시며 행하시는 야훼에 대해 묘사한 반면, 출애굽기 19-40장은 이스라엘 가운데 거하시며 말씀하시는 야훼에 대해 묘사한다.

하나님은 다시 한 번 모세의 중보를 통해 언약에 합당한 삶을 제시하신다. 이 주제는 레위기와 민수기 1-10장까지 계속된다. 따라서 이 부분은 소위 "율법"(앞서 언급한 대로 히브리어 "토라"는 "가르침"이나 "교훈"이라는 뜻을 가지고 있음에도 불구하고)으로 불린다. 출애굽기 19장-레위기-민수기 10장의 교훈을 다양한 관점에서 접근하는 것은 도움이 될 것이다.

1. 일부 그리스도인은 물질, 부부생활, 시간 및 일과 관련하여 어떻게 행할 것인지에 대한 일련의 규칙, 즉 생활 원리가 있다. 토라에 나타난 일련의 가르침은 이스라엘 공동체의 생활 원리라고 할 수 있다.

2. 출애굽기 19장-레위기-민수기 10장은 이스라엘의 사회 정책에 대한 진술이다. 선지자는 타락해가는 사회를 책망하지만 사회가 어떻게 대처해야 하거나 사회 문제를 어떻게 다루어야 할 것인지에 대해서는 언급하지 않는다. 그러나 이곳의 교훈은 이처럼 현실적인 대안을 제시한다.

3. 이 부분은 로마 가톨릭이나 정교회나 국교회의 법령, 또는 장로교회 내규나 연합감리교회의 권징조례와 유사하다. 이러한 문서들은 교회를 다스리는 방법, 의사 결정 방법, 예배 시행 세칙 및 성적 남용에 대한 처리 문제 등을 다룬다.

225 출애굽기 19-40장 및 레위기: 두 가지, 세 가지 또는 다섯 가지 형태의 '율법'

토라의 교훈은 출애굽기 20장의 절대적 또는 "자명한" 명령 및 "다른 신을 두지 말라"거나 "안식일을 지키라"와 같은 금지 명령으로 시작한다. 이러한 명령한 단호하고 결정적인 선언에 해당하며, 그것을 지키지 않을 경우 어떤 일이 일어날 것인지에 대해서는 언급하지 않는다. "불순종은 생각조차 하지 말라"는 것이다.

반면, 출애굽기 21-22장은 "네가 히브리 종을 사면…" 또는 "사람이 소나 양을 도둑질하여…"와 같은 인간적 상황으로 시작한다. 이러한 진술은 무엇을 해야 한다거나 하지 않아야 한다는 강압적 명령이 아니라 실제로 발생한 상황에 어떻게 대처할 것인지에 대해 묘사한다. 이 부분은 "판례법"(case law)과 유사하며(따라서 종종 결의법[casuistic law]으로 불리기도 한다), 가상적 상황을 배경으로 한다. 어떤 일이 발생하면, 공동체는 어떻게 대처하며 어떤 제재를 가할 것인지 결정해야 한다. 본문은 이에 관한 법을 제시한다.

따라서 우리는 이러한 판례법이 "성문"(city gate)에서 판결할 때 사용되었을 것이라고 추측할 수 있다. 이스라엘 백성은 마을에서 분쟁이 일어나면 주로 성문 안 광장에서 공동체의 원로들이 모여 해결했다. 그들이 처리해야 할 문제는 출애굽기 21-22장이 다루는 상황 가운데 하나와 정확히 일치하지는 않았을 것이다.

따라서 이 판례법은 마을의 장로들에게 문제를 해결하기 위한 하나의 사례로 제시되었을 것이다. 그들은 이러한 사례에 기초하여 문제의 해결책을 찾으려 했다.

십계명의 절대적 진술도 마찬가지이다. 장로들은 집에서 안식일에 종에게 일을 시키거나 다른 집의 가축을 도둑질한 경우와 같은 문제를 다룰 때 이러한 포괄적 진술도 참조했을 것이다. 그러나 그들은 사람들이 해결책을 찾는 과정에서 한걸음 물러나 있었다. 이 십계명의 진술은 전통적으로 교회 예배에 낭독되었으며, 이스라엘에서도 마찬가지였을 것이다. 십계명에 대한 선포는 이스라엘에게 다시 한 번 언약에 대한 기대를 일깨워 주었을 것이다(cf. 신 31:10-13; 시 50, 81장). 십계명이 기록된 두 돌판은 성소의 언약궤 안에 안치되었으며, 하나님이 언약 관계 안에서 이스라엘 백성에게 기대하신 가장 기본적인 헌신을 상징한다.

이 두 가지 유형의 교훈은 어디로부터 왔는가? 먼저 판례법은 형식과 내용에 있어서 함무라비법전(245 참조)과 같은 중동의 법전과 유사하다. 이스라엘 백성에게 출애굽기 21-22장은 이러한 법전 역할을 한다.

출애굽기 21-22장은 함무라비법전과 같은 법전에 직접 의존한 것은 아니지만 유사한 중동 문화가 배경이 되었을 가능성이 높다. 이스라엘에서처럼 함무라비의 바벨론과 같은 곳에서 이러한 법전은 단지 법정에서 시행되는 법뿐만 아니라 함무라비와 같은 통치자가 이행을 공언한 자료 모음으로 볼 수 있다. 그것은 그가 뒷받침하는 법이다. 이러한 자료가 토라에 나타난다는 것은 하나님이 이 법전의 내용을 보장하며 이스라엘에게 이 법에 따라 살라고 명령하고 계심을 보여 준다.

다른 민족도 인정하는 이 법은 하나님의 일반 계시에 바탕을 둔다. 이와 같이 하나님이 옳고 그름에 대한 인식으로 백성을 고착화시키는 방식은 삶의 다른 영역에도 적용된다.

십계명은 더욱 특별한 문헌이다. 십계명이 출애굽기 19장-레위기-민수기 10장으로 이어지는 교훈의 서두에 위치한다는 것은 핵심 내용을 집약한 것임을 말해 준다. 보수적 입장에서는 모세가 이러한 핵심 내용을 도입한 것으로 본다. 그러나 자유주의나 진보적 입장에서는 핵심 내용에 대한 후기의 요약으로 보는 경향이 있다.

"율법"의 형태를 범주화하는 또 한 가지 방식은 도덕법(moral law), 시민법(civil law) 및 의식법(ceremonial law)의 세 가지로 나누는 방식이다. 이 분류 방식은 13세기의 신학자 토마스 아퀴나스(Thomas Aquinas)의 방법이다. 우리는 이러한 3분류 방식을 통해 다음과 같은 유익을 얻을 수 있다.

- 도덕적 교훈에 대한 문학적 접근을 취할 수 있다.

- 의식에 관한 가르침을 그리스도로 말미암아 폐기된 것으로 제쳐 둘 수 있다.

- 시민법을 국가와 도시를 다스리는 원리와 연계하여 활용할 수 있다.

문제는 이러한 분류가 본문의 내용 자체와 일치하지 않는다는 것이다. 각각의 명령이나 금지 명령은 하나 이상의 카테고리에 해당할 수 있다.

안식일은 도덕법인가, 시민법인가, 의식법인가, 아니면 세 가지 모두를 포함하는가?

크리스토퍼 라이트(Christopher Wright)는 형법, 시민법, 가정법, 의식법 및 자선에 관한 가르침으로 5분류한다(Wright, *Old Testament Ethics* 참조).

226 출애굽기 19-40장 및 레위기:
토라에 '법'이 들어가야 하는 여섯 가지 이유

● ● ● ● ●

출애굽기의 교훈 자료 처음 두 장을 읽어 보면 두 가지 사실이 드러난다. 첫째, 본문은 몇 가지 기본적 책임을 제시하며 몇 가지 기본적 인권에 대해 암시한다(예를 들어, 여러분은 타인의 결혼 생활을 존중해야 하며 여러분의 결혼 생활은 타인에 의해 훼손되어서는 안 된다).

둘째, 이것은 인간 사회가 잘못되어 가고 있으며 그로 인해 발생하는 문제는 줄이고 갈등은 해소되어야 함을 보여 준다. 따라서 우리는 이 본문을 224의 교회법이나 전례집은 물론 미국과 같은 국가의 헌법 및 법전과도 비교할 수 있다.

우리는 신학적인 관점에서, 삶의 원리를 제시하거나 인간의 죄에 대처하는 방법을 보여 주는 가르침이 토라에 포함되어야 하는 일련의 이유를 찾아볼 수 있다.

1. 토라는 율법이 행위로 의롭다함을 얻기 위한 수단이 아님을 분명히 한다. 출애굽기 24:7-8은 야훼의 가르침이 어떻게 이스라엘 백성이 언약을 통해 야훼께 반응하는 수단으로 제공되는지를 보여 준다. 언약은 엄숙히 조인된 헌신적 관계를 내포한다. 언약은 두 당사자 간에 이루어지지만 언약의 주도권 및 책임은 일방적일 수 있다. 따라서 한 쪽은 주고 다른 쪽은 받기만 할 때도 있는데, 하나님이 노아 및 아브라함과 맺은 언약이 이런 경

우에 해당한다. 반면, 열왕기하 23:3에서 요시야가 하나님과 맺은 언약은 반대의 경우라고 할 수 있다. 출애굽기(신명기에는 더욱 풍성히 나타난다)에서 언약은 상호적이지만 언제나 하나님의 행위가 우선한다. 하나님이 이스라엘에게 헌신하시면 이스라엘은 그에 대한 반응으로 하나님께 헌신한다. 출발점은 하나님의 은혜이지만 관계가 유지되기 위해서는 이스라엘의 순종적 반응이 절대적으로 요구된다.

2. 게르하르트 폰 라드(Gerhard von Rad, *Old Testament Theology*)는 토라를 하나님이 이스라엘을 야훼의 소유로 삼으신 선물로 묘사한다. 이스라엘에게 토라는 결코 짐이 아니라 그들에 대한 야훼의 선택을 온전히 실현하는 수단이라는 것이다. 따라서 신명기 4장은 이러한 계시를 받은 이스라엘의 특권에 대해 강조한다. 하나님이 토라를 계시하신 것은 마치 사람이 사랑하는 자에게 자신이 원하는 것이 무엇인지 알려 주는 것과 같다. 그것을 들은 상대는 사랑하는 자가 원하는 것을 기꺼이 줄 것이다.

3. 십계명은 하나님의 명령의 의미를 드러내는 또 하나의 표현이다. 십계명의 명령은 하나님의 주권적 뜻을 드러낼 뿐이다.

> 나는 너를 애굽 땅, 종 되었던 집에서 인도하여 낸 네 하나님 여호와니라 너는 나 외에는 다른 신들을 네게 두지 말라…어떤 형상도 만들지 말며.

하나님은 이스라엘을 바로의 종에서 구원하여 야훼의 종이 되게 하셨으며 그들은 야훼의 말씀에 절대적으로 순종해야 한다.

4. 그러나 야훼의 명령은 마구잡이식이 아니다. 예를 들어, 말씀하시는 분은 그들을 종살이에서 구원하신 하나님이시며 야훼의 가르침은 그가 그

러한 하나님이시라는 사실을 반영한다. 따라서 그들의 삶은 하나님의 구원 행위를 닮아야 한다. 십계명의 두 번째 버전(신 5:12-15)은 이러한 사실을 더욱 분명히 보여 준다.

5. 토라의 가르침은 명령 형식으로 진술된 신학적 윤리에 해당한다. 그것은 단순히 법정에서 법을 집행하기 위한 법전이 아니다. 예를 들어, 이스라엘은 일반적으로 토라가 사형을 명한 죄를 범한 자에게 사형을 집행하지 않았다. 사형에 대한 말씀은 법이 아니라 신학 및 윤리적 진술이다. 예를 들어, 그들은 타인의 생명에 대한 존중 및 충실한 결혼생활은 하나님의 가치 척도에 매우 중요하다고 말한다(Levenson, *Death and Resurrection*).

6. 토라의 가르침은 공동체를 위한 일련의 경계 표지이다. 대부분의 내용은 크게 어렵지 않으며 기본적으로 시행할 수 있는 요구이다. 십계명조차 열 번째 계명에 이르기까지 경계표지와 관련된 내용이다. 즉 이 경계를 넘어서면 이방 영역이라는 것이다. 따라서 영역을 넘어서면 공동체로부터 제외될 위험이 있다. 공동체의 취지에 부합되지 않는 행위를 했기 때문에 하나님이나 공동체에 의해 공동체로부터 쫓겨날 수 있다는 것이다.

227 출애굽기 19-40장 및 레위기: 추가적 이유 다섯 가지

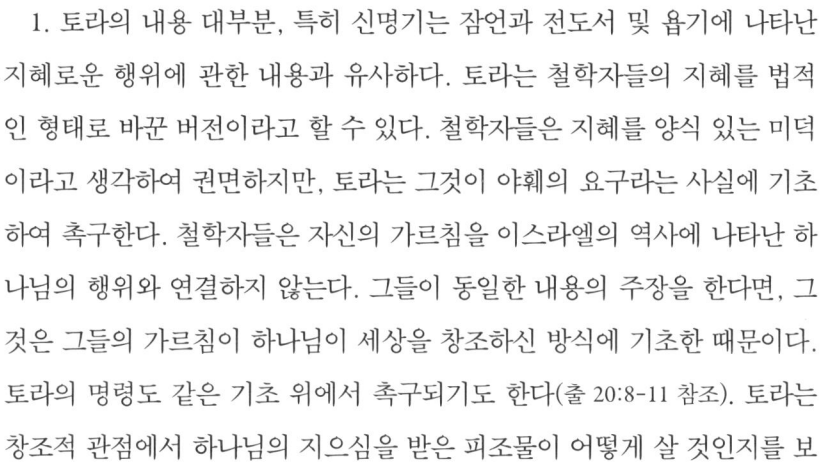

1. 토라의 내용 대부분, 특히 신명기는 잠언과 전도서 및 욥기에 나타난 지혜로운 행위에 관한 내용과 유사하다. 토라는 철학자들의 지혜를 법적인 형태로 바꾼 버전이라고 할 수 있다. 철학자들은 지혜를 양식 있는 미덕이라고 생각하여 권면하지만, 토라는 그것이 야훼의 요구라는 사실에 기초하여 촉구한다. 철학자들은 자신의 가르침을 이스라엘의 역사에 나타난 하나님의 행위와 연결하지 않는다. 그들이 동일한 내용의 주장을 한다면, 그것은 그들의 가르침이 하나님이 세상을 창조하신 방식에 기초한 때문이다. 토라의 명령도 같은 기초 위에서 촉구되기도 한다(출 20:8-11 참조). 토라는 창조적 관점에서 하나님의 지으심을 받은 피조물이 어떻게 살 것인지를 보여 주는 계시이다.

2. 토라에 나타난 하나님의 기대는 절대적이지만 탄력성이 있다(Brueggemann, *Finally Comes the Poet*, 90-95). 예를 들어, 토라를 비롯한 성경 여러 곳에서 하나님은 이스라엘이 십일조를 바쳐야 하며 안식일을 지켜야 한다고 가르치지만 십일조를 바치거나 안식일을 준수하는 목적은 계속해서 바뀐다(244 참조). 하나님의 변함없는 기대는 상황에 따라 다른 의미를 가진다. 토라의 여러 부분은 채무에 관한 사안이나 종을 다루는 문제와 관련하여 다양한 기대를 표현한다. 상황의 변화는 문제에 대한 새로운 처리 방식을 요구한다. 토라에서 제사장과 레위인의 중요한 역할은 사람들에게 야훼의 기

대가 무엇인지 가르치는 일이며, 여기에는 이러한 기대가 새로운 상황이나 새로운 이슈에 어떻게 적용되는지도 포함된다. 토라의 내용은 대부분 이러한 과정을 통해 나왔을 것이다.

3. 따라서 토라의 교훈은 하나의 규범이나 잣대 또는 준거를 형성한다. 율법의 의미에 대한 루터의 견해에 따르면, 율법은 인간의 죄를 드러내는 역할을 한다. 축복과 저주에 대한 약속 및 경고(레 26장; 신 27-28장)는 경고에 대한 강조와 함께, 이러한 율법 개념이 토라 안에 나타남을 보여 준다. 호세아나 예레미야와 같은 선지자는 공동체에 대한 야훼의 심판의 근거로 토라를 제시하며, 열왕기 및 역대기는 이스라엘의 역사 이야기에서 예루살렘이 함락된 이유를 토라에 대한 불순종에서 찾는다.

4. 한편으로 토라의 요구는 인간의 손이 미치는 영역임에도 불구하고 이스라엘은 끊임없이 힘들어 했으며 특히 포로기 직전에는 더욱 감당하지 못했다. 어떤 의미에서 토라는 다른 신을 섬기고 그것의 형상을 만들며 야훼의 이름을 헛된 것에 붙이거나 안식일을 범하는 것을 피할 수 없을 만큼 어려운 것이 아니지만 이스라엘은 이 모든 영역에서 실패했다. 이렇게 해서 토라는 이스라엘과 온 인류의 문제를 드러내고 새 창조에 대한 필요성을 보여 준다.

따라서 예레미야 31:31-34은 토라가 사람의 마음에 새겨질 것이라고 약속하며, 에스겔 36:26-27은 이스라엘이 새 마음과 새 영을 받아 토라를 따라 살 것이라고 약속한다. 야훼는 이 약속을 성취하신다. 즉 포로기 이후 이스라엘은 다른 신을 섬기고 그것의 형상을 만드는 일을 버리고 조심스러운 마음으로 야훼의 이름을 찾으며 안식일을 준수한다. 신약성서(특히 히브리서)는 이 약속이 예수님을 통해 성취되었음을 보여 준다. 바울은 이스라엘에 대한 하나님의 목적이 최종적으로 완성될 때 이 일이 다시 한 번 일어날 것이라고 말한다(롬 11:27).

5. 선지자들은 하나님이 이스라엘에게 새로운 토라를 주실 필요가 있다고 생각하지 않았다. 토라 자체에는 잘못된 것이 없다. 이스라엘에게 필요한 것은 토라를 따라 살 수 있는 능력이다. 신약성서는 토라에 문제가 있다거나 그것을 대체해야 한다고 주장하지 않는다. 그러나 하나님은 이스라엘 역사를 통해 계속해서 새로운 토라를 주셨으며, 새로운 환경이 조성되었다는 차원에서 신약성서에서도 그렇게 하신다.

하나님의 뜻을 분별하여 그 뜻대로 살려는 공동체의 자원이 또 한 번 추가된 것이다. 이러한 재진술에는 하나님의 기대에 대한 초기 재진술과 마찬가지로 강조점의 변화가 나타난다. 신약성서는 이웃 사랑의 중요성을 강조하며, 노예 제도에 대해 토라보다 포용적인 태도를 취한다(구약성서와 신약성서의 종 및 노예 제도에 관한 내용은 245를 참조하라).

228 출애굽기 25-40장: 성소 건축

● ● ● ● ●

　이동식 성소(종종 "성막"으로 불린다)를 짓는다는 것은 출애굽이라는 단회적 행위로부터 공동체의 지속적 삶으로의 전환을 보여 준다. 우리는 하나님의 행위 후에 하나님의 임재가 이어짐을 볼 수 있다. 하나님의 임재를 나타내는 가시적 상징이 눈에 보이는 하나님의 행위를 대체한 것이다.
　하나님은 이스라엘 백성에게 자신을 섬기는 방법을 말씀하실 뿐만 아니라 그들과 함께 살기 원하신다. 그것은 하나님이 그들을 애굽에서 구원하신 목적이기도 하다(출 25:8; 29:45-46). 하나님이 아브라함과 사라를 붙드신 것은 선교적 이유 때문이었다. 이것은 하나님이 온 세상과 관련하여 무엇에 전념하고 계신지를 보여 준다.
　토라의 상황은 하나님이 이스라엘 가운데 임재하심이 선교적 목적 때문임을 보여 주지만, 하나님이 지금 하고 계신 일은 교회와 관련된 일이다. 지금 하나님은 먼저 행하시기보다 함께 계신다. 아마도 하나님은 "가라"거나 "내가 갈 것이니 너희는 따르라"가 아니라 "함께 가자"라고 말씀하실 것이다.
　또한, 광야의 성소는 다윗이 구상하는 성전과 대조된다. 광야의 성소는 그들의 계획이 아니라 하나님의 계획이다. 그것은 한 곳에 고정된 것이 아니라 움직일 수 있다. 광야의 성소는 왕궁이라기보다 주택에 가까우며, 백성 위에 있는 것이 아니라 백성과 같은 수준에 위치한다. 그것은 거대한 요새가 아니라 집이다. 이러한 성소는 야훼를 공격에 취약하게 만들 수 있다

(이러한 관찰은 내가 이 주제와 관련해 도움을 받은 Fretheim, *Exodus*에 나타난다). 왜냐하면, 집은 요새나 왕궁보다 해를 입거나 위험한 일을 당하기 쉽기 때문이다. 따라서 야훼의 성소에 대한 가르침에 나타난 몇 가지 요소는 은연중에 다윗의 성전에 대한 구상의 기반을 약화시킨다. 나중에 이스라엘 백성이 성전 재건을 계획할 때(스 1-6장) 이 본문을 읽는 자는 이러한 부분을 곱씹을 것이다.

교회는 다양한 전통에 따라 관심의 초점은 다르지만 합당한 예배를 위해 힘써야 한다. 어떤 교회는 전례의 세부적 절차를 중시한다. 어떤 교회는 바른 찬양을 위해 성가대가 오랜 시간 예배를 주도한다. 레위기의 내용은 바른 예배에 초점을 맞춘다. 예배는 주변 문화에 쉽게 동화될 수 있기 때문에 이스라엘은 교회와 마찬가지로 이러한 영향을 받지 않도록 최선을 다해야 한다.

서구 교회의 예배는 자신을 위해 드리는 것처럼 보이며 우리는 힘을 얻고 집으로 돌아간다. 그러나 토라의 예배 원리는 하나님을 위한 예배에 초점을 맞춘다. 기독교의 예배는 희생을 요하지 않는다. 그러나 이스라엘의 예배는 값비싼 예배였으며 예배자는 값없이 예배하지 않았다(대상 21:24). 이러한 규례는 기독교가 생각과 감정과 목소리로만 예배하지 않고 보다 외적이고 실제적이며 신체적이고 희생적이며 공동체적인 예배를 드려야 하는 것은 아닌가라는 의문을 제기한다.

그리스도인은 구약성서에서 제물을 바치는 목적은 하나님과 우리의 관계를 바로 잡는 것이라고 생각하지만 이러한 관점은 결코 구약성서의 초점이 아니다. 히브리서가 강조하는 것처럼, 구약성서는 제물이 하나님과의 관계를 바로 잡을 수 없다는 사실을 인정한다(히브리서는 그것이 가능하다고 생각하는 그리스도인을 염두에 두었을 것이다). 그리스도인이 제사의 목적에 대해 이렇게 생각하는 이유는 히브리서가 구약성서의 제사 규례를 그리스도의 죽음의 의미와 연관시켜 이해하려고 하기 때문이다. 그러나 흔히 있는 일이지만, 신약성서가 구약성서를 활용하는 방식은 구약성서의 아젠다(agenda)로부터 나온 것이 아니라 신약성서 자체의 아젠다를 위한 것이다. 구약성서의 제사는 죄사함에 초점을 맞추지 않는다(229 참조).

성소는 이스라엘 백성이 그들의 거룩하신 하나님을 인식하는 거룩한 장소이다. 또한, 이스라엘은 야훼의 거룩하심같이 거룩하라는 촉구를 받는다(레 19:2).

하나님을 닮는다는 것은 어떤 것인가?

창세기 1-2장	창조적 생명 부여 질서 유지	출애굽기 1-18장	백성의 고통을 들음 개방적, 자기 계시 압제에 맞섬 타인에게 자유를 줌
창세기 3-11장	상처 받기 쉬움 현실적 포기하지 않음	출애굽기 19-40장	절대적 구체적 실제적 그들과 함께 함 유연성 긍휼을 공의에 우선
창세기 12-50장	사람들에게 소망과 땅과 공간과 기회를 줌	레위기 1-18장	실용성 두려움

229 레위기 1-15장: 예배 및 정결을 유지하는 방법

이스라엘의 예배에서 희생 제물은 핵심적 요소이다. 레위기 1-7장은 5대 제사의 절차에 대해 간략히 제시하며 일부 제사의 의미에 대해 암시한다.

1. 번제(또는 전체를 태우는 제사, 레 1장 및 6장)

번제를 의미하는 단어들(올라[ʿōlā] 및 칼릴[kālîl])은 제물 전체가 연기로 올라간다는 것을 보여 준다. 이러한 번제를 통해 전적인 헌신의 행위로서 자신을 온전히 드리는 것이다. 이처럼 온전한 제물은 하나님께 향기로운 냄새가 된다. 이스라엘은 이러한 이미지를 문자적으로 받아들이지 않았을 것이다. 또한, 이것은 하나님이 인격적 존재로서 실재하신다는 사실을 강조한다.

2. 소제(레 2장; 6:7-16)

소제를 가리키는 단어(민하[minḥâ])는 "선물"(gift)이라는 뜻으로, 모든 제물에 적용될 수 있다. 여기서는 별도의 제사가 아니라 고기 제물에 곁들인 빵처럼 다른 제사에 수반된 제물로 제시된다.

3. 화목제(레 3장; 7:11-34)

세 번째 제사는 화목제(제바흐 셀라밈[zebaḥ šĕlāmîm])이다. 화목제는 하나님과 제물을 드리는 자가 함께한다. 즉 제물의 일부는 불태우고 일부는 제물을 드리는 자가 하나님 앞에서 먹을 수 있게 한 것이다. 제물을 나눈다는 점에서 "화목제"(fellowship offering)라는 이름은 적절한 것으로 보인다. 이것은 평화(샬롬[šālôm]) 또는 제물을 드리는 자와 하나님 사이의 교제를 나타낸다. 레위기는 제물을 드리는 세 가지 이유를 제시하는데, 상황에 따라 다르게 적용된다.

(a) 하나님이 베푸신 은혜에 감사하는 감사 예물이 될 수 있다.
(b) 하나님의 응답에 대해 미리 했던 약속에 따라 드리는 서원 예물이 될 수 있다.
(c) 예물을 드리는 자가 단순히 하나님에 대한 사랑을 표현하는 자원제가 될 수 있다.

4. 정결제(레 4:1-5:13; 6:17-23)

정결제는 전통적으로 속죄제(핫타아트[ḥaṭṭāʾāt], 이 단어는 "죄"라는 단어와 관련이 있다)로 불린다. 그러나 이 제사의 기능은 허물에 대해 정결함을 얻는 것이다. 이러한 부정은 도덕적 허물(예를 들어, 법정 사건에 대해 증인의 본분을 다하지 못한 경우)에 기인하지만, 제의와 관련된 허물(예를 들어, 사체와 접촉하거나 합당한 정결 의식 없이 성소에 들어가는 행위 등)로부터 오기도 한다.

5. 속건제(레 5:14-19; 7:1-10; 민 5:5-8)

전통적으로 속건제는 범법 행위에 대한 보상(KJV는 손해 배상)과 관련되지만, 특히 하나님의 성물에 대해 잘못한 경우의 보상(아샴[ʾāšam])과 관련된다.

레위기는 제사에 대한 가르침에 이어 제사장의 위임식에 대해 언급하지만 즉시 그들이 어떻게 실패했는지를 보여 준다. 우리는 무엇이 잘못되었는지 정확히는 알 수 없지만 결과는 제사장들이 거룩한 것과 속된 것, 부정한 것과 정한 것을 분별하지 못한 때문임을 보여 준다(레 10:10).

이와 관련하여 레위기는 제사장이 알아야 할 정보 및 교훈에 대해 다섯 장을 할애함으로써, 그들이 삶과 사역을 통해 깨달으며, 나머지 백성에게 가르치고 권면하게 한다.

레위기의 구별은 원칙적으로 옳은 것과 잘못된 것에 대한 구별이 아니다. 예를 들어, 어떤 행위는 특정 상황에서는 옳지만 다른 상황에서는 옳지 않은 것을 볼 수 있다. 일을 하는 것은 엿새 동안은 허락되지만 안식일은 거룩한 날이기 때문에 허락되지 않는다. 사람은 하나님께 거룩한 이 날을 범해서는 안 된다. 이러한 구별은 하나님이 전체의 한 부분을 요구하심으로써 모든 시간(모든 공간, 모든 행위, 모든 사람)의 주인이심을 보여 준다.

또 다른 범주의 분류는 정한 것(타호르[tāhôr])과 금기(타메[tāmē'])의 구별이다. 영어 성경은 후자에 대해 "더러운 것" 또는 "부정한 것"으로 번역하는데, 이것은 "깨끗한 것"이나 "정한 것"에 상응하는 표현이다.

그러나 히브리어는 그런 식으로 해석되지 않는다. "금기"(taboo)는 단지 순수함이나 깨끗함이 부족하다는 뜻이 아니다. 그것은 신비하고(신비하거나) 두려우며(두렵거나) 접근이 금지되는 것을 말한다(230 참조).

230 레위기 11-15장: 정결을 지키는 방법

● ● ● ● ●

레위기 11-15장은 먹을 수 있는 것과 먹을 수 없는 것의 리스트와 함께 정결하지 못한 사건이나 상태에 대해 열거한다. 이처럼 부정한 상태에서는 정결한 상태로의 회복을 위한 조치, 즉 레위기 4-6장의 정결제에 관한 규례가 필요하다. 이러한 사건이나 상태로는 월경, 출산, 설정, 특정 피부병 및 사체와의 접촉 등이 있다.

이것은 무엇을 의미하는가?

이러한 부정은 위생과 관련이 있는가?

그렇다면 수많은 전염원이 언급되지 않은 이유는 무엇이며, 신약성서는 왜 이 규례를 폐지했는가?

신약성서가 이 정결 규례를 다루지 않은 것은 보다 중요한 접근이 있음을 보여 준다. 즉 정결 시스템은 선교적 의미를 가진다. 이 규례의 목적은 이스라엘을 구별하기 위한 것이다. 이러한 사실은 레위기 안에 분명히 나타난다(레 11:44-45; 20:24-26). 때때로 이 목적은 이스라엘이 다른 민족처럼 종교적으로나 도덕적으로 비난을 받을 만한 행위를 하지 않고 다른 종교와 관련된 풍습에 빠지지 않기 위한 것으로 이해된다.

그러나 이러한 접근은 모든 금기에 대한 설명이 될 수 없으며, 또한, 금지된 행위가 이방 종교와 연관이 있다고 볼만한 증거도 거의 찾아볼 수 없다. 따라서 이스라엘은 종종 자체적으로는 특별한 의미가 없는 행위를 통해 구별되어야 한다. 말하자면, 면직물과 모직물을 혼합하지 않는 행위가

서로 다른 사람이나 물건은 구별되어야 한다는 것을 상징한다. 하나님은 이러한 행위를 통해 다른 민족과 구별되어야 한다는 이스라엘의 소명이 드러나기를 원하신다. 왜냐하면, 하나님의 선교적 목적은 이스라엘이 구별된 백성이 되는 것이기 때문이다.

이 규례가 신약성서에서 폐지된 것(행 10장)은 이런 이유 때문이다. 하나님의 선교 전략이 바뀐 것이다. 지금 하나님은 예수님을 믿는 유대인이 그렇게 살기보다 이방인을 따뜻하게 포용하는 관계를 원하신다. 인류학적 접근은 이 규례를 설명하는 데 도움이 될 것이다.

금기에 해당하는 것들은 신비하고(신비하거나) 두려우며(두렵거나) 접근이 금지된다.

1. 금기는 야훼가 죽음으로부터 멀리 떨어져 계심을 보여 주는 표지가 될 수 있다. 야훼는 "살아계신 하나님"이시며, 정결 규례는 죽음과 관련이 있거나 죽을 수밖에 없는 가나안 신들과의 대조를 염두에 두었을 것이다. 따라서 이스라엘에서 사체는 금기이며, 사체와 접촉한 자는 바로 성소에 들어올 수 없다.

2. 이 규례는 삶과 죽음의 차이를 나타내는 표지가 될 수 있다. 이론상 삶과 죽음은 상반되지만 양자의 경계는 쉽게 무너질 수 있다(생명 유지 장치 및 낙태 논쟁, 생명이 시작되는 시점과 끝나는 시점은 알기 어렵다. 죽은 것처럼 보이는 사람도 여전히 살아 있다). 월경은 피와 관련이 있고 따라서 죽음의 표지이지만 사실상 여자가 새로운 생명을 잉태할 수 있다는 표지이다. 여기에는 신비한 면이 있다. 이것과 관계가 있는 설정(emission of semen)에 대한 금기는 새 생명을 위한 수단을 허비했다는 인식을 가지고 있다. 생명의 수단이 죽음의 도구가 된 것이다.

레위기 13장에 나오는 피부병(나병이 아니라 건선[psoriasis]에 해당한다)은 사람들이 무너져 내리고 있다는 인상을 준다. 그것은 마치 그들의 몸이 죽어 가고 있는 것처럼 보이게 하며(cf. 민 12:12), 따라서 금기이다.

3. 이 규례는 야훼와 성(sex)의 거리를 확인한다. 구약성서는 성을 나쁘게 보지 않지만 우리는 성과 하나님을 분리해야 한다. 이것은 다른 신들이 성과 밀접한 관계가 있는 상황(특히 성을 신처럼 숭배하는 서구 사회)에서 중요한 의미가 있다. 따라서 성관계를 가진 자는 부정한 자가 되며, 그는 성소에 바로 들어오는 것이 금지된다.

4. 이 규례는 하나님의 세계에 합당한 삶의 구조를 확인한다. 이것은 창조 질서 자체를 반영하며 뒷받침한다(레 11장은 창 1장과 언어적 유사성을 보인다). 금지된 생물은 정상적인 생물학적 분류-예를 들어, 새김질하고 굽이 갈라진 짐승이나 지느러미와 비늘 있는 수중 생물-에 해당하지 않는다. 면직물과 모직물처럼 별도로 창조된 것들을 섞는 것을 금지한 것 역시 이러한 원리에 바탕을 둔 것이다.

231 민수기 읽기: 약속의 땅으로의 여정

민수기 1-10장은 이스라엘의 시내산 체류에 관한 이야기를 마치고 가나안으로의 여정에 관한 이야기를 시작한다(나의 민수기 개요는 부분적으로 Olson, "Negotiating Boundaries"에 기초했다). 민수기 1-10장은 인구 조사와 함께 시작된다. 이러한 방식은 민수기 26장에도 영향을 주어 또 한 차례의 인구 조사가 진행된다. 두 차례의 인구 조사는 본서에 민수기라는 이름을 부여한다("광야에서"라는 히브리 명칭 역시 적절하다). 민수기의 처음 열 장은 이스라엘이 순종해야 할 일련의 교훈을 제시하지만, 우리는 앞서 이 이야기를 들었기 때문에 다소 불편함을 느낀다.

그러나 백성과 야훼의 관계에 나타난 일련의 위기에 초점을 맞춘 민수기 10-26장의 여정 기사로 말미암아 어떤 불편함도 정당화된다. 이러한 위기는 출애굽 세대는 가나안에 들어갈 수 없다는 야훼의 결심과 함께 끔찍한 결말을 맞는다(민 13-14장). 이 이야기는 결국 다시 광야 생활을 시작한 백성에 대한 묘사를 이어 가며 민수기 26장까지 계속된다. 민수기 26장에 이르러 야훼는 두 번째 인구 조사를 명하시며 첫 번째 조사와 비슷한 결과를 얻는다. 이런 결과는 한 세대가 모두 죽었음에도 불구하고 새로 태어난 세대가 비슷한 숫자를 유지했다는 점에서 좋은 소식이라고 할 수 있다.

민수기의 마지막 세 번째 부분인 27-36장은 첫 번째 부분과 균형을 이룬다. 첫 번째 장들이 시내산에서 여정을 준비하는 과정에 대한 묘사라면 이 마지막 장들은 가나안 입성을 위한 준비에 대한 묘사이다. 민수기 전체에서 볼 수 있듯이 이 부분에는 다양한 교훈이 곳곳에 분산되어 있는데, 각각의 가르침이 특정 위치에 배치된 이유는 설명하기 어렵다.

나중에 구약성서는 시편 95편의 마지막 부분에서 민수기에 나오는 출애굽 세대가 가나안에 들어갈 자격을 박탈당한 위기에 대해 요약한다. 많은 세월이 지났음에도 불구하고 시편 95편은 이스라엘이 아직 약속의 땅에 이르지 못했거나 그 땅을 빼앗긴 것처럼 말한다. 신약성서 고린도전서 10장은 교회가 동일한 재앙을 겪을 수 있다는 사실을 상기시킨다. 이러한 언급은 히브리서 3-4장에 다시 나타난다. 우리는 히브리서 본문을 통해 이스라엘은 하나님의 안식에 들어가지 못했으나 그리스도인은 그렇게 할 수 있다는 인상을 받는다. 사실 본문은 그리스도인도 이스라엘과 같은 위험에 처할 수 있다고 말씀한다. 우리도 하나님의 안식에 들어가지 못할 수 있다는 것이다.

민수기는 반역과 형벌에 대한 이야기이며 죽음에 사로잡혀 있음을 보여 준다. 그러나 민수기는 소망에 대한 암시로 끝난다. 발람이 백성을 축복하는 긴 이야기는 이러한 소망을 보여 준다. 이 이야기의 아이러니 가운데 하나는 이스라엘이 자신을 축복하는 행위에 대해 모르고 있다는 것이다. 또한, 이 이야기는 유머를 사용함으로써 소망을 제시하는데, 이러한 유머는 다른 기사에도 등장한다(예를 들어, 백성이 마늘을 그리워 함).

민수기를 읽어 보라.

1. 민수기 1-10장은 이스라엘의 광야 여정을 어떻게 준비시키는가?

2. 민수기 10-21장의 기사에 반복적으로 나타나는 이슈들은 무엇인가?

3. 민수기의 이야기들을 하나씩 살펴볼 때 각각의 이야기에서 어떤 차이를 찾아볼 수 있는가?

4. 민수기 22-24장에 나오는 발람 이야기의 핵심(또는 핵심적 요소들)은 무엇인가?

5. 발람은 좋은 사람인가 나쁜 사람인가? 아니면 어떤 사람인가? 민수기 25장은 이에 대해 어떤 말을 덧붙이는가?

6. 발람의 이야기는 토라 전체의 플롯이나 주제와 어떻게 일치하는가?

7. 민수기 27-36장은 이스라엘의 가나안 입성을 어떻게 준비시키는가?

8. 출애굽기로부터 민수기까지의 이야기를 회고하며 신명기 34장을 읽어 보라.

여러분은 모세가 임종을 앞둔 미리암에게 편지를 보냈다면, 또는 미리암이 임종을 앞둔 모세에게 편지를 보냈다면, 어떤 내용이었을 것인지 작성해 볼 수 있는가?

한 학생은 발람에 대해 다음과 같이 대답했다.

"이 나귀는 이스라엘이 하나님께 어떻게 행하였는지에 대한 생생한 이미지를 제공한다. 나귀는 발람을 수 년 동안 충성스럽게 태우고 다녔으나 처음으로 이상한 행동을 함으로써 발람에게 맞는다. 발람은 왜 자신에게 항상 신실했던 나귀를 끝까지 믿지 못하였는가? 발람은 당시 무슨 일이 일어나고 있는지 깨닫지 못했기 때문에 자신의 생명을 구하려 했던 신실한 종을 때린 것이다. 이것이 바로 이스라엘과 우리가 하나님께 행하고 있는 일이다."

232 민수기 11-25장: 약속의 땅에 들어가지 못한 이유

민수기에 나오는 이스라엘 백성이 광야 여정 가운데 보인 반역에 관한 이야기들은 창세기에서 열왕기까지 및 창세기에서 여호수아까지 이어지는 이야기 전체에서 볼 수 있는 피라미드 구조(sideways pyramid) 또는 대칭 구조를 형성한다.

(A) 11:1-3: 여행이 힘들다고 불평함
  (B) 11:4-34: 탐욕을 품음(모세가 분노를 피함)
    (C) 12:1-16: 미리암과 아론이 모세에 대해 불평함
      (D) 13:1-14:45: 승리할 수 있다는 가능성을 믿지 않음
    (C') 16:1-17:27: 레위 자손이 모세와 아론을 원망함
  (B') 20:1-13: 물이 없다고 불평함(모세가 분노함)
(A') 21:4-9: 물과 먹을 것 때문에 불평함

이 이야기들에는 세 가지 유형의 문제점이 드러난다.

1. 이스라엘 백성은 애굽에서 나오지 않았다면 좋았을 것이라고 후회한다. 다시 말하면 그들은 자신에 대한 야훼의 목적 및 야훼의 아들과 종으로서의 지위를 근본적으로 부정한 것이다.

2. 그들은 목적지에 이를 수 있다는 사실을 믿지 않는다. 그들이 쫓아내

어야 할 자들은 너무 벅찬 상대였다(민 13-14장). 그곳의 거주민은 이백 년 동안 가나안을 지배해 왔다. 성경은 이 이야기를 듣는 나중 세대에 대해서도 하나님의 약속이 성취될 수 있다는 믿음에 대해 도전한다. 모세는 시내산에서 백성의 중보자였다.

하나님이 백성을 버리고 모세와 함께 다시 시작하겠다고 말씀하시자 모세는 하나님의 명성과 자비하심에 호소하며 뜻을 돌이키시기를 간구함으로 응답을 받는다. 이 이야기는 이스라엘의 장기적 안전을 재확인하지만 일시적으로 취약해 질 수 있음을 보여 준다. 따라서 어떤 세대도 자신의 지위를 당연한 것으로 여길 수 없다.

3. 백성이 원망한 대상은 그들을 애굽에서 데리고 나와 가나안에 들어가지 못하게 한 책임이 있는 지도자들이다. 시편은 하나님에 대해 불평한 것으로 받아들이지만 여기서는 백성이 지도자들에 대해 불평하고 그들에게 큰 압박을 가한다. 지도자들 간에 분열이 일어날 때도 있었다(민 12장). 나중에 이 이야기를 듣는 이스라엘은 그들을 개인으로 보지 않고 세 가지 유형의 지도자-모세는 토라, 아론은 제사장, 미리암은 선지자-로 보았을 것이다. 제사장들과 선지자들은 종종 이스라엘을 배교로 이끌었다.

제사장직과 예언이 토라에 종속된다는 사실은 중요하다. 결국 세 명 가운데 아무도 약속의 땅에 발을 들여놓지 못하였다. 모세가 가나안에 들어가지 못한 이유는 민수기 20:1-13에서 원망하는 백성에게 보인 반응 때문이다. 그는 바위를 두 번 쳤으며(명령만 한 것이 아니라) "우리"가 이 반석에서 물을 내랴고 말했다. 모세는 하나님 앞에서 하나님의 자리에 서려한 것이다.

민수기 22-24장은 창세기 12장부터 시작된 긴 이야기의 결말로 이끈다. 하나님은 아브라함의 후손에게 땅을 주시겠다는 약속을 성취하실 것이다. 또한, 곧 있을 두 번째 인구 조사는 그들이 큰 나라가 되었음을 확인해 줄 것이다. 하나님은 이스라엘이 복을 받고, 그들을 저주하는 자는 도리어 저주를 받을 것이며, 이스라엘에 대한 저주는 아무런 효력이 없을 것이라고 약속하셨다. 발람은 정확히 누군가 이스라엘을 저주하려 했을 때, 그들에게 하나님의 복을 빌었다. 야훼는 이스라엘 밖의 나라들에 대해서도 주(Lord)가 되시며 발람(그의 나귀는 말할 것도 없고)과 같은 이방 선지자도 사용하신다.

구약성서는 제사 직무와 마찬가지로 예언도 다른 중동 국가에 알려져 있었다는 사실을 인식한다. 실제로 요단 계곡 데이르 알라(Deir Alla)에서 발견된 구약성서 시대의 한 비문은 발람이라는 예언자에 대해 언급한다.

이방 선지자라 할지라도 야훼의 말씀만 따라야 하지만 발람은 발락의 요구를 "거부"하라는 하나님의 첫 번째 명령을 받아들이지 않는다. 그러나 이러한 잘못은 그와 이스라엘 백성이 나중에 범한 범죄 행위와는 전혀 다르다(민 25장). 새로운 세대가 부상했지만 이스라엘 백성에게는 아무런 변화가 없었다.

233 민수기: 이스라엘이 전쟁을 한 네 가지 이유

민수기에는 이스라엘의 전쟁에 대한 몇 가지 이야기가 수록되어 있다. 이것은 지금이 토라 전체에서 이 주제에 대해 고찰할 적절한 시점임을 말해 준다. 본문은 모든 전쟁이 동일하지 않다는 사실을 보여 준다. 일반적인 그리스도인은 전쟁과 평화에 대해 말할 때, 전쟁을 하든 하지 않든, 모든 전쟁은 다 같은 것이라고 말한다.

그러나 구약성서 전쟁 기사의 유익 가운데 하나는 우리의 지평을 넓히고 이 문제에 대한 사고의 폭을 확장하게 하는 다양한 유형의 전쟁 이야기를 들려준다는 것이다. 오늘날 세상과 마찬가지로 구약성서 시대의 사람들은 다양한 이유로 다양한 전쟁을 한다(구약성서의 전쟁의 의미에 대해서는 507 참조).

1. 토라의 첫 번째 전쟁은 해방을 위한 전쟁이다. 아브라함은 메소포타미아 사람과 요단 지역 사람이 전쟁하는 와중에 사로잡혀 간 롯을 구하기 위해 싸운다(창 14장). 이 이야기에 함축된 암시는 넓은 의미의 가족(친족)에 해당하는 구성원이 사로잡혀 갈 때 포기해서는 안 된다는 것이다. 우리는 그들을 풀어 주기 위해 조치를 취해야 한다.

2. 이스라엘의 이야기에서 이스라엘은 첫 번째 전쟁에서 수동적인 역할을 한다. 이스라엘은 출애굽기 14장에 나타난 야훼와 바로의 전쟁에 대해 아무런 책임이 없다. 이스라엘은 야훼께서 바로에게 누가 세상의 주인인지

보여 주는 공격적 행위를 바라보기만 한다. 후기 선지서 및 대부분의 성문서에서 볼 수 있는 것처럼(많은 공격적 행위에 대한 언급이 있지만 이스라엘이 그것을 수행했다는 언급은 거의 나타나지 않는다) 야훼는 이곳의 상황에서도 전쟁을 주도하신다.

출애굽기와 이사야와 같은 책이 유사하다는 것은 폭력이 정당한가라는 문제에 대한 구약성서 시대의 사고에 변화가 없었음을 보여 준다. 예를 들어, 이사야의 관심은 이스라엘이 하나님께서 이스라엘 자체보다 이스라엘의 운명을 돌보실 것을 믿느냐에 초점을 맞춘다.

3. 이스라엘이 적극적으로 나선 첫 번째 전쟁은 자기 방어적이지만 징벌적 역할을 수행한다. 홍해를 건넌 후 얼마 있지 않아 이스라엘 백성은 친척 관계에 있는 유목민, 아말렉(그들은 야곱의 형, 에서의 후손이다)의 공격을 받는다. 신명기 25:17-18은 아말렉이 이스라엘 백성이 피곤할 때에 공격했으며 특히 뒤에 떨어진 약한 자들을 쳤다고 진술한다.

출애굽기 17장에서 싸움을 주도한 자는 모세이다. 모세의 역할에 대한 본문의 묘사는 여호수아가 지상군을 이끄는 동안 모세는 하늘에서 군대를 지휘하고 있음을 보여줌으로써 하늘에서도 지상과 동일한 전쟁이 진행되고 있음을 암시한다. 두 전쟁은 서로를 비추어 준다. 야훼는 악한 아말렉을 도말하시겠다고 선언하시며 나중에 이스라엘에게 이 책임을 맡기신다(신 25:19). 훗날 사울이 야훼의 버림을 받은 이유 가운데 하나는 그가 이 책임을 다하지 못했기 때문이다.

4. 민수기 자체에서 첫 번째 전쟁은 야훼가 이스라엘에게 가나안 땅을 주시기 위한 수단으로서 명령하신 것이다(민 13-14장). 일반적으로 한 나라가 다른 나라를 추방하고 영토를 빼앗는 과정에는 도덕적 문제가 따를 수 있지만 구약성서는 그러한 관점에서 사고하지 않는다. 이에 대해 아모스 9:7

은 첫 번째 이유를 제시한다. 아모스 1:3-2:3은 두 번째 이유를 제시한다. 한 나라가 다른 나라를 정복하는 것은 세상 이치 가운데 하나라는 것이다. 미국이나 대영제국의 역사에서 볼 수 있듯이 나라들은 일반적으로 역사를 통해 이러한 전제를 가지고 있다.

민수기 13-14장은 하나님이 전쟁을 통해 가나안 땅을 이스라엘에게 주실 것이며 대적하는 세력의 규모는 문제가 되지 않는다고 전제한다. 신명기 28:7은 방어적 전쟁에 있어서도 동일한 판단이 적용될 것임을 보여 준다. 야훼는 이스라엘을 공격하는 자들을 물리쳐 도망하게 할 것이다. 민수기 13-14장의 전쟁에서 초점의 중심은 이스라엘이 야훼께서 그 땅 거민들의 숫자나 병력에도 불구하고 불가능한 것을 가능하게 하실 것을 믿느냐는 것이다.

시적 정의(poetic justice)와 관련하여 하나님이 그들의 불신앙에 대해 그 땅에 들어가지 못하게 하겠다고 선언하셨고, 그들은 다시 들어갈 결심을 하였을 때, 야훼께서 그것을 가능하게 하지 않으심으로 그들이 실패한 것이다.

234 신명기: 추가적 이유 다섯 가지

● ● ● ● ●

1. 다음 전쟁 이야기(민 20:14-21)는 전쟁을 피하려는 상황과 관련된다. 이스라엘은 야곱의 형의 후손으로 자신과 가까운 친척인 에돔의 영토에 다가간다. 구약성서 뒷부분은 이 관계에서 지속되는 적대감에 대해 언급한다. 여기서는 이스라엘이 에돔의 작물이나 물을 취하지 않고 단지 그들의 영토를 지나가게만 해 달라고 요구한다. 그러나 에돔 왕의 대답은 한 발자국만 들여놓아도 너희를 죽이겠다는 것이었다("너는 우리 가운데로 지나가지 못하리라 내가 칼을 들고 나아가 너를 대적할까 하노라"). 이스라엘은 그들에게서 돌이켜야 했다.

전쟁할 때가 있고 평화할 때가 있느니라(전 3:8).

2. 이어서 민수기 21:1-3은 가나안 사람 곧 아랏의 왕의 공격에 대해 언급한다. 그는 이스라엘을 쳐서 몇 사람을 사로잡았다.

이스라엘은 어떻게 해야 하는가?

그들은 이유 없는 공격을 받았으나 사실 이스라엘은 왕의 영토에 대한 속셈이 있었다. 이 이야기는 백성과 성읍을 "바친" 사실에 대해 처음 언급한다. 이 단어(하람[*hāram*], 명사형은 헤렘[*herem*])는 종종 "멸하다"나 "진멸하다"로 번역되지만 이것은 이 단어가 가진 종교적 의미를 간과한 것이다. 이 단어는 희생과 비슷한 의미를 가진다. (앞서 토라에서 언급한 헤렘[*herem*]은 산

채로 하나님께 바친 것들을 가리킨다). 물론 구약성서는 인간 제물을 금한다. 그러나 전쟁에서 사람들을 진멸하는 것은 그들을 하나님께 바치는 행위와 관련된 일종의 의식으로 이해된다.

이러한 "헤렘"은 중동 지역 여러 곳에 알려져 있다. 따라서 여기서 이스라엘은 이처럼 잘 알려진 관습을 받아들여 주도적으로 하나님께 아랫 백성을 이런 식으로 바치겠다고 약속한 것이다. 야훼가 이런 생각을 좋게 생각했는지는 정확히 알 수 없으나 야훼는 이스라엘이 이런 식으로 그들을 바칠 것을 아시고 이스라엘의 서원에 따라 에돔 백성을 그들의 손에 넘기신다.

3. 이스라엘과 아모리 왕 시혼의 전쟁(민 21:21-35)은 또 하나의 방어적 전쟁이지만 이스라엘은 이 전쟁을 통해 그들의 땅을 점령한다. "가나안 사람"(또는 미국인)과 마찬가지로 "아모리인"은 광범위한 의미 또는 특정 의미를 가진다. 아모리인은 "가나안 사람"처럼 가나안의 다양한 민족을 가리키거나, 가나안은 물론 메소포타미아에 살고 있는 사람까지 포함하는 총체적 표현일 수 있다. 여기서는 요단 동편에 거주하는 특정 그룹을 가리킨다.

에돔 국경에서와 마찬가지로 이스라엘은 시혼의 영토를 지나가게 해 줄 것을 요구한다. 그러나 시혼은 이를 거부하고 그들을 공격한다. 따라서 이스라엘은 이번에는 다른 뺨을 돌려대지 않고 반격하여 아모리인을 죽이고 그들의 땅을 빼앗는다.

모세와 바산 왕 옥과의 전쟁(민 21:33-35)은 이와 유사한 역학을 보여 준다. 그것은 "우발적" 전쟁이었으나 요단 동편 거민들의 어리석은 적대감으로 말미암아 오히려 이스라엘의 일부 지파가 요단 동편에 터를 잡는 다행스러운 결과로 이어졌다. 말하자면 약속의 땅이 확장된 것이다.

4. 민수기를 지나 신명기 7:1-26에서 야훼는 이스라엘에게 가나안 족속들과 싸워 그들을 "진멸하라"(바치라)고 명하신다. 이 명령의 논리는 가나

안 사람이 자녀를 제물로 바치는 것과 같은 악한 행위를 하므로 처벌받아야 하며 이스라엘은 야훼의 집행 도구라는 것이다. 앞서 창세기 15:16에는 동일한 관점이 제시된다. 따라서 구약성서는 창세기와 신명기를 통해 다른 민족의 땅을 점령하는 것은 도덕적 문제를 야기할 수 있음을 보여 주며 이스라엘이 가나안을 대하는 방식에 대한 도덕적 적대를 예견한다.

그들은 다른 민족보다 특별히 많은 죄를 범한 것은 아니었지만 야훼는 이스라엘에 대한 목적을 이루는 데 도움이 되기 때문에 그들을 처벌하시기로 결정하신 것이다. 이러한 결정은 궁극적으로 모든 나라에 유익을 가져올 것이다.

이러한 조치에 담긴 한 가지 요소는 가나안 사람이 이스라엘 백성을 그들처럼 배교하게 해서는 안 된다는 것이다. 오늘날 중동 문제에서 볼 수 있는 것처럼 우리는 팔레스타인이 가나안 사람들처럼 처벌을 받아야 한다고 말할 수 없다. 그러나 어쨌든 구약성서는 가나안에 대한 이스라엘의 공격을 계속해서 반복되는 사건이 아니라 지나간 날의 사건으로 다룬다.

5. 신명기의 마지막 전쟁은 가나안 땅을 차지하기 위한 이스라엘과 블레셋의 갈등에서 나타난다. 이것은 같은 전쟁이나 유럽 국가들에게서 종종 볼 수 있는 전쟁이 아니라 "경쟁적 전쟁"이라고 할 수 있다(신 20장). 후기 구약성서 이야기는 블레셋이 이스라엘을 침략했을 때 사울이나 다윗이 취했을 것이라고 생각되는 행동에 관한 문제를 제기한다. 오늘날 사회에서도 이 땅에서 어떻게 살 것이며, 평화적인 군주나 대통령 또는 수상이 되는 것이 가능한가라는 문제가 제기된다.

235 신명기 읽기

　신명기는 창세기부터 열왕기까지 이어지는 거대한 이야기에서 중추적인 위치를 차지한다. 신명기는 토라의 끝이자 신명기적 관점에서 진술된 이스라엘 역사의 시작이다. 우리는 하나님이 세상을 창조하심, 이스라엘 조상들에게 약속하심, 이스라엘을 애굽에서 인도하심, 시내산에서 그들과 만나심 및 광야를 통해 약속의 땅 가까이 인도하심 등에 대한 기사를 읽는다.

　이제 신명기는 이 이야기를 잠시 멈추고 우리가 어디까지 이르렀는지 돌아보고 앞으로의 향방 및 이스라엘이 그 땅에서 어떻게 살아야 할 것인지에 대해 내다본다. 이어지는 책들에서는 이스라엘의 가나안 입성, 그곳에서의 예측 불허한 삶, 하나님이 왕과 성전을 달라는 요구를 들어주심 및 모든 것이 어떻게 무너졌으며 이스라엘이 다시 아브라함이 출발했던 곳으로 돌아가게 되었는지에 대해 들려준다.

　신명기는 이 이야기가 이런 식으로 전개되는 이유를 이해할 수 있는 원리를 제시한다는 점에서 이 이야기의 서론에 해당한다고 볼 수 있다(신명기에 대해서는 245 참조).

　신명기는 구약 시대 중동의 법전 형식으로 수정된 조약 형식을 따른다. 당시 강대국과 약소국 사이에는 종종 일정한 틀의 조약을 통해 상호 관계를 형성하곤 했다. 이스라엘은 이러한 조약 형식을 하나님과의 언약을 이해하는 한 방식으로 받아들였다. 이러한 형식은 신명기에 가장 잘 나타난다.

- 과거 두 당사자 사이의 관계(신 1-3장)
- 강대국의 기본적 기대, 특히 충성심(신 4-11장)
- 강대국의 세부적 기대(신 12-26장)
- 관계를 공식화하기 위한 조항(신 27장)
- 협력할 경우의 복 및 반대의 상황(신 28-30장)

조약 형식이 법전 형식에 의해 수정되는 과정은 강대국의 세부적 기대를 제공한 광범위한 자료에 나타난다. 이 자료는 조약에 주기적으로 나타나는 특정 기대보다 훨씬 방대하지만 함무라비법전과 같은 법전에 비교될 수 있다.

1. 신명기 5장을 읽어 보라.

열 가지 명령 가운데 신학적으로 가장 중요한 것은 어느 것이라고 생각하는가?

행동과 관련하여 가장 중요한 것은 어느 것인가?

만일 하나님이 오늘날 우리에게 명령하신다면, 다루어야 할 내용이나 필요한 내용 가운데 십계명에 언급되지 않은 내용이 무엇이라고 생각하는가?

십계명의 신명기 버전을 출애굽기 20장의 버전과 비교해 보라. 두 버전의 공통점 및 차이점과 관련하여 의미가 있거나 흥미로운 사실은 무엇인가?

2. 신명기 1-4장 및 6-11장을 읽어 보라.

본문은 하나님이 이스라엘에게 바라시는 기본적 태도에 대해 묘사한다. 기본적 태도의 내용은 무엇인가?

그 가운데 신명기의 관점 및 여러분의 관점에서 가장 중요한 것은 무엇인가?

신명기는 왜 이러한 것들이 중요하다고 생각하는가?

여러분이 중요하다고 생각하는 이유는 무엇인가?

3. 신명기 15장을 읽어 보라.

본문을 출애굽기 21장에 나타난 이 주제와 비교해 보라. 유사성과 차이점은 무엇을 의미하는가?

많은 역본이 "노예(제)"로 번역한 것은 사실상 계약에 의한 노동 또는 "고용"에 해당한다는 사실을 기억해야 한다. 구약성서의 종 제도는 사람이 다른 사람을 소유하고 마음대로 할 수 있는 관계를 가리키지 않는다. 이곳과 같은 본문에서 양자의 관계는 어려움에 처한 자가 노력해서 정상적인 삶으로 돌아갈 수 있는 관계이다. 이것은 평범한 영국인이 미국으로 건너가 수 년 동안 열심히 일해서 뱃삯을 갚는 용역 계약(indentured service)과 같다.

본문이 노동, 비고용 및 가난을 이해하는 관점은 무엇인가?

이것은 우리에게 어떤 통찰력을 주는가?

4. 신명기 나머지 부분, 12-26장을 읽어 보라.

본문이 다루고 있는 주제의 리스트를 만들어보라.

왜 이러한 주제들을 다룬다고 생각하는가?

이 리스트는 출애굽기 20-23장에서 나온 리스트와 어떻게 비교되는가?(상기 223 참조).

두 리스트의 차이점에 대해 어떻게 설명할 수 있는가?

신명기는 출애굽기에도 나타나는 이 주제를 어떤 식으로 다루는가?

5. 신명기 27-34장을 읽어 보라.

특히 신명기 27장을 세밀히 살펴보라.

본문이 특정 행위를 금한 이유가 무엇이라고 생각하는가?

236 신명기의 강조점

신명기는 일련의 뚜렷한 신학적, 윤리적 강조점을 가지고 있다. 신명기의 신학적 강조점은 언약적 사고의 틀과 연결된다. 이러한 틀은 이스라엘이 야훼의 백성이며 야훼는 이스라엘의 하나님이시라는 사실에 대한 체계적 설명을 형성한다. 이것은 호세아 1:9의 놀라운 선언에 대한 중요한 배경이 된다.

너희는 내 백성이 아니요 나는 너희 하나님이 되지 아니할 것임이니라(호 1:9).

이러한 선언은 이스라엘이 야훼를 자신의 하나님으로 대하지 않음으로 언약을 지키지 못했다는 사실로부터 나온 것이다. 그러나 이 선언은 머지 않아 반전된다.

내가…내 백성 아니었던 자에게 향하여 이르기를 너는 내 백성이라 하리니 그들은 이르기를 주는 내 하나님이시라 하리라(호 2:23).

이러한 반전은 이사야 40:1에서도 찾아볼 수 있다.

너희 하나님이 이르시되 너희는 위로하라 내 백성을 위로하라(사 40:1).

신명기에 뚜렷이 나타나는 윤리적 관심사는 다음과 같다.

1. 공의

이 관심사의 한 가지 요소는 모든 초점을 이스라엘의 율법 전체의 특징이라고 할 수 있는 공의에 맞춘다는 것이다(예를 들어, 신 4:8). 또 한 가지 요소는 의로운 재판에 대한 특별한 관심이다. 이러한 사실은 도피성(살인을 피해 도피할 수 있는 곳), 확실한 증거에 대한 엄격한 기준 및 위증으로부터의 보호(신 19:1-21) 등에 잘 나타난다.

2. 가난한 자에 대한 관심

이스라엘은 공동체 가운데 확실한 생계 수단이 없는 레위인, 과부, 고아, 거류하는 객 및 가난한 자들을 보살펴야 한다. 십일조의 목적 가운데 하나는 농사할 땅이 없는 자들을 보살피는 것이다(신 14:22-29). 용역계약(종 제도)에 관한 규례는 작황 실패와 같은 상황에서 빚을 진 가정에 대한 안전망을 제공하며 곤란한 자에게도 보호 수단이 된다(신 15:1-18).

3. 형제 사랑

용역 계약에 관한 규례는 가난한 자가 그들의 가족이라는 사실을 강조한다("형제"라는 단어에 여성을 포함한 번역에도 적용되는지는 불확실하다. 이런 곳에서는 "형제" 대신 "공동체의 지체"와 같은 단어로 대체된다). 자신의 성읍에 거주하는 자는 가족 가운데 하나처럼 대해야 한다(신 15:1-18). 재판관, 선지자, 레위인, 특히 왕에 대한 교훈에는 형제 사랑에 대한 동일한 강조가 나타난다(신 17:14-20). 이스라엘은 왕을 세울 수 있지만 그는 언제나 백성 전체를 착취의 대상이 아니라 자신의 가족처럼 대하여야 한다.

4. 여성

용역 계약에 관한 규례는 남녀 모두에게 적용되며 여자에게도 동일한 권리가 부여된다(신 15:12, 17). 이 규례는 아버지, 남편, 아들과 함께 어머니,

아내, 딸에 대해 언급한다. 또한, 율법은 결혼, 이혼 및 출산과 관련하여 여성의 권리 및 지위를 강조한다(신 21:10-21; 24:1-4). 특히 이러한 교훈은 신명기의 가르침이 어디서부터 출발되었는지를 분명히 보여 준다. 이 교훈은 막연히 이혼해서는 안 된다거나, 전쟁에서 미혼 여성을 사로잡아 와서는 안 된다거나, 성인이 된 자식은 부모를 거역해서는 안 된다고 말하지 않는다. 오히려 이러한 일들이 실제로 발생했을 때 어떻게 대처할 것인지에 대한 방법론적 체계를 제시한다. 또한, 신명기는 여자도 남자와 동일한 책임을 진다는 사실을 분명히 한다. 그들도 다른 신을 섬기면 곤경에 처하게 된다는 것이다.

5. 가정의 질서

가정은 이스라엘의 삶의 핵심이다. 가정은 야훼께서 이스라엘을 통해 세상에 대한 목적을 이루시기 위한 도구이다. 또한, 가정은 이스라엘 백성이 하나님이 자기 백성과 함께하심에 관한 이야기를 배우는 배경이 된다. 그러므로 부모는 가정에서 존경을 받아야 한다. 가정은 하나님과의 관계에서 잘못될 때 값을 치러야 하는 곳이다(신 4:9; 5:9, 16). 또한, 가정은 가족 생활과 결혼 및 출산이 이루어지는 곳이며, 따라서 보호받아야 하는 곳이다(신 22:13-30).

6. 행복

이스라엘의 삶에 대한 신명기의 비전은 기쁨으로 가득하며 신명기의 가르침은 축제를 장려한다. 예배에는 축제와 절기 및 만찬이 포함되며 모든 가족과 종들이 함께 잔치에 참예한다(신 12:1-21; 26:11-12). 새로이 아내를 맞이한 일 년 동안 집에 있으면서 아내를 즐겁게 해야 한다. 그는 그 기간 동안 군대에 가지 않아도 된다(신 24:5).

237 신명기의 both/and

신명기의 광범위한 신학을 분석하는 또 하나의 방법은 양자택일의 대상인 두 강조점을 결합하는 방식에 주목하는 것이다. 신명기는 지나친 단순화를 선호하지 않는다.

- **하나님은 유일하시지만 다른 영적 세력들이 존재한다.**

모세는 "우리 하나님 여호와는 오직 유일한 여호와이시니"(Yahweh our God Yahweh one)라고 말한다(신 6:4). 이 문장은 히브리어로는 가능하지만 영어로는 완전한 문장이 될 수 없다. 우리는 be 동사를 한두 개 넣어야 한다(NRSV와 TNIV 및 난외 주석은 네 가지 방식까지 가능함을 보여 준다).

그러나 이러한 문법적 모호성은 야훼만 하나님이시며(또는 "하나님이시거나") 야훼는 유일하시다는 명확한 진술의 의미를 약화시키지 않는다. 이것은 다른 백성들이 경배하는 수많은 신들 가운데 야훼는 오직 한 분뿐이시라는 것이다. 신명기의 요지는 신은 하나뿐이라는 유일신론(monotheism)에 관한 것이 아니다. 이러한 추상적 관심은 훨씬 나중, 신약성서 시대 이후의 일이다. 구약성서는 얼마나 많은 신이 있느냐가 아니라 하나님이 누구신가에 초점을 맞춘다. 구약성서는 대문자 G로 시작하기에 합당한 신으로서 하나님(God)은 한 분뿐이시라고 주장하며, 소문자 g로 시작하는 다른 초자연적 실체들(gods)에 대해서는 개의치 않는다(히브리어는 이런 식으로 구별하지 않지만 구약성서에는 이런 식의 구분이 함축되어 있다). 그러나 적어도 구약성서는 바알(Baal)이나 마르둑(Marduk)은 참 신이 될 수 없으며 오직 야훼만이 하나님이시라는 사실에 관심을 가진다. 구약성서의 초점은 유일신론이 아니라 참 신은 야훼뿐이라는 야훼 유일 사상(mono-Yahwism)에 맞추어진다.

동시에 구약성서는 가나안과 같은 민족들이 섬기는 다른 영적 실체들의 존재에 대해 부인하지 않는다. 다만 구약성서는 그들을 야훼의 다스림을 받는 열등한 위치로 낮출 뿐이다. 야훼의 통치하에 있는 그들은 다른 민족들을 맡았다. 반면, 야훼는 이스라엘을 그가 직접 돌보시는 특별한 소유로 삼으신다(신 32:8-9 참조). 신명기는 하나님이 이스라엘을 택하신 것은 세상 나라에 대한 목적 때문이라는 관점이 창세기보다 덜 분명하다.

- **야훼는 초월적이시며 가까이 계신다.**

신명기 4장은 이스라엘에게 하나님의 시내산 강림의 놀라운 본질을 상기시키고 야훼의 형상을 만들지 말라고 경고한다. 이스라엘의 하나님은 소멸하는 불이시며, 질투의 하나님 또는 열정적인 하나님이시다.

그러나 구약성서는 야훼께서 택하신 곳에 그의 이름을 두실 것이라는 사실을 수차례 언급한다(신 12:3, 5, 11, 21). 이름은 그가 누구인지를 보여 준다. "야훼"도 다른 이름과 마찬가지로 야훼가 누구인지를 나타내지만 이 이름은 이름 자체에 담긴 의미도 드러낸다(출 3장 참조). 그리스도인은 이 이름을 읊조리며 기도할 때 예수님의 임재를 상기한다. 이름을 입에 올림으로써 인격의 실재 및 임재를 확인하는 것이다. 따라서 이 이름으로 말한다는 것은 야훼가 초월적이면서 가까이 계신다는 사실을 확인하는 것이다.

- **이스라엘은 그 땅에 정착하겠지만 그들의 여정은 계속된다.**

신명기는 가나안이 보이는 가까운 곳에서 이스라엘이 지금까지 걸어 온 길을 회고하며 세겜 양편 두 산으로부터 복과 저주에 대한 선언을 예시한다(신 11:29). 그러나 신명기는 이 사건을 넘어 장차 야훼의 말씀을 지키지 못하므로 초래될 어려움, 즉 불순종으로 인한 바벨론 유수는 물론 포로지로부터의 귀환 및 이어질 회복까지 내다본다(신 30:1-10). 신명기는 이스라엘이 여전히 여정 중에 있는 것으로 보며, 전체 여정을 가시권 안에 두고 조망한다.

- **신명기는 윤리와 예배, 내면과 외면 및 이상과 현실을 접목한다.**

오늘날 서구 사회에서 윤리와 예배는 별개의 두 영역이지만 신명기는 두 요소를 결합하여 하나님에 대한 동일한 헌신의 요소로 제시한다. 신명기를 형성하는 두 개의 핵심 부분(신 4-11장; 12-26장)은 공의, 사랑 및 신뢰와 같은 행동 원리와 그러한 원리를 구체적으로 드러내는 행위를 하나로 묶는다. 하나님은 행동을 중시하시거나 마음의 태도를 중시하신다.

신명기는 이상과 현실을 결합하며, 이러한 사실은 노예 제도(용역 계약)에 관한 언급(신 15:1-11)에 잘 나타난다. 이스라엘에는 가난한 자가 없어야 하며, 그것은 하나님의 복이다(신 15:4). 그러나 한편으로 가난한 자는 언제나 있으며(신 15:11), 따라서 이러한 현실에 어떻게 대처할 것인가에 대해 언급한다.

- **복과 저주**

백성은 복과 저주 가운데 선택해야 한다(신 27:1-28:68). 신명기는 하나님의 은혜와 순종에 대한 기대, 하나님의 자비와 하나님의 징계 및 형벌에 대한 의지, 그리고 소망에 대한 약속과 실제로 드러날 현실을 결합한다. 하나님의 은혜는 하나님과 백성의 관계의 핵심이며(신 7:6-8; 9:1-6; 30:6), 순종은 가능하지만 이스라엘은 목이 곧은 백성이다.

238 신명기: 누가 기록하였는가?

● ● ● ● ●

신명기는 스스로 모세의 마지막 설교라고 말한다. 과연 그런가?

신명기가 모세의 기록이라고 믿는 주장 가운데 가장 훌륭한 진술은 톰슨(J. A. Thompson, *Deuteronomy*)과 피터 크레이기(Peter Craigie, *Book of Deuteronomy*)이다. 그들은 모세가 신명기를 직접 기록하지는 않았지만 신명기의 내용과 실제적인 관련이 있다고 주장한다. 나는 이들의 주장에 대해 간단히 제시한 후 괄호 속에 나의 생각을 덧붙일 것이다.

1. 모세가 신명기의 직접적인 배후라는 주장은 초기 유대교 및 초기 기독교의 보편적 전승이다

(그러나 그것은 모세 사후 천 년이 지난 시점이다).

2. 이러한 관점은 예수님의 생각에서도 나타난다(예를 들어, 마 19:8).

(과연 그런가? 예를 들어, 마태복음의 본문에서 예수님은 바리새인이 모세의 글로 제시한 신명기 24:1-4의 의미에 대해 논쟁중이시다. 이것은 신명기를 누가 기록했는가에 대한 논쟁이 아니며, 모세에 대한 언급은 "토라에 기록되어 있다"라는 의미이다).

3. 신명기 자체가 핵심 내용에 대해 모세를 저자로 소개한다(특히 신 31:9, 24 참조). 만일 모세가 저자가 아니라면 거짓말이 될 것이다.

(오늘날 서구인의 생각과 달리 고대 사회에서 사람들은 영감을 받은 자에 대한 존경심을 드러내는 한 방법으로 자신의 저서를 그들의 이름으로 내는 경우가 많았다).

4. 신명기는 주전 2000년대 말의 사회상을 반영한다. 예를 들어, 예루살렘에 있는 수도나 성전에 대한 언급이 전혀 나타나지 않는다.

(사실이다. 그러나 한편으로 신명기는 그 땅에 정착한 사회를 반영하고 있으며 왕 제도 및 거짓 예언에 관한 문제처럼 수백 년 후에야 제기될 수 있는 온갖 문제를 제기한다).

5. 신명기는 주전 2000년대에 흔히 볼 수 있는 중동의 왕과 신하들 사이의 조약 형식을 따른다.

(논쟁의 소지는 있지만 가능한 일이다).

6. 신명기의 일부 규례는 선지서에도 나타난다.

(입증된 것은 아니다).

7. 신명기의 주제는 출애굽기 15장과 같은 초기 구약성서 자료와 일치한다.

(이것 역시 입증된 것은 아니다).

8. 이스라엘의 신앙에 대한 신명기의 탁월한 체계적 해석은 모세 시대 특유의 의미에 대한 구약성서의 묘사와 일치한다.

(입증된 것이 아니다).

나의 결론은 모세가 신명기의 배후라는 주장을 믿을 수 없다는 것이다. 모세가 아니라면 누구인가?

신명기의 가르침에 나타난 핵심 요소들에 의하면 주전 622년에 있었던 요시야의 개혁 시대 이스라엘의 삶이 강력한 설득력을 가진다(왕하 22-23장 참조). 이 개혁은 토라의 어떤 내용보다 신명기의 강조점과 중복되며, 특히 요시야가 예루살렘 성전이 아닌 다른 곳에서도 예배 행위를 금한 내용은 정확히 일치한다. 따라서 신명기는 불가사의하게 600년 동안 사라졌다가 다시 찾은 것이 아니라 이 개혁이 있기 얼마 전에 기록되었을 것이다.

그렇다면 신명기는 누가 기록하였는가?

어쩌면 신명기를 기록한 자는 왕궁에 있는 왕의 신하들이나(그러나 신명기는 왕권에 대해 부정적이다. 신 17:14-20 참조), 제사장들이나(그러나 신명기는 제사장의 독특한 지위를 덜 강조한다), 신명기를 통해 이익을 얻었을 레위인이나(그러나 신명기는 다른 방법으로 레위인을 저지하며 나그네나 고아와 같은 하층 계급으로 분류한다), 예언자 그룹이나(그러나 신명기는 예언을 거의 무시하며 예언의 위험성에 대한 경고만 한다), 잠언을 기록한 지혜로운 교사들(그러나 신명기에는 이들에 대한 언급이 전혀 나타나지 않는다)인지도 모른다. 남은 것은 구약성서에서 탁월한 역할을 하는 수상쩍은 인물들, 곧 신명기사가들(Deuteronomist)이다. 어쩌면 이들이 창세기부터 열왕기까지의 저자이며 선지서를 지금의 형태로 덧붙인 신학자들인지 모른다. 그러나 신명기사가라는 이름을 붙일 수 있을 뿐, 이들이 누구인지에 대해서는 알 수 없다. 이처럼 불확실한 결론은 책의 저자를 찾는 일이 해석에 도움이 되지 않는다는 사실만 재확인 해 줄 뿐이다. 구약성서 자체는 신명기 독법을 위한 세 가지 상황을 제시한다.

(a) 전체 이야기에서 신명기가 차지하는 위치: 이스라엘은 약속의 땅 가장자리에 와 있다. 이 상황에서 이스라엘이 지켜야 할 교훈이 제시된다.

(b) 요시야의 개혁: 신명기의 교훈은 이 상황에서 특별한 역할을 한다.

(c) 바벨론 유수: 본문은 바벨론 유수의 원인에 대해 설명하지만 지금부터 이스라엘은 신명기를 진지하게 받아들이기 시작할 것이라는 희망을 제시한다.

239 출애굽기-신명기: 회고

출애굽기에서 신명기까지 전체를 돌아보며 200단어 정도로 요약해 보라. 나의 버전(245 참조)과 대조해 보라. 토라에 대한 설교가 궁금하다면 웹 자료의 설교 파일(245 참조)를 참조하라.

네 권의 책을 읽어 보면 각 권이 어떻게 연결되며 상호 대조되는지 궁금할 것이다. 다음은 네 권의 책의 유사성과 차이점에 대한 요약이다.

■ **출애굽기**

출애굽기의 틀은 다음과 같은 내용을 담은 내러티브에 해당한다.

- 야훼는 어떻게 이스라엘을 애굽의 종살이에서 구원하셨는가?(출 1-18장).
- 야훼는 어떻게 이스라엘을 시내산에서 종으로 삼으셨는가?(출 19-24장).
- 야훼는 어떻게 이스라엘의 반역 후에 언약을 갱신하셨는가?(출 32-34장).
- 이스라엘은 어떻게 이동식 성소를 세웠는가?(출 35-40장).

이러한 내러티브의 틀 안에 일련의 교훈이 제시된다.

- 십계명: 야훼의 은혜에 어떻게 반응할 것인가에 대한 기본적 교훈(출 20:1-17).
- 세부적 규례: 공동체는 어떤 삶을 살아야 하는가?(출 20:22-23:33).
- 세부적 교훈: 이동식 성소를 세우는 방법(출 25-32장).

- **레위기**

출애굽기와 대조적으로 레위기는 예루살렘과 성전의 상황에서 하나님께 예배하며 하나님을 위해 사는 방법에 대한 가르침이다(제사장 신학자가 강조하고 싶은 내용일 것이다).

- 어떻게 제물을 바칠 것인가?(레 17장).
- 어떻게 정결을 유지하고, 금기를 피하며, 금기를 다룰 것인가?(레 11-16장).
- 어떻게 거룩할 것인가?(레 17-27장).

이러한 교훈의 틀 안에 다음과 같은 내러티브가 제시된다.

- 첫 번째 제사장은 어떻게 세워졌으며 그들은 무엇을 잘못하였으며 하나님은 그것을 어떻게 바로잡으셨는가?(레 8-10장).

- **민수기**

이곳의 틀은 다시 한 번 내러티브로 돌아와 야훼께서 어떻게 이스라엘을 시내산에서 약속의 땅 가까이 인도하셨는지를 보여 준다. 훗날 포로기 유다인은 이러한 상황을 반복한다.

- 그들은 어떻게 시내산을 떠날 준비를 하였는가?(민 1-10장).
- 그들의 가나안 여정은 어떻게 며칠이 아니라 40년이 걸렸는가?(민 10-25장).
- 그들은 최종적으로 가나안에 들어갈 준비를 어떻게 하였는가?(민 26-36장).

출애굽기에서처럼 이러한 틀 안에서 다음과 같은 교훈이 제시된다.

- 이 책 전체에는 다양한 가르침이 나타나는데, 많은 부분이 죽음 및 그것의 함축과 관련된다.

- **신명기**

  명목상이지만 계속해서 내러티브의 틀을 유지한다.

  - 이스라엘이 약속의 땅 가장자리에 머문 시기는 언제인가(신 1:1-4).
  - 야훼와 이스라엘은 어떻게 언약을 재확인하였으며 모세는 어떻게 죽었는가?(신 29-34장).

  그러나 이 책의 핵심은 모세의 마지막 설교로, 평신도 신학자가 강조하고 싶어 했을 내용에 초점을 맞춘다.

  - 성읍이나 예루살렘과 같은 도시에서 어떻게 하나님을 섬기며 살 것인가?
  - 어떻게 언약적 관계를 유지하며 야훼를 주로 삼을 것인가?

출애굽기부터 신명기까지의 전개 방식에 대한 조망은 본질적으로 이중적인 토라의 성향을 이해하는 데 도움이 된다. 이 이야기의 틀은 한편으로 내러티브이다(이러한 사실은 창세기가 어떻게 시작되었는지를 상기하면 분명해진다). 이것은 하나님이 행하신 일에 관한 이야기이다. 다른 한편으로 이 이야기는 행동 원리(규례)를 제시한다. 이것은 (이야기를 이끌어 가는) 원리가 없는 이야기도 아니며 (원리를 뒷받침하는) 이야기가 없는 원리도 아니다.

240 출애굽기-신명기: 다양한 교훈에 대한 회고

출애굽기와 레위기 및 신명기는 종종 같은 이슈를 다루지만 방법은 다르다. 이 가운데 어느 한 권이 다른 책에 없는 내용을 다루는 이유는 무엇인가? 어떤 상황이나 필요가 발생했기 때문인가?

다음 도표는 신명기를 기준으로 세 책에 나타난 평행구에 대한 목록이다. 세 본문의 차이점에 대해 어떻게 생각하는가?

각 본문의 특징은 무엇이며 내용상의 차이는 무엇을 의미하는가?

각 본문의 핵심 내용은 무엇인지 찾아보고 세부적인 내용에도 주목해 보라.

처음 몇 개 항목에 대해서는 나의 의견을 제시해 보았다. 나머지 부분을 채워 보라.

신 12:1-8	출 20:24	
그들은 현재의 예배 장소를 폐하고 야훼께서 택하신 곳에서만 예배해야 한다.	그들은 야훼께서 지시하시면 어디서든 토단을 쌓을 수 있다. 이것은 그들에게 너무 넓은 영역인가? 너무 위험한 일인가?	

신 12:16, 23 그들은 고기를 먹기 전에 짐승의 피를 쏟아야 한다.		레 17:10-24; 19:16 이 규례의 이유가 제시된다. 사람들이 이 규례를 이해하도록 돕기 위해서인가? 순종을 확실히 하기 위해서인가?
신 12:29-32 그들은 이전에 거주하던 민족들처럼 예배해서는 안 된다. 그러나 이 명령은 그들이 모두 사라졌다는 전제하에 제시된다.	출 23:23-24; 34:12-14 이전 거주민들이 여전히 남아 있다고 가정한다. 이스라엘은 그들과의 관계를 염려해야 한다. 그들은 실제로 그곳에 남아 있었을 것이다.	
신 13장 거짓 선지자 및 다른 유혹자들에 대한 경고	해당되는 병행구가 없음: 이유가 무엇인가? 이 주제가 신명기가 말하는 상황에서 나타난 이스라엘의 문제이기 때문인가?	
신 14:1-20		레 19:28; 11:2-23
신 14:21	출 23:19; 34:26	레 11:39-40; 17:15
신 14:22-29		레 27:30-33
신 15:1-11		
신 15:12-18	출 21:2-11	레 25:39-46
신 15:19-23	출 22:30; 34:19	
신 16:1-17	출 23:14-17	레 23장
신 16:18-20	출 23:6-9	레 19:15
신 16:21-22		레 26:1

241 출애굽기-신명기: 전개 방식

●●●●●

다음은 토라에 나타난 교훈 자료 묶음에 대한 개요이다.

출애굽기 20:1-17: 안식일을 포함한 열 가지 기본적 원리

출애굽기 20-23장: 다음 사항이 포함된 일상생활 및 예배에 관한 일련의 교훈
- 부채 및 종 제도(21:2-11)
- 안식일 및 세 차례 매년 절기(23:12-17)
- 염소 새끼를 어미의 젖으로 삶지 말 것(23:19)
- 순종/불순종의 열매(23:20-33)

출애굽기 25-31장: 이동식 성소 및 제사장직에 대한 지시

출애굽기 34:11-26: 다음을 포함한 또 하나의(열 가지?) 기본적 원리
- 안식일 및 세 차례 매년 절기(34:21-23)
- 염소 새끼를 어미의 젖으로 삶지 말 것(34:26)

레위기 1-7장; 11-16장: 제물, 정결한 것과 부정한 것 및 매년 속죄일에 대한 교훈

레위기 17-26장: 다음 사항이 포함된 일상생활 및 예배에 관한 일련의 교훈

- 부채 및 종 제도(25:1-55)
- 안식일 및 세 차례 매년 절기(23:1-44)
- 순종/불순종의 결과(26:3-45)

민수기 15-19장; 27-36장: 여러 가지 교훈

신명기 4-11장: 안식일이 들어 있는 열 가지 기본적 원리를 포함하는, 야훼와의 관계를 위한 기본적 원리.

신명기 12-26장: 한 성소, 왕권 및 예언에 관한 교훈을 포함한 일상생활 및 예배에 관한 일련의 교훈과 함께 다음의 교훈이 제시된다.
- 부채 및 종 제도(15:1-18)
- 세 차례의 매년 절기(16:1-17)
- 염소 새끼를 어미의 젖으로 삶지 말 것(14:21)
- 순종/불순종의 결과(27:1-8:68)

따라서 출애굽기부터 신명기까지는 동일한 이슈에 대한 규례 및 일련의 독특하고 체계적인 기사를 약간씩 다른 방식으로 다룬다. 또한, 대부분의 규례는 토라가 정립된 시점, 이스라엘이 가나안에 들어가기 전까지는 시행될 필요가 없다. 실제로 일부 규례는 수백 년이 지나서야 필요한 것들이다 (예를 들어, 왕을 세우는 규례나 참 선지자와 거짓 선지자에 대한 구별 등).

물론 모세가 성령의 감동으로 이 부분 전체를 기록했을 수도 있다. 그러나 이러한 주장은 설득력이 약하다. 다음은 보다 설득력 있는 관점이다.

1. 이 책들은 이스라엘 역사의 다른 시점으로부터 나왔다.
2. 이 책들은 (다른 시점의) 제사장, 선지자 등 다른 그룹으로부터 나왔다.

3. 이 책들은 다른 장소-예를 들어, 에브라임과 유다, 또는 바벨론과 유다-에서 나왔다.

우리는 신약성서가 토라를 모세의 토라라고 했으나 이것은 토라의 저자에 관한 질문에 대한 대답이 될 수 없다는 사실에 대해 살펴본 바 있다(238 참조).

보다 설득력 있는 추론은 토라는 하나님이 다른 역사적, 사회적 상황에서 이스라엘의 구별된 삶을 위해 요구하신 가르침에 대한 다양한 버전이라는 것이다. 내가 생각하는 가설은 출애굽기 21-23장이 왕이 세워지기 전 상황이며, 신명기는 예루살렘에 왕이 있을 때, 특히 요시야의 개혁 이전 시기를 반영하며, 레위기는 동일한 시점이지만 포로기 이후에 작성되었으며, 지금과 같은 형태의 토라는 주전 458년 에스라가 예루살렘으로 올 때 형성되었다는 것이다.

모든 책은 모세의 권위를 가진다는 면에서 모세의 책으로 부를 수 있다. 토라는 성령의 영감으로 기록되었으나 어느 면에서 모세의 영감이라고 할 수도 있다. 토라는 후 세대를 위해 모세의 책의 의미를 선언한다.

242 출애굽기-신명기: 상황 및 문화적 요소

■ 산 위 상황과 산 아래 상황 사이의 긴장

토라는 왜 성차별주의자인가? 토라는 왜 사람이 다른 사람의 종(노예는 아니더라도)이 되어야 한다는 생각을 용납하는가? 예수님이 제시하신 한 가지 단서는 하나님의 창조 목적(산 위 상황)과, 토라가 인간의 완악함-예를 들어, 아내를 버린 남자와 보호가 필요한 아내-을 하나님의 규례에 반영하는 방식(산 아래 상황) 사이에 나타나는 긴장이다(마 19:8). 또 하나의 단서는 모든 토라는 하나님과 이웃에 대한 사랑에 초점을 맞춘다는 진술이다(마 22:40).

두 단서를 결합하면 어떤 명령에 대해서도 질문할 수 있다.

이 명령은 어떤 식으로 하나님에 대한 사랑이나 이웃에 대한 사랑을 드러내는가?

이 명령은 창조 목적을 반영하는가?

아니면 인간의 완악함이 반영된 진술인가?

우리는 창조 이미지 및 에덴동산 이미지를 시내산이나 팔복산 또는 변화산 이미지로 대체한 후 이러한 이미지를 산 아래의 상황(출 32:1-10; 마 17:14-17)과 대조해 볼 수 있다.

하나님의 교훈은 두 가지 실재를 모두 고려한다. 산 위의 상황은 오직 야훼에 대한 헌신과 공평, 관대함, 기쁨, 평등, 아름다움 및 공동체와 가족이 자신의 경작지를 가지는 것을 특징으로 한다. 산 아래 상황은 형상을 만들려는 성향, 가족이 함께 일에 동참하는 것이 아닌 고용, 결혼 파탄, 가난, 가부장제 및 갈등을 특징으로 한다.

토라는 양자를 중재한다. 출애굽기 20-23장은 이러한 중재에 대한 첫 번째 구현이다. 본문은 일련의 일반적 규범(출 20:1-17)과 일련의 현실적 타협, 즉 표본이 되는 상황을 다루기 위한 표본 규례로 나뉜다. 이러한 상황들은 일어나서는 안 되지만 현실화 될 것이기 때문에 출애굽기는 이러한 문제들에 대해 다룬다.

출애굽기 20-23장의 두 부분은 율법의 두 가지 고전적 기능을 반영한다. 하나는 진리를 반영하고 가치관을 정립하며, 다른 하나는 사회에 질서를 제공하고 갈등을 저지하며 억제한다. 눈에는 눈이라는 동해 보복법에 관한 명령은 라멕과 같은 본능적 행위를 억제하며(창 4:23-24), 지나친 보복을 금하고 죄의 경중에 따른 적합한 형벌을 요구한다.

이상적 창조 원리는 이혼이나 여성에 대한 학대 및 다른 사람의 종이 되는 것을 금하지만, 토라의 규례는 이러한 현실을 인정하고 그것을 가능한 억제하며 사람들이 받을 충격을 완화한다. 언약 두루마리로서 출애굽기 20-23장은 야훼와 이스라엘의 관계에 필수적이지만, 일종의 법전으로서 본문은 옳은 것뿐만 아니라 현실이 반영된 부분도 다룬다.

▪ 문화적 매개물과 문화적 기정 사실

성령께서 토라의 교훈을 영감하실 때 고려하신 또 하나의 요소는 문화적 요소이다. 문화적 요소로 묘사한 것은 그것을 가볍게 보거나 그것이 완전하기 때문이 아니다.

오늘날의 서구 문화는 한 세기 전 문화와 다르다. 그러나 이러한 차이는 문화를 더 훌륭하게 만들거나 나쁘게 만드는 준거가 아니다. 두 문화는 단지 다를 뿐이다. 하나님이 자기 백성에 대해 가지고 계신 기대는 이 문화와 관련이 있다. 토라의 문화는 대부분의 집이 평평한 지붕을 가진 것이며 이

지붕은 프라이버시가 보장된 사적인 공간이 되기도 한다.

토라의 문화는 은이나 금을 거래하거나 무게를 다는 상거래 방식에 기초한다. 그러나 서구 문화는 화폐 경제에 기반을 두고 있다. 토라의 문화는 대부분의 사람들이 두세 친족으로 구성된 1-200명의 사람들이 한 곳에 모여 평생 그곳에서 지낸다. 서구 문화는 대부분의 사람이 가족을 멀리 떠나 낯선 사람들과 함께 사는 도시 문화이다. 이러한 문화 가운데 어느 것도 원래부터 옳거나 나쁜 것은 없다. 그것은 문화의 한 양태일 뿐이며, 하나님의 기대는 이러한 문화와 맞물려 있다.

"문화적 매개물"이라는 말은 하나님이 산 아래 상황에 맞추기 위해 필요한 양보와 산 위 원리를 모두 구현하기 위해 사용하시는 문화적 요소들을 가리킨다.

예를 들어, 중동에서 볼 수 있는 제물과 십일조 및 안식(안식일이 아니라)의 원리는 다른 문화에도 알려져 있다. 이러한 요소 자체는 이스라엘에게 특별한 계시가 아니다. 이스라엘에게 특별한 계시는 하나님이 이러한 문화적 요소들을 사용하시는 방식이다.

문화적 요소는 하나님의 우선순위를 보여 주기 위해 사용되는 상황적 매개물이다. 서구 문화의 중요한 요소인 음악과 영화 및 연극은 하나님이 산 위 원리와 산 아래의 불가피한 양보를 구현하기 위해 사용하시는 문화적 상황의 요소가 될 수 있다.

243 출애굽기-신명기:
오늘날의 토라 해석을 위한 두 가지 접근 방식

출애굽기부터 신명기까지 나타난 교훈 가운데 이스라엘 밖의 사람들이나 그리스도를 믿는 자들에게 직접 적용되는 것은 없다. 신학자들은 교회사를 통해 토라의 지위와 역할 및 의미에 대한 문제와 씨름해 왔다. 마틴 루터는 종교개혁 당시 토라가 이신칭의의 중요성을 약화시키는 권위를 가지는 것을 염려했다. 반면, 칼빈은 토라로부터 필요한 지침을 찾으려 했으며 메노 시몬스(Meno Simons)는 토라 가운데 급진적이지 않은 표준으로 만족하는 상황을 우려했다(상세한 내용은 245 참조).

나는 칼빈의 입장에 동조한다. 토라의 교훈은 옳은 것과 하나님에 대한 합당한 헌신을 보여 준다. 따라서 이스라엘 밖 사람들은 이러한 가르침으로부터 배워야 한다. 나는 여기서 두 가지 방식을 제시하고자 한다(244에는 두 가지 방식이 더 제시된다).

▪ 주석학적 접근

정직한 대답은 말씀의 뜻을 이해하고 그에 합당한 삶을 사는 것이다. 이러한 주석학적 접근은 정통 유대교 및 기독교 재건주의(Christian Reconstructionism)로 알려진 신정(theonomy)의 특징이다. 기독교 재건주의를 주장하는 루서스 러쉬두니(Rousas Rushdoony, *Institutes of Biblical Law*) 및 그레그 반센(Greg Bahnsen, *No Other Standard*)은 이러한 접근 방식을 앞으로 사회가 나아가야 할 방향에 구체적으로 적용한다. 그러나 토라의 요구를 완전히 이해하는 문제에 대한 답변은 쉽지 않다.

자동차 시동을 거는 것을 불을 피우는 것으로 생각하여 안식일에 불을 피우지 말라는 계명을 범한 것으로 볼 수 있는가?

순수입의 십일조를 해야 하는가, 세금을 포함한 총액의 십일조를 해야 하는가?

염소 새끼를 어미의 젖으로 삶는 것을 피하기 위해 얼마나 멀리 떨어져야 하는가?(이 명령은 고기와 우유를 혼합하지 않는 유대 관습의 밑받침이 된다).

또한, 우리는 앞서(226 참조) 이스라엘이 토라의 규례 가운데 많은 것들을 이행하지 않았으며(예를 들어, 사형 제도) 이것을 무조건 불순종으로 볼 수는 없다는 사실에 대해 살펴본 바 있다. 그들은 이처럼 규례의 형태로 제시된 항목들이 중요한 것에 관한 진술이라는 사실을 알고 있었으나 이행을 위한 규례로는 생각하지 않았던 것이다.

따라서 이러한 항목들은 우리로 하여금 생각하게 하고 우리의 삶의 기초를 형성하지만 직접적이고 가시적인 의미에서가 아니다. 그러나 이러한 태도는 토라의 함축적 의미를 찾는 문제를 지나치게 과장할 수도 있다. 십일조나 안식일에 쉰다는 의미는 어려운 것이 아니다. 그대로 행하면 된다.

- **규례의 배후에 있는 원리를 찾아 재구성하라.**

크리스토퍼 라이트(Christopher Wright)는 규례에 대해 두 가지 유형의 질문을 할 수 있다고 말한다.

첫 번째 유형의 질문은 다음과 같다(Wright, *Ways of the Lord*, 114-16)
- 이것은 형법, 시민법, 제의에 관한 법 및 긍휼에 관한 법 가운데 어느 것에 해당하는가?
- 이것은 사회에서 어떤 기능을 하는가? 이것은 사회 제도(예를 들어, 오

늘날 서구의 화폐 제도, 의료보험 및 세제)와 어떻게 관련되는가?
- 이 법의 목적은 무엇인가?
- 우리는 새로운 상황에서 이 목적을 어떻게 실행할 것인가?

두 번째 유형의 질문은 다음과 같다(Wright, *Old Testament Ethics*, 323).
- 이 법이 촉구하거나 금지하는 것은 어떤 상황인가?
- 이 법은 누구의 이익을 보호하는가?
- 이 법으로 말미암아 누가 이익을 얻으며, 이유는 무엇인가?
- 이 법은 누구의 권력을 막으려 하며, 어떤 방법을 사용하는가?
- 이 법에는 어떤 권리와 책임이 구현되었는가?
- 이 법은 어떤 행동을 격려하거나 단념시키는가?
- 이 법은 어떤 사회적 비전을 촉구하는가?
- 이 법은 어떤 도덕적 원리나 가치관이나 우선순위를 구현하거나 드러내는가?
- 이 법은 어떤 동기부여를 제공하는가?
- 이 법에는 어떤 제재나 형벌이 따르며, 이것은 상대적인 진지함이나 도덕적 우선순위에 대해 무엇을 보여 주는가?

이러한 질문을 제기한 후, 우리는 계속해서 어떻게 하면 이러한 원리를 우리의 상황에서 이행할 수 있을 것인지를 물어보아야 한다.

244 출애굽-신명기: 추가적 접근 방식 두 가지

■ **토라를 기정사실로 받아들이고 상상력을 발휘하여 새로운 방식으로 적용하라.**

첫 번째 두 가지(243 참조)는 좌뇌의 (논리적) 접근이며 세 번째는 성령께서 직관적 방식이나 직접적 방식으로 주시는 통찰력과 연결될 수 있는 우뇌의 (직관적) 접근이다.

구약성서 전체 및 신약성서에 이르기까지 하나님의 백성이 십일조를 해야 한다는 사실에는 의심의 여지가 없지만 그렇게 하는 의미와 백성에게 요구하는 방식은 변한다.

1. 창세기 14장에서 십일조는 얻은 것에 대한 사례로, 중동에서 흔히 볼 수 있는 관습이며 인간의 본능에 해당한다.
2. 창세기 28:22에서 십일조는 하나님의 약속에 대한 반응이지만 너그럽게 보이는 방법이기도 하다.
3. 레위기 27:30-33에서 십일조는 하나님의 것을 인정하는 행위이다. 우리는 십일조에 대한 소유를 주장할 수 없으며 십일조에 대한 요구를 피해서는 안 된다.
4. 민수기 18:21-32에서 십일조는 사역을 뒷받침하는 수단이다.
5. 반면, 신명기 14:22-29의 십일조는 가난한 자를 돕기 위한 것이다.
6. 사무엘상 8:15-17에서 십일조는 왕이 요구하며, 압제의 수단이 된다.
7. 아모스 4:4에서 십일조는 범죄 행위에 수반되며 십일조를 바치는 행

위는 실제적 헌신을 피하는 수단이 된다(cf. 마 23:23).
8. 말라기 3장에서 십일조는 축복의 약속을 수반하며 많은 목회자가 선호하는 본문이다. 그러나 십일조가 모든 회중의 의무라고 말할 수 있는 근거는 없다.

서구에서 십일조의 의미에 대한 우뇌의 생각은 우리가 세계 인구의 2/3에 대한 양육, 교육, 기본적 보건 및 전인 교육을 위해 십일조를 해야 한다는 것이다. 그렇게 할 때 하나님은 우리에게 복을 주실 것이다.

마찬가지로 구약성서에서 이스라엘이 안식일을 지켜야 한다는 사실에는 의심의 여지가 없지만 그렇게 하는 의미 및 그것을 백성에게 요구하는 방식은 상황에 따라 변한다(Brueggemann, *Finally Comes the Poet*, 90-95).

1. 출애굽기 20:11에서 안식일 준수는 하나님의 안식에 동참하는 것이다.
2. 신명기 5:15에서 안식일 준수는 하나님의 구원 행위를 기억하는 행위이다.
3. 출애굽기 16장에서 안식일 준수는 하나남이 양식을 주실 것이라는 신뢰를 나타낸다.
4. 아모스 8:4-6에서 안식일 준수는 약한 자를 강한 자, 압제자 및 착취자로부터 보호한다.
5. 이사야 56:7에서 안식일 준수는 언약의 신실함을 보여 주는 중요한 순종의 행위가 된다.
6. 마가복음 2:23-27 및 마태복음 12:9-14에서 안식일 준수는 치유와 음식 먹는 것을 정당화한다.

십일조 및 안식일에 대한 이처럼 다양한 관점은 안식일 준수나 십일조가 구약성서의 "법"이 아님을 보여 준다. 교회는 안식일이나 십일조와 같은 규례가 오늘날 어떤 함축을 가지는지에 대한 통찰력이 성령으로부터 왔는지 검증할 필요가 있다. 이 검증에는 주석 작업만 하거나 원리를 찾는 좌뇌 접근이 보다 많은 역할을 감당해야 할 것이다.

- **토라의 교훈을 구약성서 전체에 비추어 해석하라.**

토라의 교훈이 구약성서 윤리의 원천이라고 생각하기는 쉽다. 그러나 잠시만 생각해 보면 그렇지 않다는 것을 알 수 있다. 구약성서의 내러티브, 지혜의 가르침, 시편 및 선지서는 모두 윤리적 함축을 가진다.

토라의 교훈은 독립적인 가르침이 아니다. 구약성서가 현안을 다루는 방식에는 이야기, 규례 제정, 하나님의 뜻에 대한 선포 및 하나님의 백성에 대한 경고, 기도 등 다양한 형식이 사용된다. 실제로 토라에는 이 모든 요소가 나타난다. 따라서 우리는 이러한 패턴을 시도해 볼 수 있다. 이주민 노동자를 다루는 방식에 관한 문제와 관련하여 우리는 다음과 같은 조치를 취할 수 있다.

- 하나님의 백성이 이 문제의 의미를 깨닫도록 도와주기 위해 그들에 관한 이야기를 한다.
- 그들을 보호하기 위한 규례를 제정하고 우리의 삶 속에 이러한 규례를 이행한다.
- 하나님의 백성에게 그들이 이 노동자들에게 어떤 일을 하고 있는지 상기시키고 하나님의 심판에 대해 경고한다.
- 노동자들을 위해 기도한다.

245 웹 자료

● ● ● ● ●

이 책 서두에 제시된 웹 자료에 관한 내용을 참조하라.

246 토라: 서론적 자료

(a) 계단식 구조나 피라밋 구조 또는 대칭 구조로서 창세기부터 여호수아까지

(b) 계단식 구조나 피라밋 구조 또는 대칭 구조로서 창세기부터 열왕기까지

(c) 토라가 아닌 것

(d) 토라: 6막으로 구성된 하나의 이야기

(e) 토라: 토라의 기원에 대한 근대, 현대, 포스트모던의 태도

(f) JEDP 이후의 오경

247 창세기 1-11장: 자료

(a) 에뉴마 엘리쉬(*Enuma Elish*; "When on High"): 바벨론의 창조 설화

(b) 창세기 2-4장에 대한 역사적 배경

(c) 창세기와 과학: 오늘날의 관점

(d) 창세기와 과학: 문제에 대한 접근

(e) 창세기 1-11장에 대한 몇 가지 고찰

248 창세기 1-11장: 질문에 대한 대답

249 창세기 12-50장: 자료 및 질문에 대한 대답

(a) 창세기 12-50장: 어떤 종류의 정보인가?

(b) 창세기 12-50장에 관한 질문에 대한 대답

250 출애굽기 1-18장: 자료 및 질문에 대한 대답

(a) 출애굽기 3장 및 6장: 하나님의 이름들

(b) 출애굽기 1-18장 및 우리는 어떻게 배울 것인가?: 몇 가지 출발점

(c) 출애굽기 4장: 모세의 할례

(d) 출애굽기 4-14장: 바로의 마음의 완악함, 바로의 마음이 닫힘

(e) 출애굽기 12장: 유월절

(f) 내가 받은 질문에 대한 대답

251 출애굽기 19-40장: 자료 및 질문에 대한 대답

(a) 함무라비 "법전"

(b) 출애굽기 21장: 종과 노예 - 토라 및 신약성서에 나타난 하나님의 낮추어주심

(c) 출애굽기 32-34장: 우리는 하나님의 임재를 어떻게 생각할 것인가?

(d) 출애굽기 19-40장에 관해 내가 받은 질문에 대한 대답

252 레위기: 질문에 대한 대답

253 민수기: 질문에 대한 대답

254 신명기: 자료 및 질문에 대한 대답

(a) 신명기 5장: 열가지 말씀

(b) 토라의 다양한 버전에 대한 연구를 위한 출발점으로서 신명기 14-16장

(c) 신약성서 안의 신명기

(d) 내가 신명기에 관해 받은 질문에 대한 대답

255 토라: 설교

(a) 음식물(창 1-4장)

(b) 에덴 하우스(창 2-3장)

(c) 가인과 아벨(창 4장)

(d) 성읍을 위한 기도(창 18장)

(e) 중재자 모세(출애굽기-신명기)

(f) 하나님이 하시지 않을 것이라고 생각하는 다섯 가지 놀라운 일(출 32장)

(g) 희년 2000년 (레 25장)

(h) 탐내지 말라 (신 5:21)

(i) 기억하라 (신 7:6-11)

256 토라: 회고

(a) 상세한 조사: 전체로서 토라에 대한 가르침

(b) 토라에 대한 태도: 교회사를 통한 통찰력

(c) 내가 토라에 대해 받은 질문에 대한 대답

257 (본서가 출간된 후 내가 계획하는 것들)

PART 3
선지서

301	선지서 서론
302-5	여호수아-열왕기
306-12	여호수아
313-16	사사기
317-22	사무엘상하
323-28	열왕기상하
329	후기 선지서
330	이사야
331-37	이사야 1-39장
338-40	미가, 요엘, 호세아
341-43	아모스, 오바댜, 요나
344-49	예레미야
350	나훔, 하박국, 스바냐
351-53	에스겔
354-57	이사야 40-66장
358-59	이사야에 대한 회고
360	학개, 스가랴, 말라기
361-62	선지서에 대한 회고
363	웹 자료

301 선지자: 그들은 누구이며 어떤 자들인가?

● ● ● ● ●

- **선지서**

기독교에서 "선지서"는 구약성서 마지막 부분에 나오는 이사야부터 말라기까지를 가리킨다. 유대인에게 "선지서"는 두 가지로 분류된다.

(a) 여호수아, 사사기, 사무엘서, 열왕기, 즉 전기 선지서(유대인의 순서에서 룻기는 사사기와 사무엘상 사이에 위치하지 않고 성문서로 분류된다).

(b) 이사야, 예레미야, 에스겔, 12소선지서, 즉 후기 선지서(유대인의 순서에서 예레미야애가와 다니엘은 선지서가 아니라 성문서로 분류된다).

따라서 예수님이나 신약성서 기자들은 "율법과 선지자" 또는 "모세와 선지자"(예를 들어, 마 5:17; 7:12; 22:40; 눅 16:16, 29, 31; 24:27, 44)라고 할 때 "선지자"는 이 일련의 책들을 가리킨다. "율법과 선지자"라는 구절은 주전 2세기 초 외경인 집회서 서문에 처음 나타난다(507 참조).

본서에서 대문자 P로 시작하는 "선지서"(Prophets)는 두 진영에서 사용하는 이 일련의 책들(선지서) 또는 그 말씀을 우리에게 전해 준 인물들(기록 선지자)을 가리킨다. 반면, 소문자 p로 시작하는 prophets는 구약성서에 나오는 다른 선지자-참 선지자든 거짓 선지자든-도 포함될 수 있다. 다시 말하면, 모든 선지자가 기록 선지자는 아니라는 것이다. 또한, 토라에서 아브라함과 미리암은 기도와 찬양을 인도하기 때문에 "선지자"로 불리는데, 이것은 구약성서의 선지자들이 우리가 알고 있는 것보다 광범위한 의미를 가질 수 있다는 사실을 보여 준다는 점에서 주목할 만하다. 그들은 야훼의 회의에 참여할 수 있는 허락을 받은 자들이며 회의에서 이스라엘을 대신하여 하나님께 말하고 하나님이 하시는 말씀을 깨달아 하나님을 대신하여 백성에게 전달할 수 있는 자들이다.

유대인의 용어에서 여호수아-사사기-사무엘-열왕기를 "전기 선지서"로, 이사야에서 말라기까지를 "후기 선지서"로 언급한 것은 연대기적 순서에 의한 것이 아니다. 전기 선지서는 먼저 기록되고 후기 선지서는 모두 나중에 기록된 것이 아니다.

이 용어는 사람을 가리키는 것이 아니라 책을 가리킨다. 즉 전기 선지서와 후기 선지서는 선지서의 1부와 2부에 해당한다.

▪ 전기 선지서

우리는 "전기 선지서"라는 명칭이 왜, 언제부터 사용되었는지 모른다. 이 명칭은 특이해 보인다. 여호수아-사사기-사무엘-열왕기는 이사야부터 말라기까지와 매우 다르게 보이며, 선지자보다 왕과 지도자에 대해 더 많은 언급을 한다. 다음은 이 명칭에 함축된 것으로 보이는 의미이다.

- 전통적으로, 전기 선지서는 사무엘, 갓, 나단 및 예레미야에 의해 기록된 것으로 생각했다.

- 전기 선지서는 우리에게 후기 선지서의 배경에 대해 제시한다. 후기 선지서는 두 왕국의 왕들에 대한 언급으로 시작한다는 점에서 에브라임과 유다에 관한 이야기를 배경으로 하는 것이 분명하다.

- 전기 선지서는 드보라, 사무엘, 나단, 갓, 엘리야, 엘리사, 미가, 요나, 이사야 및 훌다와 같은 선지자들에 관한 이야기를 포함한다.

- 따라서 전기 선지서는 하나님의 말씀이 역사에서 수행한 기능에 대해 수많은 사례를 제시한다. 이것은 선지서의 핵심 사상이다. 이 모티프는 선지자로 불리지는 않았지만 훨씬 선지자 같았던 여호수아로부터 시작한다. 그는 하나님의 약속과 교훈을 받아 전달하고, 스스로 교훈을 순종하며 약속의 성취를 목도한다.

- 전기 선지서는 우리에게 하나님의 행위의 영역으로서 이스라엘의 역사에 대한 선지자적 관점을 제공한다. 전기 선지서는 헬라와 기독교의 구약성서에서 "역사서"로 묘사되지만 역사 이상이다.

- 전기 선지서는 하나님의 예언적 말씀의 특징을 가지고 있다. 이야기로서 이 책들은 예언적 말씀과 마찬가지로 하나님의 백성을 하나님에 대한 보다 깊은 이해와, 하나님에 대한 보다 깊은 신뢰 및 보다 진지한 회개로 이끄는 목적을 효과적으로 달성하게 한다. 또한, 전기 선지서는 하나님의 예언적 말씀과 마찬가지로 원래적 상황을 초월하여 이야기한다. 이 책들은 과거의 이야기만은 아니며 하나님의 백성을 끊임없이 가르치는 이야기이다.

302 여호수아-열왕기서: 두 가지 접근 방식

■ 긴 이야기의 후반부로서 여호수아-열왕기

우리는 창세기부터 열왕기까지는 하나의 긴 이야기라는 사실을 살펴본 바 있으며, 따라서 여호수아에서 열왕기는 후반부에 해당한다.

(a) 토라는 이스라엘의 조상 및 이스라엘을 바벨론에서 약속의 땅 가장자리까지 인도한다.
(b) 여호수아에서 열왕기는 그들을 약속의 땅으로부터 바벨론으로 도로 데려 간다.

창세기부터 열왕기까지는 하나님의 계획과 인간의 반응, 인간의 순종과 하나님의 성공, 인간의 죄와 하나님의 실패, 인간의 실패와 하나님의 인내에 관한 이야기이다. 창세기부터 열왕기까지 이야기가 연속성을 가진다는 것은 신명기까지를 하나의 단위로 보는 관점이 인위적임을 보여 준다.

그렇다고 하더라도 일련의 책 전체는 한 사람의 저자에 의해 모두 쓰였다는 인상을 주지 않는다. 우리는 히브리어로 읽지 않아도 이 책들 속에 다양한 스타일과 형태(짧은 이야기, 긴 이야기, 목록, 시 등)가 나타난다는 사실을 알 수 있다.

이 책들은 마치 TV 연속물이 시리즈를 이어 가듯이, 저자가 처음부터 계획한 것이 아니라 여러 명의 작가가 하나의 이야기를 계속해서 끌고 가는 방식으로 내러티브가 점차 축척된 것처럼 보인다. 어쩌면 이야기의 후반부(여호수아에서 열왕기)가 먼저 기록되고 이어서 전반부(창세기에서 신명기)가 전편으로 기록되었는지도 모른다.

정확한 과정은 알 수 없지만, 책이 완성된 후 창세기부터 신명기까지는 여호수아부터 열왕기까지와 분리되었는데, 아마도 첫 번째 다섯 권이 하나님의 약속을 싣고 있으며 이스라엘 이야기의 시작일 뿐만 아니라 공동체의 삶에 필요한 가르침을 준다는 점에서 특히 중요하다고 여겼기 때문일 것이다.

- **신명기사가적 역사로서 여호수아-열왕기**

우리는 여호수아부터 열왕기까지의 관점을 예언적이라고 묘사할 수도 있지만 신학적이라고 부를 수도 있다.

우리는 이 책이 역사를 하나님의 개입이라는 관점에서 조명하며 이야기 속에 신학적 해석을 결합한 사실에 대해 언급한 바 있다. 이러한 신학적 해석의 대부분은 앞서 제시된 신명기의 관점과 유사하다.

신명기는 이스라엘이 장차 들어갈 땅에서 어떻게 살아야 하며 그들의 반응에 따라 어떤 결과가 초래될 것인지에 대한 체계적 진술이다. 이 이야기가 신명기적 관점에서 기록되었다는 것은 진행 상황, 특히 신명기의 관점을 표현한 핵심 본문을 이해하는 단서가 된다.

학문적 용어로 표현하면 여호수아에서 열왕기까지는 신명기사가적 역사(Deuteronomstic History)이다.

여호수아 1장	"나의 종 모세가 명령한 모든 가르침"을 지켜 행하라는 도전
여호수아 23-24장	모세의 가르침에 순종하라는 또 하나의 도전; 백성이 그렇게 하겠다고 언약함
사사기	불순종, 징계 및 구원의 패턴

사무엘상 8-12장	왕에 대한 이야기의 양면성(cf. 신 17:14-20)
사무엘하 7장	다윗에 대한 야훼의 약속 및 도전(모든 이야기의 중심)
열왕기상 8장	야훼의 이름을 둘 성전에 대한 솔로몬의 기도(cf. 신 12-16장)
열왕기상하	불순종, 징계 및 구원에 대한 두 번째 패턴
열왕기하 17장	에브라임이 몰락한 이유: 야훼의 명령과 언약에 대한 반역
열왕기하 22-23장	유다에서 요시야의 개혁: 신명기의 기대를 적용하려고 노력함

우리는 이 책들을 누가 기록했는지 알 수 없다.
신명기사가적 역사의 기원에 대한 전형적인 비판적 관점은 다음과 같다.

1. 첫 번째 편집은 주전 620년경 요시야 왕 시대에 첫 번째 편집이 있었다.
2. 결과적으로 개혁은 실패하고 유다는 주전 587년에 멸망한다. 이 멸망 후 두 번째 편집이 완성되어 유다가 패망한 원인을 설명한다.
3. 따라서 여호야긴 왕이 주전 562년 바벨론 감옥에서 풀려났다는 마지막 문장(왕하 25:27-30)은 후대의 삽입이며, 하나님이 제공하시는 희망의 징표에 대한 기록이다.

303 여호수아-열왕기서: 개요 및 역사

● ● ● ● ●

수 1-12장	이스라엘이 가나안의 여러 성읍 및 왕들을 진멸함
	(그러나 여전히 정복해야 할 땅이 남아 있음)
수 13-22장	지파별로 땅을 분배함
수 23-24장	백성과 언약을 맺음
삿 1-2장	남은 과업 및 낙심/고무적 패턴
삿 3-16장	사례: 옷니엘, 에훗, 삼갈, 드보라, 기드온, 아비멜렉, 입다, 삼손
삿 17-21장	모든 사람이 자신의 소견에 옳은 대로 행하는 시대로 전락함
삼상 1-7장	마지막 사사, 새로운 제사장 및 왕을 세울 선지자로서 사무엘
삼상 8-31장	첫 번째 왕, 부적합한 왕, 사울(사실 하나님은 왕을 원하지 않았다)
삼하 1-10장	하나님의 특별한 약속을 받은 다윗
삼하 11-24장	큰 실패를 경험한 다윗
왕상 1-11장	승리하지만 끝까지 이어 가지 못한 솔로몬
왕상 12장 -왕하 17장	에브라임과 유다 및 에브라임의 몰락에 관한 이야기 및 왕조와 맞서라는 예언의 부상
왕하 18-25장	유다의 말년

여호수아부터 선지자 시대까지 전통적인 역사적 개요는 다음과 같다(모든 연대는 주전이다[B.C.])

1220	여호수아: 애굽에 있던 이스라엘 백성이 그 땅에 정착함
1220-1050	사사 시대: 지파들이 중앙 정부 없이 그 땅 곳곳에 흩어짐

1050-930	블레셋이 압박하는 상황에서 이스라엘이 한 왕 아래 하나의 국가를 형성함
	1050-1010년에는 사울, 1010-970년에는 다윗, 970-930년에는 솔로몬이 통치; 블레셋에 대한 승리 및 주변 세력의 공백은 이스라엘의 절정기로 이어짐
930-722	이스라엘이 북쪽의 에브라임과 남쪽의 유다로 두 나라로 분열됨
	이 기간 중엽: 에브라임에 엘리야와 엘리사가 활동함
	이 기간 말엽: 북왕국에는 아모스, 호세아, 요나가, 유다에는 이사야와 미가가 활동함; 앗수르의 압제; 에브라임의 멸망
722-587	유다가 앗수르에 이어 바벨론의 지배를 받음
	이 기간 중엽: 므낫세가 예루살렘에서 앗수르의 활동을 허락함
	이 기간 후엽: 요시야의 개혁; 예레미야, 나훔, 하박국, 스바냐
	이 기간 말엽: 바벨론에 대한 항거로 유다가 멸망함
587-539	많은 유다 백성이 바벨론 권력 말기 수십 년간 바벨론에서 포로로 지냄
	이 기간 초엽: 에스겔, 오바댜(예레미야 애가도 포함됨: 성문서 참조)
	이 기간 후엽: 이사야 40-55장(다니엘도 포함됨: 성문서 참조)
539-333	유다가 바사의 지배를 받음
	이 기간 초엽: 학개, 스가랴; 이사야 56-66장(스 1-6장)
	이 기간 중엽: 말라기, 요엘(에스라, 느헤미야)

304 여호수아-열왕기서: 접근 방식

이 책들에 대한 통찰력을 어떻게 얻을 것인가?

- **역사적 내용에 대한 고찰**

이 책들은 많은 역사적 사건들을 기록하며, 따라서 책에서 언급하는 역사를 추적하려는 노력은 당연한 일이다. 그러나 우리는 이 책들이 "전기 선지서"로서 긴 이야기의 후반부에 해당하며 신명기와 관련이 있다는 사실을 기억해야 한다. 이 책들을 오늘날의 역사적 내러티브와 같은 방식으로 초점을 맞춘다면 많은 것을 놓칠 우려가 있다.

예를 들어, 여호수아서는 사실을 진술하지만 동시에 이러한 사실들을 하나의 체계로 배열한다. 여호수아의 모든 내용-전쟁의 시작, 땅을 차지함, 땅의 분배 및 전쟁을 마침-은 하나의 이야기로 결합된다. 이 책은 특정 이야기에 많은 비중을 두며(특히 라합, 여리고, 아이) 다른 사소한 사건들에 대한 세부적인 이야기는 생략한다. 이 책의 메시지를 이해하기 위해서는 내러티브의 전개 방식에 주목해야 한다. 이스라엘의 역사에만 관심을 집중한다면 역동성을 놓치게 될 것이다(또는 저자의 관심사 및 우선순위로 인해 또 하나의 역사적 증언 형태로 볼 것이다). 만일 여호수아서의 메시지에 관심이 있다면 내러티브의 전개 방식에 집중해야 할 것이다.

▪ **역사적 상황에 대한 고찰**

또 하나의 역사적 접근은 책의 역사적 기원, 즉 책이 기록된 이유 및 저자의 기록 목적에 대해 묻는 것이다. 여호수아-열왕기 전체에 대해서도 이러한 질문은 가능하며, 우리는 질문을 통해 요시야나 유다의 멸망 또는 여호야긴의 석방이라는 맥락에서 전체 내러티브의 의미를 생각해 볼 수 있다 (302 참조).

그러나 이 책의 내용 가운데는 이러한 질문을 통해 의미가 드러나지 않는 자료도 많이 있다. 마찬가지로, 다윗의 등극 및 솔로몬의 승계에 관한 이야기의 목적에 대해서도 다양한 이론이 제기되었지만 정확한 답변이라고 보기는 어렵다.

후기 선지서 가운데 요나서는 특이하게도 교훈보다 선지자 자신 및 사역에 관한 이야기가 많이 나온다.

그렇다면 이 이야기를 기록한 저자의 의도는 무엇인가?

요나서와 룻기를 연결하여 둘 다 유다 민족에게 다른 백성에 대한 개방을 촉구하기 위한 것이라고 볼 수도 있다. 그러나 두 책에는 여러 가지 다른 주제도 나타나며 따라서 타 민족에 대한 개방이라는 주제가 요나서나 룻기 전체 이야기로 보기는 어렵다. 저자의 의도를 묻는 것은 책을 이해하는 데 도움이 되지 않는다.

▪ **우리가 이야기를 통해 기대하는 것**

이야기는 이야기로 받아들여야 한다. 이 책들은 단순한 픽션이 아니라 전달을 목적으로 이야기 기법을 사용한, 기본적으로 사실에 기반을 둔 이야기이다. 그러나 이 책들은 오늘날 서구의 전통적 이야기 기법과 다른 그들만의 문화적 기법을 사용한다. 다음은 서구의 독자가 이야기(특히 성경 이야기)에서 기대하는 것 가운데 전기선지서가 제공하지 않는 요소들이다.

- 풍경이나 사람의 외양 또는 풍토에 대해 묘사하지 않는다. 따라서 우리는 여호수아나 라합이 어떻게 생겼으며 그 나라가 어떤 나라인지에 대해 알 수 없다. 우리가 실제로 이런 정보를 얻는다면(예를 들어, 사울이나 다윗의 외모에 대한 언급을 들을 때) 의미가 있는 정보로 볼 수 있다.

- 개인의 성품에 대해 거의 묘사하지 않는다. 우리는 드보라나 요시야가 어떤 사람인지 모른다. 반복되는 말이지만 그렇기 때문에 사울과 다윗과 같은 예외는 중요하다. 다른 사람의 경우 이 문제에 의미를 부여할 필요는 없다는 것이다.

- 백성의 감정이나 생각-이러한 감정이나 생각이 행동과 대조를 보이지 않는 한-에 대해 거의 묘사하지 않는다. 백성의 행위와 말이 곧 그들의 감정과 생각을 보여 주는 수단이 된다. 따라서 이 책들은 소설이라기보다 영화에 가깝다. 여기서도 사울과 다윗의 이야기는 예외적 사례가 될 수 있다.

- 화자의 생각이나 언급을 제시하지 않는다. 따라서 이야기만 남는다는 점에서 소설보다 영화에 가깝다. 사사기는 각 사건 끝 부분에 반복되는 백성이 소견에 옳은 대로 행했다는 짧은 구절 외에는, 화자가 들려주는 놀라운 사건들에 대해 어떤 코멘트도 덧붙이지 않는다. 이러한 특징은 백성의 행위에 대해 직접 판단해야 하며 그렇게 할 수 있다고 생각하기보다 본문이 판단해 주기를 기대하는(마치 주일 학교 교사들에게 기대하듯이) 그리스도인을 당황하게 한다. 그러나 한 가지 예외는 열왕기의 내러티브이다. 열왕기는 왕들이 하나님 앞에서 어떻게 의로운 행동을 하였는지(또는 하지 않았는지)에 대해 언급한다.

305 여호수아-열왕기서: 이야기에서 찾아야 할 것

전기 선지서로부터 메시지를 얻기 위해서는 해석을 통해 무엇을 찾아야 하는가?

- **도식(들) 및 구절(들)을 찾으라.**

예를 들어, 사사기의 구조는 백성의 범죄, 어려움에 처함, 마침내 하나님께 부르짖음, 하나님이 그들을 구원하심 및 평화를 회복함이라는 사이클(cycle)로 구성된다. 열왕기서는 사사기와 마찬가지로 일련의 왕들의 통치에 관한 이야기로 구성되며 각 왕에 대한 간략한 평가가 제시된다.

이야기의 플롯(줄거리)을 찾으라. 이야기는 종종 주요 인물들을 소개하고 앞으로 일어나야 할 일을 준비하는 도입부로 시작하며, 이어서 그 일을 위협하는 복잡한 문제 및 갈등 요소들이 등장하지만 이야기는 전환점을 맞게 되고 결국은 남은 매듭을 풀거나 풀지 못하는 방식으로 해소된다. 요나서의 경우 이러한 윤곽에 비추어 살펴보면 전체 이야기의 흐름을 잘 파악할 수 있다.

- **내러티브에서 반복되는 주제를 찾으라.**

사사기에 뒤얽혀 있는 이중적 주제는 성(sex)과 폭력으로, 특히 성폭력에 초점을 맞춘다. 쟈끄 엘룰(Jacques Ellul, *Politics of God*)은 열왕기하의 반복적 주제는 인간의 정치적 의지와 하나님의 정치적 의지의 상호 작용이라고 주장한다.

- **인물 묘사가 이루어지는 방식을 찾으라.**

　우리는 앞서 인물 묘사는 영화처럼 보여 주거나 진술을 통해 이루어진다는 사실에 대해 살펴보았다. 여호수아, 엘리야, 엘리사 및 히스기야에 대해서는 그들의 행동과 말을 보여 주기만 한다. 대부분의 왕들에 대해서는 화자의 판단을 들을 수 있다.

- **다른 형태의 인물 묘사를 찾으라.**

　예를 들어, 사무엘하에서는 사울이나 다윗과 같은 복합적 인물과 이스보셋이나 세바처럼 단순한 인물이 등장한다. 이스보셋이나 세바도 개인적으로는 복합적 인물이지만 이들에 대해서는 완전한 묘사를 제공하지 않는다. 역할만 하는 인물(예를 들어, 이새나 세바)과 인격체로 보이는 인물(예를 들어, 엘리)이 있다. 또한, 드라마의 중심인물(예를 들어, 사무엘)과 카메오 역할을 하는 인물(예를 들어, 한나)이 있다.

- **내러티브가 염두에 둔 이스라엘 청중을 찾으라.**

　예를 들어, 앞서 살펴본 대로 우리는 열왕기상하가 세 차례의 편집을 통해 요시야 시대, 예루살렘 함락 이후 시대 및 회복을 암시하는 시대의 청중에게 어떤 메시지를 전달하는지 물어볼 수 있다. 열왕기상하는 회개를 통해 재앙을 미연에 방지할 수 있는 가능성을 제시하고, 재앙 후에 사실을 직시하고 회개할 것을 촉구하며, 재앙 후 희망의 씨앗을 바라보게 하는 메시지일 수 있다.

- **이야기 전개 방식 배후에 있는 긴장(들)을 찾으라.**

　종종 내러티브는 어떤 진리에 대해 그것이 진리의 전부라는 인상을 주는 방식으로 강조하지만 행간을 읽어 보면 사정이 간단하지 않다는 사실을 알 수 있다.

따라서 우리는 이러한 경우 내러티브가 이야기에 설정한 구성을 "해체"(deconstructing)하는 작업을 하게 된다. 이것은 부정적 개념의 해체가 아니라 진리의 양면성에 초점을 맞춘 긍정적 개념의 해체이다. 따라서 여호수아서는 이스라엘의 가나안 정복이 완전하게 이루어졌다고 강조하지만 행간을 읽어 보면 그렇지 않다는 사실을 알 수 있다. 사무엘상에서 왕 제도가 바람직한 것인가에 대한 긴장은 또 하나의 사례가 될 수 있다

■ 이야기 및 인물들의 역할을 뒷받침하는 구조를 찾으라.

이것은 "구조주의비평" 해석의 의미 가운데 하나이다. 블라디미르 프로프(Vladimir Propp, *Morphology of the Folktale*)는 모든 이야기는 주인공, 경쟁자, 보내는 자, 조력자, 공주, 증여자, 거짓 주인공 등 7가지 배역이 나타난다고 주장한다. 사무엘하 후반부에서 주인공은 다윗이지만 요나단은 경쟁자이자 조력자로서 긴장을 조성한다.

■ 후대의 청중에게 메시지를 전달하는 방식을 찾으라.

이것은 우리가 자칫 놓칠 수도 있는 요소들에 주목하게 한다. 예를 들어, 미국 원주민이나 팔레스타인인(이야기에서 가나안 사람에 해당한다)은 영국계 미국인이나 이스라엘인과 다른 관점에서, 고통스런 마음으로 여호수아를 읽는다. 사사기는 남자와 여자가 읽는 관점이 다르며, 여자들은 사사기에서 남자들이 놓칠 수도 있는 요소들을 읽는다.

306 여호수아서: 책의 개요

▪ 여호수아 1-12장: 땅을 정복함

1:1-9	여호수아에 대한 야훼의 설교: 약속과 도전
1:10-18	여호수아가 관리들에게 준비를 명하고, 동쪽 지파들에게 요단 동편에 정착하기 전에 전쟁에 동참할 것을 촉구함
2:1-24	그 땅에 들어가기 위한 여호수아의 놀라운 전략: 한 가나안 사람이 야훼를 믿음으로 큰 힘을 얻는다는 이야기가 삽입됨
3:1-4:24	여호수아가 기적적인 방법으로 가나안에 들어감: 종교적 행렬로서 입성함
5:1-15	그 땅에 들어가기 위한 여호수아의 종교적 행위: 할례, 유월절, 실제적 대장에 대한 복종
6:1-27	여호수아가 기적적인 방법으로 첫 번째 성읍을 취함: 종교적 행렬로서 정복함
7:1-26	여호수아의 첫 번째 실패 및 수습: 하나님의 징벌로 패배함
8:1-29	여호수아가 새로운 방식으로 야훼의 인도하심을 경험함
8:30-35	여호수아의 기념 제단 및 헌신 행위
9:1-27	여호수아의 두 번째 실패 및 수습: 거짓말 및 그 결과
10:1-39	이스라엘의 동맹국을 공격한 백성에 대한 여호수아의 승리
10:40-43	온 땅에 대한 여호수아의 승리에 대한 요약
11:1-15	하솔과 그 동맹국의 공격에 대한 여호수아의 승리
11:16-12:24	온 땅에 대한 여호수아의 승리에 대한 요약

▪ 여호수아 13-24장: 땅의 분배

13:1-7	땅의 분배에 대한 서론, 정복해야 할 땅
13:8-33	르우벤, 갓, 므낫세 반지파(요단 동편)에 대한 분배 및 레위 지파에 대한 언급
14:1-5	땅의 분배에 대한 언급
14:6-15	갈렙 및 정복해야 할 땅의 백성
15장	유다 및 정복해야 할 땅의 백성
16-17장	에브라임과 므낫세 반지파 및 정복해야 할 땅의 백성
18:1-10	실로에 회막을 세움; 남은 땅에 대한 분배
18:11-19:51	베냐민, 시므온, 스불론, 잇사갈, 아셀, 납달리, 단 지파
20:1-9	도피성
21:1-42	레위인을 위한 성읍
21:43-45	야훼께서 온 땅을 선물로 주심
22:1-34	서쪽 지파와 동쪽 지파의 관계
23:1-24:28	백성에 대한 여호수아의 고별사 및 그들의 반응
24:29-33	여호수아의 죽음

307 여호수아서: 책의 기원

● ● ● ● ●

1. 전통적으로, 여호수아서의 저자는 여호수아로 알려지지만 이 책은 단순히 여호수아에 관한 이야기가 아니다(예를 들어, 느헤미야서와 비교해 보라. 느헤미야는 자신을 "그"가 아니라 "나"라고 언급한다).

2. 창세기와 사사기가 이스라엘에 왕이 있을 때를 언급할 경우 적어도 그 시점에서 나온 것으로 볼 수 있다. 그러나 여호수아서에는 이처럼 시대를 가늠할 수 있는 구체적인 지표가 나타나지 않는다. 여호수아서는 주기적으로 "오늘까지"(예를 들어, 수 4:9; 6:25; 7:26; 8:28, 29; 9:27) 존재하는 것에 대해 언급하는데, 이것은 사건이 일어나고 일정한 기간이 경과했음을 보여 주는 것으로 "오늘"이 언제인지에 대해서는 언급하지 않는다.

3. 주제 면에서, 여호수아는 창세기부터 신명기까지를 완성하며 아브라함에 대한 하나님의 약속을 성취하는 마지막 단계임을 보여 준다.
  따라서 창세기부터 여호수아는 "육경"(Hexateuch)으로 불린다. 자연스러운 함축은 여호수아의 기원은 오경의 기원과 관련이 있다고 보는 것이다. 그러나 여호수아에서 JEDP(토라의 전통적 원자료)를 찾으려는 시도는 실패했으며, 따라서 토라가 언제 기록되었는지는 정확히 알 수 없다.

4. 1943년, 마틴 노트(Martin Noth)의 저서(*The Deuteronomistic History*)가 처음

출판된 후 여호수아는 사사기, 사무엘 및 열왕기까지 이어지는 신명기사가적 역사의 한 부분으로 여겼다.

따라서 여호수아는 이스라엘이 어떻게 신명기의 도전 및 약속에 따라 살았는지(또는 살지 않았는지)에 대한 이야기를 시작한다. 우리가 아는 한 여호수아는 열왕기의 마지막 사건으로 제시된 주전 587년의 예루살렘 멸망 및 여호야긴이 풀려난 주전 562년 이후에 기록된 것으로 보인다.

5. 그러나 우리는 앞서 여호수아부터 열왕기까지 이어지는 전체 이야기의 기원에 대한 학자들의 일반적 관점에 대해서도 언급한 바 있다.

즉 신명기사가적 역사의 첫 번째 편집은 그보다 약간 앞서, 주전 620년 경 요시야 시대에 이루어졌다. 왜냐하면, 이 책은 요시야의 개혁이 유다의 함락을 막을 수 있을 것처럼 언급하기 때문이다(이것은 당시에는 가능했지만 마지막 구절이 기록된 시점에서는 불가능한 일이다). 요시야 시대의 상황에서 여호수아 자신은 왕의 모델로 제시되었을 것이다. 요시야는 여호수아가 직면한 것과 유사한 도전에 직면하였으며 유사한 약속을 믿음으로 큰 힘을 얻는다.

6. 학계의 일반적 관점은 신명기사가적 그룹이 처음부터 아무것도 없는 상태가 아니라 기존의 자료를 사용했을 것으로 본다. 여기에는 구전(아래의 [a]와 [b]) 및 문헌(아래의 [c]와 [d])이 포함된다.

(a) 여호수아 2-6장에 나오는 것과 같은 이야기.

당시 이스라엘의 성소는 여리고에서 가까운 길갈에 있었으며, 본문에 진술된 사건들이 발생한 장소와 가깝다. 예루살렘에 성전이 세워지기 전까지는 이곳이 중요한 성지였다. 길갈의 절기는 요단강 도하 및 가나안 입성을 기념하고 이러한 이야기들을 보존하고 전달하는 자연스러운 행사가 되었을 것이다. 여호수아서의 저자는 당시의 이야기들을 원자료로 사용했을 것이다.

(b) 모든 지역의 베냐민 지파에서 전해 오는 이야기(수 7-10장).

우리는 이러한 이야기들이 예루살렘 부근의 여호수아서 저자들에게 유익한 자료가 되었을 것이라고 생각할 수 있다.

(c) 이스라엘이 정복한 성읍 목록(수 10-11장).

(d) 세금과 같은 행정적 목적을 위해 보존된 지파의 영토 목록(수 13-21장). 북쪽 지파의 목록은 남쪽 지파의 목록보다 개략적인데 이것은 에브라임이 멸망한 주전 722년 이후 시대의 자료이기 때문으로 보인다. 당시는 북쪽 지파들이 앗수르에 포로로 잡혀가 정확한 자료를 입수하기 어려웠을 것이다.

7. 신명기사가적 그룹은 이 자료를 모아 한 권의 책으로 재구성했을 것이다. 그들은 "교훈"에 관한 장들, 특히 신명기의 틀과 동일한 관심사를 촉구한 여호수아 1장 및 여호수아 22-24장도 기록했을 것이다.

이 책의 기원에 관한 문제는 추측과 추론에 의한 접근밖에 없다는 것이 사실이지만 지금으로서는 최선의 방법이다(여호수아와 라합에 관한 이야기는 363 참조).

308 여호수아서 읽기

1. 여호수아서에 대한 야훼의 명령(수 1장) 및 백성에 대한 여호수아의 명령(수 23-24장)에 나타난 핵심 요소는 무엇인가?

신명기사가적 역사가 세 차례의 편집을 거쳤다는 생각을 받아들인다면 이 명령은 요시야 시대나 유다가 함락된 주전 587년 이후 시대 또는 여호야긴이 풀려난 주전 562년 이후 시대에 어떤 메시지를 던지는가?

2. 111의 지도나 보다 상세한 지도를 따라 여호수아 2-12장의 여호수아와 이스라엘 백성의 움직임 및 행위를 추적해 보라.

3. 여호수아 2-6장의 이야기들은 각각 어떤 의미를 가지고 있다고 생각하는가?

이 이야기들은 하나님의 백성의 지도자들의 삶, 백성 전체 및 다른 백성과의 관계에 대해 무엇이라고 말씀하는가?

이 이야기들은 요시야 시대, 유다의 함락 후 시대 또는 여호야긴이 풀려난 이후 시대의 백성에게 어떤 메시지를 던지는가?

4. 아이성, 아간, 기브온 및 여러 왕들에 관한 이야기에서(수 7-12장) 백성은 어떤 실수를 범하는가?

이 이야기들은 하나님의 백성의 삶이나 나라들에 대해 어떤 메시지를 주는가?

5. "여호수아가…온 땅을 점령하여"(수 11:23). 이 이야기는 이 구절이 어느 정도 성취된 것으로 보는가?

우리는 여호수아 13:1-7을 통해 이 질문에 대해 어떤 느낌을 받을 수 있는가? 이러한 요소는 여호수아 이후 이스라엘 세대에 대해 어떤 메시지를 던지는가?

6. 여러분은 111의 지도나 보다 상세한 지도를 통해 여호수아 13-22장의 지파별 분배에 대해 얼마나 추적할 수 있는가?

7. 여호수아 13-22장의 정보는 다윗이나 솔로몬 시대, 또는 에브라임 함락 및 유다의 함락 후 시대에 어떤 의미를 가지는가?

- **본서에 대한 묵상**

여호수아서는 두 부분으로 나뉜다. 전반부는 다음의 구절로 마친다.

> 이와 같이 여호수아가 여호와께서 모세에게 말씀하신 대로 그 온 땅을 점령하여 이스라엘 지파의 구분에 따라 기업으로 주매 그 땅에 전쟁이 그쳤더라 (수 11:16-23; 수 10:40-42의 요약과 비교해 보라).

따라서 서두의 "내가 모세에게 말한 바와 같이 너희 발바닥으로 밟는 곳은 모두 내가 너희에게 주었노니"(수 1:3)라는 약속을 성취한다. 따라서 지파에 대한 땅의 분배(13-21장)는 모든 나라가 이스라엘에 속한다는 사실을 전제한다. 이러한 사실은 본서 말미에 다시 한 번 제시된다(수 21:41-43).

그러나 본서에 나타나는 또 하나의 지류는 이스라엘이 어떻게 이 땅의 주요 성읍들을 취할 수 없었는지에 대해 언급한다. 이것은 가나안 백성이 여전히 그 땅에 거주하며 땅을 소유하고 있음을 보여 준다. 이스라엘은 예루살렘, 게셀, 벳 스안, 이블르암, 돌, 엔돌, 다아낙, 므깃도 주민과 그 마을

들을 쫓아내지 못하였다(수 15:63; 16:10; 17:11-12). 이 리스트는 가나안의 주요 성읍들을 거의 망라한 것이다. 이것은 어떤 사람이 자신은 워싱턴, 뉴욕, 로스앤젤레스 및 시카고를 제외하고 미국을 정복했다고 말하는 것과 같다. 이것은 고고학적 연구를 통해 얻은 그림과 부합된다. 여호수아는 다른 성읍들 및 왕들에게 놀라운 승리를 거두었으나 이스라엘 백성이 그것을 모두 취한 것은 아니라는 것이다. 이스라엘 백성이 정착한 곳은 인구 밀도가 희박한 산악 지대였다. 사실 이것은 비슷한 기간 중 산악 지대에 거주한 새로운 정착민에 대한 고고학적 증거와 일치한다.

따라서 여호수아서의 끝 부분에서 노령의 여호수아가 야훼로부터 받은 것과 거의 동일한 약속, 즉 야훼께서 이스라엘을 위해 가나안 사람을 "쫓아내사" 떠나게 하심으로 "너희의 하나님 여호와께서 너희에게 말씀하신 대로 너희가 그 땅을 차지할 것"(수 23:5)이라는 약속을 반포한 것은 놀라운 일이 아니다. 여호수아서는 성경이 이야기를 통해 신학을 전하는 방식을 보여 주고 복잡한 진리를 잘 보여 주는 능력이야말로 신학이 가지는 장점 가운데 하나임을 드러내는, 또 하나의 사례이다. 이처럼 복잡한 진리 가운데 하나는 하나님이 자기 백성에 대한 구원을 완성하시고 그들에게 복을 주시겠다고 약속하셨으며 그 약속을 지키신다.

그러나 하나님은 언제나 부분적인 방식으로 그렇게 하신다. 따라서 신약성서는 우리가 그리스도와 함께 십자가에 못 박혔으며, 우리가 영화롭게 되었으며, 하나님의 자녀는 죄를 범하지 않는다고 말하지만 동시에 교회는 여전히 십자가에 못 박혀야 하며 영화롭게 되어야 하며 하나님께 순종해야 한다는 사실을 분명히 한다. 여호수아서의 천재성은 부분적으로 하나님의 백성의 모호한 성격에 대한 진리를 설명하는 것이다. 하나님은 그의 백성에 대한 약속을 이루셨으며 약속의 성취를 확실히 완성하실 것이다. 이러한 사실은 마땅히 지붕 위에서 외쳐야 한다. 그러나 여전히 완전한 성취는 이루어지지 않았으며 이러한 사실 역시 인정해야 한다.

309 여호수아서: 본서의 영성

● ● ● ● ●

여호수아서에는 또 하나의 긴장이 나타난다. 본서의 서두에는 완전히 성취된 야훼의 약속과 함께 완전한 순종에 대한 이스라엘의 약속이 제시된다. 백성은 여호수아의 약속 및 도전에 대해 "당신이 우리에게 명령하신 것은 우리가 다 행할 것이요 당신이 우리를 보내시는 곳에는 우리가 가리이다"(수 1:16)라는 말로 대답한다.

여호수아의 생애 끝 무렵에 그들은 이 약속을 반복한다(수 24:16-18, 21). 이 이야기에서 그들은 요단을 건너고 할례를 받으며 유월절을 기념하고 야훼께서 여리고를 무너뜨리시는 것을 목도함으로써 이 약속을 이룬다(수 3:1-6:27). 그러나 다른 한편으로 그들은 야훼에 대한 순종에 실패한다.

이러한 모호성은 야훼께서 그의 약속을 완전히 성취하셨다는 진술 가운데 하나에 요약된다.

> 여호수아가 그 왕들의 모든 성읍과 그 모든 왕을 붙잡아 칼날로 쳐서 진멸하여 바쳤으니 여호와의 종 모세가 명령한 것과 같이 하였으되 여호수아가 하솔만 불살랐고 산 위에 세운 성읍들은 이스라엘이 불사르지 아니하였으며 이 성읍들의 모든 재물과 가축은 이스라엘 자손들이 탈취하고 모든 사람은 칼날로 쳐서 멸하여 호흡이 있는 자는 하나도 남기지 아니하였으니 여호와께서 그의 종 모세에게 명령하신 것을 모세는 여호수아에게 명령하였고 여호수아는 그대로 행하여 여호와께서 모세에게 명하신 모든 것을 하나도 행하지 아

니한 것이 없었더라(수 11:12-15).

여호수아서는 백성이 하나님께 순종한 방식 및 그들의 순종에 대한 선언을 합리화하는 방식에 나타난 모순에 대해 얼버무린다. 이스라엘의 순종이 어떻게 완성되었는가라는 문제는 앞서 정탐꾼들과 라합에 관한 유머러스한 이야기에 나타난다(수 2:1-24). 야훼는 여호수아에게 이스라엘에게 땅을 나누어 주고 있는 것처럼 말씀하신다. 그들은 여리고를 취하기 위해 싸울 필요가 없다.

그렇다면 여호수아가 여리고를 정탐하기 위해 정탐꾼을 보낸 이유는 무엇인가?

정탐꾼이 기생의 집에 숨어 여리고 왕에게 발각될 뻔했던 일은 문제 삼을 여지가 없는가?

그러나 라합이 야훼를 인정함으로써 모든 일은 순조롭게 끝난다. 여러분은 그녀가 회심했으며 정탐꾼은 가나안 주민이 간담이 녹았다는 고무적인 소식을 가지고 왔다고 말할 것이다.

그렇다면 여리고의 승리의 이면을 살펴보자. 이스라엘은 아이에서 첫 번째 와해를 경험한다. 서른여섯 명이 목숨을 잃고 야훼는 이스라엘의 한 가정이 여리고에서 취한 노략물을 야훼께 온전히 바치지 아니하고 일부를 착복하여 야훼에 대한 언약을 어겼다는 이유로 이스라엘로부터 물러나신다(수 7:1-26).

여호수아서에 나타난 신학 및 영성의 긴장에 대한 나의 통찰력에 많은 도움을 준 단 호크(Dan Hawk, *Every Promise Fulfilled*)는 라합과 아간은 가나안 사람과 이스라엘 백성의 구분을 혼란스럽게 한다고 말한다. 라합은 가나안 사람이지만 야훼의 행하신 일을 기꺼이 받아들이고 야훼의 약속이 반드시 성취될 것이라고 믿음으로써 이스라엘 백성처럼 행동한다(사실 이스라엘 백성보다 낫다).

반면, 아간은 이스라엘 백성이지만 전쟁 노략물이 이스라엘에게 속하지 않고(그것을 위해 싸워서도 안 된다) 하나님의 것이라는 사실조차 인식하지 못함으로써 가나안 사람처럼 행동한다.

신학적 긴장과 마찬가지로 영성의 긴장은 신약성서가 예수님의 죽음과 부활을 본받는 것이라고 말한 것처럼, 하나님의 백성의 본성에 대해 드러내 준다. 교회는 예수님을 주로 받아들이는 모임이지만 항상 그렇게 하는 것은 아니다. 교회는 때때로 세상과 같으며, 때로는 세상이 교회가 할 일을 더 잘하기도 한다. 교회와 세상을 이해하기 위해서는 두 실체를 모두 품어야 한다. 세상은 타락했으나 때로는 옳은 일을 한다. 교회는 구원을 받았으나 때로는 세상처럼 보이기도 한다.

여호수아서의 마지막 세 장은 신학적 주제와 영성에 관한 주제를 조직적으로 재구성하며, 우리에게 어떤 결론도 남기지 않는다.

(a) 여호수아 22장은 순종과 불순종의 모티프를 취한다.
(b) 여호수아 23장은 여호수아 1장의 약속을 반복하며, 상황이 바뀌지 않았음을 보여 준다.
(c) 여호수아 24장은 언약적 순종을 유지하라는 마지막 도전으로 구성된다.

310 여호수아서: 이 책의 윤리

오늘날 서구인은 여호수아서를 읽을 때 이 책 자체의 아젠다(하나님의 약속의 성취와 불성취 및 이스라엘의 순종과 불순종에 대한 관심)보다 이 책 자체가 큰 관심을 갖지 않는 문제, 즉 여호수아가 가나안을 침략하여 점령한 사실 및 수많은 가나안 사람을 죽인 것과 관련된 윤리에 초점을 맞춘다. 여호수아서는 하나님이 이스라엘에게 가나안 주민을 죽일 것을 명하셨다고 말한다. 이스라엘이 순종하면 그렇게 될 것이다. 이러한 사실은 과거에는 문제가 되지 않았으나 오늘날 서구 그리스도인에게 문제를 야기한다. 결국 가나안 주민은 하나님의 대적이었다는 것이다(Augustine의 *Expositions of the Psalms*에 나오는 시 139:18에 대한 주석 참조).

서구 그리스도인은 하나님이 이스라엘에게 가나안 주민을 죽이라고 명하신 것은 신약성서의 정신과 일치하지 않는다고 생각한다.

어떤 의미에서 일치하지 않는가?

우리는 다음의 사실에 대해 살펴볼 수 있다.

먼저, 하나님의 처벌이 사람을 도살하는 방식으로 이루어질 수 있느냐는 것이다. 그러나 신약성서에서도 하나님은 수많은 사람을 형벌에 처하신다(예를 들어, 지옥에 보내심으로). 또 하나는 하나님인 인간 대리인을 형벌 집행자로 사용하실 수 있느냐는 것이다. 그러나 하나님이 인간 대리인을 자신의 목적을 수행하기 위한 도구로 사용하신다는 것은 신구약성서 모두에 분명히 나타나는 모티프이며 로마서 13장은 하나님이 그런 식으로 형벌하신다는 사실을 보여 준다. 따라서 성경은 이런 반론을 뒷받침하지 않는다.

이스라엘 백성은 자신의 호전적인 본성을 단순히 합리화하는가? 아니면 하나님이 명령하신 일을 수행한 것이라는 주장으로 가나안 정복 행위를 정당화하는가?

그러나 신약성서에는 여호수아의 행위를 부정적으로 보는 어떤 흔적도 없으며 사도행전 7:45 및 히브리서 11:30-34에는 그의 사역을 열정적 믿음의 행위로 제시한다. 확실히 신약성서는 여호수아의 행위가 평화를 촉구한 신약성서의 정신에 위배된다고 생각하지 않았다. 사실 폭력에 대한 반대는 서구의 자유주의적 가치관의 한 요소이다.

여호수아서에 대한 우리의 불편함은 신약성서에서 나오는 것이 아니라 우리가 계몽 시대, 현대 및(또는) 포스트모던의 후손이라는 사실 및 우리의 관점을 정당화하기 위해 예수님을 선택적으로 사용한 사실로부터 나온다.

여호수아의 행위는 오늘날의 대량 학살을 정당화 할 수 있는가?

사실 대량 학살은 언제나 있어 왔던 일이며 때로는(예를 들어, 르완다) 그리스도인이 주역이 되기도 했다. 미국과 남아프리카에 정착한 그리스도인은 여호수아서를 통해 자신의 행위를 정당화했다. 이스라엘 민족도 마찬가지이다. 그들 가운데는 팔레스타인인을 가나안 사람처럼 여기는 사람들도 있다. 그러나 적어도 이스라엘이 반 대량 학살 운동에 실제적으로 동참한 것은 의미를 부여할 수 있다. 말하자면 대영 제국이나 미국 또는 오늘날 이스라엘이 여호수아서를 자신의 행위를 변명하기 위한 수단으로 사용할 수 있는 근거는 없다는 것이다. 사실 이스라엘은 여호수아 시대의 사건을 반복해야 할 전형으로 생각하거나 이전 사건에 기초하여 다른 나라 백성을 진멸할 수 있다고 생각하지 않는다. 그들은 하나님이 여호수아 시대에 이스라엘에게 그 땅을 주시기 위해 행하신 일에는 특별한 무엇이 있는 것처럼 행동했다. 성경은 여호수아의 행위가 대부분의 성경 이야기에서 "단번에" 이루어질 성격의 것임을 암시한다(예를 들어, 롬 6:10; 히 9:26-28).

이스라엘의 가나안 정복 이야기에 나타난 메시지의 중요한 요소는 하나님이 이스라엘의 조상들에 대한 약속을 성취하는 기적적인 방식으로 그 땅을 이스라엘에게 주셨다는 것이다. 이것은 이 사건이 "단번에" 이루어질 성격의 일이라는 사실과 연결된다. 가나안 사람은 이스라엘이 이 글을 기록할 당시 존재하지 않았으며 오늘날 이스라엘이 그들을 진멸하러 나갈 위험은 없다.

구약성서는 가나안에 대한 심판이 마땅하다는 사실을 강조하지만 그들만큼 타락한 다른 백성(미국과 영국처럼)은 자신의 잘못에 대한 대가를 치르지 않고 있다. 가나안은 심판을 면치 못했다. 왜냐하면, 그것이 하나님의 계획에 유익했기 때문이었다. 적어도 우리는 하나님의 계획은 궁극적으로 온 세상에 유익을 주기 위한 것이라는 사실을 알아야 한다. 가나안은 기생 라합처럼 언제든지 야훼를 인정함으로써 심판을 면할 수 있었다.

또한, 구약성서는 가나안 사람에 대한 진멸은 이스라엘에 나쁜 영향을 미치는 것을 방지하기 위한 것이었음을 보여 준다. 실제로 이스라엘은 가나안 사람을 완전히 진멸하지 않고 그들의 삶을 받아들였다. 그러나 이 메시지의 다른 요소는 하나님이 그의 말씀을 불순종하거나, 하나님의 의를 침해하거나, 전쟁에서 사욕을 채운 자들을 징벌하신다는 것이다(233-34 및 507 참조).

311 여호수아서: 역사

● ● ● ● ●

여호수아서의 이야기는 역사적인가?

여호수아서가 첫 번째로 정복했다고 말한 두 성읍은 여리고와 아이이다. 우리는 이 이야기를 신문 기사를 읽듯이 읽고 모든 사건이 서술된 대로 일어난 것으로 받아들여야 한다고 생각할 수 있다. 그러나 고고학적 증거는 이 책에서 말하는 두 성읍이 여호수아 시대에 사람들이 거주하지 않는 곳이 대부분이었음을 보여 준다. 아이성에는 천 년 동안 아무도 살지 않았다. 여리고는 3-400년 간 아무도 살지 않았다.

우리는 이러한 사실에 대해 어떻게 접근해야 하는가?

성경 사전(*The Illustrated Bible Dictionary*)은 여리고에 대해 고고학적 증거로부터 나온 결론과 배치되는 통찰력을 제시한다.

> 여호수아 시대에 가능한 것은…산 동쪽에는 작은 성읍이 있었으며, 나중에는 완전히 황폐화되었다.

여호수아 시대 이후 수백 년간 이 성읍에 아무도 살지 않았다는 사실은 성읍의 황폐화를 설명해 준다. 즉 여호수아 시대에 여리고가 사라졌음을 보여 주는 증거라는 것이다. 남은 유적은 도로와 들판 가까이 묻혀 있을 "가능성이 매우 높다."

이러한 접근의 한 가지 문제점은 여호수아가 파괴한 여리고는 30평방미

터밖에 되지 않는 작은 규모로, 이 책이 말하는 성의 크기와 일치하지 않는다는 것이다. 또한, 이 접근은 고고학적 발견이 유리하면 받아들이고 불리하면 거부하는 방식처럼 보인다.

우리는 고고학적 증거의 규범적 해석은 잘못되었으며 이 이야기들은 신문 기사처럼 해석해야 한다는 태도 대신 가능한 반대의 생각을 하고 신문 기사처럼 받아들이지 않아야 한다. 오히려 여호수아는 사실적 기록이 아니라 부분적으로 역사적인 비유로 보아야 한다(108-109 참조).

이렇게 보아야 하는 이유 가운데 하나는 축어적 역사로 보기 어려운 가벼운 유머(수 2장) 및 제의적 묘사(수 6장) 때문이다. 이 이야기들은 앞서 여호수아서의 신학 및 윤리와 관련하여 언급한 사실들을 확실하게 보여 주는 비유적 표현이다. 또한, 하나님이 이스라엘에게 기적적인 방법으로 그 땅을 주셨으며(이스라엘이 자기 힘으로 정복한 것이 아니다) 하나님의 것을 침범하거나 전쟁에서 사욕을 추구하면 준엄한 형벌을 받는다는 사실을 묘사한다.

여리고는 비유라고 말하는 것은 하나님이 이스라엘에게 그 땅을 주신 사실에 의문을 가지거나 이스라엘이 기적적인 방법으로 성읍들을 정복하지 않았다는 뜻이 아니다. 하솔의 파괴(수 11장)는 고고학적으로 입증되며 이스라엘에 의한 파괴로 볼 수 있다. 그것은 여리고의 함락보다 더 큰 기적이다.

그러나 중요한 것은 그것이 공격적인 행위가 아니라 수비적인 행위였다는 것이다. 이스라엘은 월등한 무기를 가진 백성과 맞서야 했으며, 하나님의 명령만 놓고 보면 확실히 사람들을 죽이는 것이 아니라 그들의 무기를 파괴하라는 것이었다. 따라서 가나안 성읍에 대한 실제적 정복에 관한 이야기(신문 기사)를 알고 싶다면 하솔의 이야기를 읽으면 된다. 이와 같이 더 큰 기적은 여리고 기사와 달리 사실적으로 묘사된다. 본문은 하나님이 하솔을 정복하게 하심으로 이스라엘에게 놀라운 승리를 주셨음을 보여 준다.

반면, 여호수아 6장은 정복에 대한 사실적 기록이라기보다 종교적 행렬에 관한 이야기이다.

아마도 여호수아 1-6장의 이야기는 다음 세 가지 지류로부터 발전되었을 것이다.

(a) 이스라엘 백성은 하나님이 그 땅을 주셨다는 사실을 알았다.
(b) 그들은 여리고 및 여호수아가 처음 입성한 곳에서 가까운 요단 계곡 길갈에서 매년 절기로 모여 그 일을 기념했다(307 참조).
(c) 여리고와 아이의 남은 유적은 이 극적인 이야기를 구체화시킬 방법을 제공했다.

이러한 이론을 뒷받침할 직접적인 증거는 없다. 이것은 단지 성령께서 어떻게 우리가 가진 사실들을 배경으로 텍스트를 영감으로 기록하게 하시는지 보기 위한 한 방법일 뿐이다.

오늘날 서구의 독자는 이 이야기가 가치 있는 자료가 되기 위해서는 철저하게 역사적이어야 하며 만일 역사와 비유를 혼합한 것이라면 어디까지가 역사이고 어디서부터 비유가 시작되는지 알아야 한다고 생각할 것이다.

그러나 여호수아서를 영감으로 기록하게 하신 성령의 의도는 그런 것이 아니며 하나님은 우리가 본문을 있는 대로 편안히 읽기를 원하신다.

312 여호수아서:
이스라엘이 가나안에서 이스라엘이 되기 위한 모델

여호수아서에 대한 실제 역사적 이해를 뒷받침하기 위한 고고학적 연구의 실패는 이스라엘이 어떻게 가나안에서 하나의 민족으로 형성되었는지에 대한 수많은 이론을 양산하게 했다. 다음은 지난 세기에 제시된 가장 탁월한 네 가지 이론이다. 실제 과정이 네 가지 이론 모두와 관련이 있다고 해도 놀라운 일은 아니다.

- **정복/점령**

이 접근(20세기 중엽, 미국 및 영국)에 대해서는 브라이트(Bright, *History of Israel*) 및 빔슨(Bimson, *Redating Exodus*)을 참조하라.

그들의 설명은 우리가 여호수아의 핵심 줄거리 및 여호수아와 이스라엘 백성이 얻은 놀라운 승리에 대한 이야기를 신문 기사를 읽듯이 문자대로 받아들이는 독법에 기초한다.

이러한 이해는 이 나라에 대한 세 단계의 정복을 추론한다. 즉 중앙(여리고, 아이, 세겜)에서 시작하여 남쪽(여호수아 10장의 열 왕)을 거쳐 북쪽(하솔)으로 진행된다. 하솔에 대한 고고학적 연구는 이러한 접근을 뒷받침하는 가장 훌륭한 증거를 제공한다.

- **이주/침투**

이 접근(20세기 중엽, 독일)에 대해서는 알트(Alt, *Essays on Old Testament History*), 노트(Noth, *History of Israel*), 바이페르트(Weippert, *Settlement of the Israelite Tribes*)를 참조하라.

그들의 설명은 여호수아서의 행간을 읽는 방식으로 얻을 수 있으며 우리는 앞서 이 책이 이스라엘의 첫 번째 정복이 가지는 부분적 성격을 인식한다는 사실에 대해 살펴본 바 있다. 이러한 언급은 사사기 1장과 비교되며, 그곳 본문에서 가나안 족속은 계속해서 지배적 위치에 있다.

또한, 이 접근은 이스라엘의 조상들이 그 땅에 정착했다는 창세기 기사를 단서로 이스라엘 백성이 어떻게 가나안에 정착하게 되었는지 보여 주려 한다. 이러한 접근은 이스라엘 백성이 전쟁 없이 점차 그 땅으로 이주한 것으로 추론한다. 이 이론에 의하면 여호수아 1-6장은 할리우드 버전의 서부 개척사와 유사하다(실제로 이런 제목을 가진 영화도 있다). 이 접근은 여리고와 아이에 대한 정복을 뒷받침할 고고학적 증거가 부족하다는 사실과 부합된다.

- **해방/회심**

이 접근(1970년대, 미국)에 대해서는 멘델홀(Mendenhall, "Biblical Conquest of Palestine") 및 고트왈드(Gottwald, *Tribes of Yahweh*)를 참조하라.

그들의 설명은 여호수아가 청중에게 예전에 그렇게 한 적이 없었던 것처럼 야훼에 대한 헌신을 촉구한 여호수아 24장으로부터 얻을 수 있는 추론이다. 이러한 여호수아의 태도는 우리에게 애굽에 거주한 적이 없고 출애굽을 경험하지 않은 무리가 야훼에 대한 헌신을 다짐하고 출애굽 이야기와 시내산 언약을 자신의 것으로 받아들이기로 다짐한 시기에 이 모든 일이 일어났다고 생각할 수 있는 단서를 제공한다.

이와 관련하여 고트왈드는 초기 이스라엘이 군주 사회가 아니라 민주적 사회이며, 계층적 계급 사회가 아니라 평등 사회였다는 사실을 특별히 강조한다. 이스라엘은 군주적인 가나안 도시 국가들과 다른 삶을 지향하는 공동체이다.

- **점진적 분화**

이 접근(1990년대, 미국과 영국 및 덴마크)에 대해서는 누즈(Gnuse, "Israelite Settlement of Canaan")와 고트왈드("Origins of Ancient Israel")를 참조하라.

그들의 설명은 살렘의 지극히 높으신 하나님의 제사장이 아브라함을 축복한 창세기 14장에 나오는 가나안 주민과 이스라엘의 긍정적인 관계와 예루살렘 원주민으로 이스라엘의 지체가 된 것으로 보이는 제사장 사독의 위치, 그리고 한때 가나안 주민의 성소였다가 이스라엘의 성소가 된 시온에 대한 이해(예를 들어, 시 48편)로부터 나올 수 있는 이론이다.

이스라엘은 야훼께 헌신하였으나 그들의 문화(예를 들어, 도자기 형태)와 종교 형식(예를 들어, 성전 및 제물)은 가나안과 상당히 유사하다. 양자 사이에 나타나는 차이점은 이렇다. 이스라엘 촌락에서는 돼지 뼈가 전혀 발견되지 않는데, 이것은 이스라엘 백성이 돼지고기를 먹지 않았음을 보여 준다. 그러나 언덕에 위치한 정착지에 대한 고고학 및 사사기의 이야기에 나타나는 이스라엘 백성의 삶 및 환경(316 참조)은 이스라엘이 외부로부터 들어왔다는 어떤 증거도 제시하지 않는다.

313 사사기: 개요 및 기원

▪ 사사기의 개요

1:1a	"여호수아가 죽은 후"라는 서두는 이 책 전체의 제목에 해당한다. 1:1-2:10의 나머지 내용은 이어지는 내용의 배경이 되는 여호수아 시대의 사건들을 상기시킨다.
1:1-2:5	첫 번째 서론: 이스라엘의 첫 번째 승전, 완수해야 할 과업 및 야훼가 가나안 주민을 쫓아내지 않은 이유
2:6-3:6	두 번째 서론: 이어지는 이야기의 반복적 구성
3:7-16:31	개별적 이야기
	3:7-11 옷니엘
	3:12-30 에훗
	3:31 삼갈
	4:1-5:31 드보라
	6:1-8:35 기드온
	9:1-57 아비멜렉
	10:1-5 돌라, 야일
	10:6-12:7 입다
	12:8-15 입산, 엘론, 압돈
	13:1-16:31 삼손
17:1-18:31	첫 번째 불안한 후기: 단 지파가 여전히 기업의 땅을 구하는 중임
19:1-21:24	두 번째 불안한 후기: 한 아내 및 실로에 잡혀 온 여자들의 운명
21:25	결론: 앞선 진술된 내러티브 배후에 있는 반복적 문제

- **사사기의 기원**
  - (a) 사사기의 기원에 관한 유일한 전승은 사무엘이 이 책을 기록했다는 탈무드의 진술이다.
  - (b) 사사기는 여호수아를 회고하며 왕조에 대한 이야기를 지향한다. 따라서 이 책은 여호수아부터 열왕기까지 이어지는 이야기의 일부로, 전체 이야기의 기원과 유사한 기원을 가진 것으로 볼 수 있다. 반복되는 말이지만 사사기도 요시야 시대(주전 620년) 신명기사가적 그룹에 의해 일차적 편집을 거친 후 주전 587년 유다의 함락 및 주전 562년 여호야긴의 풀려난 이후 오늘날과 같은 모습을 갖추게 되었을 것이다.
  - (c) 이 책의 핵심은 이스라엘이 조직화되기 전 시대에 개별적 지도자 및 지파(또는 일부 지파)와 관련된 사건들에 대한 일련의 이야기이다. 이 이야기들은 원래 이들 개인 및 지파가 속한 지역에서 회자된 것으로 보이며, 신명기사가 시대 이전에 이야기 묶음 형태로 존재했을 것이다.
  - (d) 드보라의 노래(삿 5장)는 이스라엘 고대 시 가운데 하나로 매우 오래된 자료로 보인다.
  - (e) 사사기는 가나안 정복에 관한 이야기처럼 시작하지만 이스라엘이 가나안에 정착한 첫 번째 단계에서 정복하지 못한 지역을 열거한 자료에 가깝다.
  - (f) 사사기 1:21의 여부스와 예루살렘에 대한 언급은 이 구절이 다윗이 성읍을 점령하기 전에 기록되었음을 보여 준다.
  - (g) 사사기 10:1-5 및 12:8-15은 공식적 연대표에서 나온 것일 수 있다.
  - (h) 사사기 3:7-16:31에 나오는 개별적 이야기들을 이스라엘 전체에 대한 신명기적 교훈으로 바꾼 것은 신명기사가 그룹일 것이다. 그들은 사사기 2:6-3:6의 서론을 덧붙이고 각 이야기에 서론과 결론을 추가했다(열왕기서에 나오는 왕들의 통치에 대한 평가적 요약과 비교해 보라).

314 사사기 읽기

● ● ● ● ●

1. 사사기에 나오는 이야기들을 읽으라(삿 3:7-21:24). 다음 사항에 대해 무엇을 배웠는지 생각해 보라.

(a) 하나님이 행하신 방법
(b) 이스라엘의 장점과 단점(종교적, 도덕적, 정치적, 사회적으로)
(c) 하나님이 사용하신 백성: 그들의 장점과 단점
(d) 하나님이 백성을 사용하시는 방식
(e) 당시 이스라엘 여자들의 지위, 경험 및 태도
(f) 당시 이스라엘 남자들의 지위, 경험 및 태도
(g) 여자와 남자의 관계

2. 이 이야기에 나오는 인물들

(a) 가장 존경하는 인물은 누구인가?
(b) 여러분을 가장 오싹하게 만드는 인물은 누구인가?
(c) 가장 많은 생각을 하게 한 인물은 누구인가?
(d) 가장 기쁘게 한 인물은 누구인가?
(e) 가장 슬프게 한 인물은 누구인가?
(f) 가장 놀라게 한 인물은 누구인가?

3. 그들이 여러분의 조언을 듣고 싶다면 무슨 말을 해 주고 싶은가?

ⓐ 드보라

ⓑ 바락

ⓒ 기드온

ⓓ 아비멜렉

ⓔ 입다

ⓕ 입다의 딸

ⓖ 마노아

ⓗ 마노아의 아내

ⓘ 삼손

ⓙ 삼손의 아내

ⓚ 들릴라

ⓛ 레위인

ⓜ 그의 아내? [주석: 번역은 일반적으로 그녀를 "첩"으로 언급하지만 위 213을 참조하라. 이 여자가 "두 번째 아내"였다는 것은 이 레위인에게 다른 아내가 있다는 것을 의미하지 않는다. 물론 그럴 수도 있다.]

4. 이 책의 서두와 결론 부분(삿 1:1-3:6; 21:25)을 읽으라. 이 부분은 사사기를 이해하는 데 어떤 통찰력을 더해 주는가?

5. 사사기에는 무서운 이야기가 많이 등장하며 이러한 이야기들을 읽는 것은 끔찍한 경험이 될 수 있다.

이러한 이야기에 상처를 받는 것은 자연스러운 일이다. 마찬가지로 뉴스를 보다가 상처를 받는 것도 자연스러운 일이다. 그러나 이야기가 상처를 준다고 해서 이야기를 들을 필요가 없다는 뜻은 아니다. 성경이나 뉴스가 그것을 전하는 이유는 성경이나 뉴스가 일어난 사건을 인정하기 때문이 아니다. 물론 성경이나 뉴스는 "이것은 악한 일이다"라고 구체적으로 말하지는 않는다. 그러나 사사기에는 처음과 끝 부분(특히 삿 21:25)에서 이러한 이야기들이 무엇을 말하려 했는지 보여 준다. 뉴스와 성경이 이러한 이야기를 전하는 것은 우리가 선호하지는 않지만 이러한 사건들에 대해 알아야 한다고 생각한 때문이다.

그렇다면 여러분은 우리가 이 책으로부터 무엇을 배워야 한다고 생각하는가?

이 이야기들이 성경에 기록된 이유는 무엇인가?

6. 히브리서 11장(특히 히 11:1-2, 29-40)이 사사기에 대해 어떻게 접근하는지 살펴보라.

나는 히브리서 11장에 대해, 성령께서 신약성서 기자들로 하여금 구약성서의 원래적 의미에 개의치 않고 신약성서가 원하는 내용을 보여 주기 위해 사용하도록 영감하신 사례라고 생각한다.

사사기에 등장하는 바락, 삼손 및 입다는 믿음의 사람으로 보기 어렵다. 사사기는 그들의 실패에 초점을 맞춘다. 그러나 그들에 대한 이야기에는 믿음의 사례를 제공하는 요소가 있으며 히브리서 11장은 이러한 부분에 초점을 맞추려 한다(드보라, 입다 및 그의 딸에 대해서는 363 참조).

315 사사기: 본서의 의의

1. 거시적 관점에서 볼 때 사사기는 보다 긴 이야기로부터 나온 하나의 에피소드이다.

사사기의 서론 부분(삿 1:1-2:5)은 여호수아에서 이스라엘이 온 땅을 정복했다고 강조한 직후에 이어지는 내용으로는 놀랍게도 이 이야기의 다른 면에 대해 전한다. 사실 이러한 내용은 여호수아의 행간에서도 읽을 수 있다. 사사기의 마지막 구절(삿 21:25)은 이 책이 어떻게 사무엘상의 도입부분을 제공하는지 보여 준다(룻기는 별개의 이야기라는 사실을 기억하라). 사사기 17:6; 18:1; 19:1을 참조하라.

따라서 이 책의 중요한 목적 가운데 하나는 중앙 정부의 필요성을 보여 주는 것이다.

2. 넓게 보면 이 이야기는 계속되는 타락의 일부이다. 가장 위대한 "사사"는 비교적 앞부분에 나오는 드보라이다. 이 이야기는 마지막 장으로 갈수록 점점 끔찍한 내용으로 이어진다. 이 책은 이러한 과정이 진행되고 있음을 보여 준다.

3. 사사기의 두 번째 서론(삿 2:6-3:6)은 사사를 세우신 목적을 보여 준다. 이 책 끝 부분에 나오는 언급(삿 17:6; 21:25) 역시 지금 일어나고 있는 일의 도덕적 의미를 제시한다. 즉 사람이 자기의 소견에 옳은 대로 행했다.

사사기의 이야기들은 이 구절을 남성으로 바꾼 번역이 옳다는 것을 보여주는 것처럼 보인다. 즉 남자들은 자기의 소견에 옳은 대로 행했다는 것이다(삿 21:1 참조).

4. 이론적으로 왕은 없는 것이 낫다. 이스라엘의 유일한 왕은 야훼이시다. 기드온에게 있어서 가장 훌륭한 점은 바로 이러한 사실을 깨달았다는 것이다(삿 8:23). 나의 아들들이 어렸을 때 우리는 서툰 운문이지만 기본적 신학을 유지한 아동용 기드온 이야기를 함께 읽곤 했다. 이 책에서 왕이 되기를 거부한 기드온은 "이해하지 못하겠지만 나는 영웅이 아니다. 영웅은 하나님이시다"라고 주장한다. 아이들은 마지막 단어를 따라하는 법을 안다. 이 책의 주역은 왕들이 아니라 "사사들"이다. 그러나 히브리 단어 "소페팀"(šōpĕṭim)을 재판관들로 번역한 것은 오해의 소지가 있다. 이 단어와 이 단어를 파생시킨 동사는 권위의 행사를 나타내기는 하지만 법적 기능이나 부정적 개념의 "재판"을 의미하지는 않는다.

따라서 재판관보다는 일부 역서에서 사용하는 "지도자"라는 번역이 더 낫다. 그들은 왕처럼 공식적인 지위는 없지만 하나님의 통치를 구현하는 일에 결정적인 행동을 한다. 따라서 백성을 "재판"한다는 것은 그들에게 자유를 준다는 것이다. 이것은 그들을 "구원"하는 것과 크게 다르지 않다. 따라서 이 영웅들은 "사사"와 함께 "구원자"로 불린다(삿 3:9, 15 참조).

5. 이러한 정의에 따르면 사사는 제도적, 헌법적 구조와 무관한 사람들이다. 그들은 마틴 루터 킹(Martin Luther King Jr)이나 테레사 수녀(Mother Teresa)에 해당하는 이스라엘인이다. 갈렙의 아우 옷니엘과 왼손잡이 에훗 및 가나안 사람 삼갈은 장남중심 사회, 능력중심 사회, 인종주의자들의 고개를 갸웃하게 한다. 이어지는 가장 훌륭한 사사는 여성이다. 드보라의 이야기는 성차별에 일침을 가한다.

6. 사사는 이스라엘이 어떻게 "신정국가"가 되지 못하였으며 인간 왕이 없는 순수한 언약 공동체를 형성하지 못하였는지를 보여 준다.

다른 말로 하면, 사사기는 이스라엘이 어떻게 정체성을 보존하고 그것을 위해 싸우며 어떻게 그들의 정체성이 와해되는지 보여 준다(Kim, "Postcolonial Criticism" 참조).

7. 이스라엘의 역사에 관한 많은 책 및 사사기에 대한 주석들은 사사기가 이스라엘이 왕정으로 가는 과정에 어떤 정치적 발전을 보여 주는지에 초점을 맞춘다.

또한, 이러한 책들은 (모더니티처럼) 역사에 대한 관심이 많기 때문에 사사 시대 전체의 연대기를 일치시키는 작업에 특별히 관심을 집중한다.

8. 그러나 이러한 관심은 이 책의 핵심 요소를 놓치고 있다. "사사기는 죽음에 관한 책이다…모든 형태에서, 개별적 폭력…또한, 본문에서 살인은 남녀와 관련이 있다. 남자가 남자를 죽이고[전쟁을 통해] 여자가 남자[영웅, 장군]를 죽인다.. 남자, 강한 자들이 무죄한 딸[여자]들을 죽인다"(Bal, *Death and Dissymmetry*, 1).

성폭력이라는 주제는 이 책 전체의 핵심이다(Brenner, *Feminist Companion to Judges*; Yoo, "Han-Laden Women" 및 363 참조).

"세상에서 가장 위험한 사람은 불안한 사람(Insecure men)이다"(Hudson, "Come, Bring Your Story").

316 사사기: 고고학

● ● ● ● ●

　이 단원의 내용은 특히 디버(Dever, *What Did the Biblical Writers Know?* 108-24)와 스태거(Stager, "Archaeology of the Family") 및 마자르(Mazar, *Archaeology of the Iron Age*)에 기초한다.

　사사기는 이스라엘이 가나안에서 놀라운 승리를 거두었다는 여호수아의 묘사로 시작하지만 이것은 그들이 물리친 성읍을 계속해서 보유하거나 평지를 점령할 수 있었다는 것은 아니다. 그곳은 가나안의 거대 도시가 있었던 장소로 블레셋이 정착했던 곳이며 오늘날 텔아비브(Tel Aviv)와 같은 이스라엘의 대도시가 있는 지역이다. 이스라엘 백성은 주로 변방 산지에 정착했는데, 이곳은 오늘날 대부분 팔레스타인 지역에 해당한다. 이스라엘이 서안 지구를 점령한 1967년 이후 이스라엘의 고고학자들은 이 지역에 대한 수차례의 탐사를 통해 구약성서의 묘사를 확인한 바 있다.

　이 고고학적 연구는 여호수아 시대 및 사사 시대 초기에 해당하는 주전 13세기 후반 및 12세기에 100-300명이 모여 살았던 작은 농촌 마을 300여 곳을 찾아내었다. 이들 지역은 대부분 물이 있고 농작물이 자라며 가축을 방목할 수 있는 곳이지만 가나안 주요 성읍이나 이전에 정복당한 적이 거의 없는 지역으로부터는 떨어져 있다. 이스라엘이 정착한 지역은 큰 성벽을 가진 도시가 아니라 성채가 없는 촌락이었던 것이다. 이 연구는 이들 언덕 지역의 인구가 주전 13세기(여호수아 시대)의 12,000명에서 12세기(사사 시대)에는 55,000명, 11세기(사울 시대)에는 75,000명, 그리고 10세기(솔로몬 시대)에는 100,000명으로 늘어났음을 보여 준다. 이러한 "인구 폭발"은 자연 증가로는 설명이 되지 않는다. 이것은 당시 규모로는 상당히 많은 외지인이 인구 밀도가 낮은 가나안 변경으로 유입되었음을 말해 준다. 이 지역에서는 당시의 마을 외에도 많은 개인 농장이 발견되었다.

이 마을들의 특징은 많은 "농가"가 무리를 형성하고 있다는 것이다. 하나의 주거지는 핵가족을 위한 공간이었을 것이다(구약성서의 "아버지의 집"). 그러나 무리는 확장된 가족(the mišpāḥa, 구약성서의 "친족"이나 "집")을 섬겼다.

그들의 가옥은 1층에 거실과 야외 부엌 및 가축을 위한 공간과 2층에는 침실이 있었을 것이다. 마을에는 "화려한" 집이 없었으며 모든 가족은 같은 생활을 했다. 통치권을 행사한 자가 있었다는 흔적은 없으며, 사실상 성소나 성전이나 종교적 인공 유물도 남아 있지 않다.

따라서 어떤 종교적 관습도 형상이나 제도화된 관습과는 무관하다. 이러한 발견은 이스라엘이 주로 변방의 촌락 사회를 형성했음을 보여 준다. 그 후 구약성서에 나타나는 예루살렘과 성전의 중요성은 이스라엘 백성이 대부분 예루살렘에 살며 성전에서 예배했을 것이라는 가정을 가능하게 한다. 사실 그들은 1년에 한 차례 이상 그곳에 모이기도 어려웠을 것이다.

뿐만 아니라 이스라엘 백성 대부분이 마을이나 농장에서 살았다는 사실에 대한 인식은 토라의 자료 가운데 노예 제도(가족의 농장이 실패할 때 발생한다)에 관한 규례나 공동체의 갈등 해소에 관한 내용이 많은 부분을 차지하는 이유를 이해하는 탁월한 배경이 된다.

이 가옥들에서 발견된 도기는 앞선 세기의 도기와 비슷하지만 그들의 정착과 관계가 있는 새로운 기술적 발전도 나타난다. 여기에는 단지 조성 기술(즉 언덕 양편을 포도나무나 감람나무를 재배할 수 있게 형성함) 및 물이나 포도주를 보관하기 위한 수조 제작 기술 등이 포함된다.

글이 새겨진 도기 파편도 발견되는데, 이것은 그들이 기본적인 지식 사회를 형성하고 있었음을 보여 준다. 이전 시대(청동기)의 유적지에서는 돼지 뼈가 발견되지만, 앞서 언급한 대로 이곳 정착촌에서는 전혀 발견되지 않았다.

디버(Dever)는 이들 정착민 대부분이 가나안의 도시 저지대에서 유입되었을 것이라고 생각하지만 일부는 애굽으로부터 왔을 것이라는 사실을 인정한다. 출애굽기부터 여호수아까지 언급된 그들에 관한 이야기는 모든 사람의 이야기가 되었다. 이것은 마치 모든 미국인이 자신의 조상이 순례자와 함께 플리머스 식민지로 왔거나 7월 4일 독립전쟁 당시 이곳에 거주했던 것처럼 행동하는 것과 마찬가지이다. 따라서 사사기는 애굽에서 살아본 적이 없는 백성에 관한 이야기도 들려준다.

317 사무엘상하: 개요 및 기원

▪ 사무엘상하의 개요

사무엘상 1-7장	사무엘에 관한 이야기
사무엘상 8-12장	왕을 요구함
사무엘상 13-15장	사울의 통치 및 버림 당함
사무엘상 16-31장	다윗의 등극 및 사울의 통치의 파탄
사무엘하 1-10장	다윗의 초기 승리
사무엘하 11-12장	다윗의 큰 범죄
사무엘하 13-20장	다윗의 통치의 파탄 및 가족
사무엘하 21-24장	다윗의 이야기에 대한 모호한 주석

▪ 사무엘상하의 기원

1. 히브리 성경에는 사무엘상하가 한 권으로 되어 있다. 이 책은 70인역에 의해 두 권으로 분리된다(104 참조). 이 분리는 다소 인위적이다. 사무엘상은 사울의 죽음으로 끝나는 데 반해 사무엘하는 다윗이 소식을 듣는 장면으로 시작한다. 사무엘하와 열왕기상의 분리 역시 인위적인 면이 있다. 사무엘하 후반부는 다윗을 계승할 자가 누구인가라는 내용으로 가득한 데 반해, 그 대답은 열왕기상 1-2장에 와서야 제시된다. 사무엘상 자체는 사사기에서 자연스럽게 이어진다. 엘리와 사무엘은 마지막 "사사"이다. 따라서 사무엘상하는 여호수아부터 열왕기까지 이어지는 전기 선지서 또는 신명기사가적 역사 전체의 한 부분이다.

2. 탈무드는 사무엘을 사무엘서의 주 저자로 제시하지만 그는 사무엘상 25장에서 죽으며 탈무드는 후기 선지자 갓과 나단이 이 책을 완성했다고 주장한다.

사무엘상 27:6은 이 책에 언급된 사건 이후 적어도 한 세기가 지날 때까지 본서가 기록되지 않았음을 보여 준다. 신명기사가적 역사의 일부로서 이 책은 요시야 시대(주전 620년) 이전, 또는 유다가 멸망한 다음 세기까지 완성되지 못했을 것이다.

3. 이 책은 사사기와 열왕기에 나타나는 신명기사가적 특징 가운데 하나가 빠져 있다. 즉 사무엘상하의 내러티브는 관용문구를 사용하여 사사나 왕들에 대한 이야기를 나누는 방식으로 구성되지 않는다. 그러나 사무엘상하는 신명기사가들이 제공하는 것과 같은 죄와 불순종에 대한 언급이 많이 등장한다. 사무엘하 7장에 나오는 다윗과 야훼의 대화에도 신명기사가적 요소가 나타난다.

4. 사무엘상하의 두드러진 특징은 다소 독립적인 일련의 긴 이야기들을 연결한다는 것이다. 이 자료들은 사무엘상하의 최종 형태 전에 존재한 것으로 보이며, 따라서 완전히 새로운 모습을 갖추게 된 것이다. 이러한 자료에는 다음과 같은 이야기가 포함된다.

(a) 사무엘에 관한 이야기
(b) 언약궤의 이동에 관한 이야기
(c) 왕이 있어야 한다는 주장을 뒷받침하는, 왕조의 기원에 관한 이야기
(d) 왕이 있어야 한다는 주장을 반대하는, 왕조의 기원에 관한 이야기
(e) 다윗이 왕으로 등극한 과정에 대한 이야기
(f) 솔로몬이 왕으로 등극한 과정에 대한 이야기

5. 이들 내러티브 가운데 일부에는 "유사품"이 존재한다. 즉 사울과 다윗의 첫 번째 만남 및 골리앗을 죽인 자에 관한 기사(삼상 17장; 삼하 21:19)처럼 동일한 사건에 대한 다양한 버전이 존재한다는 것이다. 이러한 사실 역시 내러티브가 다양한 기존 자료들로부터 편집된 것임을 보여 준다.

6. 현대 역본의 난외주-특히 사무엘상에서-는 정확한 히브리 본문을 규명하는 것이 얼마나 문제가 많은 작업인지 보여 준다.

이것은 부분적으로 텍스트가 모호하다는 사실 및 70인역이 일반적인 사본과 다른 히브리 본문을 사용한 때문이다. 70인역의 본문 전체는 히브리 본문보다 짧은데 이것은 다른 사본을 번역한 것임을 보여 준다.

318 사무엘상 읽기: 한나, 엘리, 사무엘, 사울

- **사무엘상 1-7장: 한나, 엘리, 사무엘**
  1. 한나는 어떤 인물이라고 생각하는가?
     그녀의 경험, 기도 및 찬양에 대해서는 어떻게 생각하는가?
  2. 엘리는 어떤 인물인가?
     그의 경험, 사역, 성품, 능력 및 약점은 무엇이라고 생각하는가?
  3. 이 장들에서 사무엘에 대한 첫 인상은 어떠했는가?
  4. 이스라엘 백성과 블레셋 사람의 문제는 무엇이었는가?

- **사무엘상 8-12장: 이스라엘이 왕을 요구함**
  1. 이스라엘은 왜 왕을 원했는가?
     합당한 이유인가?
  2. 사무엘은 왜 이스라엘이 왕을 요구하는 것을 원하지 않았는가?
  3. 야훼께서 사울을 택하신 이유와 관련하여 어떤 징조들이 제시되었는가?

- **사무엘상 9-31장: 사울**
  1. 본문에 따라 사울의 성품에 대해 어떻게 제시하는가? 내용이 발전되었는가?
  2. 사울의 장점은 무엇인가? 그의 약점은 무엇인가?
  3. 사울은 얼마만큼 결정권을 가진 자인가? 그는 얼마만큼 희생양인가?

4. 하나님은 왜 사울보다 다윗을 선호하시는가?(우리는 사무엘하에서 다윗의 삶과 성품에 대해 살펴보게 될 것이다. 여러분은 이 장들을 읽을 때 그곳의 질문을 살펴본 후 그 때 도움이 되는 답변을 하고 싶어 할 수도 있다).
5. 사무엘이 사울에 대해 언급하는 방식에 대해 어떻게 생각하는가?
6. 하나님이 사울에 대해 말씀하시는 방식에 대해 어떻게 생각하는가?
7. 사울의 죽음에 대해 어떻게 생각하는가?

    바람직한 죽음이었는가? 이유는 무엇인가?
8. 성령께서는 사울의 이야기를 영감하실 때 우리가 무엇을 깨닫기를 원하셨을 것이라고 생각하는가?
9. 성경의 이야기들은 때때로 우리가 그것을 통해 자신을 발견하기를 원하신다. 사울의 이야기를 통해 그런 경험을 한 적이 있는가?

▪ 사울과 그의 "악한 영"에 대한 주석

야훼께서 사울을 버리셨을 때 사무엘상 16:13-14의 내러티브는 야훼의 영이 다윗에게 임하시고 사울에게서 떠나셨다고 말씀한다. 대부분의 역본은 이 본문에서 "여호와께서 보내신[부리시는] 온 악령"이 그를 번뇌하게 했다고 진술한다. 그러나 이 번역은 오해의 소지가 있다.

우리는 이 구절을 복음서가 악한 영들에 대해 언급하는 방식에 비추어 이해하기 쉽다. 그러나 구약성서는 하나님과 떨어져 반독립적으로 활동하며 인간을 괴롭히는 초자연적 실체로서 악령에 대해 언급한 것이 아니다. 뿐만 아니라 악령의 "악"(evil)에 해당하는 히브리어 단어는 "사악한"(wicked)이라는 의미에서 "나쁜"과 "고약한"(nasty)이라는 의미에서 "나쁜"이라는 뜻을 가지고 있다.

본문에서는 사울이 그때부터 시편에서 51편에서 말하는 견고하고 관대하며 거룩한 영이 아니라 소위 질이 나쁜, 고약한 영의 괴롭힘을 당했다는 의미로 사용된 것으로 보인다. 이러한 사실은 동일한 구절이 나오는 사사기 9:23과 비교해 보면 알 수 있다. 악한 영을 보낸 것은 사울에 대한 야훼의 징벌의 일환이다. 그러나 야훼를 섬길 힘을 주는 영이 심술궂은 영으로 대치되었다는 것은 그가 더 이상 하나님의 백성이 아니라(그리스도인의 용어로 구원을 잃었다)는 말이 아니다. 사무엘상에서 하나님은 이런 의미에서 그의 거룩한 영을 빼앗아 가신 것이 아니다.

하나님은 사울을 공정하게 대하셨는가?

사울은 사소한 잘못에서도 빠져나가지 못한 반면, 다윗은 끔찍한 죄악에서도 무사히 넘어간다. 다윗이 실제로 자신의 끔찍한 행위에서 무사히 빠져나갔는지는 알 수 없지만 그가 사울과 같은 방식으로 왕의 지위를 박탈당한 것은 아니라는 것은 분명한 사실이다.

그렇다면 하나님은 독단적이신가?

하나님의 은총은 인간 편에서의 자격과 무관한가?

사실상 부르심은 인간의 자격과 무관한 것처럼 보인다. 이방인의 사도로 부르심을 받을 수 있는 자격은 다른 사울, 즉 다소 사람 사울 외에는 아무도 없었다. 왜냐하면, 하나님이 그를 사용하시기로 결정하셨기 때문이다. 다소의 사울이 부르심을 받은 것은 그가 어떤 사람인가와 무관하며 하나님의 목적 때문이다.

반복되는 말이지만, 왕이 되고 안 되고는 개인의 행복이나 성취 또는 구원과 무관하다. 나는 다윗이 사울보다 더 자격이 있거나 구원받을 만한 자로 보이지 않는다.

319 사무엘상(및 다른 성경): 왕조에 대한 태도

사무엘상 8-12장에는 왕에 대한 양면성이 나타난다. 본문은 왕이 있어야 한다는 생각을 비판하지만, 한편으로는 야훼께서 왕을 세우는 일에 관여하심을 보여 준다. 이러한 양면성은 구약성서 전체에 나타나는 광범위한 양면성을 반영한다.

1. 출애굽기 15:18은 야훼께서 영원한 왕이 되실 것이라고 선언한다. 이것은 인간 왕에 대한 여지를 남기는가?

2. 출애굽기 19:6은 이스라엘을 제사장의 나라로 묘사한다. 모든 백성은 통치의 주권 및 책임에 동참해야 한다. 이것은 인간 왕에 대한 여지를 남기는가?

3. 신명기 17:14-20은 이스라엘이 원하면 왕을 세울 것을 허락하지만 왕 주변에 확실한 보호 장치를 설치한다. 왕은 토라를 읽고 백성 위에 군림해서는 안 된다.

4. 기드온은 왕이 되기를 거절한다. 야훼가 왕이시다(삿 8:22-23). 우리는 앞서 아동용 이야기에서 기드온이 "이상하게 생각하겠지만 나는 영웅이 아니다. 영웅은 하나님이시다"라고 말하는 것을 들었다.

5. 그러나 사사기 18:1; 19:1; 21:25은 사실상 "보라, 이스라엘에 왕이 없으니 어떤 일이 일어나는지!"라고 말하는 듯하다. 사람들은 자기의 소견에 옳은 대로 행하였으며 그 결과 끔찍한 일이 벌어졌다.

6. 사무엘상 8장은 왕권에 대해, 야훼를 왕으로 인정하기를 거부하는 것이며 악한 제도로 남용될 것이라고 말한다.

7. 사무엘상 9-11장은 야훼께서 주권적으로 통치자를 택하시며 그 결과는 위대한 구원으로 나타난다는 사실을 보여 준다.

8. 사무엘상 12장은 왕을 요구한다는 것은 야훼를 거부하는 것임을 다시 한 번 확인하지만, 이러한 반역이 끝을 의미하는 것은 아니라고 약속한다.

9. 사무엘하 7장에서 야훼는 왕에 대해 방대한 약속을 하신다. 야훼는 왕의 이름을 위대하게 만드실 것이며 그를 아들로 부르실 것이다. 하나님은 그를 징계하시지만 버리지는 않으실 것이다.

10. 시편 72편은 이스라엘에게 왕을 위해 기도하는 법 및 하나님이 응답하신다면 무엇을 기대해야 하는지 보여 준다. 다른 많은 시편도 야훼께서 왕을 통해 역사하시며 그들의 기도에 응답하신다고 말한다.

11. 열왕기상하는 솔로몬 이후 대부분의 왕들이 사무엘상 8장의 경고가 정당했음을 보여 준다. 그들은 "이스라엘의 이방인화"(Mendenhall, "Monarchy")를 초래했다.

12. 스바냐 3:15은 이스라엘의 희망이 실제적 왕이신 야훼께서 그들 가운데 계신다는 사실에 있다는 것을 재확인한다(cf. 사 6:1, 5; 33:22; 41:21; 43:15; 44:6).

13. 그럼에도 불구하고, 예레미야 23:5 및 다른 본문들은 이스라엘이 언젠가는 시편 72편과 같은 이상적 왕권에 합당한 왕-나중에 "메시아"로 불리게 된다-을 가지게 될 것이라고 약속한다. 히브리어에는 메시아에 해당하는 단어가 없다. 이 단어의 의미는 "기름부음을 받은"이라는 뜻이며 현재의 왕이나 제사장에 대한 묘사에만 사용된다. 이 단어는 미래의 왕에게는 사용되지 않는다. 따라서 구약성서는 예레미야 23:5-6과 같은 본문에서 미래의 왕에 대해 언급하면서도 "메시아"라는 단어는 사용하지 않는다. 미래적 왕에 대한 용례는 훗날 재임 중인 왕이 없을 때 사용된다.

14. 이사야 55:3-5은 왕 같은 백성에 대한 이상을 제시하며 모든 백성이 야훼와 언약 관계를 맺을 것이며 다윗에게 주어진 것과 같은 소명을 가질 것이라고 약속한다. 전체 본문은 새로운 왕이 신학적으로는 부적합하지만 현실적으로 필요하다고 말한다. 하나님은 왕을 요구하는 반역행위를 수용하여 예수님을 깨닫는 핵심 카테고리로 바꾸신다. 이러한 원리는 세습 왕조에만 적용되는 것이 아니다. 이 원리는 한 사람에게 권력이 집중되는 대통령이나 목회자에게도 적용된다. 기독교 역사는 언제나 이스라엘 역사의 전철을 반복한다. 복음은 제사장 나라를 다시 도입하기를 원하며(벧전 2:9), 초대교회는 한 사람이 교회들을 이끌어가는 제도적 여지를 남기지 않았다.

그러나 이러한 노력은 무위로 끝났으며 교회는 "군주적 주교" 제도를 개발하여 교회들을 이끌게 했다. 이 시스템은 오류를 제어할 수 있는 가능성과 함께 남용을 조장할 수 있는 가능성을 보여 주었다. 따라서 이 시스템은 어떤 식으로든 권력을 제한할 수 있는 안전장치를 가질 필요가 있었다.

320 사무엘상하 읽기

● ● ● ● ●

▪ **사무엘상하의 다윗**

사람들은 다윗을 이해하는 열쇠는 공인으로서의 다윗과 사인으로서의 다윗 사이의 긴장이라고 말한다. 그는 위대한 지도자였으나 인간적 흠잡을 남기지 않았다는 것이다. 이러한 관점을 다윗의 성품과 생애를 이해하는 격자로 삼아 사무엘상 16장-열왕기상 2장을 읽어 보라.

1. 다윗은 어떻게 공인이 되는 법을 아는 위대한 지도자가 되었는가?
2. 이러한 일반화에 예외가 있는가?
    다윗이 공적인 삶, 자신의 지도력에 오점이 되는 잘못된 길을 간 적이 있는가?
3. 다윗의 개인적 삶에서 그의 인간적 약점은 무엇인가?
4. 다윗의 개인적 삶에서 그의 인간적 장점은 무엇인가?
5. 네 가지 질문에 대한 답변으로 모은 자료 및 상호 관계에 대한 여러분의 생각은 무엇인가?

▪ **하나님의 마음에 합한 자?**

아마도 여러분은 이 이야기에서 읽은 내용에 비추어 볼 때 다윗이 "하나님의 마음에 맞는 사람"(삼상 13:14)으로 불린 이유가 궁금할 것이다. 이 구절은 오해하기 쉽다. 이 구절 자체는 다윗의 마음이 하나님의 마음과 일치한다는 뜻이 아니다.

사무엘하 7:21에 동일한 구절이 제시되는데, 이 본문에서는 단지 "주의 뜻대로"라고만 되어 있다(cf. 시 20:4). 따라서 "하나님의 마음에 맞는 사람"은 단순히 "하나님이 택한 자"라는 뜻이다. 이것은 하나님이 다윗에 대해 그의 마음이 바른 장소에 있는 자로 인정했다는 사실을 가리키는 것이 아니다(여러분이 다윗에 대해서 말할 수 있는 내용의 핵심은 그런 것이겠지만; 321의 코멘트 참조).

우리는 이 부분에서 다시 한 번 다소 사람 사울과 비교해 볼 수 있다(318 참조). 우리는 하나님이 그를 택했다는 의미에서 다소 사람 사울이 "하나님의 마음에 맞는 사람"이라고 할 수 있다. 그러나 이 구절에 대해 일반적으로 생각하고 있는 의미에서는 그렇지 않다. 다윗은 적어도 아직은 그런 사람이 아니다.

나는 "하나님은 왜 그처럼 바보 같은 다윗을 사랑하셨는가?"라는 질문을 받은 적이 있다. 다윗과 다소 사람 사울은 하나님이 사용하실 수 있는 죄인들이며, 하나님의 "사랑"은 그들을 사용하시는 하나님의 목적과 관계가 있다. 어느 면에서 그들은 하나님의 사랑은 우리가 얻을 수 있는 성격의 것이 아니라는 일관된 진리를 보여 준다.

(여러분은 참으로 하나님이 다윗이나 다소 사람 사울을 택하셨듯이 여러분을 "사랑"하셔서 여러분을 택하시고 사용해 주시기를 원하는가?).

다윗의 이야기에 담긴 함축은 지도자들은 거룩하지 못한 경향이 있으며, 하나님은 확실히 지도자가 거룩한 자가 되기를 원하시지만 거룩한 자들을 지도자로 택하시는 것은 아니며, 지도자는 죄를 범하기 쉽다는 것이다. 여러분이 지도자라면 여러분의 가정 생활과 인간 관계를 엉망으로 만들기 쉽다. 여러분이 지도자가 아니라면 여러분은 지도자들을 주목할 필요가 있다. 그들은 그런 실수를 하기 쉬운 자들이기 때문이다.

인구 조사가 왜 잘못되었는가?(삼하 24장).

전통적 사회에서 이러한 조사는 하나님을 의지하기보다 인간 자원에 대한 의존을 보여 주기 때문이다(Githuku, "Taboos on Counting").

- **이 이야기에서의 여성**

사무엘상하에 나오는 여성에 관한 이야기를 읽어 보라.

1. 사무엘상 1-2장
2. 사무엘상 4장
3. 사무엘상 25장
4. 사무엘하 2:1-4; 3:1-16; 6:12-23
5. 사무엘하 11:1-12:31
6. 사무엘하 13:1-39
7. 사무엘하 14:1-24
8. 사무엘하 21:1-14

본문은 여성과 그들의 사회적 지위, 역할 및 경험에 대해 어떤 인식을 가지고 있는가?
여성의 지혜 및 그들의 용기는 어떤 것인가?
여성의 힘, 그들의 도전 및 그들의 업적은 무엇인가?
여성의 유혹, 그들의 취약점 및 그들의 슬픔은 무엇인가?
여성에 대한 이야기는 어떤 면에서 격려가 되는가?
여성에 대한 이야기는 어떤 면에서 걱정이 되고 어떤 면에서 문제가 되며 어떤 면에서 분노를 일으키는가?

- **다윗과 밧세바**

이 이야기는 일련의 문제를 제기한다. 밧세바는 다윗처럼 복합적 인물이다.

다윗은 총사령관으로서 군대가 전쟁 중에 집에서 머문 이유가 있는가?

다윗이 성의 지붕 위에서 내려다보는 장면은 아이러니하다. 왜냐하면, 어떤 면에서 그것은 왕의 할 일이며 왕은 자신이 본 비행에 대해 조치를 취해야 한다.

밧세바는 왜 지붕에서 목욕을 하고 있었는가?

아마도 그녀는 자신을 과시하고 싶었던 것으로 보인다. 그러나 지붕은 집에서 가장 은밀한 곳으로, 생각하고 기도하기 위해 올라가는 장소이며 예루살렘이 있는 언덕 가장 높은 곳에 위치한 궁전에서 보지 않는 한, 아무도 볼 수 없는 공간이다.

이 이야기는 밧세바를 다윗의 희생양으로 묘사하는 것처럼 보인다(그녀가 여러 동사의 목적어로 묘사된 사실에 주목하라). 그러나 그녀의 아들이 다윗의 왕위를 승계하는 장면에서 밧세바가 일을 처리하는 모습을 주목해 보라(왕상 1-2장).

321 사무엘상하(및 성경 다른 곳): 다윗은 누구인가?(A)

● ● ● ● ●

구약성서에는 다윗에 관한 일련의 자료가 있다. 이 자료들은 불행한 사울에 이어 이스라엘의 첫 번째 왕이 된 다윗의 중요성에 대해 다룬다. 다윗은 왕권의 기준을 세운 자이다. 우리는 앞서 320에서 사무엘상하에 나타난 다윗에 대해 살펴본 바 있다. 그러나 다음과 같은 자료도 있다.

1. 시편의 다윗(버전 1)

시편 가운데 상당수는 "다윗의 시"로 되어 있으며, 사람들은 당연히 다윗이 이 시들의 저자이며 또한, 이 시들은 우리에게 다윗과 하나님과의 관계에 대해 들려준다고 생각한다. 따라서 다윗은 영성과 찬양, 기도 및 감사의 모델이다.

그러나 이러한 이해는 사무엘상하가 제시하는 역사적 다윗과 부합되지 않는다. 우리는 시편에 대한 연구를 통해 "다윗의 시"라는 표제어가 다윗이 그것을 기록했다는 의미로 받아들일 이유가 없다는 사실을 알게 될 것이다. 그러나 이처럼 교훈적이고 계몽적인 "다윗"은 유대 사상 및 기독교 사상에서 매우 중요하다.

2. 시편의 다윗(버전 2)

열세 편의 시는 사무엘상하에 언급된 다윗의 생애 가운데 특정 사건과 관련이 있다. 이 시들은 다윗이 압박이나 곤경 또는 궁핍에 처한 상황에서 기록되었다는 특징이 있다. 이 시들은 고통 중에 있는 다윗(David in Distress; Vivian L. Johnson의 책 제목이기도 하다)의 기도이다. 이 다윗 역시 교훈적이며 계몽적이다.

3. 열왕기하의 다윗

다윗은 여기서 선한 왕의 표준으로 제시된다(왕하 14:3; 22:2).

우리가 사무엘하를 통해 알고 있는 다윗이 어떻게 그런 표준이 되었는가?

아마도 다윗은 야훼에 대한 충성이나 헌신에 탁월했기 때문일 것이다. 다윗은 그의 약점에도 불구하고 처음부터 끝까지 이런 특징을 보여 준다. 이런 점에서 다윗은 "하나님의 마음에 맞는 사람"이었다.

4. 역대기의 다윗

다윗은 여기서 이스라엘의 예배를 떠받치는 후원자가 된다. 역대상하는 다윗의 이런 면에 초점을 맞추기 위해 그의 사생활 및 전쟁 무용담을 생략한다. 역대기가 기록된 시대에는 그만큼 예배가 중요했다.

5. 오늘날 이스라엘의 다윗

1990년대 영국 언론은 예루살렘에서 있었던 다윗의 명성과 관련하여 벌어진 소동에 대해 보도했다. 이스라엘 국회, 크네세트(Knesset)에서 있었던 한 토론에서 이스라엘 외무상 시몬 페레스(Shimon Peres)가 다윗 왕을 비방한 혐의로 정치적 위기가 고조되었다. 이 사건은 과반수 의석을 차지하지 못해 사안마다 소수파의 동의를 얻어야 했던 노동당에 대한 불신 움직임으로 이어졌다. 노동당 관리들은 이러한 반대가 다가오는 총선에 심각한 영향을 미칠 것에 대해서도 우려했다. 노동당 연합 당수는 페레스에게 이 문제는 "수많은 유대 종교인에게 매우 중요한 국가적 사안"이므로 자신의 발언에 대한 공개 사과를 요구했으나 페레스는 왕과 밧세바의 관계에 대한 언급으로 다윗 왕을 폄하할 의도가 없었다고 주장하며 사과를 거부했다.

페레스가 왕의 행동에 대해 언급할 때 사용한 말은 "다윗이 지붕 위, 현장에서 한 모든 행동이 유대인에게 용납되는 것은 아니며 나에게도 그렇다"라는 것이었다. 크네세트의 일부 의원은 밧세바의 남편을 전쟁터로 보내며 그를 사지로 몰아넣어 죽게 했다는 이유로 다윗을 비난한 페레스에 대해 격분했다.

이 이야기는 다윗을 추앙하는 그리스도인의 사고와 함께 우리가 얼마나 영웅-국가적 영웅 및 영적 영웅-을 사랑하는지 보여 준다. 성경도 이러한 생각을 전적으로 부인하지는 않는다(히 11장 및 314의 설명 참조).

그러나 중요한 것은 영웅의 있는 그대로의 양면성을 부각시켜야 한다는 것이다(아브라함, 사라, 야곱, 요셉, 모세, 미리암, 여호수아, 사울, 다윗, 솔로몬, 베드로 등). 이러한 접근은 우리의 관심을 그들로부터 하나님께로 향하게 한다. 뿐만 아니라 이러한 태도는 훌륭한 영웅도 감동을 주지만 이것은 흠이 있는 영웅에게도 적용된다는 사실을 보여 준다. 그들은 다른 방식으로 격려가 되며, 우리로 하여금 자신에 대해 돌아보게 한다.

322 사무엘상하: 다윗은 누구인가?(B)

이러한 분석은 부분적으로 클라인스(Clines, "David the Man")를 따른 것이다.

1. 사무엘상 16:16-18의 다윗은 수금을 타는 자이다(구약성서에서 남자는 수금을 타고 여자는 노래하고 춤춘다).

2. 사무엘상 16:18에서 그는 용감한 전사이며, 사무엘상 17:31-54에서 그는 살인자이다(그가 죽인 자는 140,000 명 정도이다).

다윗의 이러한 면은 남성의 상징은 강인함이라는 일반적 가정과 부합되며, 이러한 이해는 오늘날 서구 문화에서 볼 수 있는 공격성, 용맹 및 스포츠에 대한 강조에서도 잘 나타난다.

3. 사무엘상 17:36-37에서 다윗의 야훼에 대한 헌신과 같이, 그는 일생 동안 변함없이 헌신했다.

4. 사무엘상 16:18에 의하면 그는 아름다웠다. 야훼는 외모를 보지 않으신다는 사무엘상 16:7 말씀에도 불구하고 다윗은 외모가 준수했다는 것이다. 하나님은 외모만 보지 않으신다. 그러나 우리는 하나님이 그가 택하신 지도자를 지도자답게 보이게 하실 것이라고 기대한다. 따라서 다윗은 빛이 붉고 눈이 빼어나고 용모가 아름다웠다(삼상 16:12; 17:42). 이런 지도자의 외

모와 관련하여 이사야 53장의 종이 흠모할 만한 아름다운 것이 없다는 것이 무슨 의미인지 설명할 수 있어야 한다는 질문은 당연하다.

5. 사무엘상 16:13에서 다윗은 기름 부음을 받고 야훼의 영에 사로잡혔다. 사무엘상 16:18에서 야훼께서 그와 함께 계셨다. 하나님이 여러분과 함께하신다는 것은 여러분이 하나님의 임재에 대한 의식을 가질 뿐만 아니라 하나님이 어느 누구에게도 적용하지 않은 특별한 방식으로 여러분을 통해 역사하신다는 것이다.

따라서 하나님이 함께하신 결과 다윗은 성공할 수 있었다. 다윗은 어린 소년에 불과했으나 사울을 대신할 자였다(삼상 17장).

6. 사무엘상 16:18: 다윗은 훌륭한 연설가이다. 이러한 사실은 사무엘상 17:34-37; 26:18-21에 잘 나타난다.

7. 사무엘하 14:20: 그는 지혜자이다.

8. 사무엘하 1장에서 다윗은 요나단이 죽자 비로소 감정이 북받친다. 다윗이 평소에 보여 준 요나단과의 우정에는 요나단이 보여 준 따뜻함이 결여되어 있다. 다윗은 혼자 힘으로 꾸려나갔다. 그는 외로운 남자였다. 요나단은 그와 함께 대의를 위해 헌신한 동지라는 점에서 둘도 없는 친구였다. 다윗은 이러한 우정을 높이 평가한다.

9. 그의 여성과의 관계와 비교해 보라. 다윗은 아내가 여덟 명이고 첩이 열 명이다. 따라서 그는 언제든지 그들과 잠자리를 함께 할 수 있었다.

그러나 그들 가운데 다윗이 사랑한 자가 있는가?

우리는 사무엘하 15:16에서 다윗이 첩을 두고 떠난 기사를 읽을 수 있다.

그들에게 어떤 일이 일어날 것인지는 쉽게 짐작할 수 있다(삼하 16:21-23).

10. 그의 가족과의 관계와 비교해 보라. 사무엘하 12:15-23에서 다윗은 슬퍼했으나 이내 원기를 차리고 평상시처럼 행동한다. 사무엘하 13장은 그가 다말과 암논과 압살롬에 대해 소홀했음을 보여 주며 열왕기상 1-2장은 말년의 비참함을 보여 준다.

우리는 앞서 305에서 전기 선지서(및 다른 성경)의 이야기들은 단순 인물과 복합 인물을 묘사한다는 사실에 대해 살펴보았다. 이 이야기에서 다윗은 모든 면에서 완전한 묘사가 이루어지는 인물이다. 그는 단순한 만화 캐릭터나 영성의 모범이나 경고적 본보기가 아니다. 다윗은 복합적 인물이며, 큰 장점과 큰 약점을 동시에 가진 모순적 인물이며, 매력적이고 흥미로운 인물이다. 그가 이처럼 다양한 묘사를 야기한 것은 놀라운 일이 아니다.

다윗의 이야기에서 한 가지 수수께끼 같은 요소는 야훼께서 다윗의 죄를 용서하셨다는 나단의 진술이다(삼하 12:13).

그렇다면 다윗은 왜 벌을 받았는가?

엄밀히 말하면, 나단은 "여호와께서 당신의 죄를 넘어가게 하셨나니"라고 진술한다. 이것은 생소한 표현으로 이 문맥 외에서는 어느 곳에도 나타나지 않는다. 하나님은 계속해서 다윗이 "죽지 않을 것"이라고 말씀하신다. 이것은 죄를 넘어갔다는 말이 "하나님이 그 죄에 대해 사형을 요구하지 않는다"는 의미임을 가리킨다. 그러나 다윗은 다른 벌을 받는다.

323 열왕기상하: 개요, 기원, 목적, 자료

- **열왕기상하의 개요**

왕상 1-11장	솔로몬
왕상 12장-왕하 17장	에브라임과 유다의 뒤얽힌 이야기
왕하 18-25장	유다 말기

- **열왕기상하의 기원 및 목적**

우리는 다시 한 번 이 책이 신명기사가적 역사의 한 부분으로서 두세 차례의 편집을 거쳤을 것이라는 가설로 시작할 수 있다.

1. 이 책의 결말 부분(왕하 25:27-30)부터 시작할 경우, 열왕기상하의 기록 시기는 포로로 잡혀간 왕이 바벨론에서 석방된 주전 562년 직후일 것이다. 따라서 이 결말 부분은 야훼께서 이스라엘, 특히 다윗의 계보를 끝내지 않으셨다는 희미한 증거에 기초한 미래적 소망을 암시한다. 따라서 열왕기상하는 "너희는 소망을 가지지 않겠는가?"라고 도전한다.

2. 열왕기하 24-25장 전체로부터 시작할 경우, 열왕기상하의 기록 시기는 주전 587년 유다의 멸망 이후가 될 것이다(예레미야애가와 동일한 시기 및 상황이다). 본서는 하나님의 공의로우신 심판을 찬양하는 문헌이다(von Rad, *Old Testament Theology*). 소망은 하나님의 자비에 기초하며, 백성은 이러한 자

비에 의지하여 자신의 잘못과 절망적인 상태를 고백한다.

따라서 열왕기상하는 "너희는 자신의 지난날에 대해 이런 식으로 고백하고 책임을 지지 않겠는가?"라고 도전한다.

"주전 587년의 심판은 하나님의 백성의 끝을 의미하지 않는다. 돌아오기만 한다면 끝이 되지 않을 것이다"(von Rad, *Old Testament Theology*, 1:346).

3. 열왕기상 22-23장으로부터 시작할 경우, 열왕기상하의 기록 시기는 요시야가 다스리던 주전 620년이 될 것이다. 메시지는 하나님의 말씀을 진지하게 받아들여야만 미래를 열 수 있다는 것이다. 이러한 소망은 하나님의 약속이 여전히 유효하다는 사실에 기초한다.

이것은 특히 하나님께로 돌아와 순종하는 자들을 긍휼히 여기실 것이라는 약속(신 30장)에 적용된다. 주께 돌아와 기도하는 자에게는 용서가 약속된다(왕상 8:46-53). 따라서 열왕기서는 "너희는 돌아와 토라와 선지자의 말씀을 진지하게 받아들이고 온전히 순종하라"고 촉구한다.

■ 열왕기상하의 공동체의 자료에 나타난 이상

1. 선지자의 말

이 말씀이 성취되었다는 사실(예를 들어, 왕하 20:16-17이 왕하 24:13에서 이루어짐)은 그들의 말에 다시 한 번 귀를 기울일 수 있게 한다(나단, 이사야, 훌다 및 열왕기 밖의 예레미야와 같은 선지자). 열왕기상하는 "끊임없이 주입된 심판과 구원의 말씀에 의해 형성되고 그것의 성취를 향해 나아가는 역사의 과정"을 묘사하며, 선지서는 "하나님의 말씀으로 역사의 변속기를 바꾼다"(von Rad, Old Testament Theology, 1:342).

2. 토라

토라는 "이스라엘의 순종 및 신적 약속의 도구로서 자격에 대한 기본적 테스트이다"(Ackroyd, *Exile and Restoration*, 75). 토라는 성공과 실패를 이해하는 원리를 제공한다. 그러나 열왕기상하는 므낫세와 요시야에 대한 이야기가 이론과 부합되지 않는다는 사실에 대해서도 간과하기 않는다.

므낫세는 이방 신을 섬겼으나 오랜 기간 통치했다. 요시야는 위대한 개혁가였으나 어려서 죽었다. 열왕기상하는 신학적 원리가 절대적이지 않음을 보여 주는 일들이 일어난다는 사실을 숨기지 않는다.

3. 다윗에 대한 약속(왕상 6:12; 11:12-13, 36; 왕하 8:19; 19:34)

백성의 평안은 왕과 직결된다. 그러나 왕권은 절대적이지 않다. "신명기 사가는 이스라엘의 역사의 가장 중요한 문제는 모세와 다윗의 바른 상호관계에 있다고 본다"(von Rad, *Old Testament Theology*, 1:339). 그러므로 다윗 언약을 주장하고 싶다면 모세의 가르침에 귀를 기울여야 할 것이다.

4. 성전

우리는 성전 안에서나 성전을 향해 기도할 수 있다(왕상 8장). 그곳은 하나님의 이름이 거하는 장소이다. 마치 하나님의 존재 전체가 그곳에만 거하시는 것처럼 말하는 것은 난센스이다(Eichrodt, *Theology of the Old Testament* 및 237 참조).

(열왕기상하의 보다 긴 서론에 대해서는 363 참조)

324 열왕기상하 읽기

- **솔로몬: 열왕기상 1-11장을 읽으라**
  1. 솔로몬은 어떻게 왕위에 올랐으며 등극 과정에 대해서는 어떻게 생각하는가?
  2. 솔로몬 이야기에 나타나는 왕권에 대한 긍정적 비전은 무엇인가?
  3. 솔로몬이 잘한 것과 못한 것은 무엇인가?
  4. 시편 72편은 "솔로몬의 시"로 되어 있다. 이것은 솔로몬이 저자라는 말이 아니다. 이 시편은 그에게 어떤 메시지를 주는가?

- **선지자에 대한 이야기**

  선지자의 의미 및 아래 이야기가 제기하는 이슈에 대해 요약해 보라. 이 작업을 할 때 이어지는 왕들에 대한 이야기에서 제기될 질문에 대답할 수 있도록 왕들에 대한 이야기에도 주목하라.

무명의 선지자	엘리야	엘리사
왕상 1장	왕상 18장	왕하 2장
왕상 11:26-40	왕상 19장	왕하 3장
왕상 13-4	왕상 20장	왕하 4장
왕상 16:1-14	왕상 21장	왕하 5장
왕상 22장	왕하 1장	왕하 6-7장
왕하 14장		왕하 8장

왕하 22장   왕하 9장
                                            왕하 13장

- **왕들에 대한 이야기**

  1. 왕들에 대한 이야기를 읽으면서 다음과 같은 요소들을 찾아보라.

     (a) 지혜

     (b) 어리석음

     (c) 하나님에 대한 신실함

     (d) 하나님에 대한 불성실

  2. 이 이야기에서 선한 자는 누구이며 이유는 무엇인가?

     악한 자는 누구이며 이유는 무엇인가?

  3. 가장 충격적인 이야기는 무엇인가?

  4. 가장 많은 생각거리를 주는 이야기는 무엇인가?

  5. 쟈크 엘룰은 그의 저서 『하나님의 정치와 인간의 정치』(*The Politics of God and the Politics of Man*)에서 열왕기하의 특별한 중요성은 하나님과 인간의 책임 및 주권의 상호 조화에 있다고 주장한다.

     이 책은 이러한 조화를 어떻게 묘사하는가?

- **선지자를 속이는 이상한 이야기**

  열왕기상 13장은 우리가 성경 시대에 살지 않은 것을 다행으로 여기게 하는 무서운 이야기 가운데 하나이다. 거짓 맹세를 하는 자는 죽음을 면할 수 없다(행 5장). 초대교회 시대는 열왕기상 시대처럼 무서운 시대이다. 열왕기상 13장은 선지자에게 있어서 중요한 것은 자신도 모르게 하나님이 주신 말씀에 불순종하는 일이 없도록 조심하는 것이라고 말씀한다.

  두 번째 선지자는 왜 그런 행동을 했는가?

  본문에는 이유가 나타나지 않는다. 이것은 아마도 메시지와 무관하기 때

문일 것이다. 어쩌면 그는 첫 번째 선지자가 저주를 명령받은 대상인 벧엘과 동일시되기 때문일 것이다.

두 번째 선지자는 왜 처벌 받지 않았을까?

마찬가지로 그에 대한 이야기가 아니기 때문이다. 그러나 거짓 선지자도 대부분의 다른 죄인들과 마찬가지로 (일시적으로, 또는 극적인 방식으로) 처벌 받지 않는다.

열왕기상 22장의 특이한 이야기는 하나님은 조력자들로 둘러싸인 대통령과 같다는 구약성서의 일반적 인식에서 출발한다. 본문은 미가야가 선지자로서 참석하여 그곳에서 결정된 내용을 이스라엘 백성에게 알림으로써 합당한 삶을 살게 한 하늘의 내각 회의에 대해 묘사한다.

아합을 속이기 위해 보냄을 받은 선지자 조력자 가운데 하나에 관한 이야기에서 하나님이 아합을 속이고 계신 것인지 미가야가 하나님을 대신하여 아합을 속이고 있는지는 알 수 없지만, 이것은 중요한 문제가 아니다. 예수님이 백성이 알아듣지 못하도록 비유로 말씀하신 것처럼(막 4:10-12), 미가야(또는 야훼)는 아합의 우둔함을 이용하는 수단을 사용한 것이다.

아합은 마음을 돌이켜 미가의 말을 순종함으로써 경고가 필요 없게 되게 하든지, 그의 말에 불순종함으로써 경고가 이루어지게 할 수 있다. 이 이야기는 그에게 현명한 반응을 할 수 있는 기회를 부여한 것이다.

325 열왕기상하: 선지자와 그들의 하나님

● ● ● ● ●

선지자는 경전이나 예지로부터 나온 지혜가 아니라 하나님으로부터 직접 받은 메시지라는 주장에 기초하여 신의 이름으로 말하는 자이다. 남녀 모두 선지자가 될 수 있다. 구약성서는 예언을 이스라엘과 야훼의 관계에만 나타나는 특별한 현상으로 보지 않는다. 바알을 섬기는 선지자들도 있다(왕상 18장). 이러한 사례는 유브라데스의 마리(Mari), 앗수르 및 요단 동편 지역의 예언에서 찾아볼 수 있다. 요단 동편 지역의 예언에 대해서는 앞서 민수기 22-24장을 살펴보면서 본문에서 선지자로 등장하는 발람 선지자에 대해 언급한 바 있다(Nissinen, *Prophets and Prophecy* 참조).

이들 문헌 및 구약성서는 국가를 뒷받침하는 예언과 국가와 맞서는 예언이 있음을 보여 준다. 구약성서에 나타나는 예언은 주로 비판적인 내용인 반면, 이방 나라에 보존된 예언들은 대체로 국가를 지지하는 내용이다(물론 비판적 예언은 국가의 문헌 보관소에 남아 있기 어려웠을 것이다).

또한, 성소에서 일하며 물질적 지원을 받는 목회자와 같은 선지자도 있으며 국가와 독립되어 있듯이 성전과도 독립된 선지자도 있다. 구약성서에서 선지자는 좋은 소식과 나쁜 소식을 전할 수 있지만 좋은 소식인 경우 진실이 아닐 수 있다. 요시야 왕이 유대 지도자들에게 선지자에게 가서 그들이 발견한 율법책에서 읽은 말씀에 대해 물으라고 명령했을 때 흥미롭게도 그들은 예레미야와 같은 선지지가 아니라 훌다라 불리는 여자 선지자에게 간다. 훌다는 어느 면에서 성전에 고용된 자라고 할 수 있다. 그러나 그녀는 확실히 그들에게 예레미야에게서 얻을 수 있는 것과 동일한 솔직하고 엄격한 대답을 전한다.

열왕기상하에는 선지자에 대해 세 가지 용어가 사용된다.

- **하나님의 사람**

오늘날 "하나님의 사람"은 영성이 깊은 사람을 가리키지만, 구약성서에서는 신비적 능력을 가진 엄격하고 근엄한 인물로서 하나님의 두려운 말씀을 전하며, 파괴적이거나 건설적인 징조가 따른다. 열왕기상 13장 및 열왕기하 1장의 이야기, 특히 엘리사에 관한 기사를 읽어 보라. 열왕기하 4:9, 16, 21, 22; 5:8, 14, 15; 6:6, 9-10, 7:2, 8:2, 7-8, 11을 살펴보라(또한, 왕상 17:18 및 왕하 13:14-19도 참조하라).

구약성서는 하나님이 변함이 없고 확실하며 격려하시는 분이신 동시에 신비하고 예측불가하며 두려우신 분이심을 알고 있다. 한 예로, 사무엘하 6장과 사무엘하 24장의 두려우신 하나님을 사무엘하 7장의 격려하시는 하나님과 비교해 보라(신약성서에서는 324에서 언급한 행 5장을 참조하라). 따라서 "하나님의 사람"은 이러한 하나님의 임재와 말씀 및 행위를 전달해 주는 자이다.

- **선지자**(나비[*nābi'*])

우리는 나비(*nābi'*)의 어원학적 의미에 대해 알지 못하지만 그 용어는 다양한 뜻을 가질 수 있다. "예언"(*nābi'*의 행위)은 특별한 방식으로 행동한다는 뜻을 가지고 있다(삼상10:1-13; 19:18-24). 이러한 특징은 "하나님의 사람"과의 비교를 제시한다. 우리는 열왕기상 18장의 바알 선지자들의 행동과도 비교해 볼 수 있다. 이러한 예언 행위는 방언과 유사하다. 따라서 예언이 (방언과 마찬가지로) 자신을 통제하지 못하는 "엑스타시"를 경험할 필요는 없다. 마찬가지로, 방언을 배울 수 있듯이 예언도 배울 수 있다. 열왕기하 2

장, 4장, 6장, 9장에 나오는 선지자 무리에 대한 이야기를 참조하라.

열왕기상하에서는 하나님으로부터 왔다고 주장하는 말씀을 전하는 자를 주로 "선지자"라고 부른다. 그러나 그들의 말은 결코 솔직하다고 할 수 없는 속된 말이다(예를 들어, 왕상 13장, 22장). 우리는 이러한 사실에 주목해야 한다.

열왕기상하에 나오는 첫 번째 선지자 나단은 왕을 위해 일하는 자이다. 열왕기상 22장 및 앞서 언급한 선지자들과 비교해 보라. 이러한 특징은 아모스가 선지자로 불리는 것을 싫어했다는 사실과 연결된다(암 7:12-17). 따라서 "선지자"가 나중에 이러한 사람을 일컫는 단어가 된 것은 흥미롭다.

- **선견자**(호제[*ḥōzeh*] 및 로에[*rō'eh*])

호제(*ḥōzeh*)에 대해서는 열왕기하 17:13을 살펴보라. 두 단어 모두 "보다"(to see)라는 동사에서 온다. 따라서 선견자는 다른 사람들이 보지 못하는 것을 보는 자이다. 그들은 눈에 보이지 않는 현재를 보며(cf. 왕상 22:15-23; 왕하 2:9-14; 6:15-23) 눈에 보이지 않는 미래를 본다(cf. 왕상 13:1-3의 하나님의 사람). 선견자가 왕을 섬기기도 한다.

갓은 "다윗의 선견자"이다(삼하 24:11). 또한, 아마샤는 마치 선견자가 다른 왕실 관리의 명령을 받아야 하는 것처럼 아모스를 이 이름으로 부른다(암 7:12; 미 3:7),

326 선지자와 에브라임 및 유다의 역사

아래는 개별 왕들(한 명의 여왕을 포함하여)의 통치 기간이며 이 수치에는 아버지나 아들과의 공동 통치 기간이 포함된다. 그러나 상당수 자료는 논쟁이 되고 있다. 연대를 가리키는 숫자는 모두 주전(B.C.)이며 대략치이다.

연대 및 외국 열강	에브라임의 왕	선지자	유다의 왕
1050	사울	사무엘	사울
1010	다윗	갓, 나단	다윗
970	솔로몬	아히야	솔로몬
애굽(시삭)	여로보암(22)	무명의 하나님의 사람	르호보암(17)
			아비얌/아비야(3)
	나답(2)		아사(41)
시리아	바사(12), 엘라(2)		
	시므리(1주일)		
	오므리(12)		
	아합(22)	엘리야	여호사밧(25)
	아하시야(2)		
	여호람/요람(12)	엘리사	여호람/요람(8)
			아하시야(1)
			아달랴(7)
	예후(28)		여호아하스/요아스(16)
	여호아하스(17)	요나	
앗수르	여호아하스/요하스	호세아	

		여로보암II(41)	아모스	아마샤(29)
744 디글랏 빌레셋III		스가랴(6개월)		웃시야/아사랴(52)
		살룸(1개월)		
		므나헴(10)		
		살룸(1개월)		
726 살마네스V		베가(20)		요담(16)
721 사르곤II		호세아(9)	이사야	아하스(16)
704 산헤립			미가	히스기야(29)
680 에살핫돈				므낫세(55), 아몬(2)
668 아쉬바니팔			스바냐	요시야(31)
			나훔	여호아하스/ 살룸(3개월)
			예레미야	여호야김/엘리야김(I)
바벨론			하박국	여호야긴/고니아/ 여고니야(3개월)
587			에스겔(바벨론) 오바댜 이사야 40-55장	시드기야/맛다냐(11)
바사			학개	(세스바살)
539			스가랴 이사야 56-66장 말라기, 요엘 요나(서) 스가랴 9-14장	(에스라, 느헤미야)
헬라 336				

327 열왕기상하: 메시지

1. 열왕기상하는 창세기부터 시작하여 이스라엘의 역사가 끝난 것처럼 보이는 주전 587년 예루살렘 함락까지(그러나 주전 562년 여호야긴이 풀려난 사실에 대해 언급한다) 이어지는 이야기의 마지막 300년을 다룬다.

따라서 본서는 "무엇이 잘못되었는가?"라는 질문에 대한 답을 제공한다. 열왕기상하는 이 이야기가 같은 방향으로 흐르지 않기 위해 하나님의 백성이 계속해서 배워야 할 교훈을 보여 준다. 이러한 교훈을 배우지 못하더라도, 적어도 지금까지 이 이야기가 같은 방향으로 흘러온 이유를 설명한다.

2. 본서의 내러티브는 통치 역사를 다룬다. 열왕기하 21:19-26은 이러한 내러티브의 전형을 보여 준다. 이 내러티브는 일반적으로 서론과 결론적 요약을 기본 틀로 하며 통치에 대한 상세한 내용이 포함된다(예를 들어, 왕하 18-20장). 열왕기상 13장-열왕기하 17장에서 내러티브는 에브라임과 유다의 이야기가 뒤섞이며 여러 왕들의 연대가 상호 확인되지만 에브라임이 사라진 후에는 유다 왕들에 대해서만 다룬다.

3. 중간 부분은 주로 에브라임에 초점을 맞춘다. 주요 이슈는 그들이 야훼를 하나님으로 받아들일 것인가 아니면 계속해서 다른 신, 바알을 좇을 것인가라는 것이다. 이 질문 뒤에는 또 하나의 질문이 있다. 즉 "하나님은 누구신가?"라는 것이다.

야훼는 전능하신가?

많은 이야기는 야훼께서 전능하심을 보여 주었으나 사람들은 받아들이지 않으려 했다. 열왕기하 17장에서 내러티브는 에브라임의 이야기를 끝내며 에브라임의 역사 전체를 관통했던 위협이 무엇이었는지를 보여 준다.

4. 이 중간 부분은 야훼의 대리인으로서 엘리야와 엘리사를 부각시킨다. 그들은 야훼의 화신에 가까우며 야훼의 권능을 행사하며 야훼의 심판을 시행하며 야훼의 통찰력을 드러내며 야훼의 뜻을 계시한다. 따라서 그에 대한 백성의 태도는 곧 하나님에 대한 태도이다.

5. 열왕기하 18-25장은 예루살렘이 함락되기까지 유다의 마지막 150년을 다룬다. 본문에서는 종종 야훼에 대한 예배의 실패가 이슈로 다루어지며, 특히 므낫세의 통치 기간은 치명적이다. 그러나 가장 일반적인 이슈는 야훼에 대한 잘못된 예배이다. 이곳에서 제기하는 문제는 왕과 성전 및 토라의 바른 관계의 필요성이다(지도자와 예배 및 성경의 관계도 마찬가지이다). 잘못된 관계(예를 들어, 왕이 성전에서 토라와 다른 방식으로 행함)는 하나님의 백성 모두에게 재앙을 초래한다.

6. 열왕기상하 전체의 관심은 백성의 정치적 문제에 개입하시는 하나님에 초점을 맞춘다. 우리는 앞서 이 주제가 쟈크 엘룰이 『하나님의 정치와 인간의 정치』(The Politics of God and the Politics of Man)에서 열왕기하에 대해 다룬 내용임을 언급한 바 있다. 그는 열왕기상하가 성경에 두 가지 뚜렷한 기여를 했다고 말한다.

첫째, 이 책은 하나님이 정치적 삶에 개입하심을 보여 준다. 따라서 정치의 중요성을 평가절하 하는 것과 이 영역을 절대화하는 것을 반대한다(이 책은 하나님이 어떻게 정치를 심판하시는지 보여 준다).

둘째, 이 책은 인간의 자유로운 결정(그들은 여러 가지 정치적 상황에서 결정하며 그것을 실행한다)과 하나님의 자유로운 결정(하나님은 인간의 행위를 통해, 또는 그러한 행위에도 불구하고 자신의 뜻을 성취하신다)의 상호 작용을 보여 준다. 이러한 사례는 열왕기하 6-10장 및 18-19장에서 찾아볼 수 있다(예후 왕에 대한 이야기는 그의 피의 숙청에 대한 호세아의 책망[호 1:4]에 비추어 살펴볼 필요가 있지만).

따라서 열왕기상하는 하나님이 역사 속에서 무슨 일을 행하셨는지 보여 주며, 우리는 이러한 하나님의 흔적을 통해 그가 우리 시대에 무엇을 하고 계신지 볼 수 있다. 동시에 이 책은 우리가 야훼께서 참 하나님이시라는 확신 가운데 살아갈 것인가라는 문제에 대해 도전을 준다.

7. 열왕기상하는 전하는 이야기 때문에 우울한 책이지만 심판 아래 있는 하나님의 백성에게 희망의 빛을 제공한다. 하나님은 조상들과(왕하 13:23) 다윗에게(왕하 8:19; 19:34) 약속하셨으며, 확실히 심판은 하나님의 마지막 말씀이 아니다. 그러나 우리는 이 심판이 합당하다는 사실을 고백하지 않을 수 없으며, 야훼의 주 되심과 성경의 가르침에 따라 정치와 예배에 대한 바른 태도를 가지기 위해 최선을 다해야 할 것이다.

328 바알: 가나안 신학 및 가나안 종교

이스라엘을 미혹한 바알은 누구인가?

우리는 베이루트 북쪽 우가릿의 유물로부터 이들에 대한 정보를 많이 알고 있다. 이 유물은 주전 2,000년대 가나안 북쪽 지방의 것이지만 이스라엘 시대의 가나안 신학 및 가나안 종교에 대한 정보와 일치하며 따라서 충분한 설명이 될 수 있을 것으로 보인다.

■ **가나안 신학**

가나안 사람은 다른 민족과 마찬가지로 신이 많다고 생각했다. 신들의 우두머리는 그들의 모임을 주관하는 신들의 왕, 엘(El)이다. 엘은 황소처럼 강력하지만 부드럽고 자비로운 존재로 인간을 창조한 아버지이다. 그는 "세월의 아버지"(father of years)로 불린다. 즉 그는 수염이 길고 나이가 많으며 존경 받는 존재라는 것이다.

창세기 14장의 멜기세덱은 "엘 엘룐"(*El Elyon*, "높으신 하나님")의 제사장이다. 그는 멜기세덱 버전의 엘이며 가장 높은 자이다. 따라서 아브라함에게는 야훼와 같은 존재였으며 멜기세덱은 자신과 같은 신을 섬기는 자로 보였던 것이다. 엘의 아내는 아티라트(Athirat)이며 신들의 창조주/어머니이다.

그러나 사무엘상 5-6장에는 이 핵심적 이방 신의 이름이 다곤(Dagon) 또는 다간(Dagan)으로 나온다. 이 이름은 중동의 다른 문헌에도 나타난다. 다른 곳에서는 이 이름이 "곡식"(grain)을 뜻하는 단어와 같은데, 이것은 그가 농작물을 자라게 하는 신으로 숭배되었음을 보여 준다. 따라서 다간은 다른 민족에게 엘과 같은 존재였던 것으로 보인다.

바알(Baal)은 종종 다간의 아들로 묘사된다. 히브리어에서 "바알"은 "주인"을 뜻하는 일반적인 단어로, "주"(lord)라는 단어와 같다. 또한, 히브리어는 "바알"을 신들을 가리키는 일반적 용어로도 사용한다. 복수형의 용례는 한명의 바알이 여러 곳(높은 곳들)에 나타났다는 가정을 반영하는 것일 수 있다. 우가릿 이야기에서 바알은 엘의 아들 얌(Yam, "바다")과 싸운다. 이 싸움에서 이긴 바알은 신들의 왕으로 선포된다. 그는 못(Mot, "죽음")의 도전을 받아 싸우다 죽지만 나중에 다시 살아나 왕권을 되찾는다. 바알은 이처럼 신들 가운데 위대한 전사이며 승리자이다. 따라서 엘은 신들을 다스리는 존재이며 바알은 행동 대장 역할을 하는 신으로 보인다.

가나안 문헌에서 바알은 아낫(Anat)이라는 호전적 여동생이 있지만 구약성서에서 그녀의 지위는 여신 또는 "아세라"(Asherah)나 "아스다롯"(Ashtoret)이나 "하늘의 여왕"으로 불리는 여신으로 제시된다. 그녀는 엘이나 바알의 아내일 수 있다. 구약성서와 고고학은 모두 이스라엘 백성이 하나님도 아내가 있다고 생각할 때가 있었음을 보여 준다. 물론 구약성서는 이러한 생각을 일체 용납하지 않는다.

▪ 가나안 종교

가나안 사람이 예배하는 성소는 한 성읍에 여러 개가 있었는데, 이것은 신이 많이 있다는 생각과 일치한다. 성소는 벽으로 둘러싸인 공간과, 다양한 제물을 바치는 계단식 돌 제단(뜰에 위치한다), 그리고 신의 형상이 있는 내실과 바깥방으로 구성된 이중 건조물로 구성된다. 따라서 예루살렘 성전은 하나님의 형상이 없어 내실이 비어 있는 것을 제외하면 그들의 성소와 동일한 구조를 가진다. 내실에는 눈에 보이지 않는 야훼의 보좌를 받치는 언약궤만 있다.

가나안 종교는 제물로 바치는 짐승이나 태아의 장기를 살펴 점을 치거나 가르침을 얻는 방식을 강조한다. 이런 식의 점(divination)은 희생 제사와 관련이 있지만 다른 목적 때문에 시행되기도 한다.

중동 사람들은 점치는 것을 돕기 위해 장기를 검사하면서 발견한 것들과 관련이 있는 것으로 보이는 사건에 관한 문헌을 가지고 있다. 또한, 그들은 제물을 바치고 그들의 가르침이나 도움을 받는 방식으로 집에서 가까운 곳에 묻혀 있는 죽은 가족과 접촉하는 방법을 알았다.

구약성서는 이 제물을 인간 제물과 연계한다. 이러한 제물은 가정이 위험할 때 가르침이나 도움을 얻기 위해 바칠 수 있는 가장 값비싼 제물일 것이다. 이스라엘 백성은 점을 치는 대신 토라에 대한 제사장이나 레위인 또는 선지자의 해석을 통해 필요한 가르침을 얻는다. 그러나 그들은 종종 점을 치는 풍습의 유혹을 받았다.

가나안 사람의 신앙은 성전 창기를 포함한 다산 종교로 묘사되어 왔으나 그들의 텍스트에는 이러한 행위에 대한 언급이 없으며, 이 이론은 이스라엘이 야훼께 불성실하며 가나안 신들과 교제한다고 보았던 구약성서 본문에 대한 지나친 문자적 해석으로부터 나온 것일 수 있다.

329 후기 선지서

창세기부터 열왕기까지는 하나의 흐름으로 이어지지만 열왕기하 마지막 장을 넘기면(히브리 성경의 순서이든, 헬라/영어 성경의 순서이든) 확실히 새로운 내용으로 접어든다. 헬라어/영어 성경의 순서에서 이어지는 책은 역대기로, 다시 아담으로 돌아간다. 히브리 성경의 순서에서는 하나님과 이스라엘에 관한 이야기라기보다 하나님이 이스라엘에게 주신 메시지에 대한 보존에 초점을 맞춘 후기 선지서가 이어진다. 후기 선지서는 이사야, 예레미야, 에스겔 및 12소선지서의 네 개의 두루마리로 제시된다(예레미야 애가 및 다니엘은 성문서에 해당한다).

첫 번째 세 개의 두루마리는 대략 연대기적 순서에 따른다. 이사야는 주전 700년대에 살았으며 예레미야는 주전 600년대 말에 사역을 시작하며 에스겔은 500년대 사람이다. 12소선지서는 대략 역사적 순서를 따른다. 호세아, 아모스, 요나 및 미가는 주전 700대 사람이고, 나훔, 하박국 및 스바냐는 주전 600년대 사람이며, 학개와 스가랴는 주전 500년대, 말라기는 주전 400년대 사람이다(오바댜와 요엘은 역사적 순서에서 벗어난 예외로 보인다. 이 부분에 대해서는 나중에 살펴볼 것이다). 우리는 후기 선지서에 대해 해당되는 세기를 기준으로 그룹별로 살펴볼 것이다.

본문을 읽어 보면 우리가 기대하는 것과 달리 대부분의 예언 두루마리는 논리적 순서에 따라 기록된 책이 아니라는 사실을 알게 될 것이다. 이 책들은 혼란스러울 만큼 주제와 주제를 넘나든다. 이유는 선지자는 책을 기록한 사람이 아니라 설교자일 뿐이며 이 책들은 단지 그들의 설교 노트를 모은 것이기 때문이다.

우리는 때때로 그들의 사역에 대해 알려 주는 내용을 발견한다. 이사야서는 우리에게 몇 개의 삽화를 제공하며(사 7:1-17; 20:1-6; 36:1-39:8 참조) 예레미야서의 이야기에서는 보다 상세한 그림을 찾을 수 있다.

우리는 이러한 이야기를 통해 선지자가 제물을 가져온 백성이 모여 있는 성전으로 올라가거나 그곳에서 서성이는 모습을 상상하게 한다. 이러한 장면은 복음서나 오늘날 예루살렘에서도 볼 수 있다. 선지자는 그곳에 있는 백성에게 예언을 전했을 것이다. 이사야나 예레미야서를 읽어 보면 실제 예언은 몇 구절씩 나뉘어 기록된 것을 볼 수 있는데, 각각의 예언은 이러한 성전 경내에서 이루어졌을 것이다.

선지자나 누군가는 이사야 8장 및 예레미야 36장에 묘사된 것처럼 예언을 기록하고 다양한 방식으로 정돈했을 것이다. 그러나 예언과 예언의 논리적 연결에 대해서는 지나친 기대를 하지 않아야 할 것이다.

일련의 문제는 대부분 선지자의 사역 배경과 관련이 있다.

1. 자신의 이름을 딴 책을 가진 첫 번째 선지자들이다. 이들은 중동의 가장 강력한 제국인 앗수르가 유다와 특히 유다보다 강하고 앗수르가 탐내는 교역로에 자리 잡고 있던 에브라임에 관심을 가지기 시작한 시기에 활동했다. 따라서 선지자는 강대국 및 이웃 민족과 어떤 관계를 유지할 것인가라는 이슈를 다루었다. 앗수르는 에브라임과 유다를 침략하여 황폐화시켰다. 그러나 나중에 선지자의 예언의 초점이 된 핵심 국가는 바벨론과 바사이다.

2. 그 땅의 전통 종교(가나안 종교)는 계속해서 백성(특히 에브라임)을 미혹했다. 이러한 유혹은 유다가 포로로 잡혀 간 바벨론 및 바사 시대에도 계속되었다. 우리는 앞서 이러한 미혹이 매우 강력한 현실적 일상이었다는 사

실에 대해 살펴보았다. 그것은 농작물 재배 및 축산을 장려하고 아이를 가지게 하며 죽은 친척과의 접촉 및 장래 일을 알려 주는 것과 같은 일상적 관심사에 대해 무엇인가 하게 하는 종교 행위였다.

3. 두 나라의 경제적 정치적 발전 및 도시화는 사람들에게 소유지를 확장하는 계기를 마련해 주었다.

그러나 모든 사람이 땅을 소유한 것은 아니다. 많은 가정은 땅을 갖지 못하고 소수의 지주에게 의존했으며 어려운 상황에 처하면 지주의 자비만 바랄 수밖에 없었다. 특히 과부나 고아는 취약한 계층이었다.

4. 성읍에서 권력을 가진 자는 부정한 방법과 법체계를 교묘히 이용함으로써 부를 축척하고 더욱 방종한 삶을 살았다.

330 이스라엘의 거룩하신 이의 메시지를 가진 두루마리

● ● ● ●

한 권의 책으로서 이사야서는 다양한 시대의 사람들에게 메시지를 전했으나 이사야 전체에 나타나는 한 가지 요소는 야훼를 주로 "이스라엘의 거룩하신 이"로 묘사한다는 것이다.

이 호칭은 성경에 서른 번 언급되며, 그 가운데 스무 다섯 번(그중 한 번은 열왕기하 19:22과 중복된다)은 이사야서 곳곳에 나타난다. 이사야서는 이스라엘의 거룩하신 이의 책이다. 나머지 다섯 번 가운데 세 번은 시편 71:22, 78:41, 89:18에, 나머지 두 번은 예레미야 50:29, 51:5에 나타난다.

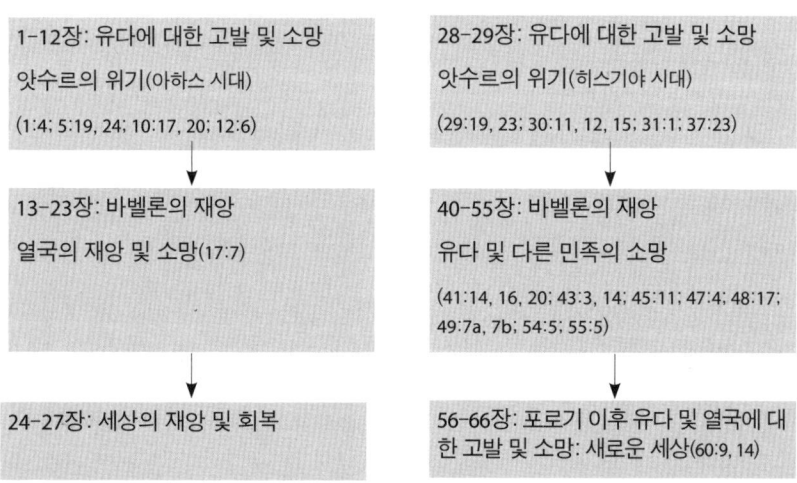

290

이 호칭의 기원은 성전 예배와 관련된 것으로 볼 수 있지만, 이사야 선지자의 입술에 자연스럽게 붙어있는 표현이다. 이것은 마치 이사야가 소명을 받은 이상을 배경으로 하는 것처럼 보인다.

당시 스랍들은 "거룩하다 거룩하다 거룩하다 만군의 여호와여"라고 선포했다(영어 성경에 나타나는 "만군의 주"보다 문자적인 번역이다). 따라서 이사야의 이상은 이 책 전체의 배경이 된다.

이사야서는 여러 면에서 두 부분으로 구성된 것으로 보인다(358 참조). 이러한 사실은 위의 표에서 볼 수 있듯이 이사야 1-12장 및 이사야 28-39장의 유사성으로부터 출발한다. 둘 다 유다의 삶에 대해 고발하지만 야훼께서 자신의 목적을 성취하실 것이며 앗수르의 세력이 무너질 것이라는 약속도 제시한다. 두 본문의 차이는 이사야 1-12장의 구체적인 역사적 언급이 아하스 시대를 가리키는 반면, 이사야 28-39장의 언급은 그의 아들 히스기야 시대에 대한 것이라는 사실이다.

두 본문에서 야훼가 이스라엘의 거룩하신 이라는 사실은 책망과 경고 및 격려의 바탕이 되는 핵심 요소이다. 만군의 야훼는 그의 권세로 말미암아 높임을 받으며 거룩하신 하나님은 의를 행하심으로 거룩함을 드러내신다. 문제는 백성이 거룩하신 이를 비웃는다는 것이다(사 5:16-19). 그러나 백성은 "이스라엘의 거룩하신 이가 우리 중에서 크심이니라"고 부르짖으며 기뻐하게 될 것이다(사 12:6)

두 본문은 강대국으로 부상한 바벨론의 멸망을 약속하는 장들로 이어진다. 이것은 유다와 열국의 소망을 의미한다. 이사야 40-55장에는 이스라엘의 거룩하신 이라는 언급이 가장 집중적으로 나타난다. 이 언급이 이 부분에서 강조하는 것은 긍정적인 관계이다.

즉 야훼는 이스라엘의 거룩하신 이시며, 따라서 유다의 회복자, 구원자, 왕 및 창조주로서 행동하실 것이다. 거룩하신 이는 연약한 공동체를 위해 상황을 바꾸실 것이다.

그는 이스라엘을 얻기 위해 열국으로 하여금 함께 깨닫게 하실 것이다. 그는 자기 백성을 주어진 길로 이끄실 것이다(사 41:14, 20; 43:3, 14; 48:17).

바벨론에 초점을 맞춘 이 부분은 계속해서 유다나 특정 강대국에 대한 암시 없이 광범위한 대상으로 확장된 본문으로 이어진다. 이사야 24-27장은 세상 전체에 대한 경고와 약속을 제시한다.

이사야 56-66장은 거룩하신 이가 예루살렘에 대해 가지고 계신 목적이 영광스럽게 성취될 것이며 열국도 이러한 조치로부터 유익을 얻을 것이라는 사실을 보여 준다. 거룩하신 이는 예루살렘을 변화시키실 것이며, 그것을 본 열국은 그를 인정할 것이다(사 60:9).

331 이사야 1-12장: 이러한 배열의 이유

우리는 앞서 이사야와 같은 선지자가 자신의 메시지를 짧은 단위로 선포하면 그것을 받아 적은 후 두루마리에 배열한다는 사실에 대해 살펴보았다. 이러한 과정은 왜 이 책이 오늘날 도서와 다른 방식의 배열을 가지는지를 설명한다. 그러나 이것은 이 책의 배열이 무작위에 의한 것이라는 말은 아니다.

거룩하신 이에 대한 이사야의 이상은 이사야 1-12장의 예언을 이해하는 훌륭한 출발점이 된다. 이 이상은 아하스 시대 이사야의 사역에 대한 이야기를 시작하며 기원(사 6장)과 예언 활동(사 7:1-8:10) 및 예언의 결과와 백성(사 8:11-9:7)에 대해 묘사한다. 이 책은 이런 배열을 통해 이스라엘의 거룩하신 이가 이스라엘의 배교에 대해 처벌하시겠지만, 언제나 이스라엘의 편에 서서 그들을 결코 포기하지 않을 것이라고 선포한다.

이사야는 아하스에게 야훼를 그의 보호자로 삼으라고 촉구하지만 아하스는 그렇게 하지 않는다. 이사야는 말씀이 이루어지기까지 기다리라는 명령을 받는다. 이사야는 이 명령이 형벌에 해당한다는 사실을 알았으나 이 재앙의 이면에는 회복이 기다리고 있다는 사실도 알았다.

이사야의 사역에 대한 이 장면은 야훼의 진노에 대한 외침과 경고라는 상황 속에 위치한다.

    5:8-24 예루살렘에 대한 이사야의 외침("화 있을진저")
        5:25-30 하나님의 진노가 돌아서지 아니함
            6:1-13 이사야의 소명
            7:1-8:10 예언 사역
            8:11-9:7 이사야와 이스라엘을 위한 결과
        9:8-21 하나님의 진노가 돌아서지 아니함
    10:1-4 예루살렘에 대한 이사야의 외침("화 있을진저")

    우리는 이사야의 소명에 관한 이야기가 이 책의 서두에 올 것이라고 기대했을 수 있지만(예레미야나 에스겔 이야기에서처럼) 본서의 배열은 그의 예언을 소명 기사의 앞뒤로 배치한다. 이런 배열이 말하고자 하는 것은 그의 메시지에 관한 것이다. 즉 그가 무슨 권위로, 또한, 어떤 방식으로 메시지를 전하는가라는 의문을 제기하며, 소명에 관한 이야기는 그 대답이라는 것이다. 소명 기사의 양편에 위치한 예언은 이사야의 외침 및 야훼의 진노에 대한 묘사를 중심으로 한 쌍을 이룬다.

    또한, 이사야 6:1-9:7에 나타나는 심판과 위로의 긴장은 이사야 1-12장의 시작과 끝 부분에도 나타난다. 시작 부분(사 1:1-5:7)에서 이사야는 이스라엘과 유다(특히 예루살렘) 및 다가올 재앙에 대해 긴 묘사를 제시한다. 그러나 이사야는 이 내용을 예루살렘이 회복될 때의 상황에 대한 서정적 묘사로 대치한다.

    시작 부분이 주로 엄숙한 내용으로 구성된다면 끝 부분(사10:5-12:6)은 점차 고무적인 내용으로 바뀐다. 이사야는 예루살렘에 대한 마지막 "화 있을진저" 후에 앗수르에 대해 "화 있을진저"라고 외친다. 이스라엘을 징벌하기 위한 수단으로 사용되었던 앗수르가 이제 자신에 대한 형벌을 받게 된 것이다. 이 "화 있을진저"에 이어 이스라엘의 회복에 대한 묘사가 많이 제시된다.

이 부분은 야훼께서 이 약속을 성취하실 날을 찬양하는 노래로 마친다. 따라서 이사야 1-12장 전체는 다음과 같이 전개된다.

1:2-31: 예루살렘의 상태 및 그것이 받을 재앙
  2:1-5 예루살렘의 앞으로의 모습
2:6-4:1 예루살렘의 상태 및 그것이 받을 재앙
  4:2-7 예루살렘의 앞으로의 모습
5:1-7 예루살렘 상태 및 그것이 받을 재앙
  5:8-24 예루살렘에 대한 이사야의 외침("화 있을진저")
  5:25-30 하나님의 진노가 돌아서지 아니함
  6:1-13 이사야의 소명
  7:1-8:10 예언 사역
  8:11-9:7 이사야와 이스라엘을 위한 결과
  9:8-21 하나님의 진노가 돌아서지 아니함
  10:1-4 예루살렘에 대한 이사야의 외침("화 있을진저")
10:5-19 앗수르에 대한 이사야의 "화 있을진저"
10:20-11:16 예루살렘의 앞으로의 모습
12:1-6 그날에 부를 노래

332 이사야 1-12장 읽기

330-331의 내용을 염두에 두면서 이사야 1-12장을 읽으라.

1. 하나님이 예루살렘과 유다 및 이스라엘, 그리고 그들의 왕에 대해 보여 주신 이상은 무엇인가?
2. 그들의 삶의 특징은 무엇인가?
3. 그들의 삶의 현재적 실재는 무엇인가?
4. 야훼는 그것에 대해 어떤 생각을 가지고 계시며 어떻게 이루실 것인가? 긍정적인 관점 및 부정적인 관점에서 기술하라.
5. 야훼는 어떤 분이신가?
6. 예언자가 된다는 것은 어떤 것인가?
7. 이상의 질문들이 다루는 영역을 벗어난 장들에는 어떤 주제가 나타나는가?
8. 이 장들 가운데 가장 중요한 것은 무엇이라고 생각하며 이유는 무엇인가?
9. 마태복음 1:18-4:16을 읽고 본문에 언급된 일곱 개의 예언에 주목하라. 구약성서 인용문 가운데 적어도 이사야에 해당하는 본문에 대해서는 직접 찾아보고, 그곳 본문에서의 의미 및 마태의 언급에 대한 생각을 말해 보라.

(a) 마태복음 1:23 (사 7:14)

(b) 마태복음 2:6 (미 5:2)

(c) 마태복음 2:15 (호 11:1)

(d) 마태복음 2:18 (렘 31:15)

(e) 마태복음 2:23 (사 11:1과 연결할 수 있다. 이러한 연결은 히브리어로 "가지"에 해당하는 "네쩨르"[neṣer]가 나사렛과 유사하다는 사실 때문이다. 따라서 나사렛 예수는 "가지 사람"[brand man]이다. 그러나 또 하나의 가능성은 이 구절의 "나사렛"을 사사기 13:5의 "나실인"과 연계하는 것이다).

(f) 마태복음 3:3 (사 40:3)

(g) 마태복음 4:15-16 (사 9:1-2)

이러한 연구에 대해 어떻게 생각하는가? (나의 코멘트는 363 참조)

이사야의 예언은 당시의 정치적 상황과 어떻게 연결되는가?

우리는 앞서 이사야의 예언의 정치적 배경이 된 것은 전략적 요충지에 자리 잡은 에브라임 및 유다에 대한 앗수르의 관심이라고 했다. 에브라임의 위치는 더욱 취약했다.

1. 주전 736-733년, 당시 아하스의 정책은 앗수르의 세력을 인정하고 반앗수르 진영에 동참하라는 에브라임과 아람의 압력을 거부하는 것이었다. 이사야 7장은 이러한 상황에 대해 언급한다. 이사야는 아하스의 정책이 에브라임 및 아람과 동맹을 맺지 않는 것임을 확인하지만 아하스가 에브라임과 아람의 압력에 맞서기 위해 앗수르와 수비적 동맹을 맺는 상황에 대해 우려한다. 앗수르는 실제로 733년 및 732년에 에브라임과 아람을 침공한다.

2. 주전 722년, 에브라임이 또 한 차례의 반역을 꾀하자 앗수르는 다시 한

번 침공하며 독립국가로서 에브라임의 위상은 끝난다(사 28장 참조).
3. 주전 713년, 아스돗의 블레셋 성읍은 앗수르의 권위에 도전하여 침공을 당한다(사 20장 참조). 다행히 유다는 동참하지 않았다.

4. 주전 705년, 애굽과 동맹한 유다는 앗수르에게 반역하며 주전 701년에 앗수르가 침공하며 유다를 거의 멸망시킨다. 이사야 36-37장 및 337에 언급된 산헤립에 관한 기사 참조

5. 이사야 10:24-27은 앗수르의 멸망이 임박했다고 말하지만(cf. 사 29:5-8; 30:27-33; 31:5, 8-9) 그렇게 되지 않았다. 유다 백성은 이사야의 예언에 대해 야훼가 마음을 바꾸셨으며 언젠가는 이루실 것이라고 생각했는가? 우리는 다른 가능성에 대해서도 생각해 볼 수 있다. 즉 이런 본문의 경우 거의 백 년이 지나 앗수르의 멸망이 실제로 임박한 시점에 후기 설교자/선지자가 이사야의 메시지에 대한 해석을 반영했다는 것이다. 바벨론과 메데는 주전 612년에 앗수르의 수도 니느웨를 멸망시켰다. 로날드 클레멘츠(Ronald Clements)의 이사야 1-9장 주석은 헤르만 바스(Hermann Barth)의 견해를 따라 이 관점을 받아들인다. 이 관점을 지지하는 학자들은 대체로 이사야 29-31장의 다른 본문에 대해서도 포로기 및 포로기 이후에 이사야의 메시지에 대한 동일한 과정의 설교가 이루어진 것으로 본다. 따라서 이사야를 영감하신 성령께서 그의 메시지를 새롭게 전하는 자들도 영감하신 것이다.

333 이사야 13-27장: 열국에 대한 야훼의 뜻

이사야 13장은 이사야 두루마리의 새로운 출발점이 된다. 이사야 2:2-5 및 10:5-19에는 열국에 대한 초청 및 그들의 파멸이 언급되어 있으나 이제 그들의 운명에 초점이 맞추어진다.

▪ 이사야 13-23장: 각 나라에 대한 야훼의 뜻

첫째 이사야 13-23장은 중심 부분의 모든 강대국들의 운명에 대한 언급과 함께 일련의 나라 또는 제국의 운명에 대해 진술한다.

바벨론 (13:1-14:23; 21:1-10)
앗수르 (14:24-27; 19:23-25)
블레셋 (14:28-32)
모압 (15:1-16:14)
다메섹 (17:1-11)

열국 (17:12-14)

구스 (18:1-7; 20:1-6)
애굽 (19:1-25; 20:1-6)
에돔 (21:11-12)
아라비아 (21:13-17)
예루살렘 (22:1-25)
두로 (23:1-17)

이 예언은 맛싸(*maśśā'*["경고"])라는 단어로 시작한다. "맛사"는 무엇보다도 상상력에 의한 묘사, 애가나 시-말하자면 일종의 창작-를 가리킬 수 있다. 이 단어에는 "무거운 짐"이라는 뜻도 있는데, 예레미야는 이러한 사실을 활용한다(렘 23:33-38 참조["엄중한 말씀"]). TNIV는 이 단어를 "바벨론을 대적하는 예언"으로 번역한다. 실제로 이 예언은 열국에 대한 재앙을 선포한다. 그러나 이 예언은 애굽과 앗수르와 이스라엘이 함께 하나님의 백성으로서 예배할 날이 올 것이라는 약속을 포함하여 복음도 전하며(사 19:23-25), 따라서 "대적하다"라는 번역은 지나치게 제한적이다. 이것은 단지 "바벨론에 대한 예언"이다.

선지자는 이 메시지를 열국에게 전했다는 어떤 암시도 하지 않는다. 나머지 메시지와 마찬가지로 이 예언도 유다에게 선포된다. 이것은 야훼의 뜻을 시행하는 야훼의 말씀이기 때문에 이들 나라에 대한 하나님의 뜻을 이행하지만, 하나님의 백성에 대한 사역에 해당한다. 이 예언은 단순히 유다를 대적하는 나라들을 대상으로 하지 않는다. 그들은 대부분 유다를 지지하거나 위협하거나 경우에 따라서는 양자 모두에 해당하는 나라들이지만 유다와 무관한 나라도 있다. 이 예언의 목적은 유다에게 열국에 대한 바른 태도를 가질 것을 촉구하는 것이다.

특정 나라가 등장하는 이유는 쉽게 알 수 있다. 유다의 양쪽에는 종종 유다의 운명을 결정할 수 있는 것처럼 보이는 강대국이 자리 잡고 있다(바벨론이 먼저 등장한 것은 훗날 초강대국으로 부상할 나라의 지위를 반영한 것이다). 다른 나라들은 부분적인 위협이나 미혹이 될 나라들이다.

예루살렘은 왜 등장하는가?

아마도 예루살렘의 등장은 유다도 열국 가운데 하나이며 그들과 다르지 않기 때문일 것이다. 따라서 그들의 멸망에 대한 어떤 진술도 유다의 멸망을 함축한다. 유다는 하나님의 백성이기 때문에 진노에서 벗어날 것이라는 어떤 여지도 남기지 않는다.

선지자들이 다른 나라의 운명에 대해 선포한 데에는 몇 가지 이유가 있다.

1. 복과 재앙에 대한 야훼의 말씀을 선포하는 것은 야훼의 뜻을 시행한 것이다.
2. 열국의 운명은 하나님의 백성과 관련이 있다.

3. 하나님의 뜻을 아는 것은 백성에게 그의 뜻에 따라 살 기회를 제공한다.
4. 심판의 근거(주로 나라의 힘 및 권세)를 제시한 것은 하나님의 백성의 운명과 관련하여 교훈이 되기 때문이다.
5. 열국에 대한 말씀은 하나님의 백성으로 하여금 눈을 들어 세상에 대한 하나님의 목적을 바라보게 한다.
6. 그들의 선포는 하나님의 백성이 열국으로부터 위압당하거나 두려워하지 않도록 격려한다.
7. 그들의 선포는 하나님의 백성이 열국을 모방하지 않도록 촉구한다.
8. 그들의 선포는 하나님의 백성이 다른 세력에 의존하지 않도록 촉구한다.
9. 열국의 소망에 대한 언급은 하나님의 백성에게 다른 나라에 대해 지나치게 부정적인 태도를 갖지 않도록 촉구한다.

334 이사야 13-27장 읽기

▪ 이사야 24-27장: 세상에 대한 야훼의 뜻

이사야 24-27장과 함께 온 세상의 운명에 대한 묘사로 캔버스의 폭이 확장된다. 이 부분은 온 세상에 대한 심판 및 회복에 대한 일련의 이상으로 보이며, "그 날에" 부를 일련의 노래로 대치된다.

세계의 황폐화	24:1-13	반응	24:14-16
우주적 멸망	24:17-23	반응	25:1-5
세계의 회복 및 심판	25:6-12	반응	26:1-18
세계의 회복 및 심판	26:19-27:13		

이사야 24-27장에는 종종 "종말론적"이나 "묵시적"이라는 용어가 따라다닌다. 이 용어는 여러 가지 의미로 사용된다. 우리는 이 부분이 세상에 대한 하나님의 목적의 최종적이고 궁극적인 성취-여기에는 인간의 주도권이나 공로와 관계없이 하나님에 의한 극적인 변화가 포함된다-를 보여 준다는 의미에서 "종말론적" 본문이라고 부를 수 있다. 이것은 그 후에 아무것도 남지 않거나 이 땅이 아닌 하늘의 삶만 존재하는 종말을 의미하는 것이 아니다. 오히려 하나님의 원래적 창조 목적이 성취되고 세상은 완전한 인간의 삶을 누릴 수 있는 종말이다. 본문은 마지막 성취가 먼 미래에 있을 것이라거나 임박하다거나 현재 진행되고 있는 실제적이고 현실적인 일이라고 말하지 않는다. 사실 본문은 하나님이 그의 목적을 이루어 가시는 것

을 볼 수 없는 상황에 대해 언급한다. 따라서 이 부분은 현재 진행되고 있는 야훼의 날 및 악한 세력의 멸망에 대해 언급하고 있는 이사야 13장 및 14장과 대조를 보이며 백성에게 예수님의 오심이 더욱 분명한 때를 바라보는 관점을 제시한다.

"묵시적"이라는 단어는 하나님의 행위의 근본적이고 결정적이며 극적인 성격, 하나님의 목적을 이루어 가심에 인간은 어떤 기여도 할 수 없다는 사실 및 실재적 묘사가 어려운 예언의 생생한 이미지 및 상징을 강조한 것으로 보인다.

▪ 213-27장 읽기

1. 이사야 13-23장은 우리에게 하나님과 강대국(앗수르와 바벨론)의 관계에 대해 무엇이라고 말하는가?
   (a) 하나님이 그들에 대해 관심을 가지신 이유는 무엇인가?
   (b) 그들에게 나쁜 소식은 무엇이며 이유는 무엇인가?
   (c) 그들에게 좋은 소식은 무엇이며 이유는 무엇인가?

2. 이사야 13-23장은 하나님과 본문에 언급된 다른 민족과의 관계 및 유다의 이웃이자 잠재적 동맹국인 군소 국가와의 관계에 대해 무엇이라고 말하는가?
   (a) 하나님이 그들에게 관심을 가지신 이유는 무엇인가?
   (b) 그들에게 나쁜 소식은 무엇이며 이유는 무엇인가?
   (c) 그들에게 좋은 소식은 무엇이며 이유는 무엇인가?

3. 이사야 24-27장은 하나님과 세계와의 관계에 대해 무엇이라고 말하는가?

(a) 하나님이 그것에 관심을 가지신 이유는 무엇인가?
(b) 그것에게 나쁜 소식은 무엇이며 이유는 무엇인가?
(c) 그것에게 좋은 소식은 무엇이며 이유는 무엇인가?

4. 이사야 13-27장은 그리스도인의 신앙에 어떤 의미를 가지는가? 본문의 메시지는 오늘날 국가들에게 어떻게 적용될 수 있는가? 교회는 본문으로부터 어떤 교훈을 배울 수 있는가?

이사야 13장은 야훼의 날이 가까웠다고 진술한다. 하나님의 심판이 이루어진다는 것은 곧 야훼의 날이 이르렀다는 것이다. 따라서 심판의 날은 곧 야훼의 날이다(예를 들어, 애 1:12; 2:1). 야훼의 날은 하나님의 궁극적 목적이 성취된 날이며 이 목적의 중간 성취는 야훼의 날의 구현으로 본다.

이사야 14:12-15은 사탄의 멸망에 대한 기사로 알려져 있으나 이곳의 문맥은 바벨론 왕의 멸망에 대한 묘사임을 보여 준다. 아이러니하게도 이것은 신의 우두머리가 되려 했던 어떤 신이 멸망했다는 가나안과 바벨론의 신화를 사용하여 왕의 멸망을 묘사한다. 본문을 사탄에게 적용한 것은 그리스도인이 사탄의 멸망에 관한 주제에 민감하기 때문일 것이다.

야훼의 날과 이사야 14장, 그리고 이사야 24장의 황폐화된 땅에 대해서는 363을 참조하라.

335 이사야 28-39장

우리는 이사야 1-12장과 마찬가지로, 유다 및 예루살렘과 직접적으로 관련된 예언 및 이야기로 돌아왔다. 두 본문은 유다의 삶에 나타난 기본적 이슈라는 점에서는 변함이 없으나 이곳의 역사적 언급은 후대 히스기야 시대(주전 725-697)와 관련이 있다는 차이점이 있다. 핵심 쟁점은 그들이 어떻게 자신에 대한 정치적 압력을 견디어 낼 수 있었는가라는 것이다.

그들은 왕과 성읍에 대한 하나님의 약속이 자신의 안전과 자유를 지켜줄 것이라는 믿음으로 살 것인가?

아니면 강대국과의 동맹을 통해 자유와 안전을 찾으려 할 것인가?

따라서 외적 정책만 다를 뿐이다. 이사야가 경고했듯이 이제 앗수르는 구원자가 아니라 포악한 군주이다. 이사야 28-33장에서 애굽을 강력한 구원자로 언급한 것은 당시가 히스기야 시대임을 보여 준다. 그러나 히스기야 왕의 이름은 이사야 36-39장의 이야기까지 거론되지 않는다. 이곳의 예언은 대부분 주전 711-700년에 선포되었다.

이사야 28, 29, 30, 31장 및 33장은 "화 있을진저"("오," "아," "오호라," "화로다")라는 감탄사로 시작한다. 이것은 하나님의 백성에 대한 일련의 외침으로 이어지며(모두 비슷한 길이로 이루어진다) 결국 잠재적 멸망자에게로 이어진다.

화 있을진저, 술 취한 지도자들이여	28:1-29
화 있을진저, 다윗의 성읍이여	29:1-24
화 있을진저, 패역한 백성이여	30:1-33
화 있을진저, 애굽을 의지하는 자들이여	31:1-32:20
화 있을진저, 장래의 파괴자들이여	33:1-24

이 "화 있을진저" 후에는 위협하는 내용이 제시되나 계속해서 격려하는 내용이 이어진다.

28:1-22	위협	28:23-29		격려
29:1-16	위협	29:17-24		격려
30:1-17	위협	30:18-33		격려
31:1-6	위협	31:7-32:20		격려
33:1-24	처음부터 격려하는 내용			

이사야 33장은 이사야 1-33장 전체의 결론이기도 하다. 본 장은 앞선 장들에서 몇몇 구절을 택해 하나로 묶기 때문에 산만하다.

이사야 34-39장은 "들을지어다"라는 서두 후에 먼저 두 가지 상반된 약속이 이어진다.

| 34:1-17 | 열국에 대한 심판 |
| 35:1-10 | 구원받은 자의 기쁨 |

계속해서 히스기야에 대한 두 가지 이야기가 이어진다.

| 36:1-37:38 | 히스기야와 앗수르: 산헤립의 경멸적 도전, 히스기야의 기도, 이사야의 예언 및 산헤립의 멸망. |
| 38:1-39:8 | 히스기야와 바벨론: 히스기야의 병 및 치유, 히스기야가 바벨론의 사절단을 맞음, 이 사건에 대한 이사야의 예언. 본문은 이사야 36-38장의 예 |

언에 대한 성취를 기록한 반면, 이사야 39장의 예언에 대한 성취는 기록하지 않는다. 그러나 이 예언의 의미는 예언의 성취가 이사야 40-55장의 배경을 제공한다는 데 있다. 따라서 이것은 이사야 1-39장을 완전히 차단시킨다.

하나님의 계획은 이사야서의 중요한 주제이다. 그의 경영은 참으로 놀랍다(사 28:29). 이사야는 하나님이 성취하실 목적이나 목표가 있다고 확신하지만 세계 역사 전체가 하나님의 계획을 보여 주는 창이라고 언급하지는 않는다. 그는 하나님이 계획을 세우시고 특정 사건과 관련하여 그것을 이루어 가시는 것에 관심을 가지며, 하나님으로 말미암지 않으면 무의미한(예를 들어, 사 29:15; 30:1) 인간의 생각 및 정책과 하나님의 계획을 대조한다. 아이러니하게도 산헤립이 옳은 말을 한다(사 36:5). 이사야 5:19, 8:10, 9:2, 11:2, 14:26, 19:3, 11, 17, 23:8-9을 참조하라.

계획에 대한 주제는 지혜에 대한 주제와 연결된다. 유다의 지도자들은 나라의 정치적 사안을 지혜롭게 해결하려 하지만 정책을 입안할 때 사실상 하나님을 배제했다. 이것은 그들의 지혜가 아무것도 아님을 보여 준다(사 5:21; 19:11-12; 29:14; 31:1-2).

336 한 편의 시로서 이사야 31장

● ● ● ● ●

많은 예언은 시적 형태로 주어진다. 따라서 본문의 의미를 정확하게 이해하기 위해서는 시에 대해 알아야 한다. 히브리 시에 대한 고전으로는 로버트 로스(Robert Lowth, *Sacred Poetry of the Hebrews*), 제임스 쿠걸(James Kugel, *Idea of Biblical Poetry*), 로버트 알트(Robert Alter, *Art of Biblical Poetry*)의 저서 및 데이빗 피터슨과 켄트 리차드(David Petersen and Kent Richards, *Interpreting Hebrew Poetry*)의 개론서가 있다. 일반적으로 사고의 최소 단위는 행(line)이다(영어의 절 구분은 이 부분에서 모호하지만). 시는 연(strophes)으로 나눌 수 있지만 한 연에 포함된 행의 수는 일정하지 않다.

행은 일반적으로 두 부분으로 나뉘며, 두 번째 부분은 첫 번째 부분을 완성하거나 재진술하거나 강조하거나 대조하거나 내용을 명확히 하는 역할을 한다. 이러한 특징을 "평행"(parallelism)이라고 부른다. 그러나 두 번째 부분이 첫 번째 부분을 단순히 반복하는 것이 아니기 때문에 이 표현은 오해의 소지가 있다. 행의 절반은 콜론(colon)이라고 하며, 일반적으로 사용되는 두 부분으로 이루어진 행은 이중 콜론(bicolon)이다(세 부분으로 이루어진 행도 가능하며 이 경우 삼중 콜론[tricola]이라고 부른다).

한 행은 일정한 수의 단어(사소한 단어는 제외된다)로 이루어지며, 대체로 역본보다 짧다. 왜냐하면, 히브리어는 일반적으로 영어에서 분리하는 단어를 결합하는 경향이 있기 때문이다.

다음은 이사야 31장의 서두 부분으로, 일반적인 3-3 리듬으로 구성된다

(사 1장에 나타난 또 하나의 히브리어 사례에 대해서는 363 참조). 나는 리듬의 용례를 보여 주기 위해 히브리어식 표현 중간에 "//" 기호를 삽입했다(예를 들어, "내려가는 자들"은 히브리어에서 한 단어이다).

1. 도움을 구하러// 애굽으로// 내려가는 자들은	화 있을진저// 그들은 말을// 의지하며
병거의// 많음과// 마병의	심히// 강함을// 의지하고
이스라엘의// 거룩하신 이를// 앙모하지 아니하며	여호와를// 구하지// 아니하나니
2. 여호와께서도// 지혜로우신즉// 재앙을 내리실 것이라	그의 말씀들을// 변하게 하지// 아니하시고
일어나사// 악행하는 자들의// 집을 치시며	행악을// 돕는 자들을// 치시리니
3. 애굽은// 사람이요// 신이 아니며	그들의 말들은// 육체요// 영이 아니라
여호와께서// 그의 손을// 펴시면	돕는 자도// 넘어지며
도움을 받는 자도// 엎드려져서	다// 함께// 멸망하리라.

따라서 리듬은 시에 있어서 핵심적 기능을 수행한다. 각 콜론을 구성하는 단어의 수는 일정하지 않다. 따라서 히브리 시는 랩(rap)과 유사하며 선지자들은 일종의 래퍼였다. 그들은 리듬만 유지시킬 수 있다면 얼마든지 다양한 단어를 활용할 수 있었다.

평행은 의도적인 작법에 해당하지만 사실상 블루스와 랩에 더 가깝다고 할 수 있다. 그것은 선지자에게 생각할 시간을 준다.

선지자가 시로 말하는 이유는 무엇인가?

1. 시는 산문보다 압축적이다. 그것은 가능한 적은 단어를 사용하며 중요하지 않은 단어를 생략한다. 또한, 시는 산문과 다른 방식으로 단어를 배열하며(예를 들어, a b c c' b' a') 한 콜론 안의 일부 단어는 다른 콜론에도 적용된다(예를 들어, 두 번째 행의 "의지하고" 및 네 번째[위 표에서는 다섯 번째] 행의 "일어나사"). 따라서 시를 해석하기는 어렵다. 시를 해석하기 위해서는 더 많은

노력과 연구가 필요하다. 산문은 명확성 때문에 유익하지만 시는 도전을 주기 때문에 유익하다.

2. 시는 이미지를 사용한다. 이미지는 사물에서 받는 느낌이다. 그러나 한편으로 이러한 이미지는 우리의 지식을 확장한다. 그것은 새로운 것을 보고 말하게 한다.

3. 시는 모호한 표현을 사용한다. 그것은 우리를 헷갈리게 한다. 이사야 31장의 다음 두 구절(사 31:4-5)은 한 예이다. 이 구절은 하나님에 대해 먹이를 움키고 으르렁거리는 사자가 양을 구하기 위해 달려온 목자들의 소리에 놀라지 아니하는 것과 같다고 묘사한다. 그러나 이어지는 구절은 하나님이 예루살렘에 내려와 새처럼 맴돌며 성을 보호하실 것이라고 묘사한다.

그렇다면 우리는 하나님의 먹이라는 말인가?

그러나 이사야는 곧 이어 두 이미지를 긍정적으로 해석한다. 하나님은 사자/새처럼 아무도(예를 들어, 앗수르) 자신의 "먹이"를 빼앗아가지 못하게 하실 것이다. 하나님은 그들은 호위하실 것이며 출애굽 때처럼 "뛰어넘어" 구원하실 것이다.

이사야가 백성에게 메시지를 전하는 또 한 가지 기법은 그들의 입술에 기막힌 말을 담는다는 것이다. 이러한 예는 이사야 28:14-15 및 30:10-11에서 찾아볼 수 있다. 이곳의 진술은 백성이 실제로 한 말이 아니다. 그러나 그들은 이 진술이 그들의 태도를 잘 보여 준다는 사실을 알아야 한다.

이사야 30장의 서두는 다른 사례에 해당한다. 즉 본문은 백성이 애굽을 보호자, 도움, 그늘 및 피난처로 생각한다고 진술한다. 그러나 이 진술은 하나님의 하신 말씀이다(시 91편 참조). 그들이 애굽을 그렇게 생각했다는 것은 수치스러운 일이다.

337 이사야 28-39장 읽기

■ **이사야 28-39장**

이사야 28-33장을 읽으라.

1. 각 부분에는 어떤 위협이 나타나며 이유는 무엇인가?
2. 본문은 이스라엘에 대해 무엇이라고 말씀하는가?
   여러분의 교회는 이러한 면이 없는가?
3. 각 부분에는 어떤 위로가 나타나는가?
4. 본문은 하나님에 대해 무엇이라고 말씀하는가?
   본문에는 여러분의 교회를 위한 좋은 소식이 있는가?

이사야 34-39장을 읽으라.

1. 이사야 34-35, 37, 38장에서 다시 시를 사용한 것은 어떤 효과가 있는가?
2. 이사야 34장의 심판에 대한 묘사는 우리에게 어떤 메시지를 주는가?
3. 이사야 35장의 위로에 대한 묘사는 우리에게 어떤 메시지를 주는가?
4. 이사야 36:1-20에 나오는 한 앗수르인의 주장은 무엇인가?
   그의 말은 옳은가?
5. 이사야 36:21-37:7에서 유다 백성이 보인 반응은 무엇인가?
   그들의 태도는 옳은가?

6. 이사야 37:7-20에 나타난 히스기야의 기도의 원동력은 무엇인가?
7. 이사야 37:21-38에서 하나님이 보이신 반응의 논리는 무엇인가?
8. 이사야 38장에 나타난 히스기야의 행동의 논리는 무엇인가?
9. 이사야 39장에 나타난 히스기야의 행동의 논리는 무엇인가?
10. 히스기야는 결국 좋은 사람처럼 보이는가, 나쁜 사람처럼 보이는가?

앗수르 왕 산헤립은 이사야 36-37장에 유다 버전으로 제시된 사건을 자신의 업적에 포함시켰다.

> 나는 나의 권위에 복종하지 않은 유다 왕, 히스기야에 대해 46개의 요새화된 성읍 및 수많은 작은 마을을 포위하여 공성 망치로 파괴하였으며…말, 노새, 당나귀, 낙타, 소, 양을 비롯한 가축과 함께 남녀노소 150명을 사로잡았다. 히스기야에 대해서는 새장 안에 갇힌 새처럼 그를 예루살렘 왕성에 가두었다. 그리고 나는 성 주변에 요새를 구축하여 포위하고 아무도 성 밖으로 나오지 못하게 했다. 나는 포위된 그의 성을 에그론과 가사 및 아스돗의 왕들에게 주었다(Pritchard, *Ancient Near Eastern Texts*, 287-88 참조).

산헤립은 이와 같이 자신의 업적을 강조하였으며 반전(우리는 이사야 37:36-38의 기록 외에는 이 사건에 대한 어떤 기록도 가지고 있지 않다)에 대해서는 어떤 언급도 하지 않는다. 히스기야는 라기스와 같은 유다 성읍에 임한 재앙에 대해 언급하지만 하나님이 특별한 섭리로 예루살렘을 구원하심으로 유다 백성이 그만 의지했다는 사실을 강조한다.

■ 이사야 1-39장은 열국에 대해 어떤 태도를 취해야 한다고 말하는가?

1. 앗수르는 오늘날의 영국이나 미국과 같은 강대국이다. 강대국은 진압되어야 하는데, 그것은 이러한 힘이 궁극적으로는 아무런 의미가 없다는

것을 보여 주기 위함이다. 물론 이런 나라가 하나님께 순종한다면 세력을 유지할 수 있을 것이다. 따라서 우리는 이곳에서 교회가 국가와 공유해야 할 비전 및 기도해야 할 이유를 찾을 수 있다.

2. 또한, 우리는 본문을 통해 강대국의 먹이가 될 수 있는 약소국에 대한 희망을 찾을 수 있다. 그들은 강대국의 힘이 영원하지 못하다는 사실을 확신할 수 있다.

3. 바벨론, 모압, 에돔 및 블레셋과 같은 나라는 약소국으로 등장한다. 그들은 앗수르를 무너뜨리고 그들로부터 독립하고 싶어 한다. 문제는 그들이 상호 동맹을 통해 이러한 승리를 쟁취할 수 있다고 생각한다는 것이다. 사실 그들은 앗수르와 동일한 실수를 하고 있는 것이다.

4. 이러한 사실에 직면한 유다는 약소국과 같은 사고방식을 가지지 말라는 촉구를 받는다. 그들은 자신의 운명은 안보를 위한 계획에 달려 있다는 생각을 하지 않아야 한다. 교회는 자신을 유다처럼 생각하고 자신의 운명을 위해 무엇을 의지해야 할 것인지 물어야 한다(이 문제는 아래 354의 사 40장에서 다시 다룰 것이다).

338 미가서 읽기

● ● ● ● ●

- **미가서를 읽으라**

    1. 미가는 이사야와 동시대에 예루살렘에서 말씀을 전했다. 그의 메시지는 어떤 점에서 이사야와 유사한가?

    2. 이사야의 메시지와 다른 점은 무엇인가?

    3. 만일 두 사람이 만났다면 미가는 이사야에게 무슨 말을 더 하고 싶어 했을 것이며 이사야는 미가에게 무슨 말을 더 하고 싶어 했겠는가?

    4. 미가는 선지자에 대해, 통치자에 대해 무엇이라고 진술하는가?

- **미가서에서 잘 알려진 세 가지 본문**

    1. 미가 4:1-3

    본문은 이사야 2:2-4의 내용과 같다. 하나님이 이사야에게 주신 말씀을 미가가 포함시켰거나 미가에게 주신 말씀을 이사야가 포함시켰을 수 있지만 무명의 선지자에게 주신 말씀을 두 본문이 보존했을 가능성이 높다.

    2. 미가 5:2

    이 구절은 마태복음 2:6의 예수님에게 적용된다. 우리는 대체로 이 말씀이 예수님께 해당되는 것으로 볼 수 있지만 원래의 문맥에서는 당시 유다를 구원한 누군가에 대한 진술이다. 또한, 마태가 인용한 본문과는 약간의 차이가 있다. 마태는 성령의 영감으로 예수님께 적용할 수 있는 방식으로 바꾸어 진술한다.

3. 미가 6:8

전통적으로 이 구절은 "정의"와 "자비"(또는 "인자") 및 "겸손"으로 번역된다.

첫 번째 단어(미쉬파트[mišpāṭ])는 권위나 능력 또는 리더십의 합당한 행사를 가리킨다(이것은 사사기의 "사사"와 같은 단어이다).

두 번째 단어(헤세드[hesed])는 자격이 없는 자에게 보여 주는 특별한 사랑을 가리킨다.

세 번째 단어(짜나[ṣānaʿ])는 구약성서에서 두 번밖에 등장하지 않지만(잠 11:2) 후기 히브리어에서 이 단어는 겸양이나 절제, 삼가는 태도를 가리킨다.

메시지 성경(the Message)은 이 구절을 "여러분의 이웃에게 공평과 정의를 행하고 그들을 불쌍히 여기며 신실하게 사랑하라 자신을 낮추고 하나님을 귀히 여기라"고 번역한다.

▪ 미가 7장

이 부분은 잘 알려진 본문은 아니나 하나님 앞에서 성을 어떻게 지켜야 할 것인가에 대해 훌륭한 통찰력을 제공한다. 내가 사는 대도시 지역은 가난과 궁핍, 부패, 가정 붕괴, 나태, 폭력 및 여러 가지 문제와 불법으로 가득하다. 미가는 하나님 앞에서 이러한 상황을 어떻게 인식하며 대처할 것인가에 대해 다섯 가지 반응을 제시한다.

1. 미가는 애통함을 드러낸다(미 7:1-6). 미가는 자신이 추수 후에 남은 것을 거두는 것을 허락받은 불쌍한 자처럼 말한다. 그러나 아무것도 남아 있지 않았다. 미가는 그 땅에서 희망의 징조를 찾았으나 그가 본 것은 국가와 지역 공동체 및 가정에 드리운 어두운 그림자뿐이었다.

2. 이러한 사실에도 불구하고 미가가 보인 반응은 희망이었다(미 7:7-10). 미가는 이 상황에서 아무것도 기대할 수 없었으나 사실을 숨기기보다 그것과 직면한다. 그의 현실주의는 죄를 회피하지 않는다. 미가는 본문에서 이스라엘을 대신하여 하나님의 백성이 범죄함으로 앗수르와 같은 압제자에게 수치를 당한 사실을 인정한다. 그는 하나님이 구원자이시며 자신의 영광을 회복하실 것이라는 소망에 기초하여 온갖 사실과 직면한다.

3. 이러한 기대에 대한 반응으로 하나님의 약속이 제시된다(미 7:11-13). 미가는 잃어버린 복을 되찾고 이전에 경험하지 못했던 복을 더할 미래에 대해 진술한다.

4. 하나님의 약속에 대한 반응으로 기도가 제시된다(미 7:14-17). 그는 하나님의 약속을 붙드는 기도를 한다. 그것은 백성의 복을 비는 기도이자(요단 동편 바산과 길르앗 지역은 풍성한 목초지이다) 하나님의 영광을 위한 기도이다.

5. 이 책은 예배의 반응으로 끝난다(미 7:18-20).

주와 같은 신이 어디 있으리이까?

주께서는 하나님의 백성의 죄악을 사유하시고 영원한 언약에 신실하실 것이다. 미가는 야훼의 용서와 자비를 강조하며 두 가지 특징적인 이미지와 함께 자신의 방식으로 표현했지만 그의 진술은 하나님이 그의 성품에 대해 시내산에서 선포한 내용과 일치한다(미 7:19).

339 요엘서 읽기

이사야 및 미가와 마찬가지로 요엘은 예루살렘에서 말씀을 전했다. 요엘서의 위치는 요엘이 그들과 마찬가지로 주전 700년대에 활동했음을 보여 준다. 그러나 이 책에는 연대에 대한 언급이 나타나지 않는다. 이것은 연대를 추정할 수 있는 왕이 언급되지 않는 시대에 활동한 말라기와 유사하다. 아마도 요엘은 호세아(야훼께로 돌아오라고 촉구한다)와 아모스(야훼께서 시온-요엘서는 시온에 대한 언급으로 끝난다-에서 부르짖으신다)를 연결하는 것으로 보인다. 다행히 연대 문제는 메시지에 거의 영향을 미치지 않는다.

메뚜기 재앙이 있었던 것은 분명하다. 이러한 사건은 파괴적 함축을 가진다. 슈퍼마켓에 갔는데, 배달 차가 오지 않았거나 도둑이 들어 선반에 아무것도 남아 있지 않다고 생각해 보라. 여러분은 자신과 가족이 먹을 것을 구하지 못할 것이다.

유다의 상황이 이러했다는 것이다. 메뚜기 재앙은 대적의 침공과 동일한 결과를 초래했다. 적의 군대는 모든 작물을 쓸어 담거나 불태워 버린다. 실제로 요엘은 메뚜기 떼나 인간 군대에 대해 언급했거나 어느 하나를 다른 하나의 이미지로 사용했을 수 있다. 어느 쪽이든 요엘은 이 재앙을 다른 무엇을 가리키는 표시로 본다.

- 요엘서를 읽으라
  1. 이 사건에 대한 합당한 반응은 무엇인가?

2. 요엘의 경고는 무엇인가?

3. 그의 권면은 무엇인가?

4. 그의 약속은 무엇인가?

요엘서에서 가장 잘 알려진 문장은 하나님의 영을 만민에게 부어 주시겠다는 약속이다. 영어 성경에서는 이 내용이 요엘 2:28-32에 나타난다. 히브리 성경에서는 이 다섯 절이 그 자체로 한 장을 형성한다(따라서 영어 성경의 3장은 히브리 성경에서 4장이 된다). 백성의 삶이 시작될 때부터 하나님의 영은 그들 가운데 계셨다(예를 들어, 사 63:10, 11, 14; 학 2:5). 사람의 "영"은 그의 뜻을 성취하는 강력한 행동으로 나타나는 인격적 원동력이다.

이와 같이 하나님의 영은 하나님의 뜻을 성취하는 강력한 행동으로 나타나는 인격적 원동력이다. 이스라엘은 하나님의 영이 그들 가운데 계심을 알았으나 한편으로 그들은 하나님의 영을 근심하게 할 수 있으며 성령을 거두어 가실 수 있다는 사실을 알았다(시 51:11; 사 63:10 참조). 메뚜기 재앙(또는 군사적 침공)을 초래한 실패 역시 성령을 거두어 가심과 관련이 있을 것이다.

회복적 요소(욜 2:23-27)는 백성의 구원 및 미래에 매우 중요하다. 그러나 이 갱신은 재앙이 드러낸 문제를 해결할 수 없다. 다른 무엇인가가 필요하다. 요엘 2:28-29은 미래적 선물을 약속한다. 과거에는 남자와 여자가 예언을 하고 계시적 꿈을 꾸며 이상을 보았다. 요엘 시대에는 이러한 행위를 먼 과거의 일처럼 생각한 것으로 보인다. 하나님은 이런 일이 다시 한 번 사실이 될 것이라고 약속하신다. 사실 요엘은 하나님께서 백성이 지금까지 겪어 보지 못한 놀라운 일을 행하실 것이라고 약속한다. 예언과 꿈과 이상은 어느 때보다 흔할 것이다.

새로운 것이든 그렇지 않든, 연령이나 성 또는 계층에 제한 없이 하나님의 영의 부으심을 제한하지 못할 것이다.

사도행전 2장은 이 약속이 첫 번째 오순절을 통해 성취된 것으로 보지만 대부분의 교회에서는 아직 요엘이 약속한 방식이나 사도행전이 묘사하는 방식처럼 성취되지 않았다. 따라서 이 약속은 그렇게 해 주시도록 기도하고 기대하며 행할 수 있는 근거를 제공한다.

또한, 사도행전은 요엘 2:30-32a가 오순절 때 성취된 것으로 본다. 약속의 이 부분은 누가복음 21장과 같은 본문에 묘사된 것과 같은 마지막 날의 재앙에 대한 묘사로 보인다. 실제로 오순절은 종말의 부분적 성취이다. 요엘은 재앙이 세상을 위협할 때 하나님께로 돌이켜 구원을 얻을 것을 촉구한다.

요엘의 마지막 예언은 이사야와 미가서에 나타난 이상에 대한 풍자적 반전, 즉 보습을 쳐서 칼을 만드는 최후 심판에 대해 언급한다. 이것을 반전이라고 부른 것은 이사야/미가의 버전이 낡았다는 뜻이 아니다. "보습을 쳐서 칼을 만들라"는 요구는 이스라엘이 공격을 받을 때 무기를 들라는 전통적 요구이다. 오히려 미가와 이사야의 버전이 익숙한 개념에 대한 창의적 접근이며, 요엘은 전통적 요구를 재확인한 것일 뿐이다. 어느 쪽이든, 확실히 변화의 시기가 있으며 반대의 경우가 있다는 것이다.

340 호세아서 읽기

● ● ● ● ●

　이사야, 미가, 호세아 및 아모스는 대체로 동시대인이며 모두 700년대에 활동했으나 이사야와 미가는 유다에서 활동한 반면(요엘 및 오바댜처럼), 호세아와 아모스(및 요나)는 에브라임에서 활동했다.

　에브라임의 상황은 여러 면에서 유다보다 불안하고 위험했다. 에브라임은 두 세기 앞서 유다와 분리되었으며 예루살렘(야훼의 택하신 성읍) 및 다윗 계열의 왕(야훼의 택하신 계보)과 멀어지게 되었다. 따라서 에브라임이 계속해서 하나님께 헌신할 생각이 있었다고 하더라도 불리할 수밖에 없었다. 더구나 지리적으로 에브라임은 외부의 압력 및 영향에 노출되어 있었다. 에브라임은 자신의 영토를 지나는 교역로 때문에 유다보다 일찍 앗수르의 지배를 받았다.

　에브라임에 대한 아모스의 비판은 공동체의 내적 삶이 무너진 사실을 강조한다. 앞 세기에 있었던 나봇의 이야기(왕상 21장)는 좋은 사례가 된다. 그러나 호세아는 공동체의 삶의 무질서 보다 종교적 삶의 무질서에 초점을 맞춘다. 에브라임은 호세아가 하나님에 대한 깊은 배교로 가득하다고 지적한 종교적 의식에 사로잡혀 있었다. 에브라임은 의도적으로 다른 신에게 기도하거나, 마치 다른 신을 섬기듯 왜곡된 방식으로 하나님께 나아갔다.

　이와 관련하여 호세아는 하나님으로부터 자신의 아내 고멜 및 가족과의 관계에 비추어 그의 신학과 메시지를 전하라는 명령을 받는다. 호세아 1-3장은 그가 어떻게 방탕한 삶을 살았다고 알려진-또는 곧 부정한 여자가 될-사람과 결혼하게 되었는지 설명한다. 역본은 그녀를 창기라고 번역하지만 히브리어 단어를 살펴보면 그녀가 정확히 매춘 행위를 했다고 단정하기는 어려우며 단지 그녀는 방탕한 여자로 알려져 있거나 방탕한 삶에 빠질 수 있는 사람 정도로 볼 수 있다. 이런 면에서 그녀는 타락한 여자(a whore)였다.

따라서 호세아는 바람난 아내를 둔(cuckolded) 남편으로 묘사된 하나님의 입장에서 메시지를 전한다. 그러나 그가 호세아 11장에서 다시 메시지를 전할 때는 자녀가 부모의 사랑과 보호에 화답하지 못할지라도 자녀를 버릴 수 없다는 부모의 입장에서 전한다.

호세아서를 이런 역학에 비추어 읽으라. 여러분이 남자인가 여자인가에 따라 해석에 영향을 받을 수밖에 없다는 사실을 인식하라. 선지자는 남자이며, 따라서 남자의 시각에서 모든 것을 바라본다는 사실을 기억하라. 이어서 1-4번이나 5-8번, 또는 여덟 문항 모두 대답해 보라.

1. 호세아와 야훼는 어떻게 사람처럼 생각하고 행동하며 느끼고 말하는가?

2. 이 책에 나타난 남성적 이미지는 무엇인가?

3. 이 책의 남성적 관점으로부터 찾을 수 있는 긍정적이거나 부정적인 통찰력이 있는가?

4. 여러분은 남자 또는 여자로서, 이 책의 메시지에 대해 어떻게 평가하거나 반응하겠는가?

5. 고멜과 야훼는 어떻게 여자처럼 생각하고 행동하며 느끼고 말하는가?

6. 이 책에 나타난 여성적 이미지는 무엇인가?

7. 이 책의 여성적 관점으로부터 찾을 수 있는 긍정적이거나 부정적인 통찰력이 있는가?

8. 여러분은 여자 또는 남자로서, 이 책의 메시지에 대해 어떻게 평가하거나 반응하겠는가?

여러분이 호세아 1장의 이름에 대해 고민하거나 호기심이 있다면 갓노우스(Godknows, "하나님이 아신다"), 러브모어(Lovemore, "더욱 사랑하라"), 텔모어(Tellmore, "많이 말하라"), 트라이모어(Trymore, "더욱 노력하라"), 오블리비오스(Oblivious, "망각"), 퓨너럴(Funeral, "장례"), 에니웨어(Anywhere, "어디든지"), 이너프(Enough, "충분한"["충분한"은 열세 번째 자식이다]), 헤이트리드(Hatred, "증오"[그의 가정에 큰 어려움이 있었다]), 퀘스천(Question, "의문"[엄마가 미혼모였다]), 네버트러스트우먼(Nevertrustawoman, "결코 믿을 수 없는 여자"[아버지는 그를 자기 자식이라고 생각하지 않았다]) 등과 같은 와인스(Wines, "Land of Homemade Names")가 소개하는 짐바브웨의 사람들의 이름과 비교해 보라.

이러한 이름들은 이사야에 나오는 이름들과 어느 정도 공통점이 있다. 당시 이사야의 아들들이 날마다 "남은 자가 돌아올 것이다"("Leftovers will return"[스알야숩])나 "약탈자가 서둘러 약탈하다"("Plunder-hurries-loot-rushes[마할살렐하스바스])라는 이름으로 불린 사실을 생각해 보라. 호세아의 자식들의 이름 역시 이런 경우에 해당하는 것으로 보인다.

하나님이 정말 호세아에게 부정한 여자와 결혼하라고 말했을지 의심을 가질 수 있지만 나는 하나님이 백성에게 가장 충격적인 일을 요구하실 준비가 되어 있다는 대답을 듣지나 않을까 두렵다. 물론 그들은 언제든지 반역의 길로 달아날 수 있다. 요나는 실패했으나 다른 사람들은 성공했을 것이다.

341 아모스서 및 오바댜서 읽기

- **아모스서 읽기**
  1. 아모스는 누구며 고향이 어디이며 어디서 일하는가? 아모스 1:1, 7:12-15을 보라
  2. 청중의 상황에 대해 본문에 제시된 대로 말해 보라.
  (a) 아모스 1:3, 6, 9, 11, 13; 2:1
  (b) 2:4, 12, 7:10-17
  (c) 2:6-8, 3:10, 5:10-12, 8:4-6
  (d) 4:4-5, 5:18-25
  (e) 5:26, 8:14
  (f) 6:1-6, 9:10
  (g) 4:6-11을 참조하라.

  3. 아모스가 가져온 소식은 어떤 것인가?
  (a) 하나님은 이러한 상황에 대해 어떤 계획을 가지고 계신가?
      아모스 1:3-2:8, 2:13-16, 3:12; 6:7, 8:11-12, 9:1-4을 참조하라.
  (b) 그것이 전부인가?
      이스라엘과 하나님의 특별한 관계에 대해서는 어떻게 생각하는가?
      아모스 2:9-12, 3:1-2, 9:7-8을 참조하라.
  (c) 누가 말씀하는가?

아모스 4:12-13, 5:8-9, 9:5-6을 참조하라.

(d) 이것으로 모든 것이 끝났는가?

아모스 9:11-15을 참조하라.

(e) 출구는 없는가?

아모스 5:14-15, 7:1-8:3을 참조하라.

(f) 하나님은 왜 이스라엘에게 선지자를 보내셨는가?

아모스 3:3-8을 참조하라.

아모스는 남쪽 사람으로서 북왕국의 수도 사마리아에 와서 말씀을 전했다. 이것은 마치 동쪽 테네시 주에 사는 한 시골뜨기가 백악관 계단에서 설교하는 것과 같다. 그는 종교를 정치로부터 분리할 수 없다는 것을 알고 있다. 그는 그곳에서 백악관 출입 목사 아마샤를 만나 그의 설교에 관심을 가질 사람은 아무도 없으니 채터누가(Chattanooga, 테네시 주에 속한 도시-역주)로 돌아가는 첫 비행기를 타라는 말을 듣는다.

아마샤는 반대자의 말에 귀를 기울이고 낯선 곳에서 온 자의 말을 듣는 것이 현명하다는 사실을 모른다. 아모스는 두 가지로 대답한다.

첫째, 아마샤가 무슨 일이 일어나고 있는지 모른다는 것이다. 아마샤는 선지자란 당시 대부분의 선지자처럼 왕을 위해 일하는 자라고 생각한다(왕상 22장 참조). 아모스의 대답은 다소 모호하다. 아마샤의 추측이 그로 하여금 선지자임을 부인하게 했거나, 자신은 선지자이지만 자신의 의지가 아니라 하나님이 선지자로 삼으셨다는 뜻일 것이다. 아모스는 정치를 신앙으로부터 분리할 수 없다는 사실도 안다. 그는 이런 문제를 제기하지 않고는 하나님께 신실할 수 없었다. 정치적 개입 없이 영성에 몰두하거나 하나님의 일을 다루지 않고 정치에 몰입하는 것은 불가능하다.

둘째, 아모스가 제시한 또 하나의 대답은 아마샤(및 온 나라)는 선지자를 돌려보낼 수 있다고 생각한 것에 대해 끔찍한 대가를 치러야 한다는 것이다. 초라해 보이는 선지자를 무시하는 것은 위험천만한 일이다. 유럽 교회의 영적 현황을 인정하라고 요구하거나 동일한 길로 가고 있는 미국 교회들에 대해 각성을 촉구한 자들이 어떻게 되었는가?

- **오바댜서 읽기**

오바댜는 이스라엘의 남부 및 남동쪽에 자리 잡은 에돔에 다가오는 야훼의 날에 초점을 맞춘다. 이 책이 아모스서와 요나서 사이에 위치한 것은 오바댜가 주전 700년대에 예언했음을 암시한다. 그러나 예언의 내용은 주전 587년에 유다를 침공하여 예루살렘을 정복한 바벨론과 동맹한 에돔에 대한 언급으로 보인다. 우리는 나중에 바사 시대에 에돔이 유다 땅을 많이 정복한 사실을 알고 있다. 오바댜는 두 시대 가운데 하나에 살았던 것으로 보이며, 이 책은 아모스 끝 부분에 나오는 약속과 연결되기 때문에 지금의 위치가 적합한 것으로 보인다.

1. 에돔에 대한 야훼의 날은 어떻게 될 것이며 이유는 무엇인가?
2. 오늘날 우리가 오바댜의 통찰력에 비추어 볼 수 있는 상황은 어떤 것인가?

다행히 에돔은 이 예언이 경고한 대로 멸망하지 않았다. 에돔 족속은 유다의 일부가 되었다. 우리는 하나님이 그들에 대한 심판을 미루었으며(흔히 있는 일이다) 그들은 회개함으로써 심판에서 벗어났다고까지 말할 수 있다. 아모스의 마지막 약속은 하나님이 예루살렘을 회복하시고 유다는 에돔의 남은 자를 기업으로 얻을 것이라는 선언이었는데, 이 약속이 이런 식으로 성취된 것이다. (아모스가 불과 한 세기 후에 일어날 예루살렘의 멸망에 대해서는 언급하지 않은 채 이런 예언을 했다는 것은 의외이다. 따라서 아모스서의 마지막 내용은 하나님이 후기 선지자에게 주신 예언을 아모스의 예언에 덧붙인 것으로 보인다).

342 아모스서: 아모스는 이 모든 일에 대해 어떻게 알았는가?

● ● ● ● ●

아모스서의 서두 부분은 전쟁에 대한 야훼의 확신을 드러낸다.

- 전쟁은 우리가 전쟁 범죄라고 부르는 행위를 피해야 한다(암 1:3, 13).
- 전쟁은 모든 백성을 포로로 넘겨서는 안 된다(암 1:6).
- 전쟁은 조약에 대한 의무를 무시해서는 안 된다(암 1:9).
- 전쟁은 형제애를 고려해야 한다(암 1:11; cf. 1:9?).
- 전쟁은 긍휼을 베풀어야 한다(암 1:11).
- 전쟁은 죽은 자를 함부로 대해서는 안 된다(암 2:1).

아모스는 계속해서 이스라엘에게 공동체의 삶에 대해 책망한다. 구약성서는 지역 공동체와 확장된 가족이 공동체 운영의 핵심이라고 말한다. 노동력을 판다는 의미에서 "고용"은 소수의 사람들에게만 해당되어야 한다. 확장된 가족은 가난한 자들-종[많은 역본은 "노예"] 및 이주자(나그네/이방인)를 도와야 한다. 여유가 있는 가정은 농사에 어려움을 겪는 자들에게 빌려주고 형편이 되지 않는 자들에게는 자선을 베풀어야 한다.

그러나 사무엘이 경고한 대로(삼상 8:10-18 참조) 국가와 발전 및 도시화는 이런 시스템을 파괴했다. 성공한 사람은 실패한 자들의 땅을 넘겨받았으며, 가난한 자의 회복을 위한 대출이 아니라 축재의 수단으로 돈을 빌려주었다. 결국 사람들은 가난해지거나 종이 되었다. 이러한 상황에서 아모스는 다음과 같은 이상을 제시한다.

1. "미쉬파트"(*mišpāṭ*)와 "쩨다카"(*ṣedāqa*)에 의해 형성된 공동체.
영역성경은 두 단어를 "공의"와 "의"로 번역하지만 정확히 말하면 의사결정을 하고 신실한 권위 및 리더십을 행사하는 것과, 공동체 내 다른 사람들과의 관계에서 의를 행하는 것을 가리킨다(암 5:6-7; 6:12 및 346 참조). 이것은 "사회 정의"에 가깝지만(Weinfeld, *Social Justice*) 보다 정확한 의미를 제공한다.

2. 야훼께서 이스라엘을 대하시는 방식을 반영하는 공동체(암 2:9-11).

3. 공동체가 땅과 부채에 대해 결정하는 방식, 즉 가난한 자에 대한 태도를 바르게 형성한 이상적 공동체(암 2:6-8; 4:1; 5:10-15).

4. 방종과 향락이 아니라 절제하는 공동체(암 4:1; 6:1-6; 8:4-6).

5. 권력자가 자신의 안락을 위해 권력을 휘두르지 않는 사회(암 3:15).

6. 거대한 규모의 시스템 및 요란한 언론 활동이 필요 없는 순전한 예배(암 4:4-5; 5:21-27).

이러한 이상은 실현될 것인가?

1. 아모스는 이러한 모범을 따르지 않는 모든 것들에 대해 책망하지만 구체적인 행위에 대한 상세한 설명은 하지 않는다. 그는 사회 개혁가가 아니다.
2. 아모스는 야훼께서 이러한 이상을 실현할 것이라고 믿는다(암 9:11-15).
3. 이러한 목적을 위한 구체적인 방향을 제시하는 것은 토라이다(대부분

아모스가 경고한 부정적인 결과로 이어지지만).

4. 예수님 시대 갈릴리 사람들의 삶의 구조는 대체로 아모스가 전제한 것과 크게 다르지 않다. 그들은 가족 중심의 촌락을 형성하고 살았다. 아마도 예수님은 오늘날 공동체가 아모스의 이상을 실현한다면 다음과 같은 모습을 보일 것이라고 말씀하실 것이다.

(a) 확장된 가정 및 촌락의 기능을 수행하는 작은 공동체
(b) 공동체 내에서 실패한 자들에게 회복을 위한 기회를 제공하기 위한 무이자 대출
(c) 교육, 교통, 의복 및 컴퓨터 등에 대한 검소한 지출
(d) 법적 절차에 대한 탈전문화(De-professionalization)
(e) (비용이 많이 드는) 교회보다 가정에서 만나는 공동체

이 모든 것과 오늘날 관심사인 사회 정의의 관계에 대해서는 363을 참조하라.

343 요나서 읽기

- **요나서 읽기**

요나서를 읽은 후 다음 항목 가운데 이 책의 목적에 대체로 부합되는 것을 찾아보라.

- 선지자가 되지 않는 방법을 보여 준다.
- 책임감, 도전, 고통 및 외로움에서 벗어나는 문제를 제시한다.
- 이스라엘에게 이방 나라에 대해 보다 열린 태도를 취할 것을 격려한다(요나 4:2은 출 34장을 그들에게 적용한 것이다!).
- 우리에게 동물 세계에 대한 관심을 촉구한다.
- 이스라엘에게 회개를 촉구한다("니느웨가 할 수 있다면 너희도 가능하다").
- 그리스도의 예표가 되는 인물을 제시한다.
- 우리에게 하나님은 마음을 바꾸실 수 있다는 사실을 보여 준다.
- 하나님의 구원(예를 들어, 큰 고기가 여러분을 삼킴)을 어떻게 이해하며 반응할 것인지를 보여 준다.

- **요나(호세아 및 이사야)의 조직 신학: 예언 신학 및 윤리**

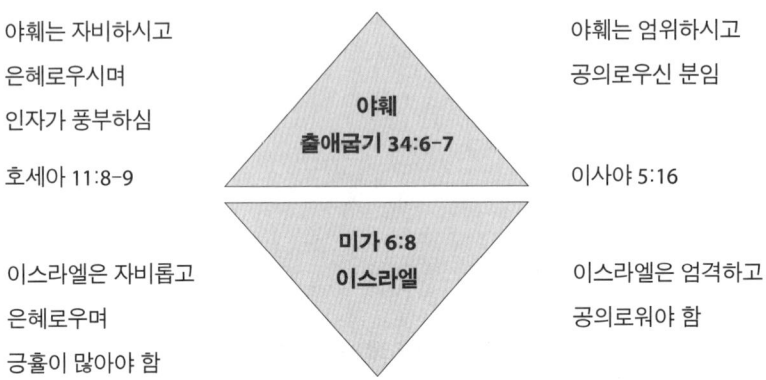

요나는 분개하여 다음과 같이 말한다.

주께서는 은혜로우시며 자비로우시며 노하기를 더디하시며 인애가 크시사 뜻을 돌이켜 재앙을 내리지 아니하시는 하나님이신 줄을 내가 알았음이니이 다(욘 4:2).

그는 어떻게 알았는가?

출애굽기 34:6-7로 돌아가야 한다(224 참조). 이 구절은 다른 본문에서도 발견된다(민 14:18; 시 86:15; 103:8; 145:8; 욜 2:13; 느 9:17). 위 도표는 선지자들이 어떻게 다른 표현으로 제시했는지 보여 준다. 하나님은 무엇보다도 거룩하신 분이시다(사 6장). 즉 하나님은 엄위하시고 탁월하시며 존엄하시고 초자연적이시라는 것이다. 따라서 호세아 11장 및 이사야 5장은 야훼의 거룩함에 초점을 맞춘다. 야훼는 자비로우시며 은혜로우신 동시에 엄위하시고 공의로우시다. 이러한 야훼의 양면성은 출애굽기 34장의 계시에 잘 드러난다.

따라서 야훼께서 거룩하신 것처럼 이스라엘도 거룩하며, 또한, 거룩해야 한다(출 19:6; 레 19:2). 미가가 언급한 겸손(338 참조)은 거룩하신 이에 대한 이스라엘의 태도를 나타내는 또 하나의 표현이다. 야훼의 거룩함이 자비와 엄위함으로 나타났듯이 미가 6:8도 이스라엘에게 동일한 요구를 한다.

위 도표는 자비와 엄위함이 동일하게 야훼의 성품의 핵심적 요소임을 보여 줄 수 있다. 그러나 출애굽기 34:6-7의 균형은 자비가 중심에 가깝고 엄위함은 주변적임을 볼 수 있다. 이사야 28:21은 야훼의 진노하심이 비상할 것이라는 말로 이러한 사실을 보여 준다. 하나님은 진노하실 수 있지만 그것은 자비와 은혜와 헌신이라는 핵심적 성품에 걸맞지 않다는 것이다.

그러나 하나님은 필요할 때 진노하실 것이다. 백성을 괴롭게 하는 것은 하나님의 본심이 아니라는 예레미야애가 3:33과 비교해 보라. 요나서의 초점도 여기에 맞추어진다,.

요나서는 이야기인가 비유인가?
어떤 방법으로 결정해야 하는가?

우리는 큰 영향을 미치지 않는 두 가지 관점에 대해 살펴볼 필요가 있다. 하나는 고기 뱃속에서 2-3일 생존한다는 것이 가능한가라는 문제이다. 인간적으로 말하면 불가능하다. 그러나 만일 하나님이 그렇게 하기로 결정하신다면 충분히 가능한 일이다. 또 하나는 예수님이 요나가 물고기 뱃속에 2-3일 있었다는 것에 대해 언급하셨다는 사실이다. 이것은 예수님이 이 이야기가 역사적이라는 사실을 확인하셨다는 것이 아니다. 그것은 내가 햄릿이 어떤 언급을 했다고 말한다고 해서 햄릿이 존재한다는 말이 아닌 것과 같다. 요나서에서 중요한 것은 이 이야기가 사실적 요소를 가지느냐 허구적 요소를 가지느냐라는 것이다. 우리는 앞서 109의 고찰을 통해 픽션일 가능성을 제기한 바 있다.

344 예레미야서: 역사 및 내용

● ● ● ● ●

예레미야의 사역은 거의 50년 가까이 되며, 예레미야서는 성경에서 시편 다음으로 긴 책이다(이사야는 모두 66장으로 예레미야[52장]보다 많지만 길이는 짧다). 예레미야는 주전 626년에 선지자로 부름 받아(렘 1:1-2) 주전 587년 예루살렘 함락 후에도 예언했으며 그 뒤 애굽으로 끌려갔다. 따라서 그의 사역은 유다가 독립국으로 존재한 마지막 수십 년 간 일어난 일련의 기념비적 사건들을 포괄한다. 여러분은 열왕기하 22-25장에서 이 이야기를 읽을 수 있다.

621	토라의 발견은 유다가 가나안 및 앗수르의 신학과 예배를 버림으로 회복할 수 있는 새로운 동력을 주었다.
612	앗수르의 수도 니느웨가 바벨론에게 멸망된다.
609	요시야 왕이 바벨론을 위해 앗수르와 맞서 싸우다 전사한다.
609	여호아하스(또는 Shallum)가 왕이 됨; 바벨론은 그를 여호야김(또는 Eliakim)으로 대체한다.
605	바벨론이 아람의 갈그미스에서 (앗수르의 동맹국인) 애굽을 물리친다. 이것은 아람과 팔레스타인이 바벨론의 지배 속에 들어갔음을 말해 준다.
601	여호야김이 반역하자 바벨론이 유다를 침공한다.
597	여호야김이 다시 반역하며, 바벨론이 다시 침공한다. 여호야김이 죽고 여호야긴(Coniah or Jeconiah [고니야/여고니야])이 십대에 왕이 된다. 바벨론이 유다를 침공하여 왕을 데려가고 시드기야(aka Mattaniah)를 왕으로 삼는다.
587	시드기야가 반역하자 바벨론은 다시 침공하며 예루살렘을 포위하고 성전을 파괴한다; 유다 백성은 다시 한 번 반역하며 바벨론 고관을 죽이고 예레미야를 데리고 애굽으로 간다.

▪ 예언서의 진술 형식

클라우스 베스터만(Claus Westermann, *Prophetic Speech*)은 세 가지 형태의 기본적 진술을 제시한다.

(a) 선지자나 하나님이 백성에게 하신 말씀
(b) 선지자가 하나님께 한 말
(c) 선지자에 관한 이야기

첫 번째 항목은 우리가 선지서에서 특별히 기대하는 메시지이다. 예레미야에서는 이 메시지가 다가올 재앙에 대한 경고, 근거를 보여 주는 논쟁적 진술 및 구원과 회복에 대한 약속으로 이루어진다. 예레미야는 종종 이러한 메시지를 극적으로 표현한다. 그러나 선지자가 하나님께 한 말(기도 및 항변)과 예레미야에 대한 이야기도 많이 등장한다. 둘 다 선지자가 예언의 일부임을 보여 준다.

예레미야는 시와 산문이 비슷한 분량으로 나뉜다(이사야는 대부분이 시이며 에스겔은 주로 산문이다). 이 책에는 산문 내러티브 및 산문 설교도 많다.

자료는 다음과 같이 나눌 수 있다.

진술 형식	시	산문
선지자나 하나님이 백성에게 하신 말씀	Yes	Yes
선지자가 하나님께 한 말	Yes	Yes
선지자에 관한 이야기	No	Yes

만일 선지자가 이사야처럼 주로 운문으로 설교했다면, 산문 설교는 예레미야를 본문으로 설교한 후기 설교자들로부터 나온 것으로 추정할 수 있다. 그러나 이것은 말 그대로 "만일"이라는 단서가 붙은 추측에 불과하며, 예

레미야 자신이 운문이나 산문으로 여러 차례 설교했을 가능성이 높다.

그러나 예레미야에 대한 이야기는 아마도 이 책을 만든 다른 사람이 기록했을 것이다. 그들은 이 이야기를 통해 예레미야 사후 수십 년간 백성에게 그의 중요성을 각인시켰으며 메시지를 이러한 목적으로 이용했을지라도 놀랍지 않다(Holladay, *Jeremiah*; Nicholson, *Preaching to the Exiles*).

따라서 예레미야 읽기는 두 가지 관점에서 접근할 수 있다.

첫째, 예레미야가 예루살렘(나중에는 애굽)에서의 사역을 통해 당시 백성에게 메시지를 전했다는 것이다.

둘째, 예레미야서가 다음 세대, 즉 포로기 시대 백성을 위해 기록되었다는 사실에서 출발한다. 그들에게 예레미야서는 열왕기서에서 볼 수 있는 것처럼 포로가 된 이유를 설명하고 교훈을 배워야 할 자료를 제공하는 역할을 한다. 예루살렘 함락 이전 수십 년간 예레미야는 유다를 각성시키지 못하였다. 문제는 다음 세대는 교훈을 배워 야훼의 말씀을 진지하게 받아들이기 시작해서 이 책이 제시하는 희망을 자신의 것으로 삼을 수 있을 것인가이다.

345 예레미야서 읽기

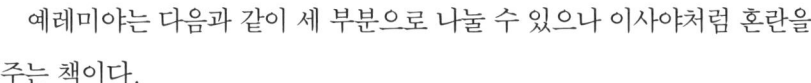

예레미야는 다음과 같이 세 부분으로 나눌 수 있으나 이사야처럼 혼란을 주는 책이다.

예레미야 1-25장	주로 시	이스라엘에 대한 예레미야의 메시지 및 그의 기도
예레미야 26-45장	주로 산문	예레미야에 대한 이야기
예레미야 46-52장	주로 시	열국에 대한 예레미야의 메시지 및 역사적 결말

처음 두 부분은 주로 이야기가 꼬리를 물고 이어지기 때문에 독자는 따라가기만 하면 된다. 그러나 이 책은 주제별로 분류되지는 않았으나 여러 가지 화제가 등장하며 따라서 여러분은 이 책을 읽을 때 다음 네 가지 주제를 염두에 두어야 한다.

▪ **예레미야의 생애 및 사건의 추이**

예레미야의 메시지 가운데 일부는 연대가 제시되며(예를 들어, 렘 25장), 따라서 우리는 다른 메시지에 대해서도 연대를 추측할 수 있다. 이 책은 연대기에 대해 거의 관심을 갖지 않는다. 따라서 연대기적 순서로 배열하려는 시도는 추측에 의존할 수밖에 없다. 그러나 우리는 다양한 왕들(요시야, 여호아하스/살룸, 여호야김, 엘리야김, 여호야긴/고니야/여고니야, 시드기야/맛다니야)의 통치 시대 및 예루살렘 함락 이후의 사건에 대해 구체적으로 언급한 설교 및 이야기를 모을 수 있으며, 따라서 전체적 윤곽을 그릴 수 있다.

- **선지자란 누구인가?**

    우리는 이 주제 하에 일련의 질문을 할 수 있다.

    - 선지자는 무슨 일을 하는가?
    - 예레미야의 삶은 어떤 것인가?
    - 예레미야는 선지자로서 하나님에 대해 어떻게 말하는가?
    - 하나님은 선지자로서 예레미야에 대해 무엇이라고 말씀하시는가?
    - 예레미야는 선지자로서 어떻게 기도하는가?
    - 그는 다른 선지자에 대해 어떻게 말하는가?
    - 그는 제사장이나 다른 지도자에 대해 어떻게 말하는가?
    - 그들은 예레미야에 대해 무엇이라고 말하는가?
    - 그가 생전에 해결해야 할 문제는 무엇인가?
    - 그는 선지자로서 그 문제를 어떻게 해결하는가?
    - 어떤 사람이 참된/신실한 선지자인지 속이는/거짓 선지자인지 어떻게 구별할 수 있는가?

- **에브라임과 유다에 대한 야훼의 책망 및 그들에 대한 약속**

    우리는 이 주제에 대해서도 몇 가지 질문을 제기할 수 있다.

    - 야훼가 에브라임 및 유다 공동체의 삶 속에서 발견한 잘못은 무엇인가?
    - 그들의 종교적 삶에서 발견한 잘못은 무엇인가?
    - 그들의 정치적 삶에서 발견한 잘못은 무엇인가?
    - 그들의 미래에 대한 그의 약속은 무엇인가?

■ 열국에 대한 야훼의 관점

우리는 이 주제하에서 다음 두 가지 질문을 할 수 있다.

- 예레미야는 강대국 및 야훼와 그들과의 관계에 대해 무엇이라고 말하는가?
- 예레미야는 유다 주변 열국에 대해 무엇이라고 진술하는가?

예레미야서의 뚜렷한 특징은 두 가지 버전이 존재하며, 히브리 성경은 길고 헬라어 성경인, 70인역은 그보다 1/8이 짧다는 것이다. 그러나 사해문서 가운데는 원래의 히브리 버전 파편이 발견되기 때문에 헬라어 버전이 일부 내용을 우연히 누락했을 가능성도 있지만, 일반적으로는 헬라어 판이 오래된 것으로 본다.

자료의 분량과는 별도로 두 성경의 가장 큰 차이는 열국에 대한 예언으로, 헬라어 성경에는 중간에 나오며 히브리 성경에는 끝 부분에 더욱 풍성한 소망과 함께 제시된다. 또한, 히브리 성경은 이스라엘에 대해서도 보다 희망적인 내용을 제시한다. 따라서 히브리 성경은 예레미야의 사역의 우울하고 위협적인 상황과 다소 거리가 있으며, 이스라엘과 세상에 대한 희망의 정도에 있어서도 마찬가지이다. 이러한 자료는 가장 오래된 버전이 반드시 "가장 훌륭한" 자료이거나 가장 영감이 충만하거나 가장 통찰력을 있는 자료는 아니라는 것을 보여 준다.

346 예레미야서: 사회 정의(aka Faithful Judgment)

● ● ● ● ●

우리는 앞서 정의(미쉬파트[mišpāṭ])와 공의(쩨다카[ṣedāqâ])가 주전 700년대 선지자들에게는 중요했다는 사실에 대해 살펴보았다. 미쉬파트(mišpāṭ)라는 단어는 일반적으로 "정의"로 번역되지만 정의라는 단어가 함축하는 것보다 구체적인 의미를 가진다. 미쉬파트는 권위나 리더십이나 통치권의 정당한 행사, 또는 합당한 의사결정을 의미한다(예를 들어, 렘 17:11).

흠정역(KJV)은 "심판"(judgement)으로 번역하는데, 이것이 "정의"보다 원문에 가깝다(예를 들어, 렘 17:11). 다만 심판은 다소 부정적인 개념인 반면, 미쉬파트는 일반적으로 긍정적 개념이라는 차이가 있다. 쩨다카(ṣedāqâ)는 일반적으로 "의"로 번역되지만 이 번역은 개별적 거룩함을 나타낸다는 약점이 있다. NIV는 종종 "옳은 것[공의]"으로 번역하는데, 이것이 보다 나은 번역이다. "쩨다카"는 다른 사람 및 하나님의 백성과 관련하여 옳은 것을 행한다는 뜻이기 때문에 신실함에 가깝다. 혼란을 가중시키는 것은 이것과 거의 같은 뜻을 가지고 있는 "쩨데크"(ṣedeq)라는 단어 때문이다.

예레미야 22:3은 미쉬파트와 쩨다카의 의미를 분명히 제시한다. 예레미야 22:13-17은 이 단어의 반대 개념을 보여 준다. 예레미야 23:5-6은 이 표현에 대한 왜곡된 용례를 보여 준다. 여기서 초점을 맞출 것은 유다의 마지막 십년을 통치한 왕의 이름은 찌드키야후(ṣidqî-yāhû)라는 것이다.

"쩨데크"라는 단어는 "야훼는 나의 신실하심/의로우심"이라는 의미를 가지고 있다. 만일 시드기야가 이 이름대로 살았다면 의(쩨데크/쩨다카[ṣedeq/

ṣedāqâ)를 좇았을 것이다. 그러나 그는 앞장에서 비난을 받았던 전임자들과 마찬가지로 그렇게 살지 못했다. 그러므로 예레미야는 야훼께서 다윗의 계열에서 한 가지를 일으키실 것이며 그는 나중에 "메시아"로 불릴 것이며 신실한/의로운 가지가 될 것이라고 주장한다. 그의 이름은 "야훼는 나의 의/신실하심"(야훼 찌드케누[Yahweh ṣidqēnû])이 될 것이다. 다시 말하면 시드기야는 그가 하지 못했던, 이름에 합당한 신실한 삶을 살 누군가에 의해 대치된다는 것이다.

예레미야 4:2에는 정의(미쉬파트[mišpāṭ])와 공의(ṣedāqâ)가 동시에 진실(에메트[ʾĕmet])과 함께 제시된다. 이 구절에서는 법정에서의 맹세 및(또는) 증언을 가리킨다. 또한, 예레미야 9:24에서는 두 단어가 사랑(헤세드[ḥesed])과 함께 나오며, 이 땅에서 야훼의 역사하심을 묘사한다.

예레미야 9:24의 경우, 두 단어가 하나님께 사용되었다는 사실에 주목할 필요가 있다. 예레미야 51:10은 하나님이 우리의 공의(ṣedāqâ)를 드러내셨다고 선언한다. 이것은 하나님이 자신의 의로우시고 신실하신 목적을 유다에서 실현하기 위한 사역을 시작하셨음을 보여 준다. 이러한 용례는 이사야 40-66(예를 들어, 사 45:24; 46:12, 13; 51:6, 8; 56:1)에서 자주 발견할 수 있다. "쩨데크"는 예레미야 11:20에서 예레미야가 야훼께 기대했던 신실하심을 묘사할 때에도 이러한 의미로 사용된다.

예레미야는 야훼에 대해, 그의 권위를 드러내시는 방식으로 자신의 신실하심을 보여 주시는 분으로 묘사한다. 이 구절에 사용된 동사는 "심판하다"(샤파트[šāpaṭ, "판단하시다"])이며 "미쉬파트"는 이 동사에서 유래한다. 야훼께서 유다를 회복하실 때 사람들은 그 땅을 "의로운 처소"(abode of ṣedeq)나 "신실한 처소"("faithful abode")로 부르며 환영할 것이다(렘 31:23; 50:7). 그 땅은 하나님의 신실하심 및(또는) 유다의 신실함을 구현할 것이다. "쩨데크"의 이러한 용례는 이사야 40-66장(예를 들어, 사 41:2; 42:6, 21; 45:13; 58:8)에서도 볼 수 있다.

예레미야는 예루살렘에서 "정의(mišpāṭ)를 행하는 자"를 찾지 못한다(렘 5:1). 아무도 합당한 방식으로 권위를 행사하거나 통치하지 않았다는 것이다(cf. 렘 21:12; 22:3). 부자들[지도자들]은 하나님의 정의(mišpāṭ)에 관심이 없었다(렘 5:5). 그러나 이러한 책임은 지도자나 부자들에게만 있는 것은 아니다. 일반 백성 역시 하나님의 정의에 주의를 기울이지 않았다.

예를 들어, 그들은 가정 생활 및 가족의 일을 합당한 방식으로 처리하지 않았다(렘 5:4). 새는 자신의 삶에 대한 자연의 섭리를 깨닫지만 백성은 하나님의 규례(mišpāṭ)를 모른다(렘 8:7). 예레미야 5:28은 이러한 사실을 잘 보여 준다. 그들은 "빈민의 재판을 공정하게 판결하지(šāpaṭ the mišpāṭ)" 않는다(흠정역은 "가난한 자의 의를 판단하지 않는다").

미쉬파트(mišpāṭ)는 심판을 가리키며 따라서 영어 단어처럼 부정적인 의미를 가지지만(예를 들어, 렘 1:16; 4:12; 12:1), 예레미야 5:28은 하나님의 심판이 긍정적인 의미를 가질 수 있음을 보여 준다. 이것은 가난한 자를 위하는 행동은 그들을 무시하거나 이용하려는 자들을 반대한다는 의미이다(cf. 렘 7:5). 이 단어는 이사야 40-66장에서도 찾아볼 수 있으며, 하나님이 이스라엘의 삶 속에 자신의 목적을 이루시기 위해 통치적 권위를 행사하신다는 뜻으로 사용된다(예를 들어, 사 40:27; 42:1, 3, 4; 59:9).

347 예레미야서: 죄와 소망

죄. 구약성서는 죄의 본질에 대해 다양한 방식으로 묘사한다. 예레미야에는 한 가지 중요한 본질을 제외한 모든 요소가 나타난다. 죄가 일상적 삶에서 어떤 이미지로 나타나는지 살펴본다면 이러한 본질을 이해하는 데 큰 도움이 될 것이다.

1. 죄는 더 높은 권위에 반발하는 것이다(파샤[pāšaʻ]; 렘 2:8, 29; 3:13; 5:6; 33:8 참조; 역본은 종종 "허물"로 번역한다). 일상적 용례에 대해서는 열왕기하 1:1을 보라.

2. 죄는 하나님으로 하여금 찾아오시게 만드는 것이다(파카드[pāqad]; 렘 5:9, 29; 6:15; 30:20 참조; 종종 "형벌"로 번역되지만 문자적 의미는 "방문하다"라는 뜻이다). 이것은 마치 "마피아"와 같은 이미지를 가진다.

3. 죄는 아내나 남편의 부정과 같다(슈브[šûb]; 렘 3:6, 7, 8, 10, 11, 12, 22 참조). 문자적으로는 다른 누군가에게로 향하는 것을 의미한다.

4. 죄는 친구를 배반하는 것과 같다(바가드[bāgad]; 렘 5:11; 9:2 참조). 예레미야 12:1, 6 및 욥기 6:15도 보라.

5. 죄는 더러워짐을 의미한다(타메[ṭāmēʾ]; 렘 2:23 참조).

6. 죄는 길을 벗어남을 의미한다(아온[ʿāōn]; 렘 3:21; 5:25; 9:5; 11:10 참조). 따라서 방황이라는 의미를 가진다("부정"으로 번역되기도 한다).

7. 죄는 법을 어기거나 그것을 무시하거나 넘어서는 것을 의미한다(아바르[ʿābar]; 렘 34:18 참조). 일상적 용례에 대해서는 예레미야 5:22을 보라.

8. 죄는 표준에 미치지 못함을 의미한다(핫타아트[ḥaṭṭāʾāt]; 렘 3:25; 8:14; 14:7, 20 참조; 일반적으로 "죄"로 번역된다).

9. 죄는 우리에게 찾아오는 안 좋은 일을 가리킨다(라아[raʿ]; 렘 1:16; 18:8; 36:3 참조). 영어에는 동일한 단어가 우리가 행하거나 경험하는 나쁜 일을 가리킨다.

10. 죄는 다른 사람의 권리나 소유나 명예를 침해하는 것이다(마알[māʿal]; 이 이미지는 예레미야에 나타나지 않는다. 겔 14:13; 20:27 참조). 일상적 용례에 대해서는 민수기 5:27을 보라.

▪ 소망

그리스도인은 종종 구약성서에서 하나님은 백성을 좀처럼 용서하지 않으시며 제물을 바치지 않는 한 용서 받을 수 없다고 생각한다. 우리는 343에서 하나님은 사실상 백성을 기꺼이 용서하고 싶어 하신다는 사실을 살펴보았으며(요나가 반대한 것은 이 부분이다), 228에서는 구약성서는 제물과 용서의 관계에 대해 중요하게 생각하지 않는다는 사실을 살펴보았다. 실제로 히브리서 10:4은 제물의 피가 죄를 없이하지 못한다고 말씀한다(비록 히

9:13에서는 부정한 자를 정결하게 한다고 말하지만). 하나님은 자비하고 긍휼이 풍성하시며 회개하는 자를 기꺼이 용서하신다.

그러므로 예레미야는 하나님이 백성의 죄를 잊었다(즉 마음에서 지워버렸다)고 선언한다(렘 31:34). 그는 구약성서에서 가장 흔한 "용서하다"(나싸 [nāśāʾ]; 문자적 의미는 "운반하다")라는 단어를 사용하지 않는다. 예레미야는 덜 일반적인 단어인 "살라"(sāah)를 사용한다. 같은 맥락에서 그는 하나님이 백성의 죄와 부정을 정하게 하시는 모습을 묘사한다(렘 33:8).

하나님은 백성이 그의 앞에 설 수 있도록 그들을 깨끗케 하신다. 예레미야는 배교와 실패 및 반역에 대해 언급하는 상황에서 이러한 씻음과 용서를 약속하지만 죄사함과 관련된 조건에 대해서는 어떤 언급도 하지 않는다. 한편으로 예레미야 36:3은 그들이 악한 길에서 돌이켜 용서를 받는 모습에 대해 묘사하며, 예레미야 13:27은 그들이 정결해야 할 것에 대해 말씀한다. 따라서 일반적으로 하나님의 행위와 우리의 행위 사이에는 긴장이 존재한다(두 인간 사이에 긴장이 존재하는 것처럼). 이런 상황에서 양자 가운데 어느 한 쪽으로부터 첫 번째 움직임이 나올 수 있다. 그러나 문제는 어느 쪽이 되든, 유다를 돌이키기에는 어려움이 따른다는 것이다(렘 14:10 참조).

예레미야 31:31-34은 해법을 제시하는 것처럼 보인다. 하나님이 백성이 돌이켜 회복되기만 기다리는 것은 소용이 없다. 그렇게 되려면 영원히 기다리셔야 할 것이다. 하나님은 그들의 마음을 확실히 돌이킬 수 있는 조치를 통해 어떻게든 그들을 회복시키실 것이다. 이러한 죄사함 및 죄를 싫어하는 마음이야 말로 그들로 하여금 토라를 순종하기 시작하며 더 이상 야훼를 인정할 것을 촉구하지 않아도 되는 변화를 초래할 수 있게 할 것이다.

그 결과 상당한 효과가 나타났다. 하나님이 그들을 포로에서 회복하신 후 그들은 이전과 달리 계명을 순종했다(그들은 다른 신을 섬기지 않고 형상을 만들지 않았으며 안식일을 준수했다). 하나님은 그들을 용서하시고 그들의 마음을 변화시키셨다.

348 예레미야서: 무엇이 거짓 선지자를 만드는가?

구약성서의 거짓 예언에 대한 제임스 크랜쇼(James Crenshaw)의 연구 제목은 『선지자의 갈등: 이스라엘의 종교에 미친 영향』(*Prophetic Conflict: Its Effect upon Israelite Religion*)이었다. 이 제목은 참 선지자와 거짓 선지자의 구별이 어렵다는 사실을 반영한다. 또한, 참 선지자가 거짓 선지자가 될 수 있으며 거짓 선지자가 참된 말씀을 전할 수도 있다. 아마도 모든 선지자는 양면성이 있었을 것이다.

그렇다면 선지자로 하여금 참된 메시지가 아니라 거짓을 전하도록 영향을 미치는 요인은 무엇인가?

우리는 네 가지 요소에 대해 살펴볼 것이다.

- **성공에 대한 갈망**

선지자는 참된 메시지를 전하고 싶어 하며 사람들이 자신의 말을 들어주기 원한다. 그는 두 가지 일 모두 하나님을 위하여 그렇게 하기를 원한다. 그러나 둘 다 불가능할 수 있다. 사람들은 진리를 듣지 않으려 하며 거짓을 선호할 수 있다. 예레미야는 사람들이 자신의 말을 거부함으로써 거의 멸망할 뻔하였다(렘 15장 참조).

참으로 하나님은 사람들이 하나님의 종의 말을 청종하기를 원하시는가?

참으로 하나님은 선지자의 성공에 관심을 가지고 계신가?

안타깝지만 그렇지 않다. 하나님의 종은 실패와 고통을 통해 하나님의 뜻을 이룰 수 있다. 이사야 40-55장은 이러한 사실을 잘 보여 준다. 성공을 원하는 것, 하나님을 위한 성공은 참 선지자뿐만 아니라 거짓 선지자들의 희망이기도 하다.

▪ 제도적 압력

이스라엘의 환경에서 이것은 왕을 의미한다. 아마샤가 아모스의 말을 막으려고 했다는 사실은 이러한 사실을 잘 보여 준다(암 7장). 여기에는 반전이 숨어 있다. 왕은 신탁이 필요한 이유이다. 왕 제도는 언제나 하나님을 대치할 위험이 있다. 따라서 그것에 맞서는 하나님의 음성을 필요로 한다. 선지자의 사역은 이러한 제도와 맞서는 것이다. 그러나 이 제도는 선지자가 목숨을 걸거나 자신의 사역 전부를 걸지 않는 한 예언 자체를 불가능하게 할 수도 있다. 따라서 국가를 제도로 보든 교회를 제도로 보든, 예언 사역 가운데 하나는 제도의 신격화를 막는 것이라는 사실을 알아야 한다. 또한, 우리는 우리의 "집단"이-공식적으로는 어떤 제도도 거부하지만-사실상 제도의 기능을 하며 하나님의 말씀을 방해할 수 있다는 사실을 알아야 한다.

▪ 세속 종교

세속적 종교는 너무 쉽게 하나님이 우리와 함께하신다고 말한다. 하나님은 우리를 위해 헌신하시며, 우리는 만사 형통한다는 것이다. 이것은 예레미야가 아니라 하나냐의 메시지이다(렘 28장). 우리의 메시지가 하나님이 우리와 함께 계신다는 것이라면, 우리의 메시지는 거짓 선지자와 다름이 없다. 그러나 때로는 세속 종교도 포로기 상황과 같은 경우, 하나님이 우리를 버리셨다고 생각할 것이다(사 40장 참조). 교회에 대한 열정은 타이타닉호의 갑판 의자를 재배열하는 것과 같다. 교회의 타락은 불가피하다. 이러한 대열에 합류하는 선지자는 거짓 선지자이다. 우리는 세속 종교의 낙관

주의와 비관주의 모두 경계해야 한다. 선지자는 하나님의 백성 사이에 광범위하게 확산되어 있는 태도를 하나님이 원하시는 행위로 인정하거나 그것에 동화되지 말고 그것과 맞서 싸워야 할 소명을 가지고 있다.

■ 전통의 힘

하나님이 우리와 함께 계신다는 하나냐의 가정은 전통, 시편, 이사야의 예언, 및 신명기의 메시지에 기인한다. 한 마디로 성경에서 나온 것이라고 할 수 있다. 그것은 바르고 성경적이다. 문제는 그의 말이 시대에 뒤떨어졌다는 것이다. 하나냐는 성경 메시지를 전했으며 그의 신학은 정통이지만 앞선 세기에 해당하는 메시지이다. 그것은 지금의 달라진 상황에 부합되는 메시지가 아니다. 선지자가 어제 적용된 진리를 단순히 반복한다면 소리나는 구리와 울리는 꽹과리가 되고 말 것이다. 구약성서는 은사가 잘못 시행되는 경우와 관련하여 두 가지 위로의 말씀을 제시한다.

첫째, 그것이 하나님의 계획의 일부가 될 수 있다는 것이다. 그것은 하나님의 목적 가운데 하나이다. 즉 백성의 내적 성향으로 말미암아 자초한 공적 심판을 수행하는 과정의 한 수단이 될 수 있다는 것이다. 우리는 여호사밧과 사백 명의 선지자들에 관한 이야기(왕상 22장) 및 거짓이 있어야 불의한 자들이 드러난다는 바울의 주장(고전 11:18-19)에서 이러한 메시지를 발견할 수 있다.

둘째, 또 한 가지 위로의 말씀은 참 선지자가 넘어질 수 있듯이 거짓 선지자도 돌이켜 회복할 수 있다는 것이다. 선지자가 중요한 실수를 할지라도 반드시 멸망하는 것은 아니다. 엘리야와 요나는 이러한 사실을 잘 보여준다. 이것은 예레미야의 말과 같다.

> 네가 만일 돌아오면 내가 너를 다시 이끌어 내 앞에 세울 것이며 네가 만일 헛된 것을 버리고 귀한 것을 말한다면 너는 나의 입이 될 것이라(렘 15:19).

349 예레미야서와 강대국

　구약성서에서 이스라엘의 역사는 대체로 이런 저런 강대국이 이스라엘 사회의 정치 경제, 문화 및 종교적 삶을 지배했다. 세상 역사에서도 일련의 강대국은 오랜 세월 끊이지 않았다. 다른 후기 선지서 및 다른 책에서와 마찬가지로 예레미야서는 당시 강대국의 신학적 의미에 상당한 관심을 기울였다. 그 이유 가운데 하나는 당시 강대국의 역사 및 역할 때문이다.

　예레미야 시대 초기, 앗수르는 므낫세 왕 시대 유다를 지배한 강대국이었다. 그러나 앗수르가 쇠퇴하자 정치적 상황은 요시야 왕의 유다 개혁을 순조롭게 했다. 그들은 독립을 확신한 것처럼 보이기까지 한다. 그러나 앗수르의 몰락은 유다와 같은 약소국이 쉽게 독립할 수 있는 여건이 되었다는 말이 아니다. 예레미야 시대 중반에는 바벨론이 앗수르를 이어 강대국이 된다. 그러나 유다에게는 단지 한 강대국이 다른 강대국에 의해 대치된 것일 뿐이다. 예레미야 25:1, 36:1, 45:1, 46:2에 언급된 주전 605년의 큰 사건도 같은 맥락에서 볼 수 있다(344 참조). 바벨론과의 관계는 유다가 주전 587년에 멸망하기까지 가장 중요한 정치적 현안이었다.

　예레미야서는 강대국에 대한 네 가지 핵심적 내용을 제시한다(이 부분에 대한 상세한 설명은 363 참조).

- **강대국은 야훼에 복종해야 한다.**

> 보라 내가 북쪽 모든 종족과 내 종 바벨론의 왕 느부갓네살을 불러다가 이 땅과 그 주민과 사방 모든 나라를 쳐서 진멸하여(렘 25:9).

파괴자로서 느부갓네살은 야훼의 종이다.

> 나는…만들고 내가 보기에 옳은 사람에게 그것을 주었노라 이제 내가 이 모든 땅[에돔, 모압, 암몬, 두로, 시돈]을 내 종 바벨론의 왕 느부갓네살의 손에 주고…모든 나라가 그와 그의 아들과 손자를 그 땅의 기한이 이르기까지 섬기리라 또한, 많은 나라들과 큰 왕들이 그를 종으로 삼을 것이라[그 자신을 섬기리라](렘 27:5-7).

유다는 바벨론의 권위를 받아들여야 했다. 포로기는 영원하지 않지만 상당 기간 지속될 것이다.

따라서 야훼는 강대국을 도구로 사용하여 심판하시거나 자비를 베푸신다. 야훼는 한때 자비를 거두어 들이셨으며(렘 13:14; 16:5) 자비를 베풀기를 거부하는 강대국들을 그런 목적으로 사용하셨다(렘 6:23; 21:7). 그러나 야훼는 언제나 돌이켜 불쌍히 여기시려는 생각을 가지고 계시며(렘 12:15; 30:18; 33:26), 강대국은 언제든지 피지배국의 백성에게 긍휼을 베풀 수 있다.

하나님의 통치하에 있는 강대국은 약속을 성취하고 선한 목적을 수행하는 긍정적 수단으로서의 신학적 역할을 할 수 있다. 강대국은 두 가지 면에서 세상에 대한 야훼의 궁극적 목적을 부분적으로 수행한다. 그것은 야훼의 날을 초래한다. 그러나 그들은 이 모든 일을 전혀 의식하지 못한다. 이것은 야훼를 섬기려는 노력이 아니다. 그들은 자신의 일을 할 뿐이다.

- **그 결과, 모든 강대국은 자신의 차례를 맞는다.**

모든 나라는 느부갓네살과 그의 아들과 손자를 섬겨야 하지만 이러한 섬김은 "그 땅의 기한이 이르기까지"이다. 그 후에는 많은 나라와 왕들이 그를 종으로 삼을 것이다(렘 27:6-7).

그가 이스라엘의 거룩한 자 야훼를 향하여 교만하였음이라(렘 50:29; cf. 렘 51:11).

바벨론은 이스라엘에 대해 야훼의 종으로서 행동해야 하지만, 자신의 제국을 건설해야 한다는 지표도 수행해 왔다. 불쌍히 여기지 않는 자는 아무것도 얻을 수 없다(렘 50:42). 하나님은 예루살렘에 있는 그의 전에서 바벨론이 행한 일에 대해 심판하실 것이다(렘 50:25-28; cf. 렘 51:11).

약탈자가 약탈을 당할 것이며 나머지 세계는 강대국으로부터 구원을 받을 것이다(렘 30:10-17). 그러므로 여타 민족들이 강대국과 지나치게 가깝게 지내는 것은 지혜롭지 못하며 적어도 그것을 버릴 때를 안다면 현명할 것이다. 야훼께서 강대국을 멸망시키는 방법은 다른 강대국을 이용하는 것이다. 바벨론 이후에는 메데와 바사 제국이 일어났으며 강대국으로서의 그들이 위한 첫 번째 조치는 전임자를 제거하는 것이었다. 또한, 메데가 바벨론을 치는 것은 하나님의 계획이다(렘 50:45).

- **강대국을 위한 좋은 소식이 있는가?**

역설적 형식의 좋은 소식은 강대국의 종교적 자원의 무기력함이 드러날 것이라는 사실이다(렘 50:2). 이와 관련된 긍정적 선언은 나라들이 야훼의 힘과 능력을 인정할 것이라는 사실이다. 그러나 한편으로 강대국은 지금이라도 결코 늦지 않았다는 사실을 알아야 한다(렘 18:7-8).

350 나훔, 하박국, 스바냐서 읽기

이 세 선지자는 주전 600년대 후반에 활동했다. 스바냐에는 요시야 통치 시대에 대한 언급이 나타나며, 가장 오래된 시대의 문헌으로 보인다. 당시는 예레미야의 사역 초기에 해당하며 앗수르가 쇠퇴하고 바벨론이 부상할 시점이다(앗수르의 수도 니느웨는 주전 612년에 바벨론에게 함락당했다).

▪ 나훔

1:1-15   이 책은 몇 가지 교리적 내용으로 시작한다. 야훼는 어떤 분이라고 말하는가?
2:1-3:19   이러한 내용은 메데와 바벨론의 공격을 받고 있는 니느웨에 적용된다.

나훔에서 야훼는 니느웨에 대해 요나와 비슷한 태도를 취하시며 따라서 요나서의 야훼 자신과 다른 태도를 취하신다. 나훔 시대에 유다가 받은 유혹은 자신에게는 아무런 소망이 없으며 앗수르의 압제자는 중동을 영원히 다스릴 것이라는 것이었다. 우리가 하나님이 자신을 구원하실 것이라는 믿음의 격려를 받아야 할 식민지 백성의 입장에서 나훔을 읽는다면 이 책을 이해하는 데 도움이 될 것이다. 이 책은 1980년대 남아프리카의 압제당한 자들에게 격려가 되었다.

주전 612년 니느웨의 함락은 니느웨의 멸망에 대한 나훔의 약속이 실제로 야훼로부터 왔음을 입증하는 데 도움이 되었을 것이다. 나훔은 참 선지자였다. 그러나 나훔 1:1 이후 니느웨에 대한 구체적 언급은 두 차례밖에 나타나지 않는다(영어 성경에는 더 추가된다)는 사실에 주목할 필요가 있다. 이것은 독자에게 이 예언이 니느웨뿐만 아니라 모든 악한 도시(예를 들어, 예루살렘)에도 적용된다는 사실을 보여 준다.

■ 하박국

하박국은 선지자와 하나님 사이의 논쟁 형식을 취하며, 선포와 예배로 이어진다. 선지자의 이름과 관련하여, 영어 발음에서는 "하브"(Hab)나 "악"(akk)에 악센트를 두지만 마소라는 "국"(kuk)에 악센트를 둔다. 따라서 악센트를 어디에 두든 상관없다.

하박국의 논쟁의 흐름을 추적해 보라.

1:2-4	하박국이 하나님께	하박국은 유다에서 무엇을 보았는가?
1:5-11	하나님이 하박국에게	하나님은 무엇을 하실 생각이신가?
1:12-2:1	하박국이 하나님께	하박국은 왜 하나님의 계획을 반대했는가?
2:2-5	하나님이 하박국에게	하박국의 반대에 대한 하나님의 대답은 무엇인가?
2:6-20	하박국이 바벨론에게	하나님의 대답을 들은 하박국은 무엇을 선포했는가?
3:1-19	하박국이 하나님께	하박국은 하나님의 대답에 비추어 어떤 기도와 경배를 하였는가?

바벨론의 압제 및 유다에서의 압제라는 상황에서 하박국은 "의인은 그의 믿음으로 말미암아 살리라"라는 선언을 한다. 다시 말하면 바르게 사는 사람은 죽지 않고 살 것이라는 뜻이다. 야훼께서 반드시 그렇게 하실 것이다. 외견상 그렇게 보이지 않을지라도 우리는 야훼의 신실하심을 붙들어야 한다. 바울은 성령의 영감으로 이 구절을 다른 의미로 사용한다(롬 1:17; 갈 3:11). 그러나 히브리서 10:38이 하박국의 원래적 의미에 가깝다.

▪ **스바냐**

요시야(습 1:1)는 주전 640년에 유다의 왕이 된다. 스바냐는 요시야의 통치 초기 종교 및 사회 개혁이 있기 전, 예레미야 사역 직전에 활동했다. 스바냐는 야훼의 날을 가장 강조한다. 스바냐 전체를 읽고 그의 경고와 약속을 요약해 보라.

1:2-3   온 세상에 대한 야훼의 목적은 무엇인가?
1:4-2:3   이것은 하나님의 백성에게 적용되는가? 야훼의 날은 하나님의 백성에게 어떤 의미인가? 이유는 무엇인가? 그렇다면 그들은 어떻게 해야 하는가?
2:4-15   야훼의 날은 유다의 주변국 및 강대국 앗수르에게 어떤 의미를 가지는가?
3:1-8   예루살렘이 응답하지 못할 경우 야훼의 날은 그들에게 어떤 의미를 가지는가?
3:9-20   야훼의 회복의 날은 어떤 날인가?

스바냐의 핵심 구절 가운데 하나는 "네 가운데/그 가운데"(습 3:3, 5, 11, 12, 15, 17 참조)이다.

351 에스겔서 읽기

에스겔은 예레미야의 젊은 동시대인이지만 예루살렘이 함락되기 10년 전, 주전 597년에 다른 제사장들과 함께 바벨론으로 잡혀간 예루살렘의 제사장이다. 따라서 에스겔은 예루살렘 함락 전후 수년 간 예레미야와 동시대에 활동했지만 예레미야가 예루살렘에서 사역한 반면, 그는 바벨론에서 사역했다. 다른 선지서와 마찬가지로 에스겔서도 수차례에 걸쳐 제시된 메시지의 모음이지만 예레미야서와 달리 배열이 산뜻하다.

1. 서론 부분인 에스겔 1-3장을 읽으라.
에스겔의 소명에 관한 이야기의 특징은 무엇인가?
특히 다른 선지자의 소명 기사와 어떻게 다른가?
우리는 왜 이 이야기를 들었다고 생각하는가?
이 기사는 그의 환경 및 그의 사역과 어떻게 관련되는가?

2. 유다에 임한 재앙에 관한 메시지인 에스겔 4-24장을 읽으라.
에스겔은 무엇을 어떤 식으로 전하라는 명령을 받았는가?
예루살렘의 문제는 무엇이며 야훼는 예루살렘에 대해 어떤 생각을 가지고 계신가?

3. 열국에 임할 재앙에 관한 메시지인 에스겔 25-32장을 읽으라.

유다 포로민에게 주는 메시지의 초점은 무엇인가?

4. 에스겔 33-48장을 읽으라. 이스라엘의 회복에 대한 야훼의 약속은 무엇인가?

여러분은 왜 야훼께서 이 특별한 약속을 하셨다고 생각하는가?

이 약속에 나타난 새로운 내용은 무엇인가?

▪ 에스겔은 실제로 이처럼 기괴한 행동을 했는가?

그는 390일을 옆으로 누워 있었는가?(겔 4:4-5).

나는 그가 기괴한 일을 했다고 생각하지만 반드시 문자에 얽매일 필요는 없다.

예를 들어, 그는 그곳에서 지나간 날을 상징하기 위해 뒤집는 달력 비슷한 것과 함께 누워 있지는 않았을까?

그는 실제로 예루살렘으로 갔는가?(겔 8:1-4).

나는 그가 환상 가운데 이러한 경험을 했을 가능성에 이의를 제기할 이유가 없다고 생각한다(제사장 가정에서 자란 그는 예루살렘에 있을 때 보았던 성전에 대해 익숙할 것이며 무엇이 어디에 있는지에 대해서도 잘 알 것이다).

▪ 포르노와 같은 장들(겔 16, 23장)에 대해서는 어떻게 이해해야 하는가?

에스겔은 이곳에서 남자의 입장에서 여성을 바라보는 시각을 다섯 가지로 제시하는데, 여성에게는 모두 부정적인 내용이다. 성령께서 위험을 무릅써야 하는 것은 이러한 에스겔의 여성관을 정당화하는 것처럼 비칠 수 있다는 것이다. 그러나 본문이 실제로 여성을 남용할 의도가 있다고 볼 만한 증거는 없다. 에스겔은 이 메시지가 (남성) 청중에게 충격을 주어 스스로에 대해 생각하기를 희망하면서 기꺼이 이러한 위험을 무릅쓴다.

여러분은 여성을 경멸하는 시각에서 바라보는가?

그렇다면, 야훼께서도 여러분을 그런 마음으로 바라보신다.

- **개인적 책임?**

"범죄하는 그 영혼은 죽으리라"(겔 18:4). 사람들은 부모의 죄로 말미암아 죽지 않는다(겔 18장). 에스겔은 부모의 죄가 자녀나 손자에게 문제를 야기한다는 계명을 반대하는가? 종종 있는 일이지만, 성경 여러 곳에 나타나는 강조점들은 상호보완적이다. 어떤 때는 A가 강조되지만 때로는 B가 강조된다. 신실함이 세대를 이어 복을 가져오듯이, 한 세대의 죄는 다음 세대의 문제를 야기한다. 그러나 이것이 함축하는 것은 자신에게 닥친 문제가 마치 부모의 죄 때문이며, 따라서 헤어날 수 없다고 탓해서는 안 된다는 것이다.

각자는 스스로 책임을 져야 한다. 에스겔 시대 유다는 이전 세대의 배교로 인해 어려움을 겪었다. 그러나 아무런 조치도 취하지 않는 것은 결코 변명이 되지 않는다. 야훼께로 돌아선다면 야훼께서 회복시켜 주실 것이다.

- **곡과 마곡**

여러분이 에스겔 37장 끝에 이르렀다면 책이 결론에 이르렀다고 생각할 수 있을 것이다. 그러나 에스겔 38-39장에는 놀랍게도 유다가 회복되고 수년 후에 또 하나의 위기가 찾아올 것이라는 예언이 제시된다. 이런 사실은 에스겔 38-39장이 이 책에 덧붙여진 내용이며 후기 설교자가 에스겔 시대 이후에 일어난 일에 비추어 에스겔의 메시지를 발전시킨 것이라는 관점을 뒷받침한다. 에스겔 40-48장은 에스겔 자신의 메시지를 더욱 확장한 내용일 수 있다.

언급된 지역의 대부분은 그런대로 알려져 있다. 일부 미스터리한 지역도 있지만 유다 북쪽(대부분 터키)의 지역 및 사람처럼 보인다. 이것은 예레미야서에 나타나는 "북방에서 오는 대적" 개념이 더욱 구체화되었음을 보여준다. 북쪽은 일반적으로 위험이 오는 방향이다.

352 에스겔서: 조금 더 특별한 선지서

1. **다른 선지자도 환상을 경험하지만**, 에스겔은 테크니컬러(technicolor), 아이맥스, 3D를 경험한다. 다른 선지자도 야훼의 영광과 눈부신 광채에 대해 언급하지만 에스겔은 그것을 19차례나 언급한다.

에스겔의 환상 가운데 일부는 누구라도 볼 수 있는 것으로부터 시작한다. 그러나 수백 마일이나 떨어져 있는 예루살렘에서 일어난 사건이나 두루마리를 먹은 것과 같은 사건은 오직 그만 볼 수 있는 것들이었다. 에스겔은 이처럼 특별한 경험을 했다는 점에서 엘리야 및 엘리사와 유사하다.

2. **다른 선지자도 야훼의 손에 붙들리지만**, 에스겔은 이런 일을 일곱 번이나 경험한다(예를 들어, 겔 3:14, 22). 하나님은 그를 붙드시고, 다른 곳으로 데려가시며, 그를 눕히시고, 일으켜 발로 세우신다.

3. **다른 선지자도 야훼의 영에 사로잡히지만**, 에스겔에게는 이러한 경험이 전형적인 특징이다. "영"(루아흐[*rūaḥ*])이라는 단어는 "호흡"이나 "바람"이라는 뜻도 있는데, 이것은 이러한 경험에 대한 강조를 촉진한다. 때로는 이 단어가 무엇을 의미하는지 구별하기 어려울 때도 있다(예를 들어, 겔 8:3; 11:1).

4. **다른 선지자도 야훼의 메신저이자 전령으로 메시지를 전하지만**, 에스겔은 하늘의 왕으로부터 백성에게 전할 말씀이 그에게 "임했다"(문자적으로는 "되었다/있었다/일어났다")는 사실을 50차례나 언급한다.

5. **다른 선지자도 사실적 묘사나 비유를 사용하지만**, 에스겔은 민간 설화를 네 페이지 길이의 비유로 바꾸거나(겔 16장) 비유를 알레고리로 바꾼다(겔 34장).

6. **다른 선지자도 마임(mimes)을 하고 비유(parables)를 행동으로 옮기지만**, 에스겔의 마임과 행위는 스케일이 크다. 그의 마임은 메시지를 예시하는 정도가 아니라 야훼의 뜻을 구현하고 그 뜻을 실제로 시행하게 한다(겔 4-5장). 에스겔 자신이 백성의 징조(sign)이다(겔 12:6; 24:24).

7. **다른 선지자도 백성 전체의 운명에 관심을 가지지만**, 에스겔은 포로로 잡혀 있는 유다 백성에 대해서도 종종 "이스라엘 족속"으로 언급한다. 뿐만 아니라 에스겔은 유다와 에브라임을 포함하는 이스라엘의 회복에 대해 언급한다(겔 36-37장).

8. **다른 선지자도 하나님을 인식할 수 있다는 기대를 제시하지만**, 에스겔서에서 이 주제는 핵심 메시지이다. 이 책에는 야훼가 하나님이라는 사실을 알 것["내가 여호와인 줄을 그들이/너희가 알 것"]이라는 언급이 70회나 등장하는데, 이것은 야훼를 주(Lord)로 섬긴다는 사실을 보여 준다.

9. **다른 선지자도 공동체가 야훼께 대적한 사실을 인식하지만**, 에스겔은 이스라엘이 하나님을 배반했으며 완고하고 "패역한 족속"이라는 사실을 처음부터 알고 있다.

10. **다른 선지자도 백성으로부터 무시당하지만**, 에스겔은 나쁜 소식을 전할 때나(겔 4-24장) 좋은 소식을 전할 때(겔 33-37장) 이런 일을 당한다.

11. **다른 선지자도 백성에 대한 심판을 전하지만**, 에스겔의 심판 메시지는 두루마리 안팎을 채울 만큼 방대하다(겔 2:10).

12. **다른 선지자도 재앙의 이면에 있는 영광스러운 미래를 약속하지만**, 에스겔의 가장 상세한 환상 가운데 일부는 이스라엘의 놀라운 미래에 대해 묘사하며, 이 메시지는 요한계시록에 지대한 영향을 미친다.

13. **다른 선지자도 야훼의 주 되심을 확인하지만**, "주 여호와[야훼]"는 하나님에 대한 에스겔의 특징적 묘사이다. 모든 일은 하나님의 주권에 달려 있다(예를 들어, 겔 3:20; 14:9). 야훼께서 에스겔을 부르는 호칭은 "인자"(human being)이다. 그는 "인간"에 불과하다는 것이다.

14. **다른 선지자도 연대에 대한 언급을 하지만**, 에스겔은 연대기적으로 가장 구체적이며 모든 메시지에 대한 일련의 연대를 제시한다. 중요한 것은 이러한 연대는 그의 메시지의 성취 여부를 확인할 수 있다는 것이다.

15. **다른 선지자도 종교적 죄악을 목도하고 놀라지만**, 에스겔은 여기에 초점을 맞춘다. 심판의 초점은 성전이지만 회복의 초점도 성전이다.

16. **다른 선지자도 야훼의 거룩하심을 인식하지만**, 에스겔의 경우는 특별하다. 하나님에 대한 에스겔의 선포는 이것이다.

> 하나님은 결코 조롱을 당하지 않으신다. 하나님은 이용당하거나 무시당하거나 소홀히 여김을 당하지 않으시며 지나친 접근을 허락하지 않으신다. 하나님은 극도의 진지함을 가지고 접근해야 하는 존재이시다(Brueggemann, *Hopeful Imagination*, 53).

353 에스겔서: 약속과 성취 (이 약속은 무엇에 대한 언급인가?)

1. 예언의 의미를 이해하기 위해서는 먼저 예언은 장차올 사건에 대한 별도의 개별적 선언이아니라는 사실을 알아야 한다. 예언은 하나님의 전체적 약속 및 목적과 관련이 있다. 이러한 목적의 핵심 요소들은 구약성서에서 두 개의 기원으로 거슬러 올라간다.

(a) 창세기 12장은 땅을 차지하고 나라가 되며 복이 될 것이라고 약속한다.
(b) 사무엘하 및 열왕기상은 다윗의 후손 및 성전에 대한 약속이다.

에스겔 33-48장을 이러한 약속에 비추어 읽어 보면 본문을 이해하는 데 많은 도움이 된다. 다시 말하면 야훼께서 에스겔을 통해 말씀하신 것은 "너는 내가 아브라함과 다윗에게 무엇을 약속했는지 아느냐? 그렇다면 내가 오늘날 상황에 해당하는 최신 버전의 약속을 보여 주겠다"라는 것이다.

2. 유대인과 그리스도인은 수 세기 동안 자신의 시대에 예언이 성취되었다고 생각해 왔다. 이스라엘과 관련된 사건들은 한 예이다(예를 들어, "곡"과 "마곡"은 러시아를 가리킨다). 그러나 선지자의 소명에 대한 기사는 그들에 대한 부르심이 동시대 백성에게 하나님의 말씀을 전하는 사역임을 보여 준다. 특히 에스겔은 먼 장래의 사건에 대해 언급하지 않는다(겔 12:21-28).

3. 이것은 에스겔과 같은 선지자가 미래적 사건에 대해 언급하지 않았다는 말은 아니다. 다만 이런 예언은 임박한 사건에 관한 것이며 따라서 당시 청중과 관련이 있다는 것이다. 예루살렘의 함락 및 유다의 회복은 좋은 사례이다. 또는 먼 미래에 이루어질 사건일 수도 있다(예를 들어, 마지막에 있을 "야훼의 날").

선지자들이 이러한 사건에 대해 언급한 것은 먼 미래에 일어날 일이라도 당시 청중과 관련이 있기 때문이다. 이것은 바울이 동시대인에게 예수님의 재림에 대해 언급한 것과 같다. 그들은 이 땅에서 재림을 볼 수 없을지라도 그 사건에 합당한 삶을 살아야 한다.

4. 신약성서는 구약성서 예언에서 선지자 자신도 몰랐던 것으로 보이는 의미를 찾는다. 그러나 신약성서는 그것이 하나님의 크신 구원 행위이며, 하나님이 예수님을 통해 역사하고 계신다는 사실로부터 출발한다. 신문을 통해 예언의 새로운 의미를 찾는 것과 예수님의 오심에 비추어 새로운 의미를 찾는 것은 다르다.

5. 바울은 예수님의 오심에 대해 언급하면서 자신의 시대에 일어날 일처럼 용어를 사용한다(예를 들어, "나팔 소리가 나매"). 마찬가지로, 선지자들은 자기 시대에 적용될 수 있는 용어를 사용하여 장차 있을 구원과 오실 구원자에 대해 언급한다.

그들은 별도의 독립적 사건에 대해 예언한 것이 아니라 기존의 약속을 재확인한다. 예수님은 처음 이 땅에 오셨을 때, 또는 장차 오실 때, 문자적 진술이 아니라 근원적인 약속을 성취하신다. 그리고(또는) 예수님은 약속을 성취하시지만, 그것은 달라진 상황에 비추어 재해석된 의미에서의 성취이다.

6. 마찬가지로 하나님은 오늘날 유대 백성을 위해 약속을 이루시지만 그

것은 단순한 문자적 진술에 대한 축어적 성취가 아니라 근원적 약속(위 1번 항목의 약속)에 대한 성취이다.

7. 예언의 성취 여부는 예언에 대한 반응에 달려 있다(렘 18장 및 요나서 참조). 선지자 시대에 이루어지지 않은 예언이 반드시 미래에 성취되어야 하는 것은 아니다. 이러한 예언들은 일정을 미룰 수는 있지만 언젠가 반드시 치러야 하는 축구 경기가 아니다. 그러나 근원적 약속은 반드시 성취된다.

8. 보다 포괄적인 원리는 하나님의 약속은 도덕적 문제를 무시하는 방식으로 이루어지지 않는다는 것이다. 아브라함의 가정은 땅을 소유하기 전에 수백 년을 기다려야 했다. 왜냐하면, 아모리 족속/가나안 족속에게 공정해야 했기 때문이다(창 15:16).

하나님이 이스라엘과 팔레스타인을 공정하게 대하심은 유다 백성에게 땅을 주시겠다는 약속과 그 땅을 오랫동안 소유해 온 팔레스타인의 권리(무슬림이 자신의 선조로 생각하는 이스마엘에 대한 약속을 포함하여)를 고려해야 했기 때문이다. 하나님은 가능한 세상의 불만을 최소화시키는 원만한 정치적 방식을 통해 역사하신다(문제에 대한 자세한 내용은 363 참조).

354 이사야 40-55장: 배경 및 의사소통 방식

● ● ● ●

우리는 역사적 상황이 바뀐 이사야 39장에서 잠시 멈추었다(335 참조). 이사야 1-39장은 유다가 바벨론에 함락될 것이라는 예언으로 마친다. 이 일은 예레미아 및 에스겔 시대에 일어났다. 이사야 40-55장은 이 사건을 과거의 일로 간주하며 시작한다. 유다의 멸망은 이사야 39장과 이사야 40장 사이에 일어났다. 이사야 40장은 야훼께서 예루살렘으로 돌아오실 것이라고 약속한다(그의 백성도 마찬가지이다). 바벨론은 메데-바사 왕 고레스의 손에 멸망할 것이다(사 44:24-45:7).

메데는 페르시아 북쪽 및 서쪽(터키의 동부를 포함하여)에 거주하며 한동안 세력을 유지했으며 이사야 13장은 그들이 바벨론을 치는 수단이 될 것이라고 약속한다. 고레스(Cyrus)는 주전 550년에 메데를 정복하고 바사 제국을 세움으로 메데와 바사의 세력 판도를 바꾸었다(바벨론이 주전 600년대에 앗수르 제국을 정복한 것처럼).

주전 540년대, 고레스는 서쪽에 위치한 터키 서부의 리디아(Lydia)를 정복한다. 바사 제국은 인도에서 그리스까지 세력을 확장하지만 메소포타미아 북쪽에는 바벨론 제국이 있었다. 고레스는 계속해서 바벨론으로 향했다. 이 사건들은 이사야 40-55장에 나오는 예언의 배경이 된다(사 41장 참조). 주전 539년, 고레스는 바벨론을 정복한다. 이 사건은 이사야 55장과 56장 사이에 일어난다. 이것은 예루살렘의 함락이 이사야 39장과 이사야 40장 사이에 일어난 것과 같다. 이사야 1-39장과 마찬가지로 이사야 40-55장 및 이사야

56-66장도 원래는 별도로 존재하던 짧은 예언들을 모은 것이다.

▪ 이사야 40-55장: 예언은 어떻게 백성에게 전달되었는가?

의사소통은 말의 내용뿐만 아니라 우리가 사용하는 형식을 통해서도 일어난다. 우리는 화자와 청중이 당연하다고 생각하는 것을 배경으로 의사를 전달하며, 대부분의 의사소통은 이미 언급한 말 및 당연한 사실과 관련하여 이루어진다. 양식비평은 화자와 청중이 공유하는 사회적 상황을 배경으로, 전달 방식(장르나 형식)에 주목한다. 다음은 이사야 40-55장과 관련된 내용으로, 베스터만(Westermann, Isaiah 40-66)의 주장에 기초한 것이다.

1. 법적 분쟁을 해결하기 위해 성문에 모인 사람들의 논쟁 방식(렘 26장 참조)

이사야 41:1-7, 21-29에서 야훼는 열국을 고발하시며, 이사야 43:8-15; 44:6-8에서 야훼는 소송과 관련된 지혜에 호소하며 신들을 고발하신다. 이사야 42:18-25; 43:22-28에서 야훼는 자신을 비난하는 이스라엘에 대해 반박하신다(사 43:28).

"보느냐? 너희는 야훼를 재판에 회부하려 하지만 실패할 것이다."

2. 법정 소송으로 이어질 수 있는 길모퉁이 고소

1번 항목의 맥락에서 접근할 수 있다(룻 4장). 본문의 경우, 이사야 40:27에서 이사야 40:12-31로 이어진다. 이사야 45:9-13과 비교해 보라("고소하다"라는 개념에 주목하라. cf. 사 45:12-13, 법정에서 이루어지는 야훼의 주장).

"보느냐? 너희는 하나님이 부당하며 무심하다고 고소하지만 너희의 고소는 실패할 것이다."

3. 선지자나 제사장이 왕의 대관식에서 말하는 방식(삼하 7장 참조)

이사야 41:8-9에서 야훼는 이스라엘에 대해 말씀하실 때 마치 왕을 대하듯 말씀하신다. 이사야 42:1-4, 5-9은 왕의 역할에 대해 묘사한다. 이사야 44:24-28; 45:1-7은 하나님이 낯선 사람을 왕으로 세웠다고 말한다. 따라서 이사야 52:13-53:12은 이상한 대관식에 대해 묘사한다. "보느냐? 야훼는 마치 너희가 대관식을 하는 왕인 것처럼 말씀하신다. 야훼는 고레스가 다윗 계열의 왕인 것처럼 말씀하신다. 그 종은 왕관을 썼지만, 대관식으로 가는 도중에 이상한 경험을 한다."

4. 선지자나 제사장이 상담 사역을 수행할 때 말하는 방식(예를 들어, 성전에서; 시 12; 28; 56편 참조)

이사야 41:10-16에서 하나님은 이스라엘에게 그런 식으로 말씀하신다 (cf. 사 43:1-7; 44:1-5).

"보느냐? 야훼는 불쌍한 자를 돕듯이 너희에게 위로의 말씀을 하신다."

5. 공동체가 기도하며 자신의 운명에 대해 슬퍼하는 말(예레미야애가 참조; 왕상 8:46-53; 슥 7장도 보라)

따라서 이사야 41:17-20; 42:14-17은 공동체의 기도에 대한 야훼의 반응으로, 야훼는 그들의 탄식을 들어주신다.

"보느냐? 야훼는 너희의 기도에 응답하신다."

선지자는 (예수님처럼) 의사소통에 탁월하다. 그럼에도 불구하고, 그들은 일생동안 실패한다(Buber, *On the Bible*, 142-44, 147-48, 166-71 참조). 의사소통의 성공은 우리가 얼마나 똑똑하냐에 달려 있지 않다.

355 이사야 40-55장: 메시지 및 청중

이사야 40-55장에서 개별적 예언들은 보다 긴 이야기로 연결됨으로써, 주제가 다른 예언들이 결합되거나 한 쌍의 주제가 상호 얽히게 된다.

40:1-31	선지자의 소명 및 고발
41:1-44:23	하나님의 종으로서 이스라엘: 지위, 소명, 책망, 약속
44:24-48:22	하나님의 기름부음 받은 자로서 고레스: 바벨론 함락
49:1-52:12	종의 확실함 및 시온의 불확실함
52:13-55:13	종의 고난 및 백성의 기쁨

본문은 소명에 대한 기사(사 40:1-11)로 시작한다. 선지자는 하나님이 위로자(격려자)를 약속하시는 것을 듣는다. 이제 하나님의 징계를 받는 상황이 역전된다. 예루살렘이 멸망되고 얼마 있지 않아 예레미야애가 1:1-5은 예루살렘이 위로자가 없는 상황이며 죄로 말미암아 큰 고통을 겪고 있다고 말한다.

이사야 40장은 동일한 용어를 사용하여 예루살렘을 위로할 때가 왔으며 노역이 끝나고 죄악의 대가를 충분히 받았다고 선언한다. 또한, "너희 하나님이 이르시되 너희는 위로하라 내 백성을 위로하라"라는 말씀은 이스라엘에 심판을 선언한 호세아(호 1:8-9)를 인용하여 이러한 상황에 대한 반전을 약속한다.

하나님의 명령은 세 가지로 제시된다. 외치는 자의 소리는 야훼의 뜻을 반드시 성취해야 하는 천사(종)의 음성이 분명해 보인다.

첫 번째 소리는 광야에서 길을 준비할 것을 요구한다. 그것은 포로가 돌아오는 길이지만, 무엇보다도 야훼께서 영광 가운데 주전 587년에 파괴된 성으로 돌아오시는 길이다.

두 번째 소리는 "외치라"고 선언한다. 그러나 하나님의 뜨거운 진노의 바람이 불어 풀처럼 마른 상태에서 하나님이 자기에게 말씀하심조차 믿지 못하는 백성에게 무엇이라고 외칠 것인가?

이에 대한 천사의 대답은 이사야 40:8에 나온다. "풀은 마르고 꽃은 시드나." 백성은 그런 상태이지만, 우리는 또 하나의 사실을 염두에 두어야 한다.

세 번째 소리는 예루살렘에 아름다운 소식을 전한다. 절대자 야훼는 실로 하나님의 권능(사 40:10)과 온유함(사 40:11)으로 예루살렘으로 돌아가신다.

선지자의 문제는 유다가 이 메시지를 믿지 못한다는 것이다. 이사야 40:12-31은 그들의 불신을 타파하려는 첫 번째 시도를 포함한다. 이사야 40:27은 그들이 하나님 앞에서 가진 생각을 요약한다. 선지자의 임무는 백성에게 그들의 하나님이 권세와 능력이 크고 강하시며 그들을 지키시고 그들의 주로 행하시는 분임을 깨닫게 하고, 야훼를 대적하는 자를 책망하는 것이다.

1. 그들이 인식하고 있는 한 가지 장애물은 바벨론 세력이다. 야훼께서 예루살렘을 바벨론의 세력으로부터 보호해 주지 않으셨다면, 바벨론 본토에서 그들을 물리치실 수 있겠는가라는 것이다. 선지자는 유다 백성에게 야훼는 세상의 창조주이심을 상기시킨다. 이 하나님에게 비길 수 있는 나라는 없다(사 40:12-17).

2. 그들은 성읍으로 들어오는 바벨론 우상의 화려한 행렬에 얼마나 마음을 빼앗기기 쉬웠겠는가?

그에 비해 우상숭배자들에게 파괴당해 모든 거룩한 기물을 그들의 성소에 빼앗긴 유다의 성전은 참으로 한심했을 것이다. 그러나 세상의 창조주를 인간의 손으로 만든 신과 비교한다는 것은 얼마나 어리석은 일인가? (사 40:18-20).

3. 바벨론의 왕과 방백들은 그들에게 깊은 인상을 주었을 것이다. 그들에게 끌려간 유다의 마지막 두 왕은 바벨론 감옥에서 시들어갔다.
이런 상태에서 어떻게 유다의 리더십을 주장할 수 있겠는가?
그러나 이런 이방인 지도자의 힘을 지금도 시편이 포로민에게 찬양을 촉구하는 창조주 하나님의 권능에 비긴다는 것은 얼마나 어리석은 일인가?(사 40:21-24).

4. 또한, (바벨론이 믿는 대로) 이 땅의 일을 결정하는 하늘의 세력인 바벨론의 신들에게는 얼마나 마음을 빼앗기기 쉬웠겠는가?
그러나 해와 달과 별을 창조하시고 그것들을 질서 있게 운행하시는 분이 누구신가?(사 40:25-26).
이러한 창조주 하나님의 모습이 바로 하나님이 아직도 이스라엘을 돌보실 뜻이나 힘이 있는가라는 의문에 대한 선지자의 대답이다(사 40:27-31). 야훼를 이런 하나님으로 믿는 자들은 이 야훼께서 구원하실 것을 확신하며 이러한 확신은 아직도 소망 가운데 사는 그들에게 새로운 힘을 주기 시작할 것이다.

356 이사야 40-55장 읽기:
이 선지자는 누구이며 이 종은 누구인가?

- 이사야 40-55장을 읽으라.

1. 이 본문에서 "구성"을 발견할 수 있는가?

   본문의 초점이 지향하는 곳이 있는가?

   처음에 있던 주제가 나중에 사라지거나 처음에는 없던 주제가 나중에 나타나는 경우가 있는가?

   본문 전체의 메시지는 무엇인가?

2. 이 예언은 창조에 대해 무엇이라고 말씀하는가? 창조의 신학적 의미는 무엇인가?

3. 이 예언은 역사를 섭리하시는 야훼의 주권에 대해 무엇이라고 말씀하는가?

4. 본문은 야훼의 종에 대해 많은 말씀을 한다. 이사야 41:8-10; 42:1-4; 42:18-25; 43:8-13; 44:1-5; 44:21-22; 44:24-5:7; 48:20-22; 49:1-6; 50:4-9; 52:13-3:12을 보라.

   각 본문에서 그의 역할 및 본질은 무엇인가?

5. 야훼의 종에 대한 구절들을 이사야 40-55장의 문맥에 비추어 읽을 때 이 종은 누구를 가리킨다고 생각하는가?

   각 본문이 가리키는 인물이 다를 수 있는가?

   그렇다면 각 본문은 누구를 가리키는가?

6. 이사야 40-55장이 교회에 주는 메시지는 무엇인가?

■ 이 선지자는 누구인가?

이사야 39장에서 이사야 40장으로 넘기면 이사야의 글이 계속되는 것처럼 보일 수 있다. 그러나 이사야 40장의 진술은 (이사야가 말한 것처럼) 유다의 지도자들이 바벨론으로 끌려갈 것이라고 예언하지 않는다. 본문은 이러한 유배를 오래 전에 일어난 과거의 사실로 제시한다. 본문은 바벨론이 바벨론과 유다에서 유다 백성을 통치하는 상황에서 진술한다. 이 선지자는 이 시대의 사람이다. 따라서 그는 이사야가 아니다. 그는 당시에 생존한 사람으로서 부르심을 받아 자신이 받은 메시지를 동시대인과 공유한 사람이다.

이 메시지의 토대는 야훼에 대한 확실하고 다면적인 믿음이다. 야훼는 신들의 하나님, 창조주 하나님, 이스라엘 역사(즉 아브라함과 출애굽 이야기)의 하나님, 구원의 하나님(시온의 남편, 이스라엘의 고엘, 가까운 친족 및 그녀를 돌볼 회복자나 기업을 무를 자), 말씀을 성취하실 하나님 및 이스라엘의 거룩하신 이이시다. 이 하나님은 참 하나님이기 때문에 지금이라도 바사 왕 고레스를 통해 백성의 압제자를 멸하시고 포로로 잡혀간 유다 백성을 팔레스타인으로 데려와 예루살렘을 재건하게 하실 수 있으며 또한, 그렇게 하실 것이다.

그러나 유다 백성 역시 마음을 돌이키고 하나님과의 교제를 회복할 필요가 있으며, 하나님은 특별한 종(들)을 보내어 이러한 목적을 달성하실 것이다. 그리하여 이스라엘은 야훼의 증인이자 야훼의 종으로 섬길 것이며 야훼는 온 세상에서 인정을 받고 존귀와 찬양을 받으실 것이다(363 참조).

이 종은 누구인가?

확실히 첫 번째 본문은 그를 이스라엘로 규정한다(사 41:8-10). 그러나 사도행전 8장에는 복음 전도자 빌립과 이사야 53장을 읽던 중, 그에게 이 종이 선지자인지 다른 사람인지 묻는 에디오피아의 국고 맡은 관리에 관한 이야기가 나온다. 빌립은 본문으로부터 시작하여 예수님에 대한 복음을 가르친다. 따라서 이사야 41장과 사도행전 8장은 우리에게 이 구절의 의미를 어디까지 확장할 수 있는지를 보여 준다.

1. 이 종은 이사야 41:8-10; 44:1 및 몇몇 본문이 제시하는 대로 이스라엘을 가리킨다. 이것은 이 종에 대한 유다 백성의 일반적 관점이다. 이 종을 개인으로 묘사한 것이 분명한 구절조차 이러한 생각을 바꾸지 못한다. 이스라엘은 종종 개인으로 묘사되기 때문이다(사 1:5-6 참조). 약간 변형된 관점으로는 이 종이 신실한 유대인을 가리킨다는 것이다(사 50:10은 그들에게 이 종을 따를 것을 촉구한다).

2. 이 종은 선지자이다. 이사야 20:3에서 이사야는 자신을 야훼의 종으로 묘사한다. 따라서 이 종이 자신을 "나"로 지칭하는 본문(사 49:1-6; 50:4-9)은 선지자 자신을 가리키는 것으로 보는 것이 자연스럽다.

3. 이 종은 포로로 잡혀간 여호야긴 왕이나 바벨론을 멸하고 유다 백성을 해방시킬 바사 왕 고레스와 같은, 선지자의 동시대인이다. 이사야 44:28; 45:1에서 고레스는 야훼의 목자, 야훼의 기름 부음 받은 자로 묘사된다.

4. 이 종은 메시아이다. 신약성서는 종종 예수님을 야훼의 종에 대한 본문을 성취하신 분으로 제시한다. 그러나 동시에 교회를 동일한 사명을 감당하는 존재로 보기도 한다.

본문을 읽은 후 어떤 것이 바른 관점인지 생각해 보라(363 참조).

357 이사야 56-66장 읽기

　　이사야 40-55장은 영광스러운 선포 및 이상적 약속을 포함한다. 그러나 이사야 56-66장의 분위기는 다시 한 번 바뀐다. 이 본문은 또 하나의 역사적 상황을 반영한다. 이사야 1-39장이 주전 700년대의 역사적 상황을 반영한다면 이사야 40-55장은 주전 540년대의 역사적 사건들을 반영한다. 그러나 이사야 56-66장에 진술된 사건들은 그로부터 수십 년 후의 상황이다. 이 시기는 에스라와 느헤미야, 학개, 스가랴 및 말라기와 동시대로, 메시지도 이들 선지자의 메시지와 유사하다.

　　제2이사야의 놀라운 이상(사 40-55장)은 유다의 회복에 대한 부분적 성취를 보았으나 에스라와 느헤미야 및 다른 선지자들이 증거한 것처럼 약속된 영광에는 부족했다. 따라서 이 예언은 아직도 격려와 도전이 필요한 백성에 대한 메시지이다. 아마도 그들은 희망과 경험의 괴리로 인해 실망하고 당황하며 상처를 받았을 것이다.

　　이 예언은 백성에게 죄에 대한 경고, 백성이 자신의 경험에 대해 하나님께 고하는 기도, 하나님이 기도하는 그들과 그들의 필요를 어떻게 보시는지를 보여 주는 기도의 응답, 하나님의 말씀이 어떻게 성취될 것인지를 보여 주는 약속을 제시한다.

　　이 예언은 다음과 같은 대칭 구조 형식으로 제시된다.

56:1-8: 서문
   56:9-59:8: 이스라엘의 삶에 대한 고발
      59:9-15a: 용서와 회복에 대한 기도
         59:15b-21: 심판하시는 야훼에 대한 이상
            60:1-22: 회복된 예루살렘에 대한 이상
               61:1-9: 선지자가 사명을 받음
            61:10-62:12: 회복된 이스라엘에 대한 이상
         63:1-6: 심판하시는 야훼에 대한 이상
      63:7-64:12: 용서와 회복에 대한 기도
   65:1-66:16: 이스라엘의 삶에 대한 고발
66:17-24: 후기

이 예언은 가나안으로의 귀환 후의 삶을 전제하며, 이사야서를 기록한 초기 선지자들의 사역이 끝난 후 다른 상황에서 하나님의 부르심을 받아 40-55장을 기록한 선지자(들)보다 후대의 선지자(들)에게서 나온 것이 분명해 보인다(363 참조).

56-66장을 시작하는 구절은 앞 본문과의 관계를 보여 주며 지표를 제시한다. "너희는 정의를 지키며 의를 행하라." 이것은 이사야 1-39장의 요약이다. "이는 나의 구원이 가까이 왔고 나의 공의가 나타날 것임이라." 이것은 이사야 40-55장의 요약이다. 이 책의 마지막 장들은 하나님의 백성에게 계속해서 이러한 의무와 약속에 합당한 삶을 살라고 촉구한다.

■ 이사야 56-66장 읽기

1. 이사야 60-62장에 따르면 예루살렘에 대한 야훼의 이상 또는 약속은 무엇인가?
   이러한 약속의 성취로 볼 수 있는 것은 무엇인가?

2. 이사야 59:15b-20, 63:1-6에 제시된 전사이신 야훼의 심판 행위에 대

한 이상은 무엇을 의미하는가?

3. 이사야 59:9-15a; 63:7-64:12에 제시된 기도의 본질은 무엇인가?

그것은 신학적으로 놀라운 내용인가? 본문은 우리에게 하나님과 기도에 대해 무엇을 가르치는가?

4. 시작과 끝 부분에 해당하는 이사야 56:1-59:8; 65:1-66:24의 핵심 메시지는 무엇인가?

두 본문의 내용은 어떻게 연결되는가?

▪ 이사야 65장: 이사야의 지표

(아래 내용은 Fung, *Isaiah Vision*에 기초한 것이다). 이사야 65장은 새 하늘과 새 땅에 대해 언급하지만 그것이 새로운 우주는 아니라는 사실을 분명히 한다. 이 메시지는 새롭게 된 예루살렘, 새로운 성읍에 대한 진술이다.

"이사야의 지표"는 어린이가 죽는 일이 없고, 노인이 존엄한 삶을 살며, 사람들은 자신이 건축한 가옥에서 살 것이며 자신이 심은 포도나무로부터 열매를 먹을 것이다. 이것은 낙원에 대한 묘사가 아니다.

사람들은 죽는다. 이것은 이 땅과 내세에 대해 하나님이 생각하시는 이상이 아니다. 이것은 실제적이지만 이상적인 것은 아니다.

이것은 매우 수수한 묘사로, 교육이나 여가, 민주주의 또는 문화에 대해 언급하지 않는다. 이것은 하나님이 만족하시는 최소한의 상태를 묘사한 것이다. 이것이 하나님의 지표라면 우리는 그것에 합당한 삶을 살아야 할 것이다. 그것은 결코 어려운 일이 아니다.

358 이사야서: 이 책의 세(네) 가지 음성

이사야서는 광범위하게 분산된 시대를 다룬다. 그렇다면 이 책은 어떻게 만들어졌는가?

나는 하나님이 대부분의 청중보다 수백 년 전에 살았던 이사야 한 사람을 통해 모든 메시지를 전하신 것이 아니라는 생각을 밝힌 바 있다. 하나님은 많은 대리인을 통해 백성이 있는 현장에서 목회적이고 직접적인 메시지를 전하신다. 하나님은 미래에 대해서도 말씀하시지만 현장의 백성을 격려하거나 도전을 주기 위한 것이다.

이사야에서 하나님의 계시는 네 가지 인간의 음성(또는 글)을 통해 전달된다.

대사(ambassador)는 아모스의 아들 이사야로 불리는 실제적 선지자이다. 그는 이사야 6:8에서 자서전체로 언급하지만 그의 음성은 훨씬 광범위하게 확산된다. 이사야는 자원하여 야훼께서 보내실 자가 되며 종종 "보내심을 받은 자"로 언급되기 때문에 인간 통치자의 대사와 유사하다. 특히 우리는 1-39장에서 그를 통해 야훼의 음성을 듣는다.

시인은 이사야 40-55장에서 들을 수 있는 음성이다. 우리는 "외치라"는 음성을 듣는다. 이 음성은 다른 음성보다 시적이고 서정적이다. 그는 아모스의 아들 이사야 시대로부터 150년 이후의 일에 대해 언급한다. 그는 당시 환경에서 무엇을 외칠 것인지에 대한 의문을 가졌으나 이사야와 같은 야훼의 대리인으로 행한다. 그 역시 거의 성공을 거두지 못하며 낙심할 수 있었지만 끝까지 야훼의 도우심과 신원하심을 확신한다(사 49:4; 50:7).

설교자는 이사야 56-66장에서 듣는 음성이다. 그는 아름다운 소식을 전하는 자, 마음이 상한 자를 고치는 자이다(사 61:1). 이 일은 원래 시인의 사역이었으나 이 설교자(설교자 역시 시인이다)는 수십 년 전과는 다른 필요와 다른 감동을 받아 다른 공동체-아마도 바벨론에 거주하던 백성-에 전한다. 따라서 새로운 설교자는 야훼의 대사로서의 임무를 수행한다.

대사, 시인, 및 설교자는 제1이사야, 제2이사야, 제3이사야로 알려져 있다. 그러나 그들의 사역은 한 명, 또는 여러 명의 제자들에 의해 정리되고 조화롭게 편성된다. 실제로 이 책은 이사야를 3인칭으로 소개하는 누군가와 함께 시작한다(사 1:1). "선지자 이사야"(사 37:2; 38:1)에 대해 언급한 사람은 대사 자신임이 분명하다.

이제 이사야는 "제자들"에게 자신의 가르침을 보존하라고 명령한다(사 8:16), 따라서 이사야 7장, 26장, 36-39장에서 볼 수 있는 것과 같은 이사야에 관한 이야기를 우리에게 전한 자는 이 제자들일 것이라고 추측할 수 있다.

이사야 13:1처럼 다른 서론으로 본문을 구성한 자들 역시 그들로 보아야 한다. 그들은 책을 편찬했을 것이다. 그들은 야훼께서 이사야를 통해 말씀을 주신 것을 깨닫고, 미래 세대를 위해 책을 편찬함으로써 그들에게도 야훼의 말씀이 전달되게 한 것이다

그들이 이 말씀을 후세에 전할 방법을 모색한 것은 자연스러운 일이다. 우리는 앞서 오늘날 설득력을 얻고 있는 한 가지 학문적 이론에 대해 살펴보았다. 즉 이사야 1-39장의 일부 내용은 이사야의 메시지를 어떻게 해석하여 요아스왕 시대보다 한 세기 후의 사람들에게 전달했는지를 보여 주며, 우리는 이러한 해석이 이사야의 후기 제자들 가운데 하나의 사역이라고 생각할 수 있다.

이사야 1-39장에서 대체로 시적 본문은 이사야 자신의 신탁으로 생각되며, 반면, 산문은 이사야의 텍스트에 대한 제자들의 설교로 보인다.

시인은 어느 면에서 대사의 제자라고 할 수 있다. 즉 제2이사야는 때때로 제1이사야의 텍스트를 설교하면서 이사야 1-55장에 나타나는 자료에 대한 첫 번째 편집자이다. 이러한 맥락에서 설교자는 시인의 제자이다. 즉 제3이사야는 때때로 제2이사야의 텍스트를 설교하면서 제2이사야의 메시지를 새롭게 편집했다는 것이다. 이 책의 기원에 대한 이러한 접근은 학계에서는 보편적 이론으로 인정받고 있지만 다양한 형태로 제시된다.

바사 시대(또는 헬라 시대) 어느 시점에는 "이사야"라는 책으로 발전하는 과정을 멈추었으나 이 과정에 대한 확실한 증거는 불충분하다. 이사야서는 적어도 이 네 가지 음성을 가지고 있으며 이러한 음성을 매개로 메시지를 전달한다. "이사야"라는 책은 다양한 소리를 통해 야훼의 메시지를 우리에게 전달한다.

359 이사야서의 통일성

　아모스의 아들 이사야보다 훨씬 후대 사람들에게 직접 메시지를 전하는 이사야 40-55장 및 이사야 56-66장은 사실상 후기 선지자들의 글인데도 "이사야"서의 한 부분이 되었다.
　이 책의 통일성은 어디에서 찾을 수 있는가?
　베른하르트 둠(Bernhard Duhm)은 자신의 이사야 주석(*Das Buch Jesaiah*)에서 이 책의 주요 세 부분이 완전히 다른 기원을 가지고 있으며 인위적으로 결합되었다고 주장한다. 이런 생각은 옳지 않다. 본문을 하나로 결합하는 요소는 무수히 많다.
　독자가 이 책 전체의 신학이 무엇이냐고 묻는다면, 어떤 것을 발견할 수 있겠는가?

　1. 이 책은 몇 가지 주제에 대한 통일성을 가지고 있다. 이 책 전체에는 야훼께서 이스라엘의 거룩하신 이라는 사상이 확산되어 있다. 시온의 중요성도 마찬가지이다. 야훼와 열방의 관계 및 의/신실함(쩨다카/쩨데크 [ṣedāqa/ṣedeq])에 대한 관심 역시 자주 등장하는 주제이다.

　2. 이사야서 전반에 흐르는 다른 주제들도 찾아볼 수 있다. "두려워하지 말라"라는 말씀은 왕과 백성에게 임한 후 다시 왕과 백성에게 임한다(사 7장; 10장; 37장; 41장). 따라서 이사야 1-39장 및 40-55장의 괴리를 건너뛴다

(Conrad, *Reading Isaiah*). 나무나 물 같은 이미지의 긍정적 의미와 부정적 의미를 추적하는 것도 가능하다(Quinn-Miscall, *Reading Isaiah*).

3. 이 책의 세 부분은 상호 연계가 되어 있다. 이사야1-39장은 "너희는 정의(미쉬파트[mišpāṭ])를 지키고 의(쩨다카[ṣedāqâ])를 행하라"고 말씀하며 이사야 40-55장은 "야훼는 정의(mišpāṭ)와 공의(ṣedāqâ)를 행하실 것"이라고 말씀한다. 그리고 이사야 56:1은 이러한 두 진술의 관계를 이사야 56-66장의 지표로 제시한다(Rendtorff, *Canon and Theology*).

4. 세 부분은 사역의 지속성 또는 영감을 반영한다. 이사야 40-55장에서 말하는 선지자는 이사야 6장에서 말하는 선지자의 감화를 받았거나, 성령의 영감을 받고 그의 사역을 이어받는다. 이사야 61장에서 말하는 선지자는 성령의 영감으로 두 전임자 또는 멘토의 사역을 이어받는다.

5. 세 부분의 통찰력은 상호 조명한다. 이 책은 하나의 구성을 가진다.
첫 번째 부분은 새로운 다윗에 대해 언급한다.
두 번째 부분은 다윗의 역할을 고레스와 백성 전체로 나누어 제시한다. 이사야 39:8은 이사야 55:3-5에서 대답을 들을 수 있는 질문을 제기한다.

6. 두 번째 부분(사 41장)은 첫 번째 부분의 예언(특히 이사야 13장)의 성취를 회고할 수 있다. 첫 번째 부분은 첫 번째 사건에 대해 언급하며, 두 번째 부분은 새로운 사건에 대해 언급한다(Childs, *Old Testament as Scripture*, 328).

7. 첫 번째 부분은 하나님의 말씀을 선포하며 두 번째 및 세 번째 부분은 그것을 해석한다.
(a) 이사야 2:2-4은 이사야 42:1-4에서 해석된다;

(b) 이사야 6:9-10은 이사야 42:18-25에서 해석된다;

(c) 이사야 29:16은 이사야 45:9-13에서 해석된다;

(d) 이사야 35장은 이사야 40-66장에서 해석된다;

(e) 이사야 1-39장은 이사야 56-66장에서 해석된다(Beuken, "Unity of the Book of Isaiah").

8. 이 책 전체는 하나의 책으로 구성된다. 이사야 1-27장과 이사야 28-66장은 동심원을 형성한다. 이사야 1-39장과 이사야 35-66장은 갈고리처럼 연결되어 있다. 이사야 1-33장과 이사야 34-66장은 두 개의 절반을 형성한다. 이사야 1장과 이사야 65-66장은 이 책 전체를 괄호로 묶는다.

9. 주요 두 부분은 심판과 구원, 윤리와 약속, 예루살렘과 출애굽, 다윗과 종이라는 이원론적 신학을 보여 준다.

10. 이 책에 나타나는 신학은 다음과 같다(확장된 버전에 대해서는 363 참조).

(a) 계시: 이것은 하나님 및 하나님의 말씀으로부터 나온 이상이다.

(b) 이스라엘의 하나님 야훼는 거룩하신 이시다.

(c) 거룩함은 의와 자비를 포함한다.

(d) 에브라임과 유다는 둘 다 하나님께 중요하다. 예루살렘/시온은 그가 심판하시고 회복하실 성읍이다.

(e) 남은 자(remnant): 야훼는 남은 자를 보존하실 것이다.

(f) 나라와 제국과 그들의 왕: 야훼는 온 세상의 주이시며 그들과 관계하신다.

(g) 하나님의 주권/계획과 인간의 책임/계획은 상호 맞물려 있다.

(h) 야훼는 다윗에게 신실하실 것이다. 야훼의 날은 단기 및 장기의 두 가지 차원에서 임할 것이다.

360 학개, 스가랴 및 말라기서 읽기

● ● ● ● ●

세 선지서의 배경은 이사야 56-66장의 배경과 같다. 이 이야기는 에스라-느헤미야에서 진술된다. 주전 539년 고레스는 바벨론 제국을 정복하고 포로민을 유다로 돌아가게 한다. 유다 공동체는 아직 황폐화된 성전을 재건에 돌입하지만 곧 중단하고 만다(스 1-4장). 주전 520년 학개와 스가랴는 그들에게 중단된 사역을 다시 시작하게 하며 그들은 성전을 다시 건축한다(스 5-6장). 이렇게 하여 제2성전 시대가 시작된다.

스가랴 9-14장은 특히 복잡하지만 적어도 우리는 이 예언의 두 가지 뚜렷한 특징을 통해 청중의 상황에 대해 알 수 있다.

(a) 그들은 장차 백성의 운명을 결정할 하나님의 결정적인 구원 행위를 기대한다.

(b) 그들은 그들이 종종 공격하는 공동체의 지도자에게 환멸을 느꼈다.

그들은 언젠가 하나님이 모든 일을 해결하시고 백성과 세상에 대해 정하신 뜻을 이루실 것이라고 약속한다.

스가랴 1-8장과 스가랴 9-14장의 관계는 제1이사야와 제2이사야의 관계와 유사해 보인다(스가랴 9-14장에 대한 상세한 내용은 363 참조).

말라기는 5세기경 에스라 및 느헤미야와 동일한 문제에 대해 언급한다.

- 학개, 스가랴 및 말라기서서 읽기

  1. 세 선지자는 백성의 종교적 삶과 관련하여 어떤 이슈에 관심을 가지고 있는가?
  2. 그렇다면 백성은 무엇을 해야 하는가?
  3. 신학적 이슈, 즉 그들이 고려해야 할 하나님에 관한 사실들은 무엇인가?
  4. 공동체의 삶에 나타난 이슈들은 무엇인가?
     하나님은 무엇을 약속하시며 그들은 무엇을 해야 하는가?
  5. 이 세 선지자가 제기한 다른 이슈는 무엇인가?
  6. 그들은 이사야 56-66장과 어떻게 비교 및 대조되는가?
  7. 그들은 이전 선지자들과 어떻게 비교 및 대조되는가?
  8. 세 선지서의 중요성은 어디에 있다고 생각하는가?

- 제2성전 공동체에 대한 하나님의 격려 및 권면

학개 1장	너희의 집이 아니라 하나님의 집을 지으라.
학개 2장	현재의 상황에 낙심하지 말라. 사역을 완수하라.
스가랴 1장	하나님께 "언제까지…아니하시려 하나이까?"라고 말하라.
스가랴 2장	예루살렘을 측량하지 말라.
스가랴 3장	하나님이 누군가를 다시 세우실 수 없다고 생각하지 말라.
스가랴 4장	하나님이 그 일을 하실 수 없다고 생각하지 말라 (cf. 학 2장).
스가랴 5장	하나님의 깨끗케 하심과 새롭게 하심을 믿으라.
스가랴 6장	하나님의 약속에 대한 성취를 믿으라.
스가랴 7장	공동체의 삶을 바르게 하라.
스가랴 8장	하나님이 세상을 이끄실 것을 믿으라.
스가랴 9장	하나님은 시온을 위하시며 그것을 보호하시고 회복하실 것을 믿으라.

스가랴 10장	하나님이 악한 목자들을 제거하시고 양떼를 돌보실 것을 믿으라.
스가랴 11장	수 세기 동안 이어진 상황에 대해 인식하라.
스가랴 12장	야훼께서 은혜와 기도의 영을 부어 주실 것을 믿으라.
스가랴 13장	하나님이 시온을 깨끗하게 하시고 거짓 예언을 그치게 하실 것을 믿으라.
스가랴 14장	시온은 생수의 근원, 모든 백성의 예배 처소가 될 것을 믿으라.
말라기 1장	하나님께 가장 좋은 것을 바쳐라.
말라기 2장	애통함을 주의하라.
말라기 3장	십일조를 바치라.
말라기 4장	미래는 언제나 열려 있다.

361 예언: 선지자란 누구인가?

선지자는 왕, 제사장, 사사 및 전문가와 다르고 목회자, 교사, 사도 및 복음 전도자와 다르며 사역자, 청년 목사, 상담가 및 영적 지도자와 다르며, 사회 행동가와도 다르다.

나는 우리가 하나님이 선지자를 교회에 보내신다고 해도 놀라지 않아야 할 것이라고 생각한다. 물론 그런 일이 거의 일어나지 않는다고 해도 놀라서는 안 되겠지만. 다음 열 가지는 모든 선지자에게 해당하는 것은 아니지만 구약성서에 비추어 판단해 볼 때 선지자는 대체로 다음과 같은 사람을 가리킨다.

1. 하나님의 꿈과 이상을 나눈다. 선지자는 사회 개혁가나 정치 해설가가 아니다. 그들은 하나님의 백성에게 드리운 재앙을 보고 그들에게 그것에 대해 말해 주며 이유를 설명한다. 또한, 선지자는 하나님의 그의 백성에 대해 가지고 계신 이상이 무엇인지 알고 그것을 그들에게 말해 준다. 그들은 하나님이 이스라엘과 함께하신 이야기를 알고 하나님의 약속 및 기대를 알며, 이스라엘이 이 이야기와 약속과 기대에 합당한 삶을 살기를 원한다.

2. 시인처럼 말하며 행동가처럼 행동한다. 선지자들은 산문 형식이나 사실적 묘사를 지양하고 시적이고 비유적으로 말한다. 이것은 부분적으로 메시지의 심오함과 신비로움 때문이다. 선지자는 영상을 사용한다. 또한, 그

들은 행동을 통해 하나님의 의도를 시각적으로 보여 준다.

3. 공격받는 것을 두려워하지 않는다. 선지자는 모욕을 당할 준비가 되어 있다. 사람들은 선지자가 공격적이며 제 정신이 아니라고 생각했다.

4. 교만한 자를 책망하고 낙심한 자에게 소망을 준다. 선지자가 부르심을 받은 이유는 하나님의 백성으로 하여금 그의 뜻에 합당한 삶을 살게 하기 위한 것이다. 하나님의 백성은 자신이 알고 있는 내용을 재확인해 줄 선지자가 필요한 것이 아니다. 그들은 자신과 생각이 다른 선지자가 필요한 것이다.

5. 하나님의 백성에게 주로 책망과 격려를 전한다. 선지자는 열국에 관한(about) 메시지를 전함으로써 하나님의 백성으로 하여금 그가 하시는 일을 깨닫게 하고 그것에 합당한 삶과 태도를 유지하게 하지만 열국에게(to) 직접 메시지를 전하지는 않는다. 선지자는 나라 안에서 사회 개혁가가 아니다. 그들은 하나님의 백성으로 하여금 열국의 칭찬을 받는 대안적 공동체가 되게 격려하는 방식으로 열국에 대해 간접적인 사역을 한다.

6. 교회와 국가의 제도적 압력으로부터 벗어나 있다. 국가의 녹을 먹거나 교회의 사례를 받는 자는 선지자가 될 수 없다. 목사처럼 교회로부터 사례를 받는 사람은 선지자의 사명을 받은 자가 나타나는 것을 격려해야 한다. 그러나 그들은 구약성서 선지자들은 대체로 선지자가 될 것이라는 기대를 하지 않았던 사람(예를 들어, 이방인이나 제사장이나 어린이)이라는 사실을 기억해야 한다.

7. 두려우신 하나님의 사역을 전달하는 두려운 존재이다. 구약성서와 마

찬가지로 신약성서는 하나님이 사랑의 하나님이시자 참으로 두려운 일을 행하실 수 있다는 사실을 분명히 한다. 선지자는 우리가 하나님을 함부로 대할 수 없다는 사실을 일깨워준다.

8. 담대한 태도로 말씀을 전하며 하나님을 찬양한다. 선지자는 우리에 대한 하나님의 뜻을 알고 그 뜻에 기초하여 우리에게 말씀을 전할 뿐만 아니라 우리를 위해 기도하고 또한, 기도하는 방법을 가르쳐 준다. 또한, 선지자는 하나님이 자신을 통해 주신 말씀을 성취하기 위해 어떻게 역사하셨는지에 대해 찬양한다.

9. 자신의 인격과 시대를 반영하는 사역을 수행한다. 역설적으로 말하면, 하나님으로부터 직접 말씀을 받아 전하는 자는 자신의 인격이 반영된 메시지를 전한다. 하나님이 그의 인격을 사용하신 것이다. 또한, 선지자는 지금이 어느 때인지, 시대를 아는 자이며 지금 구체적으로 무엇을 전해야 할지 아는 사람이다.

10. 이런 저런 이유로 거의 실패한다. 선지자도 실수한다. 덧붙이자면, 그들은 자신의 메시지가 하나님의 백성이 생각하는 것과 반대되기 때문에 거부와 박해를 당한다. 바보가 아니면 선지자가 되지 않으려 할 것이다. 합리적인 사람은 달아나려 한다. 그러나 그들은 결국 붙잡히게 된다(상세한 내용은 363 참조).

362 예언: 예언의 성취란 무엇을 뜻하는가?

● ● ● ● ●

예언이 성취되었다는 것은 무슨 뜻인가?
예수님을 통해 예언이 성취되었다는 것은 어떤 의미인가?
예언이 오늘날의 사건들-예를 들어, 오늘날의 이스라엘-을 통해 성취되었다는 것은 무슨 뜻인가?

1. 우리는 어떤 의미에서 예언이 "이루어졌다"라고 말하는가? fulfill이라는 영어 단어는 다양한 의미를 가지며 이 단어에 담긴 모든 의미가 구약성서 예언에 적용된다고 생각하는 것은 옳지 않다.

(a) 우리는 축구 경기 일정이 완성되었다고 말한다. 만일 경기가 취소되면 나중에 일정을 다시 잡아야 한다.
예언도 축구 경기처럼 제 때 이루어지지 않으면 나중에 다시 일정을 잡는가?
그렇다면 예언은 사전 통지라고 할 수 있을 것이다.
(b) 아니면, 예언은 날씨가 기상 예보와 맞아떨어지는 것과 같은가?
그렇다면 일기 예보자는 예보된 내용이 성취됨으로써 정당성이 입증될 것이다.
예언도 기상 예보처럼 성취를 보여줌으로써 예수께서 메시아이심이 입증되는가?

(c) 아니면, 예언은 이루어져야 하는 약속이나 경고와 같은가?

그렇다면 예언은 아이들에게 해수욕장에 데려가겠다고 말하거나 잘못하면 처벌하겠다고 말하는 것과 같을 것이다. 따라서 약속이나 경고가 성취될 것인지의 여부는 반응에 달려 있다. 우리는 예레미야 18장을 통해 요나가 니느웨에서 말씀을 전한 것이 좋은 사례가 될 수 있음을 알 수 있다.

(d) 아니면, 예언은 반드시 성취되어야 하는 서약과 같은가?

우리는 결혼할 때 자신이 가진 재산을 배우자와 함께하겠다고 약속한 후 실제로 그렇게 한다.

2. 성경에는 이 모든 개념이 나타나지만 마지막 두 요소는 예언이 여러 번 성취될 수 있음을 보여 준다(긍정적인 의미이든 부정적인 의미이든).

3. 성경에서는 "성취"가 다양한 의미로 사용된다. 가장 흔히 사용되는 동사는 마레(*mālē'*[히브리어])와 플레로오(*plēroō*[헬라어])이며 일반적으로 "채우다"(fill)라는 뜻을 가지고 있다. 두 단어는 "성취하다"처럼 까다롭게 들리는 용어가 아니다. 이 용어들은 예언이 "작성되었다", "가득 찼다"는 뜻이며, 기상 예보나 축구 경기 일정처럼 문자적으로 이루어졌다는 뜻이 아니다(353 참조).

4. 이러한 관점은 신약성서에 나오는 대부분의 "성취"가 문자적 의미로 보이지 않는다는 사실과도 일치한다. 예를 들어, 다음과 같다.

(a) 이사야 1:9은 이사야 시대와 관련된 본문이지만 로마서 9:29은 이것을 바울 시대에 적용한다.

(b) 마찬가지로 이사야 6:9-10은 주전 8세기의 유다에 대한 말씀이지만

마가복음 4:12 및 사도행전 28:26-27에서 예수님과 바울은 이 구절을 비슷한 상황에 적용한다.

(c) 이사야 59:20은 예수님의 오심에 적용될 수 있는 본문처럼 보이지만 로마서 11:26은 이것을 미래에 적용한다.

(d) 이사야 7:14 및 이사야 9:1-2은 이사야 시대와 관련된 말씀이지만 신약성서는 이것을 예수님께 적용한다.

(e) 예레미야 31:31-34은 예레미야 시대의 백성에 대한 말씀이며 수십 년 후 이루어졌으나 히브리서는 이것이 예수님의 초림 시에 이루어졌다고 말하며 로마서 11:27은 이것이 종말에 이루어질 것이라고 말한다.

5. 성취는 본문의 원래적 의미와 무관할 수 있다. 우리는 요한복음 11:49-52을 통해 이러한 사실을 확인할 수 있다. 요한은 가야바가 자신의 스스로 한 말이 아니라 그 해의 대제사장으로서 예수께서 유다 민족을 위하여 죽으실 것을 미리 말한 것이라고 말한다. 물론 어느 면에서 가야바는 스스로 말한 것이지만, 요한은 그의 말에 나타난 두 번째 의미를 본 것이다. 마찬가지로, 우리는 처녀가 아이를 잉태할 것이라는 진술이 이사야 스스로 한 말이지만(사 7:14) 그가 이 말을 아하스에게 전할 때 성령의 눈이 반짝거렸을 것이라는 사실을 짐작할 수 있다. 따라서 우리는 이사야의 사역과 관련된 의미와 함께 예수님의 오심과 관련하여 하나님이 주시는 또 하나의 의미를 알고 싶어 한다.

6. 따라서 예언과 그것의 성취에 대해 알고 싶다면 예언을 받은 당시 백성의 삶에서의 성취를 기대해야 할 것이다. 그러나 우리는 이 예언이 훗날의 상황에서 이루어지더라도 전혀 놀랄 필요가 없다(예언에 대한 자료는 363 참조).

363 웹 자료

이 책 서두에 제시된 웹 자료에 관한 내용을 참조하라.

364 여호수아: 자료 및 질문에 대한 대답
(a) 여호수아와 라합
(b) 여호수아: 질문에 대한 대답

365 사사기: 자료 및 질문에 대한 대답
(a) 드보라
(b) 입다와 그의 딸
(c) 삼손
(d) 사사들: 질문에 대한 대답

366 사무엘-열왕기: 자료 및 질문에 대한 대답
(a) 사무엘상하: 질문에 대한 대답
(b) 열왕기상하: 개요, 기원, 특징, 강조점, 메시지, 함축적 의미
(c) 열왕기상하: 질문에 대한 대답

367 예언: 자료
(a) 마태복음 1:18-4:16의 예언

(b) 예언에 대한 해석: 근대 이전, 근대, 근대 이후

(c) 예언을 보는 렌즈

368 이사야: 자료

(a) 시/랩(Rap)으로서 이사야 1:2-4

(b) 이사야 6장: 거룩함은 무엇을 의미하는가?

(c) 이사야 6장: 거룩함과 온전함

(d) 이사야 7, 9, 11장: 장차 오실 왕에 대한 약속

(e) 이사야 13:2-13: 야훼의 날

(f) 이사야 14:12-17: 루시퍼의 타락

(g) 이사야 24:1-16: 온 세상의 황폐화

(h) 시/랩으로서 이사야 31:1-3

(i) 이사야 40-55장: 여자의 음성

(j) 이사야 53장: 수 세기 후의 일

(k) 이사야 60장: 문화의 변혁

(l) 이사야 61장: 선지자의 증거

(m) 이사야: 이사야가 이사야서 전체를 기록했다는 관점

369 이사야: 질문에 대한 대답

370 호세아, 아모스, 오바댜, 요나, 미가: 자료 및 질문에 대한 대답

(a) 이사야, 미가, 호세아, 아모스 및 사회 정의

(b) 호세아: 질문에 대한 대답

371 예레미야: 자료 및 질문에 대한 대답

(a) 예레미야와 강대국

(b) 예레미야의 질문에 대한 대답

372 나훔, 하박국, 스바냐: 질문에 대한 대답
(a) 나훔
(b) 하박국
(c) 스바냐

373 에스겔: 질문에 대한 대답

374 학개, 스가랴, 말라기: 자료 및 질문에 대한 대답
(a) 스가랴 9-14장
(b) 질문에 대한 대답

375 예언과 신문

376 선지자: 질문에 대한 대답

377 선지자: 그때와 지금

378 (본서가 출간된 후 내가 계획하는 것들)

PART 4
성문서

401	성문서 개요
402-3	에스라-느헤미야
404-5	역대상하
406-7	에스더
408-9	룻기
410-26	시편
427	예레미야애가
428	구약성서의 지혜서
429-30	잠언
431	아가
432-34	욥
435-36	전도서
437-41	다니엘
442	웹 자료

401 성문서: 성문서란 무엇인가?

"성문서"(writings)는 히브리 구약성서 마지막 부분의 이름이다. 이처럼 모호한 이름(직역하면 책들)을 붙인 이유로 가장 산뜻한 것은 다양한 배경을 가진 여러 가지 문헌을 모은 자료이기 때문이다. 헬라어 성경 및 영어 성경은 성문서를 한 곳에 모으지 않고 성경 여러 곳에 분산 배치한다(도표 104 참조). 예를 들어, 역대기, 에스라 및 느헤미야와 같은 내러티브는 동일한 내러티브인 창세기부터 열왕기 후에 이어지게 했다. .

"케투빔"(성문서)이라는 히브리어의 문자적 의미는 "기록된"이라는 뜻이며, 이 이름을 붙인 이유로는 "낭독된" 책과 대조하기 위해서라는 주장이 가장 설득력 있다. 즉 회당에서 예배할 때마다 토라가 첫 번째로 낭독되고 선지서는 두 번째로 낭독되지만 성문서는 중요한 역할을 함에도 불구하고 매주 낭독되지는 않았다.

그러나 시편의 경우 수시로 사용되었으며 아가서와 룻기, 예레미야애가, 전도서 및 에스더("오축" 히브리어로는 "메길롯")는 각각 절기마다 예배의 중심 역할을 했다.

이 책들은 역사적으로 제2성전 시대(바사 및 헬라 제국 시대)와의 연결이 토라나 선지서보다 분명하다는 공통점을 통해 하나로 결속된다. 역대기, 에스라, 느헤미야, 에스더, 다니엘은 모두 바사 제국에 대해 언급하며, 다니엘은 헬라에 대해서도 언급한다. 시편은 "제2성전의 찬송가"로 불렸는데, 이것은 모든 시가 그때 작성되었기 때문이 아니라 시편의 편찬이 당시에 이루어졌기 때문이다. 성문서에 접근하는 한 가지 통찰력 있는 방법은 이 책을 힘들었던 그 시대의 신앙과 삶의 원천으로 보는 것이다.

성문서는 여러 가지 종류의 책으로 이루어지는 만큼 책을 구성하는 방식도 다양하다. 예를 들어, 히브리 성경의 다양한 버전에서 시편, 룻기, 욥 및 역대기는 모두 먼저 나온다. 이러한 다양성은 내 나름의 배열에 대한 변명의 여지를 준다. 나 역시 구약성서의 마지막 책들을 신약성서와 연결하는 다양한 방법을 염두에 두면서 다음의 개요를 제시한다.

■ 성문서 개요

1. 이야기: 에스라-느헤미야, 역대기, 룻기, 에스더

이 책들은 제2성전 기간 중 백성의 상황 및 하나님이 그들을 어떻게 대하셨으며, 이스라엘에 대한 이전 이야기가 이러한 상황에 의미하는 것이 무엇인지에 대해 진술한다.

이 책들은 신약성서 이야기를 이해하는 필요한 배경을 제공한다. 마태복음 1:1-17은 역대기의 패턴을 따르며, 누가복음 1-2장은 예수님을 역대기가 묘사하는 공동체의 상황에 둔다.

2. 예배: 시편, 예레미야애가

이 책들은 이스라엘의 예배와 기도-또는 예배와 기도하는 방 에 대해 다룬다. 또한, 그리스도인에게 에베소서 5:18-20; 6:18-19이 촉구하는 대로 예배와 기도를 하기 위해 필요한 모범을 보여 준다.

3. 지혜서: 잠언, 아가, 욥기, 전도서

이 책들은 지혜가 무엇인지 설명한다. 지혜서는 백성에게 비유와 설교 및 야고보서와 같은 서신에 대해 예수님처럼 탁월한 교사가 될 수 있는 배경을 제시한다.

4. 이 모든 요소를 포함한 책

다니엘. 다니엘은 요한계시록 및 복음서의 예수님이 보여 주시는 대로 이 세상과 장차 올 세상에서 이루어질 하나님의 통치에 대해 다룬다.

■ 백성의 삶을 변화시키기 위한 성문서의 구조

- 성문서는 일련의 신조가 아니라 하나의 이야기 및 짧은 기사들을 통해 우리의 삶을 조명한다. 이 책들은 우리의 이야기를 하도록 격려한다.

- 성문서는 (찬양, 저항, 신뢰, 회개 및 증거를 통해 나타나는) 하나님과의 관계 안에서 우리를 바라본다. 이 책들은 우리의 감정을 표현하도록 촉구한다.

- 성문서는 우리의 사고를 논쟁적 상황으로 이끈다. 이 책들은 우리로 하여금 문제에 맞서 싸워 기존에 가진 믿음의 한계로부터 벗어나도록 촉구한다.

- 성문서는 하나님의 백성이 굳센 믿음과 지혜와 소망으로 가득한 예배적 삶을 살도록 돕는다.

402 에스라-느헤미야서

● ● ● ● ●

"에스라"와 "느헤미야"로 불리는 두 책은 유다의 바사 속국 시대 전반부이자 제2성전 시대의 첫 세기에 해당하는 주전 539-445년에 일어난 일련의 에피소드와 관련된다. 두 책은 사무엘-열왕기처럼 계속되는 역사 이야기가 아니라 이 기간 중 어떤 일이 있었는지를 들여다볼 수 있는 중요한 자료이다. 여기에는 다음과 같은 것들이 포함된다.

(a) 당시에 일어난 사건들에 대한 이야기
(b) 에스라와 느헤미야의 1인칭 시점 기억
(c) 공적인 문서
(d) 백성의 명부

문서와 명부는 예루살렘의 공식 문헌으로 보존되었을 것이다. 에스라 2장의 명부는 느헤미야 7장에 다시 나타난다. 이 명부에 느헤미야 자신이 언급된다는 것은 두 책이 다루는 전체 기간에 돌아온 자들의 명부임을 보여준다. 두 책은 에스라 및 느헤미야 시대 후기 또는 그 후 시대의 누군가에 의해 편집되었음이 분명하다. 그러나 그가 누구인지는 알 수 없다.

에스라의 첫 구절은 역대기의 마지막 구절과 같다. 이것은 영어 성경에서처럼 역대기-에스라-느헤미야를 한 묶음으로 보게 한다.

이것은 에스라-느헤미야가 역대기에 이어 기록되었음을 의미할 수 있다. 그러나 역대기가 에스라-느헤미야의 서문으로 기록되었을 수도 있다. 에스라와 느헤미야는 원래 한 권의 책이었으나 먼저 교회가 두 권으로 나누었으며 그 후에 유대교도 따랐다. 두 책은 아래와 같이 네 부분으로 나누면 더욱 유익하다. 이 4중 구조를 고찰할 때 핵심이 되는 바사 제국의 아케메네스(바사의 초기 통치자 Achaemenus에서 유래) 왕가의 배열을 염두에 두면 도움이 될 것이다.

주전 559년 고레스
주전 530년 캄비세스
주전 522년 다리오1세
주전 485년 크세르크세스1세(아하수에로)
주전 465년 아닥사스다1세
주전 424년 크세르크세스2세 I

1. 에스라 1-6장은 주전 539년 고레스의 바벨론 정복으로부터 시작한다. 그는 바벨론에 포로로 잡혀온 유다 백성(또는 그들의 자녀나 손자)에게 예루살렘으로 돌아가 성전을 재건하라고 촉구한다. 그들은 터를 닦고 건축을 시작하지만 다른 지역 주민들의 방해로 공사를 연기한다.

다리오 시대에 학개와 스가랴의 재촉을 받아 다시 일을 시작한 그들은 주전 520-516년경에 공사를 완공한다(자세한 내용은 두 책 및 360 참조). 에스라 4:6-23의 방해에 관한 이야기는 크세르크세스1세(Xerxes I) 후기 및 아닥사스다 시대와 관련된다는 사실에 주목하라. 이 책은 방해와 관련된 이야기들을 모았다. 예레미야애가는 예루살렘 백성들이 고레스 시대까지 어떻게 기도해 왔는지에 대해 진술하며, 다니엘서의 기사들은 바벨론에 남아 있는 유다의 상황에 대해 들려준다.

2. 에스라 7-10장은 아닥사스다1세 시대로 뛰어넘는다. 주전 458년, 그는 유다 학자인 에스라에게 예루살렘과 유다에서 토라의 명령을 시행하게 했다. 에스라는 1차 귀환과 무관한 자라는 사실을 알아야 한다. 그의 가족은 바벨론에 남아 있었다. 따라서 그는 성전 재건에 관여하지 않았다. 그의 관심사는 공동체의 정화였다.

에스더는 아하수에로왕 시대 직전, 바사의 주요 도시 가운데 하나인 수사에 있는 유다 공동체에 관한 또 하나의 이야기를 들려준다.

3. 느헤미야 1-7장은 다시 주전 445년, 아닥사스다1세 20년으로 뛰어넘는다. 당시 아하수에로 왕은 한 궁전 관원에게 주전 587년에 바벨론에게 멸망당해 아직도 폐허 상태에 있는 예루살렘으로 돌아가 성벽을 건축하도록 허락한다. 느헤미야의 가족 역시 유다로 돌아갈 기회를 붙잡지 않았던 것이 분명하다.

말라기가 지적한 예루살렘의 잘못 가운데 일부는 에스라와 느헤미야가 책망했던 내용과 유사하며, 따라서 말라기는 이 시대 전반에 대해 다룬 것으로 보인다.

4. 느헤미야 8-13장은 에스라와 느헤미야가 아닥사스다1세 시대 후반 어느 시점에 예루살렘에서 함께 있은 것으로 제시한다. 그들은 토라에 기초하여 성읍의 백성을 독려하고 공동체를 재건하는 일을 함께 추진했다.

403 에스라-느헤미야서 읽기

- **에스라 1-6장**

  1. 하나님이 강대국을 통해 일하시는 방식에 대해 말해 보라.
  2. 공동체가 기뻐해야 할 이유는 무엇이며 걱정해야 할 이유는 무엇인가?

- **에스라 7-10장**

  1. 에스라는 어떤 사람인가?

     그는 어떤 인상을 주는가?
  2. 에스라의 기도에 나타난 특징은 무엇인가?(스 9장).
  3. 에스라 10장의 행위는 서구 독자에게 공포심을 느끼게 할 수 있다. 에스라는 그것을 어떻게 정당화하는가?

- **느헤미야 1-7장**

  1. 느헤미야는 어떤 사람인가?

     그는 어떤 인상을 주는가?
  2. 느헤미야의 기도에 나타난 특징은 무엇인가?(느 1장).
  3. 느헤미야는 어떤 방법으로 성벽 건축 작업에 착수하는가?
  4. 그는 어떤 문제에 부딪치며, 어떻게 극복하는가?

- **느헤미야 8-13장**
  1. 느헤미야 8-10장에 나타난 내용의 역동성은 무엇인가?
  2. 본문에 제시된 기도의 특징은 무엇인가?(느 9).
  3. 느헤미야는 느헤미야 11-13장에 나오는 사역들을 어떻게 시작하는가?

- **에스라-느헤미야에 대한 고찰**
  1. 교회의 상황은 어떤 면에서 당시 유다의 상황과 비슷한가?
     그렇다면, 이 이야기는 교회에 대해 어떤 함축을 가지는가?
  2. 교회와 세상의 관계와 관련하여 어떤 부분에서 유사한가?
     그렇다면, 이 이야기는 교회에 대해 어떤 함축을 가지는가?
  3. 이 이야기는 교회를 위해 기도하는 방법에 대해 어떤 통찰력을 제공하는가?
  4. 이 이야기는 리더십에 대한 통찰력을 제공하는가?
  5. 에스라와 느헤미야의 성품 및 자질에 대해 어떻게 생각하는가?
     여러분이 그들의 목회자라면 어떤 조언을 하겠는가?

- **대적**

모든 나라 백성(에스라 3:3) 및 공동체의 "대적"(스 4:1)에 대한 언급은 공동체의 상황을 보여 주는 핵심적 요소를 도입한다. 이 그룹에는 다음이 포함된다.

(a) 모압 및 암몬과 같은 주변국
(b) 사마리아인(즉 북쪽 에브라임 지역의 백성)
(c) 포로로 잡혀가지 않은 백성

포로지에서 돌아온 백성은 정치적 이유(그들은 유다를 탈취하려는 의도가 있는가?) 및(또는) 종교적 이유로(야훼를 섬긴다고 말하지만 진정한 예배일까?) 이들에 대한 의구심이 있었을 것이다.

- **깨어진 결혼**

이 조치에 대해 접근하는 한 가지 방법은 국제 결혼이 지속되었을 경우 어떤 일이 일어났을지 묻는 것이다. 그럴듯한 것은 이러한 잡혼이 지속되었다면 유대 공동체의 고유성을 잃어버렸을 것이라는 관점이다. 그렇게 된다면 이스라엘도 메시아도 예수님도 없었을 것이다.

이 이야기는 야훼를 섬기는 자가 된 룻과 같은 이방 여자에 대한 이야기가 아니다. 이것은 자신의 민족적 종교적 정체성을 고수하는 여자들에 관한 이야기이다. 또한, 이 여자들과 자녀들은 스스로 부양하도록 내버려진 것으로 볼 수도 없다. 그러나 그들에게 무슨 일이 일어났는지는 이야기의 초점이 아니다. 이 이야기는 에스라와 느헤미야가 공동체 개혁을 위해 취한 조치를 기록하고 싶어 한다.

- **문화적 부흥**

느헤미야서에 대한 사회학적 이해는 이 책이 경제적 착취, 공동체의 타락, 문화적 왜곡 및 사회적 환멸로 특징되는 사회를 회복하기 위한 프로젝트를 제시한 것으로 본다.

느헤미야는 문화적 부흥의 원리에 따라 기도, 백성과의 대화, 조직, 적응, 개혁 및 새로운 질서의 시행에 전념한다(Tollefson and Williamson, "Nehemiah as Cultural Revitalization" 참조).

404 역대상하 읽기

● ● ● ● ●

　우리는 본서와 에스라 서두와의 중복이 열왕기서가 에스라-느헤미야와 연결된다는 사실에 대해 살펴보았다. 즉 역대상하 뒤에 에스라-느헤미야가 이어지거나 역대상하가 두 책의 서두로 첨가되었다는 것이다. 가장 보편적인 순서에서 역대기는 토라, 선지서 및 성문서의 마지막 책에 해당한다. 역대기는 에스라-느헤미야와 강조점이 비슷하지만 자신만의 뚜렷한 특징을 가지고 있다. 따라서 우리는 역대기를 별도로 살펴볼 것이다.
　우리는 앞서 323에서 열왕기상하는 솔로몬으로부터 유다의 멸망까지 이어지는 이야기를 하나님의 공의로운 심판에 대한 찬양 행위로 제시한다고 언급한 바 있다. 역대기는 아담으로부터 포로기 끝까지 이어지는 이야기를 다시 들려주지만 역대상 3장은 다윗으로부터 스룹바벨을 거쳐 에스라 및 느헤미야까지 이어지는 후손의 명부를 포함한다.
　따라서 이 책은 주전 5세기(또는 그 후) 백성의 상황에 대한 이야기를 다시 들려준다. 이 책을 누가 기록했는지는 알 수 없으나 책의 내용은 에스라-느헤미야보다 일관성이 있다. 확실히 역대상하는 단순히 흩어져 있는 조각들을 모은 책이 아니다.
　스가랴 4:10은 이 예언 시대의 상황을 "작은 일의 날"로 묘사하는데, 역대기의 유다 청중 대부분이 잠시 후 이 묘사에 해당되는 동시대인으로 드러난다고 해도 전혀 놀라운 일이 아니다. 역대기는 그들을 격려하기 위한 이야기를 다시 들려준다. 이 책의 내용 대부분은 사무엘상과 축어적으로 일치한다. 저자는 사무엘-열왕기로부터 시작하여 어떤 것은 생략하고 어떤 것은 덧붙이며 어떤 것은 고쳐 기록함으로써 새로운 버전을 제시한다.

새로운 상황을 맞은 백성은 하나님으로부터 새로운 메시지가 필요했으며 성령께서는 새로운 버전의 이야기를 기록하도록 감화하셨기 때문에 새로운 버전의 이야기가 나오게 된 것이다. 이러한 성경의 두 가지 버전은 신약성서의 예수님에 대한 네 가지 버전과 유사하다. 풍성한 이야기는 여러 가지 상황에 따라 다양한 방식으로 전달될 수 있다.

1. 사무엘하 및 열왕기상하 내용을 복습하라.

이어서 역대기 전체를 빠른 속도로 읽으라. 역대기에서 어떤 특별한 인상을 받았는가?

2. 사무엘-열왕기와 비교할 때 역대기의 큰 그림은 무엇인가?

두 자료의 유사성과 차이점은 무엇인가?

3. 위 106에 제시한 구약성서 이야기에 대한 개요와 비교할 때 역대기의 큰 그림은 무엇인가?

두 자료의 유사점과 차이점은 무엇인가?

4. 위 106에 제시한 구약성서 이스라엘 역사에 대한 개요와 비교할 때 역대기의 큰 그림은 무엇인가?

두 자료의 유사점과 차이점은 무엇인가?

5. 다음은 역대기가 사무엘-열왕기의 내용을 취한 사례들이다. 차이점을 살펴보고 변화의 핵심 요인을 찾아보라.

(a) 사무엘하 24장: 야훼께서 다윗에게 인구 조사를 하도록 하신다.

역대상 21장: 대적이 다윗을 충동하여 인구 조사를 하게 한다(대부분의 역본은 "대적"을 "사탄"으로 번역한다. 433 참조).

(b) 열왕기상 8:46-53: 포로민은 예루살렘을 향해 기도하고 회개할 수 있으며, 야훼는 애굽에서 인도하여 내신 주의 백성의 기도를 들으시고 용서하신다.

역대하 6:36-42: 야훼는 이 성전에 거하신다. 야훼는 솔로몬의 이 기도를 들으신다. 야훼는 우리 가운데 거하신다. 야훼는 다윗을 용서하지 않으셨다.

(c) 열왕기하 24:18-25:30: 예루살렘 및 유다 백성 된 우리는 하나님께 범죄하였으며 하나님은 우리에게 진노하셨다. 우리가 고통을 받는 것은 그 때문이다(왕하 24:18-20). 설명하자면 이렇다. 그것은 참으로 끔찍한 일이다(왕하 25:1-26).

역대하 36:11-21: 왕은 선지자의 말을 순종하지 않았다(그러므로 우리는 순종해야 한다). 야훼는 계속해서 선지자를 보내셨다. 지도자는 성전을 더럽게 하였다. 따라서 성읍은 함락되고 백성은 포로로 잡혀갔다(그러나 상세한 설명은 제시되지 않는다).

(d) 열왕기하 25:27-30: 그러나 왕은 풀려났다. 이것은 희망적인 사건이다.

역대하 36:22-23: 예레미야의 예언이 성취되었다. 이것은 희망적인 사건이다.

405 역대상하: 예배 음악에 대한 내러티브 신학

역대기는 창세기부터 열왕기까지와 동일한 영역을 다루지만 보다 간결하면서도 조금 더 멀리 다룬다. 또한, 역대기의 진술에는 몇 가지 뚜렷한 특징이 나타난다(이 부분에 대해서는 442 참조).

▪ 역대기의 강조점

예배는 사무엘-열왕기의 이야기와 비교할 때 가장 두드러진 주제 가운데 하나로 부상한다. 예배는 역대기의 유일한 주제는 아니지만 사무엘-열왕기 이야기 가운데 포함시킬 것과 생략할 것을 선택하고 새롭게 추가할 자료를 선정하는 하나의 기준이 된다. 예배라는 주제는 하나님이 백성과 함께하심을 강조하는 요소 가운데 하나이다. 하나님은 유다가 멸망하기 전처럼 유다의 국가적 삶에 관여하지 않으시지만 여전히 그들과 함께 계시며, 그들도 미래만 바라보고 있을 필요가 없다(전도서 및 다니엘과 비교 및 대조해 보라).

찬양도 강조된다. 역대기는 예배라는 주제를 레위기 및 시편과 공유하지만 레위기는 성례에 관심을 가지며 시편은 말씀 자료에 해당한다. 역대기에서 레위인은 핵심적인 역할을 하며 찬양을 인도한다. 역대기는 성전과 일상 생활에서 기도와 기쁨 및 찬양을 강조한다. 게하르드 폰 라드(Gerhard von Rad, *Old Testament Theology*)는 "이스라엘의 삶은 찬양과 불가분리의 관계에 있다고 보는 신학"이 잘못되었는지 묻는다.

신학적으로 역대기는 성결과 신뢰 및 순종의 반응에 대한 기대와 함께 하나님의 위대하심, 공의, 말씀과 은혜를 강조한다. 역대기의 하나님과 관련된 음악에 대한 관심 및 예배와 찬양에 대한 신학적 관점은 레위기와 시편은 물론 아모스와 베드로전서처럼 예배에 초점을 맞춘 책들과 같은 맥락에서 보아야 한다. 역대기는 하나님께 헌신하는 백성을 격려하기 위해 하나님은 자기를 높이는 자를 높이신다는 사실을 보여 주며, 어떻게 이방신들을 섬긴 므낫세가 그토록 오랫동안 통치했으며, 어떻게 위대한 개혁가인 요시야가 그처럼 젊은 나이에 죽었는지에 대해 대답한다.

역대기의 기록 배경과 관련하여, 하나님은 왜 사무엘-열왕기의 또 다른 버전을 기록하도록 감화하셨는가?

역대기와 사무엘-열왕기의 차이는 신앙이 억압당하고 하나님은 침묵하시는 것처럼 보였던 제2성전 시대라는 역대기의 독특한 상황을 반영한다. 사무엘-열왕기는 왕조 시대에 왕들이 얼마나 잘못했는지를 보여 주는 방식으로 기록하는데, 이것은 포로기 상황과 일치한다. 그들은 이러한 사실을 직면해야 할 필요가 있었다. 역대기는 백성을 격려하는 방식으로 진술하는데, 이것은 포로기 이후 상황과 일치한다. 당시는 이러한 격려가 필요한 때였다. 역대기는 이야기를 진술할 때 문자적인 정확성에 모든 초점을 맞추지는 않았다. 역대기는 역사적 인물들에 대해 제2성전 시대의 스타일로 각색함으로써 동시대인과의 연결을 명확히 했다.

역대기는 내러티브이다. 따라서 역대기는 자신의 이야기가 아니라 오래전 이야기를 다시 들려주며(제시된 사례에서 볼 수 있는 것처럼) 요약 제시한다(예를 들어, 에브라임에 관한 이야기나 인간적 관심사에 대해서는 생략한다). 역대기는 사무엘하에 비해 다윗을 긍정적으로 묘사한다. 이것은 히브리서 11장이 구약성서 인물에 대해 평가하는 방식과 유사하다. 우리는 초기 그리스도인이 복음서 이야기를 다시 기록한 방식(전통적 관점에 의하면 마가, 마태, 누가 및 요한의 순서로)을 통해 중요한 이야기는 반복되어야 하며 반복된 이야기로부터 유익을 얻을 수 있음을 알 수 있다.

■ 역대기를 읽을 때 유의할 점

　1. 사무엘하 24장에서 야훼는 다윗을 벌하신다(다윗이 무엇인가 잘못한 것은 분명하지만 정확한 이유는 알 수 없다). 역대상 21장에는 대적(사탄)이 하나님의 도구가 된다. 따라서 하나님은 이 행위와 직접적인 관계가 없다.

　2. 역대하 6장은 출애굽보다 시온과 성전을 더 자주 언급하는데, 이것은 시온과 성전이 유다 공동체만의 특별한 자산이기 때문이다. 출애굽은 오래전에 일어났으며 사마리아인도 자신의 역사의 일부로 주장할 수 있는 사건이다.

　3. 열왕기하에서 예루살렘의 멸망은 매우 고통스러운 최근의 사건이다. 이 이야기는 당시의 고통을 상세히 진술한다. 역대기에서 예루살렘의 멸망은 지나간 과거이며 신학적 의미가 더 중요하다.

　4. 열왕기하에서 여호야긴이 풀려난 사건은 가장 최근에 제시된 희망의 징조이다. 그러나 역대기는 고레스의 도래가 더욱 중요한 희망의 징조가 될 것이라는 사실을 안다.

406 에스더서 읽기

에스더서는 한 유다 소녀가 수사에 있는 바사 왕궁에 차출되어 높은 지위에 올라 왕으로 하여금 그의 신하 가운데 한 명이 자기 백성을 몰살시키려는 시도를 막게 한다는 이야기를 들려준다. "아하수에로"는 영어에서 일반적으로 "크세르크세스"(Xerxes)로 번역되는 바사 이름의 다른 이름이다(402 참조). 이 이야기는 바사 시대(또는 헬라 시대)에 바사에서 기록된 것으로 보이지만 누가 기록했는지는 알 수 없다. 에스더서는 픽션에 해당하는 몇 가지 요소를 가지고 있다(109 참조). 특히 이 책은 만화적 특징(6층 높이의 교수대, 열두 달 동안의 치장)을 가지고 있다. 이러한 요소들은 유다 공동체가 매년 3월 이 이야기에서 강조하는 부림절이라는 중요한 절기를 지킬 때마다 조금씩 첨가되었다. 실제로 유다 공동체가 몰살 위협을 받았으나 이러한 위협에서 벗어난 경우는 종종 있었다. 나는 이 이야기가 이러한 사건에 대한 "사실에 기초한" 버전이라고 생각한다(희곡 버전에 대해서는 442 참조).

본서가 기록될 시점의 유다 백성은 고국으로의 귀환 허락을 받은 상태였다. 그들은 더 이상 포로민이 아니었으며 여러 곳에 흩어져 살고 있었다. 그러나 에스더서는 다니엘서와 마찬가지로 다른 나라에서의 삶이 신앙 및 목숨까지 위태롭게 할 수 있다는 사실을 보여 준다. 이 이야기를 읽은 후 아하수에로, 와스디, 하만, 에스더, 모르드개 및 그 외 관심이 가는 인물들의 성품 및 역할에 대해 생각해 보라. 이어서 다음 질문에 대답해 보라.

1. 이 이야기의 구조 및 형식은 무엇인가?

   가장 중요한 전환점은 무엇인가?

   가장 중요한 순간 또는 핵심 구절은 무엇인가?

2. 이 이야기의 핵심 주제는 무엇인가?(한 가지 주제만 있다고는 생각하지 않는다).

3. 이 이야기는 이교도적 환경 및 인종 학살이라는 위협을 받고 있는 유다의 위치에 대해 묘사한다.

   이 이야기는 그들에게 정확히 어떤 격려를 주는가?

4. 이 이야기는 유머가 풍부하고 재미있다.

   이러한 요소들이 이야기에서 차지하는 역할은 무엇이며, 메시지의 내용-세계관이나 인생관-에 미치는 영향은 무엇이라고 생각하는가?

5. 에스더서에는 하나님이 언급되지 않는다. 기도나 신앙이나 토라도 마찬가지이다. 헬라어 성경 에스더 버전(507 참조)은 이러한 언급을 많이 덧붙인다. 히브리 버전의 이러한 특징은 어떤 목적이나 함축적 의미를 가지는가? 또는 어떤 영향을 미치는가?

6. 이 이야기에서 여성에 대한 이해 및 관점은 어떤 것인가?

   와스디와 에스더 및 다른 여자들의 인격 및 행위에 대해 어떻게 묘사할 수 있는가?

7. 이 이야기는 유다인과 이방인 모두 동일한 교만, 탐욕 및 잔인성이라는 의심스러운 동기로부터 행동하는 것으로 묘사한다.

   이런 요소는 어떤 의미가 있다고 생각하는가?

8. 이 이야기는 일련의 우발적 사건들을 기초로 진행된다. 그 결과 사람들이 기대하거나 계획하거나 두려워하는 것과 반대되는 일이 일어나고 정의가 시행된다. 실제로 우리의 삶도 이러한가?
이 책이 이런 식의 용어로 묘사한 의미는 무엇인가?

9. 아하수에로, 와스디, 에스더 및 모르드개는 왕궁에서 왕이나 왕에 버금가는 권력을 행사하는 인물로 제시된다.
이 이야기는 이러한 권력의 행사에 대해 어떻게 묘사하는가?
또한, 이 책은 잠재적 권력 및 권력에 대한 유혹에 대해 어떤 관점을 가지는가?

10. 권력에 대한 복종과 불복종이라는 주제는 와스디, 모르드개 및 에스더의 이야기에서 중요하다.
그들은 시민 복종 및 불복종에 대한 의무와 위험에 대해 무엇이라고 말하는가?

11. 등장인물들은 지혜와 어리석음을 구현하는 것처럼 비쳐졌다.
우리는 이러한 관점을 어느 정도까지 허용해야 하는가?

12. "최근 유럽에서 있었던 유다 공동체의 멸망은 에스더에 묘사된 실패한 위협과 유사하다. 하만의 영적 후손은 대량 학살이라는 목적을 보다 쉽게 성취했음을 보여 주었다…모르드개와 에스더의 후손은 유다의 고립 및 인류의 책임과 행동에 대한 강조와 함께 에스더의 한 가지 메시지에 귀를 기울이지 않고 있다"(Berg, *Book of Esther*, 183-84).
여러분은 이 언급에 대해 어떻게 생각하는가?

407 에스더서: 성경 전체 문맥에서의 의미

한 유명한 성경 신학자는 그리스도인 설교자가 에스더 본문을 어떻게 설교해야 할지 모르겠다고 했다. 사실 에스더는 일련의 설교에 합당한 본문이다.

- **에스더서는 반유대주의에 대한 성경적 해설이다.**

반유대주의는 유대인이 예수님을 죽였다는 그리스도인의 논쟁을 통해 확산되었다. 에스더는 유다 백성이 경험할 예표로서 대량학살 시도에 관한 이야기이다. 마이클 폭스(Michael Fox, *Character and Ideology*)는 이 책이 매년 부림절마다 어떤 메시지를 주는지에 대해 묘사한다. 그의 가정은 19세기의 유대인 대학살 및 홀로코스트 당시 유사한 경험을 했기 때문이다. 이 책은 모든 상황이 항상 그런 식으로 진행되지는 않을 것이라고 약속한다. 하만은 1939년에 아돌프 히틀러가 한 말을 미리 예시한다.

> 나는 자주 예언자가 되었으며 그로 인해 웃음거리가 되곤 했다. 권력 투쟁 당시 내가 언젠가 국가 통치자가 되어 온 나라를 다스릴 것이며 유대인 문제를 해결할 것이라고 했을 때 이런 예언을 가장 먼저 비웃은 것은 유대 민족이다. 그들은 소리 높여 비웃었으나 나는 얼마 있지 않아 그들이 비웃음거리가 될 것이라고 생각한다.

하만은 유대인 문제에 대한 최종적 해법을 미리 내다보고 있었다(Bauckham, *Bible in Politics*).

- **에스더서는 하나님이 역사에서 종종 행하시는 방법을 보여 준다.**

이 책은 하나님이나 이스라엘 또는 기도에 대해 어떤 언급도 하지 않지만 침묵의 소리는 크다. 그것은 요셉과 모세 시대 이스라엘의 이야기와 비교 및 대조된다. 모세 시대에 하나님은 가시적으로 개입하시지만 하나님의 행위는 일반적으로 눈에 보이지 않는다. 요셉의 이야기에서도 결국에는 하나님의 개입하심이 분명히 드러나지만 에스더에서는 그렇지 않다. 이 책은 잠언에 나타나는 지혜라는 주제를 조명하며 등장인물들은 지혜와 어리석음을 구현한다(Gordis, "Religion, Wisdom and History").

에스더는 유다 백성에게 하나님이 우연의 배후에서 역사하신다는 확신을 가지고 자신의 운명에 맞서라고 촉구한다(406에 제시된 Berg의 인용문과 비교해 보라). 모든 이야기는 왕의 잠 못 이루는 밤에 달려 있다!

- **에스더서는 우리에게 이 세상 권력의 실재에 대해 상기시킨다.**

이것은 일어나야 할 일이 아니라 실제로 일어나는 일에 대한 이야기이다(Fuerst, *Books of Ruth, Esther*). 중요한 것은 무엇을 알고 있느냐가 아니라 누구를 알고 있느냐이다. 남자들은 힘을 가지고 있다.

정말 그러한가?

왕은 와스디에 대해 아무런 힘도 행사하지 못한다는 사실이 드러났으며, 남자들은 그녀의 행동이 바사의 다른 아내들까지 남편에 대한 반발을 조장하게 할 것이라고 생각한다. 에스더는 시스템을 무시하기보다 그것을 이용함으로써, 다른 의미에서 힘을 가진 자로 드러난다(이 책은 아하수에르 및 모르드개의 권세에 대한 언급으로 끝나지만). 일반적으로 여자는 구조적으로 취약한 상태에서 힘을 가지기 위해 노력해야 하는데, 이러한 사실은 여자가 디아스포라 유대인의 위치를 보여 주기에 적합한 이미지임을 말해 준다(White, "Esther").

- **에스더서는 유다 민족의 신학적 의미에 초점을 맞춘다.**

이러한 원리는 교회에 적용할 수 있지만 이 이야기 자체는 하나님이 이스라엘을 보호하심에 관해 진술한다. 빌헬름 피셔(Wilhelm Vischer)는 1939년 홀로코스트(Holocaust)가 있기 직전에 에스더에 관한 책을 썼다. 그는 모든 계시 가운데 가장 공격적인 진리는 하나님이 자신을 이스라엘 역사와 확실하게 연계했다는 사실이라고 주장하며 로마서 11:25을 예로 든다. 그는 모든 사람이 유대인을 통해 구원을 얻을 것이라는 사실에 주목한다. "예수 그리스도는 에스더서의 약속의 성취자이시다."

오늘날 그리스도인은 팔레스타인인을 동정하지만 우리는 이러한 메시지에 대한 통찰력을 잃지 않도록 주의해야 한다.

- **에스더서는 우리가 살아남기 위해서는 웃음을 배워야 한다는 사실을 보여 준다.**

이 책은 전형적인 유대 방식을 사용하여, 대적을 비웃음으로 역경과 맞서야 한다고 격려한다. 따라서 이 이야기 전체에는 유머가 풍부하다. 예를 들어, 성적 대상으로서 와스디와 에스더, 6개월간의 잔치, 6층 높이의 교수대, 궁전에 들어가기 위한 1년간의 준비, 하만이 모르드개를 높임, 왕이 에스더에게 자비를 구하는 하만에 대해 그녀를 강간하려는 것으로 착각함, 유다인을 미워하는 칠만 오천 명만이 위험에 처한 사실 등이다.

그러나 최고의 아이러니는 유다인이 대량학살 위기를 스스로 자초했다가 가까스로 벗어났다는 사실이다(Goldman, "Narrative and Ethical Ironies"). 그러나 반전에는 언제나 위험이 따르므로 조심해야 한다.

408 룻기 읽기

● ● ● ● ●

우리는 룻기가 언제, 누구에 의해 기록되었는지 모른다. 에스더가 성문서에서 차지하는 위치는 이 책이 모압과 같은 이방 민족과 내왕하던 제2성전 기간 중 기록되었음을 보여 준다(에스라-느헤미야 참조). 에스더가 다윗까지 이어지는 계보에 대한 언급으로 마친다는 것은 이 책이 기본적으로 역사 이야기임을 보여 준다.

이 이야기가 픽션이라면, 다윗에게 모압인 증조모를 준다는 발상이 가능할 수 있겠는가?

한편으로 침실에서의 대화와 같은 상세한 이야기는 단순한 역사라기보다 "팩트에 기초한" 것으로 보인다.

▪ 룻기 읽기

룻에 대한 이야기를 읽으라(희곡 버전 및 설명에 대해서는 442 참조)

1. 룻 이야기의 의미는 무엇이라고 생각하는가?
2. 나오미 이야기의 의미는 무엇이라고 생각하는가?
3. 보아스 이야기의 의미는 무엇이라고 생각하는가?
4. 다윗 이야기의 의미는 무엇이라고 생각하는가?
5. 베들레헴 백성과 같은 이스라엘 이야기의 의미는 무엇이라고 생각하는가?

6. 또한, 우리는 이 이야기를 엘리멜렉이나 말론, 기룐, 오르바, 룻의 모친 또는 룻의 기업 무를 자가 되기를 거부한 자 등의 입장에서 바라볼 수도 있다.

▪ **헤세드란 무엇인가?**

헤세드(hesed)란 단어는 이 책에서 중요한 역할을 한다. 이 이야기는 이 단어가 등장하지 않은 곳에서도 헤세드가 작용하고 있음을 보여 준다. 헤세드는 일반적으로 "견고한 사랑"으로 번역되지만, 때로는 헌신, 신실함, 은총, 친절, 사랑, 충성이나 자비로 번역된다. 이 단어는 특별한 자기희생을 의미한다. 헤세드는 헬라어 아가페(agapē)에 가장 가까운 히브리어이다. 이 단어는 다음과 같은 두 가지 중요한 용도로 사용된다.

1. 헤세드는 다른 사람에 대한 어떤 의무도 없음에도 불구하고 관대함이나 은혜 또는 자비를 베푸는 특별한 사랑의 행위를 가리킨다. 두 당사자는 기존에 어떤 관계도 없다. 이런 의미에서 헤세드는 은혜나 은총(히브리어로 헨[hēn]는 헬라어의 카리스[charis]에 해당한다)에 가깝다. 다만 "은혜"나 "은총"은 태도에 초점을 맞춘 반면, 헤세드는 행위에 중점을 둔다.

2. 헤세드는 기존에 관계가 있는 사람에게 베푸는 자기희생, 헌신 또는 긍휼을 가리킨다. 이런 의미에서 헤세드는 신실함(히브리어로 에메트[ʾĕmet] 또는 에무나[ʾĕmûnâ])에 가깝다. 다만 "신실함"은 일반적 자질을 말하는 반면, 헤세드는 기대를 넘어서는 신실함을 가리킨다.

헤세드는 "언약적 사랑"(covenant love)으로도 번역되며 실제로 언약과 연결되기도 한다. 그러나 이 단어는 언약 관계 밖에서도 존재하며, 언약이 요구하는 것 이상의 신실함을 나타낼 수 있다(예를 들어, 상대가 신실하지 않음에도 불구하고 계속해서 신실함을 보여 준다).

나의 생각에 "헌신"(commitment)이라는 영어 단어는 이 히브리어 단어의 두 가지 의미를 모두 포함한다("commitment"라는 영어 단어가 히브리어나 헬라어에 대한 번역에 거의 사용되지 않는다는 사실은 놀랍다).

헤세드라는 단어는 룻기에 세 차례 나온다.

(a) 룻 1:8에서 오르바와 룻은 남편과 나오미에게 헤세드를 보여 주었으며, 나오미는 하나님께서 그들에게 헤세드를 보여 주시길(선대하시기를) 구한다(위 2번 항의 의미).

(b) 룻기 2:20에서 하나님은 그녀와 룻에게 은혜를 베푸신다(위 2번 항의 의미).

(c) 룻기 3:10에서 룻은 보아스에게 인애를 베푼다(위 1번 항의 의미).

다음은 성문서에 나타난 헤세드의 사례이다.

1. 역대기: 야훼는 다윗의 후손에게서 자신의 헤세드["인자"]를 거두어들이지 않으실 것이다(대상 17:13). 솔로몬은 다윗에게 베푸신 하나님의 헤세드["은혜"]에 호소한다(대하 1:8).

2. 예레미야애가: 야훼의 헤세드["인자와 긍휼"]는 사람들이 신실하지 않을 때에도 계속된다(애 3:22, 32).

3. 다니엘: 환관장은 다니엘에게 예기치 않았던 헤세드를 베푼다. 환관장에게는 어떤 의무도 없었다(단 1:9).

4. 에스더: 에스더는 다니엘과 동일한 경험을 한다. 그녀의 경우 왕에게 은혜를 입는다(에 2:17).

5. 시편(수많은 언급 가운데): 하나님의 선하심과 헤세드[인자하심]가 우리를 따른다(시 23:6). 세상에는 야훼의 인자하심이 충만하다(시 33:5). 야훼의 헤세드는 하늘에까지 미친다(시 36:5). 야훼는 노하기를 더디 하시며 인자하심이 크시다(시 145:8).

409 룻기: 어떤 이야기인가?

▪ **유대인의 책**

룻기는 룻이 다윗의 증조모가 되는 과정을 보여 주는 이야기로, 에스더와 마찬가지로 유대력에서 매년 절기마다 사용되는 오축 가운데 하나이다. 룻기는 오순절에 읽었는데, 이것은 아마도 보리 추수 시기 때문일 것이다.

▪ **세련된 책**

스코틀랜드 선교사들이 성경을 사하라의 투아레그(Tuaregs of the Sahara)의 타마하크어(Tamahaq)로 번역할 때 룻기부터 시작했는데, 이것은 룻기가 미개인에게 좋은 영향을 줄 것이라고 생각했기 때문이다(Knight, *Ruth and Jonah*).

▪ **교훈**

랍비 주석은 어떻게 정결한 것과 부정한 것과 같은 고전적 주제에 대한 관심이 없는 책이 유익한가라고 물은 후 이 책의 의미는 헤세드(hesed)의 본질에 대한 설명에 있다고 대답한다(408 참조).

▪ **격려**

룻기는 하나님이 평범한 사람들의 평범한 삶에 개입하심에 관한 책이다. 이 책은 파산한 여자, 새로운 가정을 찾은 여자, 아내를 찾은 남자에 대한 이야기이다. 이 이야기는 우리에게 모든 사람은 이야기할 거리가 있으며,

찾아야 할 혈통이 있다는 사실을 보여 준다(Peterson, *Five Smooth Stones*).

- **신학**

   룻기는 할리퀸 로맨스(Harlequin romance)가 아니다. 룻기는 에스더와 마찬가지로 하나님이 인간의 행위 및 우연을 통해 배후에서 역사하심을 보여 준다. 이 책은 "구속자"나 "기업 무를 자"가 된다는 것이 어떤 의미인지를 보여 주며, 따라서 하나님이 구속자나 기업 무를 자가 되신다는 것이 무엇인지를 보여 준다. 하나님은 백성의 삶을 자신의 확장된 가정 속에 다시 세워줄 수 있는 자원을 가진 분이다. 이 이야기는 그리스도인에게 예수님에 대한 배경을 제시한다. 룻이 예수님의 계보(마 1:5)에 나타나기 때문이다.

- **희망**

   룻기는 사사 시대에 대한 언급으로 시작하며 사사기는 당시의 삶이-특히 여성에게-얼마나 끔찍스러웠는지 보여 준다.

- **포괄주의**

   이 책은 룻이 모압 여자라는 사실을 강조하며, 이방인에게 문호를 개방함으로써 에스라-느헤미야를 보완한다. 따라서 요나서와 비교된다(343 참조).

- **통속적임**

   룻기는 청중이 알고 있는 삶 및 문화적 요소들로부터 시작하는 민간 설화이다. 이것은 문화가 다른 사람들에게는 낯선 내용이 될 수 있다는 것이다(예를 들어, 기업 무를 자의 의무 및 신발 의식에 대한 내용).

- **하층 계급**

   룻기는 농촌의 목가적 이야기처럼 보이지만 도시 문제를 다룬다. 즉 이 이야기는 생계 수단을 잃은 가정, 구직을 위한 이사, 한 부모 가정, 소수 민족의 삶에 대해 다룬다.

▪ 문학

룻기는 핵심 구조에 중요하지 않은 사건들은 짧게 요약해서 제시하며(예를 들어, 룻 1:1-5) 주요 관심사에 대해서는 이야기를 확장한다. 이 이야기는 두 가지 모두에서 흐름을 유지한다. 룻기의 구성은 문제를 제기한 후 긴장을 지속하다가 문제를 해결하고 긴장을 해소하는 방식이다. 이 책은 부분적으로 독자가 본문의 문맥을 통해 채워 넣어야 하는 여지를 남겨둔다(예를 들어, 독자는 나오미의 성품이 동정심이 많은지 냉정한지를 알아내어야 한다).

▪ 여성

룻기는 남성 사회에서 여성이 어떻게 생존할 것인지를 보여 주는 이야기이다(Trible, *Rhetoric of Sexuality*). 룻이 보아스에게 결코 하룻밤 잠자리가 아닌 제안(청혼)을 한 것은 이러한 사실을 보여 주는 한 단면이다. 그러나 이것은 위험한 시도이다. 룻은 문화적 규범과 배치되는 방식으로 이 관계를 주도했다.

▪ 문맥

룻기는 에스라-느헤미야는 물론 다말(창 38장)이나 민수기 25장에 나오는 모압 여자에 관한 이야기와 같은 맥락에서 볼 수 있다. 룻기는 이러한 본문들과 비교 및 대조를 통해 이해해야 한다. 잠언 31장은 능력 있는("산업이 핍절하지 않는") 여인에 관해 언급하는데(잠 31:11), 성경에서 실제로 잠언에 나오는 이 용어를 사용한 곳은 룻기뿐이다. 룻이 가족을 떠나 나오미와 하나님께 헌신한 것은 아브라함과 유사하다. 베들레헴의 삶(취약한 여자들을 돌아보고, 유력한 친척이 과부와 결혼하려는)에 대한 묘사는 토라의 기대에 필적할 만한다(이것은 유대인이 오순절에 이 책을 읽으며 토라를 주신 것에 감사하는 또 하나의 이유이기도 하다).

- **후기**

룻기는 다른 나라에서 안전한 삶을 찾는 한 여자에 관한 이야기이자 외국인에 대한 환영 및 이방인과의 결혼에 관한 이야기로 새로운 문화 형식을 창조한다(한국의 이주민 여성에 관해 다룬 Han, "Migrant Women" 및 한국에서 룻기의 의미에 관해 다룬 Lee, "Neo-Confucian Ideology" 참조).

410 시편: 하나님께 말하는 150가지 사례

시편(또는 찬송가)은 예배와 기도를 모은 자료로, 예배와 기도를 가르치는 책이기도 하다. 시편이 다섯 권으로 나뉜다는 것은 이것이 가르치는 책임을 말해 준다. 따라서 시편 1, 42, 73, 90, 107편 앞에는 "1권, 2권…"과 같은 제목이 붙어 있으며 시편 41, 72, 89, 106편 끝에는 축복과 아멘 및 할렐루야가 제시된다(마지막 150편은 사실상 하나의 긴 할렐루야라고 할 수 있다).

이것은 시의 한 부분이 아니라 각 권을 마친다는 표시이다. 토라 다섯 권은 이스라엘에게 하나님이 무슨 일을 하셨으며 우리는 어떻게 그것에 합당한 삶을 살 것인지에 대해 전한다. 마찬가지로 다섯 권의 시편은 백성에게 하나님이 지금 어떻게 그들의 삶에 개입하고 계시며, 우리는 하나님이 하신 일 및 하고 계신 일에 대해 어떤 예배적 삶으로 반응할 것인지를 보여 준다. 또한, 어떻게 그로 하여금 다시 한 번 역사해 주시기를 촉구할 것이며, 어떤 헌신의 삶을 살 것이며, 어떻게 찬양하며 기도할 것인지를 보여 준다.

유진 피터슨(Eugene Peterson)에 의하면 예전 그리스도인은 언제나 시편을 통해 기도하는 법을 배웠다(Peterson, *Working the Angles*, 50, 54-56). 따라서 그들의 배움은 시편의 본질 및 목적과 일치하는 것이었다. 시편의 전제는 우리가 기도하는 법을 알고 있으며, 성령의 인도하심으로 직관적으로 기도할 수 있다고 생각해서는 안 된다는 것이다. 시편은 하나님이 우리를 인도하고 싶어 하신다고 전제하며, 이러한 인도하심을 보여 준다(Bonhoeffer, *Life Together*, 53-58).

신약성서에는 이러한 사실을 보여 주는 몇 가지 사례가 있다. 신약성서는 시편을 통해 예수님(히 1-2장), 복음(롬 3장), 종말(계 2:23, 26; 3:5), 교회의 선교와 사역(롬 15:9, 11), 영성(마 5장 및 히 3장) 및 교회의 삶(벧전 3:10-12)에 대해 이해하도록 돕는다(신약성서의 시편에 대해서는 442 참조).

뿐만 아니라 에베소서 5:18-20, 6:18-20 및 골로새서 3:16-17은 시와 찬미와 신령한 노래로 서로 화답하고 감사하며 성령 안에서 성도와 바울을 위해 기도할 것을 촉구한다.

이러한 기도와 찬양에는 마리아, 스가랴, 베드로와 요한의 새 노래와 기도도 있지만(눅 1장, 행 4장 및 계시록) 시편도 들어가야 하며 새 노래와 기도는 모두 시편의 모델을 따른 것이다.

▪ 시편 안에 있는 작은 문헌들

다섯 권의 시편 배후에는 시편과 유사한 도입부나 주제나 용례를 가진 작은 문헌들을 볼 수 있다. 이러한 도입부는 대부분 시편이 예배에 사용된 배경을 형성한다.

- 다윗의 시: 3-41편; 51-72편(10편 및 33편 제외)
- 고라의 시: 42-49편
- 아삽의 시: 50편; 73-83편(50편을 분리한 것은 이상하지만)
- 고라의 시: 84-85편; 87-88편(86편이 다윗의 시와 분리된 것은 이상하지만)
- 왕권 시: 93편; 95-99편
- 할렐루야 시: 105-107편
- 유월절에 사용하는 애굽의 할렐: 113-118편(113-114편은 식사 전에, 115-118편은 식사 후에 불렀다; 막 14:26 참조)
- 성전에 올라가는 노래, 순례나 행렬에 사용됨: 120-134편
- 유월절에 사용된 대 할렐: 135-136편

- 다윗의 시: 138-145편
- 할렐루야 시: 146-150편

엘로힘 시(Elohim psalms)에 해당하는 시편 42-83편도 참조하라. 엘로힘 시는 하나님에 대해 "야훼"라는 일반적 호칭 대신 "엘로힘"('ĕlōhîm)으로 부른다. 이것을 원래의 표현으로 보는 사람들도 있지만 대부분은 나중에 개정된 것으로 본다(예를 들어, 시편 53편과 시편 14편을 비교해 보라). 이 이유에 대해서는 115를 참조하라.

따라서 시편의 편집자는 가능한 오래된 자료로 구성한다. 그러나 시편은 다섯 권으로 분류된 것 외에 특별한 전체적 구조는 없다. 하나의 시가 다른 시로 이어지는 경우도 있지만 대부분의 시는 무작위로 배열된다.

많은 학자들은 시편 전체가 정밀한 구조로 배열되어 있다고 생각하며 제2성전 기간 중 시편을 메시아적으로 해석할 수 있는 방법을 찾아낸다(이러한 이론들에 대해서는 Grant의 "Editorial Criticism" 참조).

411 찬양시 : 함께 예배하는 방법

● ● ● ● ●

시편 95편과 100편을 읽으라. 시편 95편에 대한 설교를 위해 히브리서 3:7-4:13을 읽으라.

1. 시로서 이사야 31장에 대한 코멘트(336 참조)를 읽고 같은 맥락에서 이 시들을 살펴보라.
2. 두 시는 어떻게 하나의 시로서 작동하는가?
   두 시의 구조와 논리는 무엇인가?
3. 두 시의 공통점과 차이점은 무엇인가?
4. 두 시는 예배에 대해 무엇이라고 말하는가?

다른 찬양시를 읽어 보고 공통점과 차이점은 무엇이며 두 시의 내용에 추가된 메시지는 무엇인지 살펴보라(시 8; 19; 29; 33; 47; 48; 65; 66; 68; 78; 87; 93; 95-100; 104; 105; 111; 113; 114; 117; 122; 134; 135; 145-150편). 한꺼번에 다 읽기보다 하루 한 편씩 읽는 것이 낫다.

■ 시로서 시편

시편은 찬양과 고통에 대한 본능적 분출로 볼 수 있지만 로버트 로스(Robert Lowth, "평행"을 발견한 사람이다)에 따르면, 시에는 형식이 있으며 따라서 복잡한 구조를 가진다. 시는 인간의 경험을 반영하지만 다듬어진 표현을 사용한다(어원학적으로, "시"라는 용어는 "만들어진 것"을 의미한다). 시는 시인의 마음만 드러내는 것으로 독자에게 다가가려 하지 않는다.

시는 시인의 경험을 운율과 이미지를 사용하여 전달한다. 시편의 경우 찬송과 기도의 목적은 독자로 하여금 시인처럼 찬양하고 기도하게 하는 것이다.

오늘날 로버트 로스 다음으로 유명한 시편 연구가는 헤르만 궁켈(Hermann Gunkel)이다. 그는 20세기 초에 "양식비평"(form criticism)을 처음으로 주창한 학자이다. 양식비평은 역사적 가치를 의심하는 방식으로 복음서에 접근하지만 이러한 양식비평의 문제점은 시편 연구에는 큰 의미가 없다.

전통적으로 독자는 시편을 선지서와 마찬가지로 역사적인 관점에서 다루어 왔다. 따라서 모든 시를 이스라엘의 특정 상황과 결부시키려는 노력을 했다. 예를 들어, 시편 42-43편은 누군가의 망명에 관한 이야기이며, 시편 44편은 군사적 패배에 관한 이야기이며, 시편 45편은 왕의 결혼식에 관한 내용이며, 시편 46편은 침략과 구원에 관한 이야기이다.

그러나 어떤 망명, 어떤 패배, 어떤 결혼이나 침략과 관련된 내용인가?

주석가들의 노력에도 불구하고 시에 언급되지 않는 내용이기 때문에 서로 다른 결론을 제시한다. 이러한 결론은 시편 전체에 적용할 수 있다(포로민에 대한 언급을 분명히 하는 시편 137편의 경우는 예외로 볼 수 있다).

이러한 교착 상태를 타개한 사람이 궁켈이다(Gunkel, *The Psalms* 참조).

그는 다음을 제안했다.

시편의 배경을 단회적인 역사적 상황이 아니라 지속적으로 되풀이 되는 사회적 정황으로 보아야 하며("사회적 정황"은 독일어로 Sitz im Leben[삶의 자리]이지만 굳이 이 용어를 사용할 필요는 없다), 시편에 나오는 하나님께 말하는 다양한 방식의 사례를 비교 분석해야 한다(양식비평이 아니라 장르비평에 가깝다).

시편의 핵심 장르는 (개인이나 공동체의) 찬양이나 노래, 기도 또는 항변(개인이나 공동체의)과 감사나 증언이다. 대부분의 시편은 이 핵심 범주 안에 포함된다. 본서에서는 모든 시를 해당 장르로 나누었지만 인위적인 분류도 있을 수 있다.

시편 자체에는 구조가 없다. 따라서 전체적 구조가 없는 상태에서 시편 전체에 대한 감을 잡는 한 가지 방법은 다른 유형의 시들을 모으는 것이라고 할 수 있다. 그러나 시편은 하나님께 말하는 방법의 상호 작용을 통해, 이처럼 다양한 방식들이 모여서 형성하는 영성의 구조를 제시한다.

궁켈이 주장하는 첫 번째 범주는 소위 "찬송시"이다. 이것은 하나님의 인격과 그가 이루신 크신 역사를 찬양하고 경배한다. 이 찬송은 두 가지 요소로 이루어진다.

(a) 찬양에 대한 촉구와 헌신 또는 찬양받으시기에 합당하신 하나님에 대한 선포이다.
(b) 찬양의 이유 및 내용에 대한 진술, 즉 하나님은 누구시며 그의 백성을 위해 무슨 일을 하셨는가, 하나님의 창조, 하나님의 말씀, 하나님의 성읍 및 하나님의 성소에 대해 진술한다.

많은 찬송시는 두 번째 요소만 가지지만 시편 150의 경우 첫 번째 요소만 가진다.

412 찬양시: 예배의 방법으로서 시편 95편 및 시편 100편

1. 두 시는 찬양시의 두 가지 요소를 가진다. 즉 찬양을 촉구하고(시 95:1-2, 6; 100:1-2, 4) 찬양의 이유를 제시한다(시 95:3-5, 7a; 100:3, 5). 네 차례의 전환구 가운데 세 차례는 "때문이로다"(because)라는 표현을 사용한다.

2. 두 시는 찬양 촉구와 이유를 두 차례 반복한다. 다른 시도 그렇게 하지만 세 차례 반복하는 경우도 있다(시 147 참조). 한 번 말하는 것으로는 부족하기 때문이다.

3. 일반적으로 한 절의 평행에서 두 번째 행은 첫 번째 행의 내용을 단순 반복하지 않는다. 시편 95편은 큰 소리로 외치는 열정으로 시작한 후 엎드려 경배하는 태도를 취한다.

4. 찬양의 이유도 바뀐다. 시편 95편은 창조주로서 하나님의 위대하심으로 시작하지만 자기 백성을 보호하시는 하나님으로 바뀐다. 우리는 하나님의 돌보심에 기초한 열정적 찬양과 그의 위대하심에 기초한 경배와 부복을 기대할 수 있지만 시인의 배열은 우리의 기대보다 심오하다. 즉 우리가 꿇어 경배하는 것은 위대하신 하나님이 우리를 돌보시는 분이심을 깨달을 때라는 것이다.

5. 시편 95편은 매우 신체적이다. 문자적으로 이 시는 "오라 우리가 여호와께 노래하며 우리의 구원의 반석을 향하여 즐거이 외치자 우리가 감사함으로 그의 얼굴 가까이[그 앞에] 나아가며 시를 지어 즐거이 그를 노래하자" 및 "오라 우리가 굽혀 경배하며 우리를 지으신 여호와 앞에 무릎을 꿇자"라고 촉구한다. 번역 성경은 동사를 보다 고상한 표현으로 바꾸고 교회적 색채를 입혔지만 원래적 의미는 다르다.

6. 시편 95편에서 시인의 초청은 문자적 의미대로 이스라엘을 향한 것이다. 시편 100편에서는 온 땅을 향해 외치지만, 온 땅은 야훼를 인정해야 한다는 은유적 표현으로 볼 수 있다.

7. 시편 100편에 나타나는 두드러진 특징이다. 모든 행이 두 부분이 아니라 세 부분으로 이루어진다는 사실이다. 다른 시도 세 부분으로 구성될 때가 있지만 주로 마지막 행에 오거나 내용을 강조하기 위한 것이다. 그러나 놀랍게도 시편 100편의 경우 모든 행이 예상하는 곳에서 멈추지 않는다.

8. 시편 95편의 두드러진 특징은 예기치 않은 전환이 나타나는 마지막 부분이다. 따라서 이 시를 예배에 사용할 때 이 부분이 종종 생략된다는 것은 아이러니이다. 이 전환은 하나님께 말하는 대신 하나님의 대답이 제시되며 그의 선포는 우리의 마음을 무겁게 한다.
우리는 이처럼 갑작스러운 흐름에 대해 어떻게 이해해야 하는가?
이것은 아마도 열정적 외침으로부터 경배로 바뀐 후 자연스럽게 이어지는 반응일 것이다. 이것은 하나님의 행위에 대한 찬양으로부터 토라의 가르침에 대한 순종으로의 전환을 촉진하는 것으로 보인다(전통적 그리스도인은 시편 95편에 대해 이러한 관점에서 접근한다). 나의 생각은 시편 95:1-7a은 하나님이 선지자에게 백성의 예배에 대해 이 대답을 주시기 전에는, 하나의 완전한 찬양으로 존재했다는 것이다(사 1:10-20과 같은 선지자의 고발과 비교해 보라). 이 부분은 그 후에 덧붙여졌을 것이다.

9. 히브리서가 시편 95편의 마지막 부분을 인용한 방식은 이 시가 교회에 어떤 도전을 주는지를 잘 보여 준다. 하나님은 이스라엘에게 진노하셨듯이 우리에게도 진노하신다는 것이다. 우리로 하여금 특정 기도 방식에는 어떤 특징이 있는지 규명한다. 따라서 시의 특징적 요소들을 인식하게 한다. 또한, 양식비평은 특정 시의 특징적 요소 및 평범한 요소에 대한 규명에 도움을 준다.

10. 또한, 양식비평은 시가 그렇게 복잡하지 않다는 사실을 보여 준다. 시편은 평범한 이스라엘 백성의 기도가 될 수 있다는 것이다. 그것은 "소수의 탁월한 영웅"이 아니라 "나같이 평범한 사람"이 나에게 배우도록 주는 시이다. 따라서 찬양시는 우리의 노래일 뿐만 아니라 우리가 찬양을 배우는 시이다. 찬양시는 우리의 예배 찬양에 대해 다음과 같이 말한다.

(a) 사람들에게 우리가 하려는 일에 대해 말하고(또는) 우리와 함께하도록 초청한다.
(b) 하나님을 찬양해야 하는 이유, 하나님은 어떤 분이신가, 하나님이 하신 중요한 일, 하나님 선물에 대해 말한다.
(c) 우리가 심오한 의미를 가진 이미지로 표현하도록 돕는다.
(d) 자신의 경험을 반영하지만 다른 사람도 간접적인 동질감을 느끼게 한다.
(e) 한편으로 지나친 자기중심적 사고를 피한다. 개인적 경험이나 감정을 위한 하나님의 행위가 초점이 아니다.
(f) 한 번만 말하는 것이 아니라 다른 용어를 사용하거나 다른 관점에서 여러 차례 말한다.

413 이스라엘의 예배에서의 시편

● ● ● ● ●

우리는 헤르만 궁켈이 주장한 양식비평의 두 가지 요소와 관련하여, 다양한 장르에 대해 분석하고, 시편을 사용하는 반복적인 사회적 정황에 대해 살펴보았다. 궁켈은 두 번째 항목에서 딜레마에 빠진다.

- 시편은 성전 노래 및 기도처럼 보인다. 시편은 노래와 행렬, 연주, 성전에 들어가는 모습에 대해 언급한다.
- 시편은 실제적인 영적 삶을 반영한다.
- 그러나 우리(궁켈)는 성전 예배가 제사와 같은 외적 제의로 이루어지기 때문에 실제적인 영적 삶이 아니며, 따라서 시편은 실제로 성전과 예배에서 나온 노래와 기도가 될 수 없다.
- 그러므로 (궁켈의 추론에 의하면) 많은 사람은 하나님과 개인적 교제가 있는 사람들이 작성한 노래와 기도를 모방해야 했다.

1920년대에 궁켈의 제자였던 지그문트 모빙켈(Sigmund Mowinckel)은 궁켈의 편견이 그를 방황하게 했다고 지적했다. 시편의 배경은 사실상 하나님의 백성의 예배이며 모빙켈은 그것을 소위 "컬트"(이것은 이교적 제의와 다르다. 스페인의 culto와 비교해 보라)라고 부른다. 이스라엘의 예배는 영적으로 살아 있었다는 것이다.

이 컬트(cult)는 모든 종교, 특히 "반 제의적" 개신교 분파에까지 나타나는 일반적 현상이다. 이것은 사실상 종교의 본질적이고 영적인 구조가 가장 분명히 드러나는 근본적이고 구조적인 특징이다…컬트나 제의는 사회적으로 정립되고 통제된 거룩한 행위와 말씀으로 규정할 수 있으며, 이러한 행위와 말씀을 통해 신과 회중의 만남과 교제가 성사되고 발전되며 궁극적 목적을 지향하게 된다. 다시 말하면, 컬트는 종교가 그 안에서 하나님과 회중 그리고 회중 상호 간의 교제로서 수직적 기능을 하는 관계라는 것이다(Mowickel, *Psalms in Israel's Worship*, 15).

모빙켈은 시편 47편 및 93-99편에 제시된 것처럼 야훼가 왕이시라는 개념을 강조한다. 월터 브루그만(Walter Brueggemann)은 1980년대에 『이스라엘의 찬양』(*Israel's Praise*)이라는 저서에서 왕이신 야훼께서 세상을 통치하신다는 개념을 받아들인다. 이스라엘은 예배 밖의 삶에서는 야훼께서 세상을 통치하지 않으심을 알고 있으며, 그리스도인도 예배 밖의 삶에서는 예수님이 세상의 주가 되시지 않는다는 사실을 알고 있다.

그러나 이스라엘과 그리스도인은 그것을 사실로 믿고 인정하며 예배한다. 야훼는 왕이시며 예수님은 주이시라는 것이다. 따라서 예배는 세상을 창조한다. 그것은 우리가 경험하는 예배 밖의 세상이 궁극적 세상이라는 것을 믿지 않으며, 실제 세상은 야훼께서 통치하시는 곳으로 하나님은 이 실제 세상에서 우리를 이러한 믿음으로 살도록 세상에 보내셨다고 선언한다.

모빙켈은 시편과 예배 절기의 관계를 보다 정확히 제시하려는 노력을 기울였다. 그는 야훼의 대관식 절기라는 관점에 비추어 진술한다. 많은 학자들은 이 이론에 기초해서 다양한 주장을 제시한다(예를 들어, 이 절기는 예루살렘 및 다윗에 대한 야훼의 헌신을 기념한다).

그러나 이처럼 정확한 설명을 위한 접근은 실패했다는 것이 나의 생각이다. 시편이 예배와 관련된다는 일반적 개념은 분명하지만, 그것을 넘어서는 구체적인 내용은 알 수 없다(이 이론에 대한 상세한 논의는 442 참조).

▪ 시편 104편 및 애굽인이 사물을 보는 방식

시편 104편은 시편 가운데 가장 위대한 시 가운데 하나이다. 이 시의 특징 가운데 하나는 하나님과 창조의 관계를 이해할 수 있는 몇 가지 모델을 제시한다는 것이다.

- 하나님은 시계를 만든 후 저절로 작동하게 놓아두는 시계 제조공이시다.
- 하나님은 피조 세계를 돌보시며 장기적으로 개입하시는 농부이시다.
- 하나님은 화산처럼 놀라운 실재를 포함하는 자연 에너지 또는 시스템이시다.
- 하나님은 기적적/재앙적 사실을 설명하는 "틈새의 신"(God of the gaps)이시다.

애굽에는 시편 104편과 유사한 "태양 찬미가"(Hymn to the Sun)가 있다. 이것은 시편 기자가 애굽의 노래를 알고 있었을 가능성을 보여 준다. 우리는 웹 자료(442 참조)를 통해 이 시의 내용을 찾아볼 수 있다. 시편 104편과 같은 점과 다른 점을 찾아보라.

414 시편의 표제 및 예배와의 관계

시편에는 "인도자를 따라, 현악과 함께, 여덟 번째, 다윗의 시"(시 6편) 및 "인도자를 따라, 깃딧에 맞춘 노래, 다윗의 시"(시 8편)와 같은 표제가 붙어 있다. 우리는 이런 표제가 무엇을 가리키는지 알 수 없다. 표제는 원래 시에 붙어 있던 것이 아니라 나중에 덧붙인 것이라는 암시도 있으나 다른 것과 마찬가지로 표제도 시의 한 부분이다. 실제 히브리 성경에서 표제는 절을 가지고 있다.

- 이러한 사실은 종종 혼란을 초래하는 이유가 된다. 히브리 성경이 표제에 절을 붙이면, 이어지는 절 수는 영어 성경의 절 수와 다르며, 때로는 두 절씩 차이가 나기도 한다. 따라서 영어 성경 시편 51:1은 히브리 성경 시편 51:3에 해당한다. 어떤 역본은 두 절을 함께-예를 들어, 시편 51:1[3] 또는 시편 51:3[1]-제시하기도 한다. 한 절만 제시하는 경우, 독자가 일일이 "해석"해야 한다. 높은 숫자는 히브리 성경의 절이고 낮은 숫자는 영어 성경의 절이다.

- 헬라어 성경 70인역은 시편 9편과 10편을 하나로 묶으며(원래적 방식이기 때문에), 따라서 히브리 성경 시편 11편은 헬라어 성경 시편 10편에 해당하며 이런 식으로 시편 147편까지 이어진다. 라틴어 성경(불가타)은 70인역의 장 구분을 따르며 일부 가톨릭 영어 성경도 마찬가지이다. 그러나 대부분의

영어 성경은 히브리 성경을 따른다.

- 많은 영어 성경은 추가적 표제를 덧붙인다는 사실을 알아야 한다. 예를 들어, NRSV의 한 개정판은 시편 6편에 "병으로부터의 회복을 위한 기도"라는 표제를, 시편 8편에는 "하나님의 위엄과 인간의 존엄"이라는 표제를 붙인다. 표제가 시의 내용보다 후기의 자료라는 두 가지 암시가 있다.

- 표제가 각색처럼 보일 때가 있다. 예를 들어, 시편 120-134편은 "올라가는 노래"이다. 이것은 순례(예루살렘으로 "올라가는" 노래라는 점에서)나 행렬(성전으로 "올라가는" 노래라는 점에서)을 가리킨다. 그러나 이 시편은 이러한 목적으로 기록된 것으로 보이지 않는다. 오히려 표제가 시편의 용도를 바꾼 것으로 보인다. 마찬가지로 시편 30편은 성전 "봉헌"(하누카[*hănukka*], 주전 160년대 안티오쿠스 에피파네스[Antiochus Epiphanes]에 의해 더럽혀진 성전에 대한 회복을 축하하는 절기 이름으로, 다니엘서에도 언급된다. 또는 스 3장의 봉헌을 가리킬 수도 있다)과 관련된 표제를 가지고 있다. 시편 92편은 안식일과 관련된 표제를 가지고 있으며, 시편 100편의 표제는 감사절과 관련된다. 이러한 시 가운데 원래 해당 절기를 위해 작성된 시는 없다.

- 70인역 시편과 쿰란의 시편은 추가적 표제를 가지고 있는데(예를 들어, 시 95편은 "다윗의 시") 이것은 표제가 지속적으로 발전되고 있었음을 보여 준다. 이러한 표제는 해당 시가 예배에 어떻게 사용되는지를 보여 준다.

1. 앞서 언급한 대로, 일부 표제는 성전 봉헌이나 감사절과 같은 제의적 절기를 가리킨다(예를 들어, 시 30, 100편).
2. 어떤 표제는 성전 봉사/합창/지휘자를 가리킨다(예를 들어, 시 6, 8, 139편).
3. 어떤 표제는 노래나 곡조와 관련된다(예를 들어, 시 6, 8, 88편).

4. 어떤 표제는 암기를 가리킨다(예를 들어, 시 6편).

5. 어떤 표제는 시의 유형을 나타낸다(예를 들어, 시 6, 8, 88, 89편).

일반적으로 이러한 표제는 오늘날 찬송가나 노래 앞에 붙은 "보통률"(common meter)이나 "카포(capo)를 두 번째 프렛(fret)에 장착할 것" 등과 같은 부호와 같다. 이러한 표제는 다른 문화에서는 이해하기 어렵지만 시인의 상황에서는 예배의 방식을 보여 주기 때문에 중요하다.

"셀라"(selah)라는 용어 역시 의미가 모호하며, 많은 이론이 있다. 이 단어는 "일어나다"(rise)와 유사한 의미를 가지고 있지만 어떤 "일어나다"인지 알 수 없다. 가장 그럴듯한 이론은 다윗이 줄을 끊었을 때 이 말을 했다는 것이다. 줄을 끊을 때 아무런 논리가 없듯이 "셀라"의 등장에는 어떤 논리도 없다는 것이다.

415 다윗의 시

시편에 가장 자주 나타나는 표제는 "다윗의 시"이다. 이것은 다윗이 시를 썼다는 의미로 보인다. 그러나 414에서 언급한 대로 시편 6편과 8편은 둘 다 "인도자" 및 "다윗의 시"로 묘사된다. 그러나 성가대 지휘자와 다윗이 둘 다 시를 작성했다는 의미로 보기 어렵다. 영어 성경은 "인도자를 따라" 및 "다윗의 시"라는 번역으로 이 문제를 숨기려 한다. 그러나 히브리어로 "~를 따라"(for)와 "~의"(of)는 둘 다 레(*lĕ*)라는 전치사를 사용하는 같은 표현이다.

영어에서 볼 수 있는 것처럼 "~를 따라"(for)와 "~의"(of)는 다양한 의미를 가진다. 이 표현을 확장해서 살펴보면, 구약성서에서 다윗은 항상 이새의 아들 다윗을 가리키지 않는다.

다윗 계열의 왕은 누구든지 다윗으로 불릴 수 있으며 장차 올 다윗도 마찬가지이다(렘 30:9; 겔 34:23-24; 37:24-25; 호 3:5 참조). 다음은 브라운, 드리베 및 브리그의 『구약성서 영어 사전』(Brown, Driver and Briggs *Hebrew and English Lexicon of the Old Testament*)에 나오는 레(*lĕ*)의 의미로, 본문에 어떤 의미로 적용할 수 있는지 보여 준다. :

1. "~에게"(to): 현재 또는 미래의 다윗 계열의 왕에게 말하거나 제시할 때?
2. "~에게 속한"(belonging to): 예를 들어, "고라 자손에게 속한"(시 42편); "생키와 무디의 찬송"과 비교해 보라?(Ira Sankey나 Dwight Moody가 만든

곡은 별로 없다).
3. "~를 위한"(for): 다윗 계열의 왕이 사용하거나 배우기 위해?
4. "~대신"(on behalf of): 그를 대신하여 기도하다?
5. "~에 대해"(about): 미래적 다윗계열의 왕, 메시아에 대해?
6. "~에 의한"(by): 하박국 3:1은 이 전치사가 시편 밖에서 "저자"라는 의미로 사용된 유일한 본문이다. 일반적으로 구약성서는 속격(genitive)을 사용한다.

이 사전은 이 구절의 의미가 수 세기 동안 바뀌어 왔음을 보여 준다. 원래는 특정 시가 현재의 왕을 위해 기록되었으나 나중에 미래적 왕과 관련된 시로 바뀌었으며, 그 후 이 시를 유명인과 연결시키려는 요구와 함께 특정인이 시의 저자가 되었으며, 계속해서 사람들은 일부 시를 다윗 시대의 특정 사건과 연결하려 했을 것이다.

이처럼 긴 표제(예를 들어, 시 51편)는-여전히 다윗에 "대한"(다윗을 "위한", 다윗을 "대신한") 시임에도 불구하고-이새의 아들 다윗을 가리키는 것이 분명하다(426 참조). 내가 본서에서 "다윗의 시"는 이처럼 확장된 의미를 가진다.

다윗이 시편을 기록한 것으로 생각하게 하는 한 가지 논거는 예수님이 시편을 다윗의 것으로 언급하신 사실 때문이다. 그러나 사실 예수님은 시편 110편(마 22:43) 한 편만 다윗의 시로 언급하셨다. 신약성서 다른 곳에는 시편 16, 32, 69, 109편을 다윗의 시로 언급한다. 신약성서는 시편 2편과 95편에 대해서도 다윗의 시로 언급하지만 구약성서에는 이러한 연결이 나타나지 않는다. 이러한 사실은 신약성서가 종종 관습적으로 말한다는 사실을 보여 주는 것으로(해가 지구를 돈다고 말하는 것처럼) 저자 문제에 관한 선언적 진술이 아니다.

우리가 다윗이 모든 시를 기록했다는 가정을 하지 않는다면, 그가 어떻게 나폴레옹(위대한 장군)도 되고 존 F. 케네디(위대한 지도자)도 되고 헨리 나

우엔(Henri Nouwen)이나 유진 피터슨(Eugene Peterson)처럼 위대한 영적 전문가도 될 수 있는가라는 골치 아픈 문제로부터 벗어나게 될 것이다.

뿐만 아니라 시편을 하나님의 말씀으로 받아들이거나 그것을 이해하고 사용하는 일은 저자가 누군지 아는 것에 달려 있지 않다는 사실을 분명히 인식하게 해 줄 것이다. 그리스도인의 기도와 찬양도 마찬가지이다. 시편의 힘과 권위는 그것이 얼마나 유명한 인물에 의해 기록되었느냐가 아니라 하나님이 받으시는 참된 기도와 찬양인가에 달려 있다.

우리의 경험이 증거하는 대로 찬송의 힘과 의미는 실제로 하나님께로 돌아간 사람으로부터 나온다(예를 들어, Charlotte Elliott의 "Just as I am"). 그러나 우리는 그것이 어떤 경험인지는 모른다. 우리는 그 찬송을 하기 위해 경험을 알아야 하는 것은 아니다. 시편도 마찬가지이다. 기자의 경험을 알아야만 그것을 찬양할 수 있는 것은 아니다.

이러한 생각은 개인의 삶 및 그들과 하나님 사이에 어떤 일이 있었는지 알고 싶어 하는 오늘날 서구인의 본능과 배치된다. 그러나 구약성서는 그러한 본능을 채워 줄 의도가 없다. 그러므로 가장 좋은 것은 우리는 시편을 누가 기록했는지 모른다고 생각하는 것이다. 다른 성경에 나타나는 기도의 주요 저자 가운데는 여성이 많으며(예를 들어, 출 15:21; 삿 5:1; 삼상 2:1), 어쩌면 시편의 경우도 마찬가지일 것이다.

416 기도시: 우리는 어떻게 기도해야 하는가?

시편에는 찬양시와 함께 기도시가 뒤섞여 있다. 찬양시에서는 누가 기도하고 있는지 알 수 없으며 초점은 하나님께 맞추어진다. 그러나 기도시에서는 기도하는 사람(들)에게 초점이 맞추어진다. 기도시는 주로 자신의 삶에 대한 항변에 집중한다. 다음은 시편 22편 및 시편 28편처럼 항변하는 시에 나타난 특징들이다.

1. 하나님에 대한 호소("내 하나님이여 내 하나님이여").
2. 항변: "나/우리": 나/우리의 형편("나는 벌레요 사람이 아니라").
   "그들": 그들이 우리에게 한 일("나를 보는 자는 다 나를 비웃으며").
   "당신": 하나님이 나에게 무관심함("어찌 나를 버리셨나이까?").
3. 과거 하나님의 행위를 상기함: 고통 가운데 소망을 가짐("우리 조상들이 주께 의뢰하고 의뢰하였으므로 그들을 건지셨나이다").
4. 신뢰의 고백("여호와는 나의 힘과 나의 방패이시니").
5. 실제적 기도: "주께서 내게 응답하시고" ("내게 귀를 막지 마소서").
   "나를 구원하소서" ("내 생명을 칼에서 건지시며").
   "나를 압제하는 자들을 물리치소서" ("그 마땅히 받을 것으로 그들에게 갚으소서").

따라서 시편에 나타나는 항변과 기도의 균형은 전형적인 그리스도인의 기도와 반대된다. 시편은 하나님께 자신의 상황을 알리는 데 많은 시간을 쏟는다. 그들은 하나님이 해결 방법을 아신다고 생각한다. 항변의 목적은 기도하는 자가 하나님께 자신의 힘든 사정을 아룀으로써 그의 신속한 행동을 촉구하기 위한 것이다.

6. 하나님이 역사하시면 다시 돌아와 찬송하겠다는 약속("회중 가운데에서 주를 찬송하리이다").
7. 실제적 찬송으로 전환("여호와를 경외하는 너희는 그를 찬송할 것이라").

모든 시는 다르며, 특정 시에는 두드러지게 나타나는 요소가 있고 그렇지 않은 요소가 있다. 따라서 특정 시를 이러한 관점에서 접근해 볼 필요가 있다.

시편 22편의 몇 가지 요소는 매우 놀랍다.

1. 세 부분 가운데 처음 두 부분은 항변(시 22:1-2, 6-8, 12-18)과 상기/신뢰(시 22:3-5, 9-11)가 번갈아 가며 제시된다. 이 시는 하나님에 관한 사실과 자신의 상황에 대한 사실이라는 일련의 두 가지 사실에 직면할 것을 강력히 촉구한다. 이 시는 어느 쪽도 포기하지 않을 것이다. 이것은 백성에게 이러한 사실들과 직면할 것을 촉구하는 시편 42-43편과 비교된다("내 영혼아 네가 어찌하여 낙심하며 어찌하여 내 속에서 불안해하는가 너는 하나님께 소망을 두라").

2. 예수님은 시편 22편 서두를 인용하시며 신약성서는 다른 구절을 인용하지만 이 시 자체는 예언이 아니다. 이 시는 "어느 날 메시아가 이렇게 기도할 것"이라고 예언하지 않는다는 것이다. 다른 시와 마찬가지로 시편 22편도 한 이스라엘 백성의 기도이다. 예수님이 이 구절을 인용하신 것은 자신이 유사한 경험을 하고 계신 때문이다.

3. 마지막 부분에는 찬양으로의 급격한 전환이 나타나는데, 이것은 마치 이 기도가 응답된 것처럼 보이게 한다. 구약성서는 기도의 응답을 두 단계로 본다. 하나는 말씀을 통한 응답이고 또 하나는 실제적 조치를 통한 응답이다(사무엘상에 나오는 한나의 이야기를 보라. 한나는 말씀의 응답을 통해 태도를 바꾸지만 실제적 응답은 나중에 이루어진다). 확실히 첫 번째 단계의 응답이 확실히 임한 것이다.

4. 시편 12편 및 시편 60편에서 전환은 기도의 응답에 대한 예언적 말씀의 결과로 제시된다. 기도에 대한 하나님의 응답은 "제의적 선지자"-예언의 은사를 가지고 예배에 동참하는 자-로 불리는 사역자를 통해 임한다.

이 선지자는 위로의 말씀이나 경고의 말씀을 전할 수 있다(시 50; 82; 95편 참조). 우리는 선지자라할지라도 기도에 대한 하나님의 응답이 긍정적일 것이라고 기대해서는 안 된다(렘 14-15장; 호 6장). 제의적 선지자는 특히 왕들에게 격려나 도전의 말씀을 전한다(예를 들어, 시 2; 45; 72; 91; 110편).

따라서 대부분의 시는 사람이 하나님께 말하지만 어떤 시는 하나님으로부터 백성에 대한 교훈이나 축복의 말씀이 주어지기도 한다(예를 들어, 시 1; 37; 49; 112; 127; 128; 133편).

417 기도시 읽기

● ● ● ● ●

시편의 반 이상은 기도지만 기도시를 분류하는 방식은 다양하다. 하나는 긴급하고 애타는 항변으로 가득한 기도와 소망과 신뢰로 가득한 기도로 구별하는 것이다. 이러한 구분은 명확하지 않지만 상당히 유익하다. 이 두 유형의 기도는 스펙트럼에서 차지하는 위치가 다르다. 항변 시는 종종 신뢰나 확신의 진술과 연결되지만 항변은 더욱 두드러진다. 그러나 신뢰시에서는 항변과 신뢰의 균형이 역전된다.

▪ **항변시 읽기**

이 시들은 신뢰가 부족한 것은 아니지만 상처와 고통이 더욱 두드러진다. 시편 88편 및 89편을 읽어 보라.

1. 두 시의 배후에는 어떤 경험이 존재하는가?
   두 시는 어떤 점이 유사하고 어떤 점이 다른가?
2. 두 시는 각각 어떤 목적을 가지고 있으며 무엇을 얻고자 하는가?
3. 여러분은 두 시에서 시편 95편 및 100편에서 볼 수 있는 것과 같은 구조를 찾을 수 있는가?
4. 두 시가 의식적 흐름이 보다 분명하다면 시의 밑바탕에 흐르는 사상적 구조가 드러나겠는가?
   하나님에 대한 주장의 요지는 무엇인가?

5. 두 시에는 각각 어떤 형태의 평행이 나타나는가?

6. 두 시는 기도의 본질에 대해 각각 무엇이라고 제시하는가?

7. 글라우스 베스터만(Claus Westermann)에 따르면 시편에는 "적어도 찬양을 향해 한걸음이라도 내딛지 않는 시는 없다"(*Praise and Lament*, 154). 두 시는 예외가 될 수 있는가?

8. 두 시는 각각 절망적인가 고무적인가?

다음은 두 시에 관한 내용이다.

시편 88편. 표제에 대해서는 414를 참조하라. 스올에 대해서는 119의 구약성서에 나타난 죽음과 사후 세계에 대한 자료를 참조하라.

시편 89편. 이 시는 서두에 창조에 나타난 하나님의 사랑 및 다윗 계열의 왕에 대한 하나님의 약속에 대해 길게 진술한다. 우리는 시편 89:1-37 자체는 찬양시라고 생각할 수 있다. 그러나 이것이 찬양시라면 백성, 특히 현재의 다윗 계열의 왕에 대한 하나님의 행위에 비추어 볼 때 시인의 상황은 너무 초라하다. 따라서 우리는 시인이 시편 89:38-51을 덧붙였다고 생각한다. 그러나 나의 판단은 시편 89:1-37의 목적은 전적으로 시편 89:38-51을 위한 준비라는 것이다. 어느 쪽이든, 이러한 역학은 시편 95편의 구조와 상반된다(412 참조).

시편 89:39은 시편에 기록된 부정적 경험을 어디까지 실제적으로 보아야 하는가라는 문제를 제기한다. 시편 89:30-37은 하나님의 버리심이 정도를 지나침을 보여 준다. 시편 26편은 한걸음 더 나아간다. 즉 기도하는 사람은 완전함에 행하며 야훼를 의지함에도 불구하고 환난이 임한다. 시편은 무죄함을 요구하지 않지만 그들의 기도는 자신이 근본적인 죄인임을 고백할 것을 요구한다. 여러분이 중한 죄인이라면 환난을 당할 때 항변하는 기도를 할 수 없다.

시편 89:52은 시편 3권을 끝맺는 "아멘"이다(410 참조). 시편 41:13,

72:18-19, 106:48과 비교해 보라. 이것은 엄격히 말해 시편 89편의 일부가 아니다.

이제 다른 항변시를 읽어 보라. 항변시는 423에 다시 제시된다. 반복되는 말이지만 시는 한꺼번에 읽지 말고 하루에 한 편씩 읽으라. 423은 항변시를 분류하는 또 하나의 방법을 제시한다.

- **신뢰시 읽기**

신뢰시를 읽어 보라. 신뢰시는 찬양시에 가까우며, 신뢰가 두드러지게 나타나는 기도시이다. 이 유형에는 시편 4, 11, 14, 16, 23, 27, 36, 41, 46, 52, 62, 67, 75-77, 84, 101, 108, 115, 119, 121, 125, 129, 131, 132, 139편이 있다. 그러나 한꺼번에 읽지 말고 하루에 한 편씩 읽으라.

1. 하나님을 신뢰하는 이유는 무엇인가?
2. 그들은 자신의 어떤 경험에 근거하여 하나님을 신뢰하는가?
3. 그들은 자신의 경험 밖에 있는 무엇에 근거하여 하나님을 신뢰하는가?

418 기도시: 소망과 기도를 유지하는 방법

- **신뢰시에 대한 몇 가지 코멘트**

 신뢰의 내용. 앞서 언급한 대로 신뢰의 내용은 다음과 같다.

- 야훼의 보호하심(시 11, 14편)
- 야훼는 나를 안전하게 지키심(시 23, 27편)
- 야훼는 악인을 멸하심(시 62, 75편)

 신뢰의 근거. 나는 이 모든 요소가 항상 작동하는 것은 아니라고 생각한다. 우리는 한 가지 확신이 압박을 당하면 마음을 다른 곳으로 돌린다.

 시인의 경험한 신뢰의 근거는 다음과 같다.

- 나의 양심을 통해 말씀하시는 야훼(시 16편)
- 성전에 임재하신 야훼(시 36; 84편)
- 과거에 나를 지키신 야훼(시 41; 129편)
- 야훼의 물질적 축복(시 67편)
- 야훼에 대한 나의 헌신(시 101; 119편)
- 내가 죄악과 맞서 싸움(시 139편)

시인의 경험 밖에서 찾을 수 있는 신뢰의 근거는 다음과 같다.

- 야훼의 능력과 사랑(시 62; 115편)
- 야훼의 창조 및 세상에 대한 주권(시 93; 121편)
- 백성을 홍해에서 구원하신 야훼(시 77편)
- 예루살렘을 위한 야훼의 헌신(시 46; 76; 132편)
- 다윗에 대한 야훼의 헌신(시 132편)
- 야훼의 특별한 약속(시 108; 119편)

우리는 연구를 통해 이러한 요소들 가운데 우리의 경험에 부합되는 요소를 가진 신뢰시를 작성할 수 있다.

■ **항변시**

우리는 시인처럼 항변하는 기도가 실제로 적절한 것인지 의문을 가진다. 그러나 예수님은 이런 식으로 기도하신다. 예수님은 십자가에서 시편 22편으로 기도하셨다. 또한, 겟세마네의 기도는 시편 42편의 용어를 사용한 것이다. 바울도 시편 44편을 인용할 때(롬 8:36) 이런 식으로 기도했음을 보여준다. 순교자들도 이런 식으로 기도한다. 하나님은 그들에게 기다리라고 말씀하시지만 그들의 기도는 잘못된 것이 아니다(계 6:9-11). 그렇다면 우리도 이런 식으로 기도해야 할 것이다.

제2차 세계대전이 끝나갈 무렵 전쟁 포로로 잡혀 있던 신학자 위르겐 몰트만(Jurgen Moltmann)은 이처럼 아무런 소망도 없어 보이는 "절망적인 상황"에서 어떻게 이런 식으로(시 130편) 하나님과 교제하는 부르짖음이 가능했었는지에 대해 묘사한다(Moltmann, *Experiences of God*, 6-9).

따라서 시편은 복음 전도(evangelism)의 원천이며, 실제로 하나님께 말하는 것이 가능하며 다른 곳에서는 말하지 못하는 것까지 말할 수 있다는 사실을 보여 준다. 여러분은 자신의 항변시(protest psalms)를 쓸 수 있다. 시편 22, 88, 89편과 같은 시들은 여러분의 작업을 도와줄 것이다.

- 자신과 하나님께 하나님이 누구시며 그가 예전에 (기도와 관련하여) 어떻게 역사하셨는지에 대해 핵심적인 사실을 상기시키라.
- 하나님께 자신의 필요-사실, 감정, 두려움-에 대해 솔직히 말하라.
- 여러분이 여전히 하나님을 신뢰하고 있다거나 더 이상 신뢰하지 않는다는 사실을 말하라. 이 시들은 우리가 기도할 때 반드시 온전한 마음 상태여야 하는 것은 아님을 보여 준다. 신뢰할 수 있는 사람들을 위한 시와 신뢰하지 못하는 사람들을 위한 시가 있다.
- 하나님의 뜻대로 살지 못했음을 인정하라. 그러나 특별한 이유 없이 자신의 어려움에 대해 자책하지 말라.
- 하나님께 자신의 필요를 간단히 말하라.
- 하나님의 응답에 귀를 기울이라. 하나님의 응답을 들었다고 상상해 보라. 또는 다른 사람에게 여러분의 사정을 말하고 하나님이 무엇이라고 말씀하시는지 들어 보라.
- 응답에 반응하라. 여러분이 시편을 통해 발견한 가능성에 비추어 하나님께 어떤 필요를 말할지 결정하라. 그러나 여러분의 본능적 생각이나 다른 사람에게 들은 말이 옳은 기도 방법이라고 생각하지 말라. 성경적으로 기도하는 법을 배우라.

419 중보시: 다른 사람을 위한 기도

● ● ● ● ●

시편에는 자신을 위한 기도가 대부분이며 다른 사람을 위한 기도는 거의 찾아보기 어렵다. 선지자나 에스라와 같은 지도자의 기도는 이러한 불균형에 대한 단서를 제시한다. 그들은 다른 사람을 위해 기도할 때라도 "그들"이 아닌 "우리"를 위해 기도한다. 중보 기도에는 다른 사람과의 동질감 및 "그(녀)"나 "그들"이 아니라 "나/우리"로서 기도가 포함된다. 이러한 동질감은 다른 사람을 위해 항변시를 사용할 수 있는 가능성을 열어 주며 자신을 위해 항변할 필요가 없을 때 항변시를 사용하는 방법을 제시한다.

항변시는 환난을 당한 자의 경험에 동참하여 그들을 위해 중보하는 방법을 제시한다(어원학적으로 "중보"는 누군가를 대신하여 "개입"한다는 뜻이다). 우리는 우는 사람들과 함께 울고 기뻐하는 자들과 함께 즐거워한다.

> 우리가 하나님의 성품을 닮기 위해서는…자신의 개인적 상처를 통해 공동체의 상처 속에 들어갈 준비를 해야 한다…그것을 감추거나 덮어서는 안 된다
> (Ross, *Pillars of Flame*, xviii-xix).

기도에 대한 이러한 접근은 개인을 위한(또는 그들과 함께하는) 기도에 적용된다. 도날드 캡스(Donald Capps)는 그의 책 『목회 상담에 대한 성경적 접근』(*Biblical Approaches to Pastoral Counseling*)에서 항변시가 목회 사역에 어떤 유익을 주는지에 주목한다. 시편은 우리가 표현해야 할 고통을 하나님께 표

현하는 방법을 제시한다. 우리는 사람들이 그 일을 할 수 있도록 도와야 한다. 이어서 우리는 그들을 대신하여 하나님께 귀를 기울이고 하나님이 무엇이라고 대답하시는지 들어야 한다.

한나와 엘리의 이야기(삼상 1장)는 처음에 목회자 엘리의 실패에 대한 나쁜 사례를 제공하지만, 그는 나중에 사역에 동참한다. 반대로, 내가 항변하고 기도해야 할 필요가 있는 본인이라면 나는 혼자가 아니라는 사실을 상기해야 할 것이다.

> 우리는 기도할 때 혼자가 아니다. 우리는 우리가 알고 있는 것보다 더 많은 지원을 받고 있다. 우리는 인간으로서 우리의 정체성을 형성하는 위대한 전통의 한 부분이다. 이 전통은 곧장 인류 역사의 미지의 시초로까지 거슬러 올라간다(Metz, "Courage to Pray," 157).

선지자나 에스라와 같은 지도자들은 기도에 대한 이러한 접근이 어떻게 공동체가 슬퍼해야 할 때, 기도해야 할 때, 분노해야 할 때 적용되는지 보여 준다(Arbuckle, *Grieving for Change* 참조). 열왕기하 19장 및 역대하 20장은 공동체가 기도해야 할 때가 언제인지를 보여 준다.

항변시의 사례들은 개인과 공동체가 다른 사람과 자신을 위해 분노해야 할 때가 언제인지 보여 준다. 시편은 그것을 촉구한다. 시편은 다른 사람은 물론 자신을 위해서도 상황이나 하나님에 대해 화를 낼 수 있다고 전제한다. 누군가에 대해 마음대로 화를 낼 수 있다는 것은 양자의 관계가 그만큼 끈끈하다는 사실을 보여 준다. 우리가 하나님에 대해 화를 낼 수 있다는 것은 하나님과 우리의 관계가 돈독하다는 표시이며 시편은 그것이 가능하다고 말한다.

하나님과 백성의 관계에 대한 이러한 시편의 이해는 출애굽기와 민수기의 백성에 대한 이해와 대조된다. 당시 이스라엘 백성은 화를 내었으나 하나님이 아니라 모세에게만 화를 냈을 뿐이다.

  시편은 우리를 위한 분노가 정당한 이유 가운데 하나는, 하나님께 화를 내는 것이 화가 나지 않은 것처럼 하거나 다른 사람에게 화를 내는 것보다 낫기 때문이라는 생각을 드러낸다. 한 조사에 따르면 목회자의 37퍼센트는 포르노물(pornography)이 가장 치열한 영적 갈등의 대상이라고 생각한다.

  무엇이 포르노물에 취약하게 만드는가?

  많은 시간을 컴퓨터 앞에서 보내는 인기 직종의 사람들 가운데 중독자가 많으며, 이러한 섹스 중독은 외로움과 분노 및 지루함에 의해 더욱 증폭된다고 한다. 목회자는 이러한 외형에 정확히 부합된다. 성적으로 잘못된 습관에 빠진 성직자는 일중독에 빠지기도 쉽고 무리 위에 존재하는 것처럼 보이려는 사람이 되기 쉽다. 사람들은 목회자가 화를 내는 것을 싫어한다. 그러나 모든 사람은 다른 곳에서는 말하지 못할 말을 할 수 있는 장소가 필요하다. 시편은 이러한 대화를 장려한다.

  따라서 우리는 시편의 모범을 따라 우리 자신을 위한 기도는 물론 다른 사람을 위해서도 기도해야 할 것이다. 여러분이 위하여 기도해야 할 사람들(여러분의 교회, 마을, 이웃, 어려운 사람)이 누구인지 찾아보라. 그 사람 또는 그들의 입장이 되어보라. 내가 그(또는 그들)라고 생각하고 기도하라(치유를 위한 기도 및 세계무역센터 현장에서의 기도에 사용된 시편에 대해서는 442 참조).

420 중보시: 정부를 위한 기도

시편 72편을 읽어 보라.

이 시는 정부를 위한 기도에 대해 무엇을 제시하는가?

이 시의 정부에 대한 비전은 무엇인가?

(물론 이 시는 왕이 이 땅에서 일어나는 모든 일을 결정할 힘이 있다는 전통적 상황을 전제한다. 따라서 서구적 상황에서는 이것을 정부-대통령, 수상 및 국회의원-를 위한 기도시로 보는 것이 유익하다).

이 시에는 구약성서의 핵심 개념이 모두 나타난다는 사실에 주목하라.

미쉬파트(*mišpāṭ*)	쩨다카(*ṣedāqâ*)	야샤(*yāšaʻ*)	샬롬(*šālôm*)	베라카(*běrākâa*)
심판	공의	구원	평화	축복

이 시는 어떻게 이러한 개념들을 연결하며 공평, 번영, 기도, 증거, 명예, 승리와 같은 개념들을 연결하는가?

프랭클린 루즈벨트(Franklin Roosevelt)는 1944년 1월에 발표한 연두 교서에서 사실상 "제2의 권리장전"(a second Bill of Rights)을 제안했다. 그가 제시한 권리는 다음과 같다.

- 미국의 공장이나 가게, 농장 또는 광산에서 충분한 보수를 받으며 유익한 일을 할 권리

- 필요한 음식과 의복 및 여가를 즐기기에 충분한 돈을 벌 수 있는 권리
- 모든 농부가 농작물을 재배 및 판매하여 자신과 가족이 품위 있는 삶을 유지할 수 있는 대가를 받을 권리
- 크고 작은 모든 기업이 국내외에서 불공정한 경쟁 및 독과점이 없는 자유로운 환경에서 교역할 수 있는 권리
- 모든 가정이 품위 있는 삶을 살 수 있는 권리
- 적절한 의료혜택을 받고 건강한 삶을 누릴 권리
- 노령, 질병, 사고 및 실업에 대한 경제적 두려움으로부터 보호받을 수 있는 권리
- 충분한 교육을 받을 수 있는 권리

루즈벨트의 제안은 시편 72편과 어떻게 비교되는가?
그의 제안 가운데 성경적 가치와 일치하는 항목은 무엇인가?
단지 서구적 가치를 반영한 항목은 무엇인가?
성경적 제안을 위해서는 어떤 내용을 추가할 필요가 있다고 생각하는가?
이 시에 대한 기독교적 버전은 두 가지가 있다.
"햇빛을 받는 곳마다"("Jesus Shall Reign Where'er the Sun"[Isaac Watts]).
"주의 기름부음 받으신 자를 찬양하라"("Hail to the Lord's Anointed"[James Montgomery, 442 참조).
첫 번째 찬송은 이 시를 근본적으로 재해석하여 예수님께 적용하며 곤한 자들이 그를 통해 "영원한 안식을 찾는다."
두 번째 찬송은 예수님이 어떻게 "부당한 고통을 당하는 자를 신속히 구원하시는지" 보여 주지만 이 땅에서는 이러한 행위가 완성되지 않을 것이라는 사실도 인정한다. 우리는 하나님이 모든 일을 즉시 바로잡아주시기를 어느 정도까지 기도할 수 있는가?
하나님은 세상에 개입하고 계신가 아니면 마지막 날에만 개입하실 것인가?

우리에게 책임이 있는가 아니면 하나님께 맡겨야 하는가?

하나님은 정치적 문제에도 개입하시는가 아니면 개인적 문제에만 관심을 가지시는가?

하나님은 영적인 문제에만 관심을 가지시는가 아니면 육적인 문제에도 관심을 가지시는가?

이 시는 이러한 문제에 대해 어떤 통찰력을 제시하는가?

(시편에 나타난 "조국을 위해 기도하는 방법"에 대해서는 442를 참조하라).

1. 시편의 왕

시편 72편 외의 시편에서 왕은 탁월한 위치를 차지한다.

우리는 하나님의 백성이 세상 왕을 가지지 못한 때, 왕에 대한 언급을 어떻게 이해해야 하는가?

다윗 및 그의 후손과의 언약(삼하 7장)은 이러한 시들의 배경이 된다. 특히 시편 132편을 참조하라. 왕에 대해 언급하거나 그의 중요성에 대해 주장한 다른 시들은 시편 2, 45, 110, 118편이다.

유다가 멸망한 후 왕이 없는 시대에 이 시들은 이스라엘 백성에게 어떤 의미를 주는가?

나는 세 가지 가능성이 있다고 생각한다.

첫째, 하나님이 다시 한 번 다윗에 대한 언약을 이루어 주실 것을 기도할 수 있는 근거가 된다.

둘째, 미래적 왕 및 하나님이 그를 통해 이루실 일에 대한 암시적 약속(렘 23:5-6 참조)이 된다.

셋째, 하나님이 백성 전체를 통해 이루실 일에 대한 암시적 약속이 된다(사 55:3-5 참조, 본문에서 하나님은 다윗에 대한 약속을 모든 백성에 대한 약속으로 바꾼다).

421 저주시: 다른 사람을 대적하는 기도

● ● ● ● ●

많은 시는 하나님께 시인의 대적 및(또는) 하나님의 대적을 멸해 주실 것을 구한다. 서구 그리스도인은 이러한 시에 당황하며 기독교 이전 시대의 산물로 본다. 그러나 신약성서 역시 대적에 대한 분노와 적대감을 표현한다(예를 들어, 마 23:33; 24:50-51; 25:30, 46; 살후 1:5-9; 계 6:9-11). 문제는 이러한 기도가 오늘날 서구 문화와 맞지 않다는 것이다. 우리는 "우리에게 필요한 것은 사랑뿐"이라고 생각하는 경향이 있다. 그러나 신구약성서 모두 이러한 생각에 동의하지 않는다.

우리가 "주 예수여 오시옵소서"(계 22:20; cf. 고전 16:22)라고 기도할 때 우리는 다른 사람들에 대한 심판을 빌고 있는 것이다. 이러한 시에 대한 불편함은 우리의 문화 때문이라는 것은 아프리카의 토착 문화에서는 이것이 아무런 문제를 야기하지 않는다는 사실에서 잘 드러난다. 그들은 이러한 시가 폭력이나 증오에 대한 표현이 아니라, 악인을 하나님의 법정에 세우는 방법이며, 저주와 같은 영적 수단으로 자신을 해치려는 자들로부터 스스로를 보호하기 위한 수단이라고 생각한다(Adamo, *African Indigenous Churches* 참조).

다른 사람에 대한 적대감이 가장 두드러지게 나타나는 두 가지 사례는 시편 69편 및 109편이며 신약성서는 두 시 모두 인용한다(행 1:20; 롬 11:9-10). 또 하나 문제가 되는 시는 시편 137편이다. 이 시는 바벨론의 아이를 바위에 메어치는 끔찍한 복에 대해 언급한다. 신약성서는 이 시를 인용하지 않지만 이 시는 성경을 인용한다. 이사야 13장은 하나님이 바벨론을 이런 식으로 멸하실 것이라고 약속하신다. 시편 137편은 하나님의 약속을 진술한 것이다.

우리는 약속이나 기도와 관련하여 지나치게 문자에 얽매이지 않을 수 있으며, 어쩌면 구약성서의 표현이 너무 사실적인지 모른다. 서구 문화에서는 하나님께 악을 심판해 달라는 기도를 구체적으로 하지 않는 것이 나을 수도 있다. 그러나 그렇게 할 경우 우리는 심판의 실재를 직면하지 못할 수 있다(Keel, *Symbolism of the Biblical World*, 7-9).

이러한 시의 중요한 특징 가운데 하나는 우리가 압제당할 때 우리를 벗어나게 하실 하나님에 대한 신뢰의 표현이라는 것이다. 선지서와 마찬가지로 시편에는 사람들이 대적에 대해 실제적인 조치를 취할 것이라고 기대한 흔적이 전혀 발견되지 않는다. 시편은 매우 평화적인 책이라고 말할 수 있다(물론 이런 진술은 시편의 논리가 오늘날 서구 사회에서도 효력을 발휘할 수 있다는 의미로 들릴 수 있지만).

시편의 원리는 비폭력(nonviolence)이 아니라 신뢰(trust)이다.

> 하나님께 복수를 맡길 수 있는 자격은 이스라엘로 하여금 일차적 소명에 전념하게 한다. 사실 우리는 이스라엘이 복수를 하나님께 맡기지 않았다면…이스라엘은 어떤 능력이나 자유도 기대하지 못했을 것이라고 생각한다. 따라서 시편 137편은 유치한 분노의 폭발이 아니라 시의적절한 신앙적 음성이며…가장 중요한 증오를 하나님이 엄히 다스릴 것으로 믿고 그에게 맡기는 근본적인 믿음의 행위이다(Brueggemann, *Message of the Psalms*, 74-77).

시편 137편은 깊은 고통 가운데서 하나님과 하나님에 대한 신뢰를 확신한 때문에 이러한 기도를 한다. 이 시는 하나님이 압제자와 침략자를 멸하시는 것이 중요하다고 생각하며, 또한, 하나님이 세상에 개입하셔서 심판을 행하실 것이라고 믿기 때문에 이렇게 기도한 것이다.

이스라엘 백성은 하나님이 그들과 마찬가지로 다른 나라들도 돌보신다고 믿었으나 이러한 돌보심과 관련하여 하나님이 이스라엘을 영원히 버려두지 않듯이 그들도 영원히 방임하지 않으실 것이라는 사실을 알았다. 하나님의 사랑과 용서에 등을 돌린다면 하나님의 조치가 따를 것이며, 신약성서는 이런 일이 일어날 그날에 누릴 교회의 기쁨에 대해 말씀한다(고전 16:22; 갈 1:8-9; 계 18; 19; 20:11) (Bonhoeffer, *Life Together*, 174-76).

서구 독자가 이런 시를 이해하는 방법 가운데 하나는 알레고리적 해석이다. C. S. 루이스(C. S. Lewis)는 시편 137편에서 어린 아이를 메어치는 행위는 더 커지기 전에 죽여야 하는 우리의 방종과 분노를 가리키는 것으로 본다(Lewis, *Reflections on the Psalms*, 113-15). 문제는 이러한 관점이 국가적 압제에 대해 돌아보지 못하게 한다는 것이다. 이러한 방임은 우리 자신에 대한 압제를 초래할 수 있다. 시편 137편에 대한 레게(reggae) 버전의 "바벨론 강변에서"(By the Rivers of Babylon)라는 노래가 있다. 이 노래에서 "바벨론"은 미국을 나타낸다. 루이스가 자신의 책을 저술할 때, 우리 영국인은 그의 생각을 선뜻 받아들일 수 없었다. 은유적 해석은 이 시를 문자적으로 받아들일 때 인식할 수 있는 위협적인 함축에서 벗어나게 했다. 우리가 이 시를 진지하게 읽는다면 서구인이 약소국을 억압한 행위에 대해 회개할 수 있을 것이다. 뿐만 아니라 이러한 접근은 우리로 하여금 압제자들을 위해 기도할 수 있게 할 것이다(420 참조).

422 감사시 읽기: 어떻게 증거할 것인가?

우리는 앞서 많은 항변시(시 22편 등)는 하나님이 기도에 응답하셨다는 확신에 대한 선포에 가깝지만 이러한 선포는 1단계 응답과 관련이 있다는 사실을 살펴보았다. 하나님은 기도를 들으시고 그렇게 하겠다고 말씀하셨지만 아직 행동에 들어가지는 않으셨다는 것이다. 하나님이 행동하실 때 또 한 차례의 선포가 필요할 것이다.

한나의 이야기는 이러한 역학에 대해 잘 보여 준다. 한나는 하나님이 기도를 들으신 것을 알고 얼굴에 근심 빛이 사라졌으나 이전과 마찬가지로 아직 임신을 한 것은 아니었다. 한나가 임신하자 감사와 증거의 노래를 부를 이유가 생겼다(삼상 2장).

다른 유형의 시처럼 감사시도 하나님에 대한 진술에서 회중의 다른 구성원에 대한 진술로 옮겨 간다. 따라서 감사시는 하나님에 대한 감사이자 이웃에 대한 증거이다. 클라우스 베스터만(Claus Westermann, *Praise and Lament*)은 이러한 시들에 대해 감사시 대신 "선포적 찬양"이라는 용어를 사용한다. 왜냐하면, 하나님이 하신 일을 다른 사람에게 선포하기 때문이다. 그는 계속해서 궁켈이 찬송가라고 부른 찬양시에 대해 "기술적 찬양"이라는 용어를 사용한다. 이러한 시들은 하나님에 대한 진리와 하나님이 모든 사람에게 베푸신 창조 및 구원 사역(예를 들어, 이스라엘을 애굽으로부터 구원하신 사건)에 대해 기술하기 때문이라는 것이다.

감사시는 하나님이 이스라엘이나 개인을 위해 행하신 사역에 초점을 맞춘다. 여러분은 매주 찬양에 동참할 수 있다. 여러분은 때때로 감사에 동참할 수 있다.

- **시편 30편**

  시편 30편을 읽으라.

  이 시의 구조 및 특징을 찾을 수 있겠는가?

  이 시는 감사나 증언에 대해 무엇을 제시하는가?

  이어서 다른 증언/감사시에 대해 살펴보라. 시편 9, 18, 32, 34, 73, 92, 103, 107, 116, 118, 124, 136, 138편 등. 이 시들을 시편 30편과 비교해 보라. 차이점은 무엇인가?

  다른 사람에 대한 증언으로서 이 시들의 한 가지 중요한 점은 그들이 어려움에 처할 때 하나님이 그들을 위해 나서주실 것을 기대하도록 격려한다는 사실이다. 감사는 하나님이 누군가를 위해 이루어주신 일과 관련이 있다. 이러한 하나님의 역사하심에 대해 그에게 감사하는 것은 당연한 일이지만 때로는 감사가 침묵하기도 한다.

  그러나 감사가 침묵하기 때문이라는 설명은 충분치 못하다. 조용한 감사는 회중 앞에서 공적인 증언으로 터져 나와야 한다. 시편의 증언은 자신이 살아온 이야기를 하거나 자신의 회심이나 수년 전에 일어날 일을 말하는 것을 의미하지 않는다. 그것은 하나님이 최근에 행하신 일에 대해 말하며, 하나님이 지금도 역사하고 계심을 보여 준다.

- **시편 116편**

  이 시는 감사/증언시의 특징적 요소들에 대해 보여 준다.

  1. 찬양에 대한 헌신 또는 찬양으로의 초청에 대한 표현
  2. 회상

  (a) 나의 삶은 어떻게 잘못되었는가?

(b) 나는 어떻게 기도하였는가?
(c) 하나님은 어떻게 반응하셨는가?

3. 나의 경험이 보여 주는 하나님에 관한 사실들
4. 찬양에 대한 헌신 또는 찬양으로의 초대에 관한 표현

따라서 증언시(testimony psalm)는 본질적으로 이야기(story)이다. "토다"(tō-da)라는 히브리어 단어는 "감사(하다)"라는 뜻과 함께 "고백"이라는 뜻이 있다. 그것이 어떤 고백이든, 자신의 잘못에 대한 고백이든 하나님이 하신 일에 대한 인정이든, 이 시는 이야기이다. 그것은 감사/증언과 함께 나에 대한 이야기이지만 무엇보다도 하나님에 관한 이야기이다. 그것은 내가 얼마나 감사하느냐가 아니라 하나님이 무슨 일을 하셨는가에 초점을 맞춘다. 하나님은 많은 동사의 주어이다(그는 문법에서도 반짝인다).

우리는 하나님께 무엇을 부탁하거나 항변할 때 가족이나 친구들과 함께 기도하는 것이 좋으며, 기도에 예물을 동반하는 것이 좋다. 또한, 기도가 응답된 후 감사 예물을 가지고 돌아올 것이라고 약속할 수도 있다. 감사시는 감사제를 동반한다(tōda라는 단어는 이 제물을 가리키기도 한다). 감사시에는 감사제가 자연스럽게 따른다(시 116:17-19).

구원의 잔(시 116:13)은 이러한 감사제가 성소에서 가족 및 친구들과 하나님 앞에서 함께하는 절기의 일부임을 보여 준다. 따라서 감사제는 하나님이 행하신 사역을 다른 사람들에게 증언하겠다는 약속을 이행한 것이다.

423 개인, 지도자 및 공동체를 위한 항변시와 감사시

다음은 개인과 지도자 및 공동체가 기도한 항변시와 감사시이다.

1. 개인을 위한 항변시: 시편 6, 10, 22, 26, 31, 38-40, 42-43, 54-59, 64, 70-71, 86, 88, 109, 120, 141-142편
2. 지도자를 위한 항변시: 시편 3, 5, 7, 13, 17, 25, 28, 35, 61, 63, 69, 102, 140, 143편
3. 회중을 위한 항변시: 시편 12, 44, 60, 74, 79, 80, 83, 85, 89-90, 94, 106, 123, 126, 137, 144편

우리는 항변시에 이어지는 감사시의 용례에 대해 다음과 같은 지도를 그릴 수 있다(이것은 시 30편이 시 38편을 보완하기 위해 작성되었다는 의미는 아니며 단지 하나의 사례를 예시한 것일 뿐이다).

우리는 앞서 개인적 항변시가 성소에서 사용되거나(cf. 시 73:17 및 한나의 이야기) 가족이나 친구와 함께, 또는 다른 공동체적 상황에서 사용되었다고 해도 놀랄 일이 아니라고 언급한 바 있다. 또한, 단순히 "우리"나 "나"라는 표현만으로는 개인이나 지도자 또는 공동체 가운데 어느 것을 가리키는지 알 수 없으며, 따라서 위 예문 가운데 일부는 추측에 의한 것이다.

민수기 20:14-21을 살펴보라(ASV의 이곳 본문에 사용된 "thy"[당신의], "thee"[당신을] 및 "thou"[당신은]는 고대 영어에서 2인칭 단수["you"]로 사용된다).

> 모세가 가데스에서 에돔 왕에게 사신을 보내며 이르되…우리가 당한 모든 고난을 당신도(thou) 아시거니와…이제 우리가 당신의(thy) 변방 모퉁이 한 성읍 가데스에 있사오니 청하건대 우리에게 당신의(thy) 땅을 지나가게 하소서 우리가 밭으로나 포도원으로 지나가지 아니하고…당신의(thy) 지경에서 나가기까지 왼쪽으로나 오른쪽으로나 치우치지 아니하리이다 한다고 하라 하였더니 에돔 왕이 대답하되 너는(thou) 우리 가운데로 지나가지 못하리라 내가 칼을 들고 나아가 너를(thee) 대적할까 하노라 이스라엘 자손이 이르되 우리가 큰길로만 지나가겠고 우리나 우리 짐승이 당신의(thy) 물을 마시면 그 값을 낼 것이라 우리가 도보로 지나갈 뿐인즉 아무 일도 없으리이다 하나 그는 이르되 너는(thou) 지나가지 못하리라 하고 에돔 왕이 많은 백성을 거느리고 나와서 강한 손으로 막으니 에돔 왕이 이같이 이스라엘이 그의 영토로 지나감을 용납하지 아니하므로 이스라엘이 그들에게서 돌이키니라(민 20:14-21).

여러분은 이스라엘 백성 전체가 말하거나 지도자를 통해 언급될 때 "나"라는 표현으로 백성 전체를 가리킬 수 있다는 사실을 볼 수 있을 것이다. 따라서 시편을 읽을 때에는 세 가지 방식으로 귀를 기울일 수 있어야 한다. 즉 개인의 말이나(잘못된 가정일 수 있다) 지도자의 말, 또는 회중 전체의 말일 수 있다는 것이다. 예를 들어, 시편 51편은 평범한 개인의 고백이다. 그러나 이 시의 표제는 시편 51편이 이스라엘의 지도자와 관련이 있음을 보여 주며, 성령을 거두어 가실 수도 있다는 생각은 하나님이 지도자들에게 성령을 주신다는 구약성서의 표현 방식과 일치한다.

그러나 하나님께 예루살렘 성을 쌓아 달라고 기도한 마지막 부분은 이 시를 공동체 전체의 시로 보게 한다(또한, 하나님의 영의 임재에 대해 알고 있다는 사실은 이스라엘 전체의 회개를 필요로 하는 포로기 상황과 일치한다). 우리가 본능적으로 개인시로 알고 있는 시편 91편이나 139편과 같은 시들도 동일한 맥락에서 접근할 수 있다.

시편 118편은 이러한 역학을 보여 주는 또 하나의 사례로, 지도자와 백성을 포함한다. 야훼의 구원 행위에 대한 찬양은 지도자가 시편 89편의 항변시에 대한 응답을 받았을 때 기도할 수 있는 내용이다. 따라서 이 시는 시편 30편과 비교 및 대조할 수 있는 감사시나 증언시이다. 시편 118편의 화자는 여러 번 바뀐다(예를 들어, 1인칭 단수에서 1인칭 복수로). 아마도 이 시는 제사장과 백성 및 지도자를 위한 전례문이었을 것이다.

시편 118:22의 "돌"은 나라들이 무시했던 지도자를 가리키는 것으로 보인다. 그러나 이 이미지는 신약성서에서 예수님께 적용된다. 시편 118:25의 "[우리를] 구원하소서"는 히브리어로 "호산나"(Hosanna)이다.

시편 118:22-26의 대부분(그리고 이 시 전체)은 마가복음 11:9-10의 기초가 된다.

424 시편: 기도-증언 과정의 분리

- **진행 과정**
  1. 하나님께 기도한다.
  2. 하나님의 종이 하나님의 응답을 고한다(1단계 응답).
  3. 하나님께 신뢰의 반응을 표현한다.
  4. 하나님이 행동하신다(2단계 응답).
  5. 하나님을 찬양한다.

- **분리(1): 창세기 11-21장**
  1. 우리가 아는 한 사라는 아기를 위해 기도하지 않는다.
  2. 어쨌든 하나님은 대답하신다.
  3. 사라는 때로는 자신의 방식대로 시도하며, 때로는 불신으로 웃는다.
  4. 하나님이 행동하신다.
  5. 사라가 아이를 통해 다른 종류의 웃음을 주신 하나님을 찬양한다.

- **분리(2): 사무엘상 2장**
  1. 한나가 기도한다.
  2. (a) 엘리가 상황을 오해한다.
     (b) 한나가 그를 바로 잡는다.
     (c) 엘리가 하나님의 응답을 고한다.

3. 한나가 신뢰의 반응을 표현한다.

4. 하나님이 행동하신다.

5. 한나가 하나님을 찬양한다.

- **분리(3): 누가복음 1장**

  1. 사가랴가 기도한다.

  2. 가브리엘이 하나님의 응답을 가져온다.

  3. ⒜ 사가랴가 믿지 않는다.

     ⒝ 가브리엘이 자신의 말을 믿지 않은 사가랴가 말을 하지 못하게 될 것이라고 전한다.

  4. 하나님이 행동하신다.

  5. 사가랴가 음성을 되찾고 하나님을 찬양한다.

- **분리(4): 누가복음 17장**

  1. 열 명의 나병환자가 예수님을 찾아온다.

  2. 예수님이 하나님의 응답을 전한다.

  3. 그들이 신뢰의 반응을 표현한다.

  4. 하나님이 행동하신다.

  5. 한 사람만 돌아와 하나님을 찬양한다.

- **분리(5): 마가복음 7장**

  1. 가나안 여자가 예수님을 찾아온다.

  2. ⒜ 예수님이 거부하신다.

     ⒝ 그녀가 받아들이지 않는다.

     ⒞ 예수님이 응답하신다.

  3. 그녀는 신뢰의 반응을 표현한다.

4. 하나님이 행동하신다.

5. [본문에는 나타나지 않지만 하나님에 대한 찬양이 있었을 것이다.]

▪ 분리(6): 마가복음 14-16장

1. 예수님이 기도하신다.

2. 아무도 대답하지 않으신다.

3. 예수님이 신뢰의 반응을 표현한다.

4. (a) 하나님이 예수님을 버리신다.

   (b) 하나님이 행동하신다.

5. 예수님이 하나님을 찬양하신다(히브리서 2:12은 시편 22편 끝에 나오는 예언적 증언을 인용한다).

425 시편: 찬양과 기도의 상호 관계

지그문트 모빙켈(Sigmund Mowinckel)은 이스라엘 찬송가의 본질은 찬양시에 있다고 본다. 반대로 클라우스 베스터만(Claus Westermann)은 기도와 찬양의 상호 관계를 강조한다.

> 적어도 찬양을 향해 한걸음이라도 내딛지 않는 간구는 없다. 그러나 어려움에 처한 때 하나님의 놀라우신 구원에 대한 경험과 완전히 분리된 찬양도 없다"(*Praise and Lament*, 154).

베스터만은 하나님의 사역과 무관한 일반적 용어로 신을 찬양하는 애굽의 시편, 그리고 찬양을 위한 찬양이 아니라 기도로 들어가기 위한 준비로서 바벨론의 시편과 대조한다(이어지는 연구는 이러한 대조를 잘 보여 준다).

우리는 이것을 다음과 같은 월터 브루그만(Walter Brueggemann)의 진술과 비교해 볼 수 있다.

> 찬양은 고통을 바꿀 수 있는 능력이 있다. 반면, 고통은 찬양의 행위를 정직하게 만든다(*Israel's Praise*, 139).

그러나 찬양과 기도는 어떤 상호 작용을 하는가?

베스터만은 간구/찬양의 "생동감 있고 긴장으로 가득한 양극성"을 선언적 찬양의 핵심 요소로 본다.

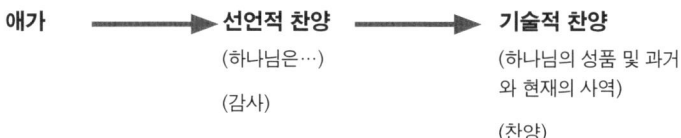

브루그만(*Message of the Psalms*)은 폴 리꾀르(Paul Ricoeur)의 저서에 기초하여 이러한 요소들 사이의 다른 관계에 초점을 맞춘다. 리꾀르는 이러한 삶이 방향성에서 방향 상실을 거쳐 새로운 방향성을 찾는 흐름을 주기적으로 반복한다고 주장한다. 방향성은 하나님이 누구시며 자신은 누구이며 인생은 무엇인지에 대해 아는 것을 의미한다.

방향 상실은 이러한 기본적 실재에 대한 이해가 위기에 처할 때 찾아온다. 새로운 방향성을 찾았다는 기존의(첫 번째) 이해와 방향 상실을 야기한 경험과 어떻게 융합되는지 깨닫게 되었다는 뜻이다. 브루그만의 요점은 시편이 이러한 세 가지 경험의 단계를 반영한다는 것이다.

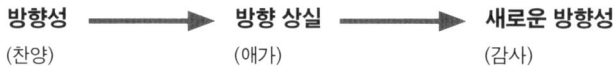

브루그만은 다른 곳에서("Obedience and Praise") 시편은 순종에서 의심을 통해 찬양에 이르는 여정을 기록한 일종의 저널(journal)이라고 주장한다.

나의 주장은 다음과 같은 나선형 이해를 통해 이러한 요소들을 결합함으로써 하나님과의 삶의 선적인 요소(linear element)를 정당화 할 수 있다는 것이다. 즉 찬양은 기도하게 하고 기도는 찬양하게 하는 것이다.

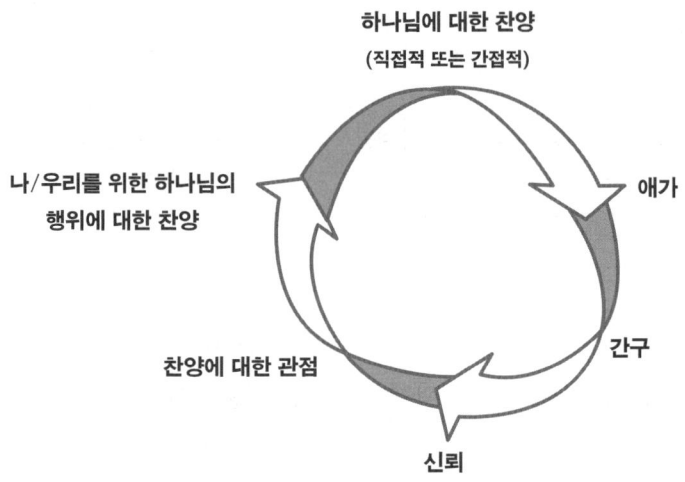

원칙적으로, 모든 시편은 이러한 나선형 구조를 가진다. 어떤 시든지 이 구조의 어느 한 지점에서 시작하며 필요한 만큼 원을 따라 돈다. 시편 22편(항변)과 시편 30편(감사) 및 역대하 20장에는 이 모든 요소가 나타난다.

기도의 역학에 대한 고전적 그리스도인의 이해는 ACTS(경배, 고백, 감사, 탄원 [adoration, confession, thanksgiving, supplication])의 관점에서 접근한다. 이 약어는 매력적이지만 성경과 일치하는 요소가 거의 없다. 오히려 성경과 대조되는 요소 가운데 하나는 시편이 죄에 대한 고백에 많은 분량을 할애하지 않는다는 것이다. 시편은 죄를 깨닫지만 일반적인 그리스도인의 영성과 달리 그것을 크게 강조하지 않는다.

사실 시편은 탄원자가 방황하기보다 헌신적인 삶을 살았다는 사실을 강조하는 경향을 보인다. 우리는 기도할 때 그와 같은 고백을 할 수 있어야 한다. 주후 6세기 로마의 정치가이자 교사며 저자인 카시오도루스(Cassiodorus)는 일곱 편의 시(시 6; 32; 38; 51; 102; 130; 143편)를 "회개시"("penitential psalms)로 규명한 바 있다.

그러나 이러한 시들을 회개시로 볼 수 있는가?

이 시들을 읽어 보고 얼마나 회개와 먼 내용인지 살펴보라.

426 고백시 읽기: 자신의 이야기를 하는 법

우리는 425에서 소위 회개시("penitential psalms)로 불리는 일곱 편의 시 (시 6; 32; 38; 51; 102; 130; 143편)에 대해 살펴본 바 있다.

■ **시편 51편에 관한 몇 가지 질문**

1. 핵심 요소는 무엇인가?
2. 이 시는 회개나 고백의 본질에 대해 무엇이라고 주장하는가?
3. 우리가 죄를 고백할 때 무엇에 호소해야 한다고 말하는가?
4. 다른 회개시들은 자신의 잘못을 고백하는 방법에 대해 어떤 내용을 덧붙이는가?
5. 에스라 9장 및 느헤미야 9장에 나오는 회개시들을 살펴보라. 이와 같은 시편 밖의 기도들(단 9장도 보라)은 죄의 고백에 대해 시편보다 더 많은 것을 말해 준다. 어떤 내용인가?
6. 일곱 편의 회개시 및 시편에 나타난 고백 행위는 여러분 교회의 고백 행위와 어떻게 비교가 되는가?
7. 바벨론 사람들이 죄사함을 위해 기도한 사례들을 살펴보고(442 참조) 구약성서의 회개 기도와 비교해 보라.
8. 시편 51편 표제에 언급된 이야기를 다룬 사무엘하 11-12장을 읽어 보라. 시편이 이 이야기를 어떻게 접목했는지 (또는 접목하지 못했는지) 살펴보라.

■ **시편 51편: 몇 가지 코멘트**

이 시는 왜 단숨에 "주는 번제를 기뻐하지 아니하시나이다"(시 51:16)라고 말한 후, 즉시 "번제를 기뻐하시리니"(시 51:19)라고 말하는가?

대답은 우리가 죄를 범하면 제물이나 예배가 소용이 없으며 그런 것들로 하나님을 매수할 수 없다는 것이다(228-29 참조). 여러분은 회개하고 하나님의 자비에 맡기며 악한 길에서 돌아서야 한다. 그러나 하나님과의 사이가 바르다면 정상적인 예배와 제물을 회복할 수 있다. 다시 말하면 구약성서의 제물에 대한 이해는 그리스도인이 생각하는 것과 상반된다는 것이다.

우리는 하나님과의 바른 관계를 위해 제물을 바치는 것이 아니다. 우리는 하나님과의 관계가 바르기 때문에 제물을 바치는 것이며(하나님이 우리를 용납하셨기 때문이다), 하나님과의 관계가 바르기 때문에 이처럼 확실한 찬양과 기도 및 감사의 표현을 할 수 있는 것이다.

이 시의 내용은 사무엘하 11-12장과 일치하는가?

다윗의 생애에 일어난 특정 사건과 연결하는 표제를 가진 시는 많다(시 3; 7; 18; 34; 51-52; 54; 56-57; 59; 60; 63; 142편). 이런 시들의 표제와 해당 본문의 스토리를 비교해 보면 연결과 일치하는 접촉점도 있지만, 연결이 부자연스러운 접촉점도 있다. 시편 51편에서 대부분의 회개와 간구는 일치하지만 "내가 주께만 범죄하여"와 "예루살렘 성을 쌓으소서"는 연결이 부자연스럽다.

이 두 가지 요소에 대해서는 어떻게 설명할 수 있는가?

시편 표제의 다른 요소들은 이스라엘의 예배와 관련되며(414 참조), 따라서 이곳의 표제도 마찬가지로 보아야 한다. 브레바드 차일즈(Brevard Childs, "Psalm Titles")는 표제는 저자의 언급이 아니라 성구집이나 성경 연구 주석이라고 말한다. 표제는 시를 기록한 시기나 내용에 대한 언급이 아니라는 것이다. 그것은 우리에게 이 시와 다윗의 생애에 일어난 사건을 함께 읽으면서 이러한 기도를 할 수 있는 유사한 상황 및 이런 상황에서 할 수 있는 기도를 보게 한다.

이러한 연결은 다른 "다윗의 시"와 다윗의 생애에 일어난 사건들을 연결하려는 시도와 마찬가지로 회중에게 시와 이야기를 더욱 생동감 있게 전할 수 있게 한다. 이러한 시도는 상상력에 도움이 되는 훈련이지만 역사적 연구의 일환으로 보기는 어렵다. 차일즈의 주장이 옳다는 외적인 증거는 없지만 그의 주장은 표제의 두 가지 요소-즉 어떤 부분에서 일치하며 어떤 부분에서 일치하지 않는가-에 대해 설명해 준다.

이 연결을 적용하면 어떻게 되는가?

시편 51편과 사무엘하 11-12장과 관련하여 접촉점과 차이점을 살펴보면 다음과 같은 사실이 드러난다.

(a) 시편 51:4은 일치하지 않는 것으로 보인다: 다윗은 책임을 회피하고 있는가?

(b) 하나님은 시편 51:7-12의 기도에 응답하지 않으신 것으로 보인다.

(c) 두 가지 사실 사이에는 연결이 있는 것으로 보인다.

(d) 다윗은 실제로 회개하지 않은 것으로 보이며, 이러한 사실은 이어지는 이야기에서 찾아볼 수 있다. 우리는 시편 72편과 솔로몬 이야기에서도 이와 유사한 사실을 발견할 수 있다.

427 예레미야애가 읽기

시편에는 고백시가 많이 없다는 사실을 생각할 때 예레미야애가는 에스라 9장, 느헤미야 9장 및 다니엘 9장과 함께 구약성서의 고백을 이해할 수 있는 또 하나의 출발점이 될 수 있다. 예레미야애가의 특징 가운데 하나는 공동체적이라는 것이다(스 9장, 느 9장, 단 9장과 마찬가지로). 이 책의 배경은 주전 587년에 있었던 예루살렘 함락 및 유다 백성의 유배이다. 예레미야애가는 이 사건 후 살아남은 공동체의 기도이다. 우리는 이 공동체가 이 사건과 관련하여 금식했다는 사실을 알고 있다(슥 8:19 참조). 아마도 그들은 그 때 이 기도를 사용했을 것이다. 유다 공동체는 지금도 아빕월(7-8월) 9일에 이 기도를 사용한다.

예레미야애가에 나오는 다섯 개의 시는 모두 22개절로 구성된다(3장은 66개절). 히브리어 알파벳은 22자이며 예레미야애가 1-4장의 모든 절은 다른 철자로 시작한다. 그들은 이런 식으로 (영어식으로 말하면) A에서 Z까지 슬픔을 표현한다.

예레미야애가 1-2장 및 예레미야애가 4장은 장송곡과 같다. 예레미야애가 5장만 온전한 기도에 해당한다. 헬라어 성경 및 영어 성경에서 예레미야애가는 예레미야 뒤에 나오지만 시편과 마찬가지로 이 시의 저자는 알 수 없다. 예레미야가 애가를 인정한 것은 분명한 사실이지만 이 애가를 예레미야와 연결할 수 있는 구체적인 근거는 없다.

이 책은 시편과 마찬가지로 행(line) 안에 평행이 나타난다. 찬양시에서 가장 흔한 리듬은 3-3이지만 항변시는 짧은 하반절을 가지며, 따라서 종종 3-2로 구성된다. 그러나 번역본에서는 구별이 쉽지 않다. 영어에서는 분리된 단어가 히브리어에서는 결합되기 때문이다(336 참조). 다음은 예레미야애가의 첫 절이다. 히브리어에서 리듬이 어떻게 구성되는지 보여 주기 위해 "//" 기호로 구별했다.

슬프다 // 이 성이여 // 어찌 그리 적막하게 // 앉았는고	전에는 사람이 // 많더니
이제는 과부 같이 // 되었고	전에는 열국 중에 // 크던 자가
전에는 열방 중에 // 공주였던 자가	이제는 강제 노동을 하는 자가 // 되었도다

하반절은 마치 인생의 후반부가 짧은 것처럼 짧다. 이 시는 상반절과 하반절의 운율이 같지 않다.

- **다섯 개의 시를 끝까지 읽어 보라.**

    1. 가장 중요한 특징은 무엇인가?
    2. 시편과 어떤 점이 유사하며 어떤 점이 다른가?
    3. 공동체, 하나님, 고백, 기도에 대해 어떤 이해를 가지고 있는가?

- **예레미야애가에 대한 몇 가지 고찰**

예레미야애가 1장: 지도자는 포로로 잡혀갔으며 일반 백성만 남아 성읍의 운명에 대해 슬퍼하고 있다. 그들은 일어난 사건에 대한 책임이 있다(시 89편과 비교해 보라). 이 기도는 시온을 위로할 자가 없다는 사실을 강조한다. 때가 되면 이사야 40:1-2이 이러한 사실에 대해 대답할 것이다.

예레미야애가 2장: 야훼의 진노라는 모티프가 잘 드러나며 희생자의 입장에 있음을 보여 준다. 이것은 야훼께서 사람의 수난을 모두 가지고 계심을 보여 준다. 야훼는 냉정한 재판장이 아니시다. 이 상황의 끔찍함(애 2:11-12) 및 믿음의 확신을 입증할 수 없는 상황(애 2:15; cf. 시 48:2 참조)에 주목하라.

예레미야애가 3장: 한 사람의 말이다. 시편 및 예레미야와 비교해 보라(1인칭, 2인칭, 3인칭 동사와 함께). 희망은 사라지고(애 3:16-18), 기억은 고통스럽다(애 3:19-21a). 이어서 놀라운 반전이 제시된다(애 3:21b). 야훼의 또 다른 수난은 소망을 가능하게 한다(애 3:22-30). 야훼의 진노는 본심이 아니시다(애 3:33-핵심 구절이다). 실제로 히브리어 원문은 이러한 진노가 그의 마음에서 나오지 않는다고 말한다. 이러한 사실은 회개를 촉구한다(애 3:40-42). 여기에는 용서의 가능성이 존재한다.

예레미야애가 4장: 예레미야애가 3장이 정점에 해당한다면, 이제 이 시는 다시 고통스러운 구체적인 묘사로 돌아간다. 야훼는 다윗과 시온에 대한 언약을 지키지 않았다(애 4:20; 시 132편과 대조해 보라).

예레미야애가 5장: 이것은 가장 구체적이지 못한 시이며 시편에 가장 가깝다. 예레미야애가는 선적(linear)이라는 사실이 드러나며, 우리를 이 여정의 마지막으로 데려간다. 그러나 그것은 불만족스러운 결말이다(애 5:22).

> 이 이야기는 아직 끝나지 않았다. 나는 예레미야애가를 손에 들고 깊이 빠질 때마다(나는 독서를 통해 지나친 낙천주의를 완화시키고 싶을 때마다 그렇게 한다) 말문이 막히고 눈물이 고이며 나의 눈앞에 고통이 생생하게 밀려온다. 말하자면 나는 그의 슬픔에 동참하고 있는 것이다(Gregory of Nazianzus, *Select Orations*, Oration 6.18).

428 구약성서의 지혜: 삶을 통해 배우는 지혜

욥기 28:12은 수사학적 질문을 한다.

> 그러나 지혜는 어디서 얻으며 명철이 있는 곳은 어디인고(욥 28:12).

이 질문에 대한 대답은 구약성서의 잠언, 욥기 및 전도서에 나타난다. 잠언 1-9장에는 어리석은 자와 음녀를 피하라는 설교가 담겨 있다. 잠언 10:1-22:16은 이 주제 및 다른 여러 주제에 대해 한 절 경구로 제시한다. 잠언 22:17-31:31은 다섯 개의 글 모음을 제시한다. 전도서는 주로 설교로 이루어지지만 의문으로 가득하다. 욥기는 일종의 시나리오에 해당하며 질문이 많다.

지혜서는 우리가 누구이며 어떻게 살아야 하는가라는 문제를 다루기 위해 삶 자체를 살핀다. 지혜서가 이 문제를 해결하기 위해 가지고 있는 자료는 이스라엘 이야기나 하나님이 토라나 선지서를 통해 선언하신 메시지나 언약이 아니라 삶 자체이다. 지혜서는 연역적이 아니라 귀납적이며 실증적(체험적)이라는 의미에서 경험적이다. 그것은 특별 계시가 아니라 일반 계시의 산물이다. 지혜서는 하나님이 세상과 우리의 경험 속에 하나님에 관한 진리와 삶의 원리를 심어 우리로 하여금 발견할 수 있게 했음을 보여 준다.

지혜서는 질서, 소망, 심판 및 해학, 즉 초월적 신호(signals of transcendence)에 대한 믿음을 통해 하나님의 실재를 추측하는 방식과 연결된다(Berger,

Rumor of Angels).

삶을 영위하는 지혜와 하나님의 일반 계시의 밀접한 관계는 애굽의 "교훈집"(Instruction)이나 아카드인의 잠언 및 바벨론 욥기(Ludlul Bel Nimeqi)와 같은 중동 지혜(442 참조)와 구약성서 지혜의 평행과 연결된다. 또한, 그것은 아프리카의 잠언(예를 들어, Golka, *Leopard's Spots*) 및 라틴 잠언(예를 들어, Tamez, *When the Horizons Close*, 146-54)과 성경 잠언의 평행과도 연결된다. 모든 문화는 어떻게 삶을 영위할 것인지 알고 싶어 하며 자신이 발견한 것은 후손에 물려주려고 한다(그 모든 것이 하나님의 일반계시로 주어진다는 사실을 깨닫든 깨닫지 못하든).

잠언과 욥기 및 전도서는 이런 내용을 담은 고전적 구약성서이며, 유사한 내용을 담은 다른 문헌도 존재한다. 외경(507 참조) 가운데는 솔로몬의 지혜서(Wisdom of Solomon)와 벤 시라의 지혜서(Wisdom of Jesus Ben Sira)가 있다. 구약성서 안에는 아가서가 삶에 초점을 맞추며, 잠언과 전도서에 나오는 솔로몬과 연결된다. 히브리 구약성서에서 다니엘서가 성문에 위치한 것은 다니엘이 선지자보다 지혜자로 분류됨을 보여 준다.

구약성서 다른 곳에서, 요셉과 에스더의 이야기는 하나님이 개입하시는 삶이라기보다 경험적인 삶에 대한 묘사이다. 따라서 이러한 이야기들은 지혜 사상과 비교된다.

"솔로몬은 청년의 봄날에 아가서를 기록했다. 잠언은 장성한 지혜로 기록했으며 전도서는 노년기의 허무함으로 기록했다(Rabbi Jonathan, *Song of Songs Rabbah*, 랍비의 아가서 주석).

실제로 솔로몬이 기록했는가?

잠언 1:1은 "솔로몬의 잠언"이라고 말하지만 나중에는 "유다 왕 히스기야의 신하들이 편집한 것," "아굴의 잠언" 및 "르무엘 왕의 말씀"(우리는 그들이 누군지 모른다)이라고 기록한다(잠 25:1; 30:1; 31:1).

모세나 다윗과 마찬가지로 솔로몬에 대한 언급도 서구적 의미에서 저자에 대한 진술이 아니다. 이러한 언급은 책의 권위를 가리킨다. 모세가 토라의 가르침의 수호성인이며 다윗이 시편의 수호성인인 것처럼 솔로몬은 지혜서의 수호성인이다.

솔로몬의 지혜는 현세적 지혜이다. 열왕기상 3-4장에 나오는 솔로몬의 지혜에 관한 언급은 이론적일 뿐만 아니라 실제적이며, 개인적일 뿐만 아니라 공동체적이며, 사적일 뿐만 아니라 정치적이며, 대중적일 뿐만 아니라 제왕적이며, 경험적일 뿐만 아니라 윤리적이며, 인간적 업적일 뿐만 아니라 하나님의 선물이다.

지혜 자료의 배후에는 세 가지 사회적 배경이 존재한다.

(a) 가정 생활: 잠언의 일상적 언어는 솔로몬 시대보다 오래된 것으로 보인다.
(b) 국가 교육 시스템: 애굽에서는 사람들이 행정 교육을 받는 궁정 학교에서 지혜 문헌이 사용되었다. 잠언에 나타난 왕에 대한 언급이나 기타 정치적 용어는 왕조 시대 초기와 유사한 상황임을 암시한다.
(c) 제2성전 시대 신학 교육의 발달: 훗날 "서기관"으로 불린 신학자들은 잠언 1-9장에 나타나는 계시나 창조와 같은 이슈 및 욥기와 전도서의 초점인 인생 문제에 대해 사고하는 법을 배웠을 것이다.

429 잠언 읽기

● ● ● ● ●

"잠언"은 마샬(māšāl)이라는 히브리어 단어를 잘못 번역한 것이다. 잠언은 실제 속담(proverbs)과 마찬가지로 솔직한 진술이라기보다 자극적인 경구나 훈계(homilies)를 가리킨다. 따라서 "경구"("saying")라는 표현이 바람직하다. 잠언 1:1-7은 "비유"(figures)나 "수수께끼"(riddles)를 일련의 "경구들"(sayings)로 제시한다. 본문은 계속해서 이 책의 내용을 지혜라고 묘사한다. 이 지혜에 대해서는 앞서(428 참조) 이론뿐만 아니라 실제적 개념으로 소개한 바 있다. 이것은 노력이나 수고 없이 얻을 수 없는 교훈이나 학문이다.

잠언은 우리가 직면하지 않기를 바라는 진리를 들추어내어 우리를 괴롭힌다. 그것은 통찰력이며 사물의 배후를 보는 분별력이다. 잠언은 뱀의 특징인 영민함(창 3:1-7)을 포함하지만 지혜로운 삶을 살게 하는 긍정적 개념이다. 그것은 인지를 의미하는 지식에 대해 언급하지만 진리에 대한 단순한 인식이 아니라 그것에 합당한 삶이자 헌신이다. 잠언은 인생을 헤쳐 나갈 수 있는 "요령을 안다"는 의미에서 삶의 기술에 대해 언급한다.

■ 잠언이 권면하는 지혜

지혜는 복음을 전하지는 않지만 다른 것들을 전한다. 그것은 심리학, 철학, 사회과학 및 다른 지식의 원천이나 신앙으로부터 나온 통찰을 제시한다. 구약성서의 지혜는 이러한 인간적 통찰력에 대해 "바람직하지만…"이라고 말한다. 이러한 태도는 구약성서의 지혜와 중동의 지혜 문헌(성경은 이러한 자료를 일부 활용한다)의 평행(유사성)과 연결된다. 그것은 세상으로부터 배우는 방법을 보여 준다. 이러한 배움에는 야훼께서 이스라엘에 개입하신 상황 및 이러한 개입하심에서 나오는 진리를 배경으로 세상 "지혜"를 관조하는 방법이 포함된다.

따라서 잠언 1:1-7의 서론에 나타난 실용적 표현에는 지혜는 올바른 결정을 내리는 방법과 야훼에 경외 및 순종을 포함한다는 가정이 담겨 있다. 사실 이러한 태도가 지혜의 근본이다. 따라서 지혜는 윤리와 신앙을 전제한다. 삶으로부터 배운다는 것은 오늘날의 경험주의와는 다르다. 지혜가 보여 주듯이 옳고 그른 것과 하나님이 세상에 개입하심은 현실 세계의 본질적 요소이다.

또한, 잠언 1:1-7은 배움의 대상이 누구인지 보여 준다. 본문은 먼저 어리석은 자와 젊은 자, 즉 지혜롭게 살아야 할 필요가 있는 배우지 못한 자들에게 초점을 맞춘다. 그러나 본문은 이어서 지혜 있는 자와 명철한 자에게로 초점을 바꾼다. 그들 역시 배워야 한다.

많은 사람은 어리석음을 고집한다. 이것은 그들이 지적으로 약하다는 뜻이 아니라 효과적 실천, 삶을 영위하는 방법 및 하나님의 개입하심과 윤리가 가장 중요하다는 사실을 외면한다는 것이다. 잠언 1장은 자신은 모든 것을 알기 때문에 더 배울 필요가 없다고 생각하는 자들을 가장 당황하게 한다.

▪ **잠언 읽기**

잠언을 읽고 다음과 같이 해 보라.
1. 핵심 주제에 관한 자료를 모으라.
   (a) 지혜
   (b) 남편과 아내
   (c) 성
   (d) 재물

(e) 권력

(f) 일

(g) 우리의 계획과 하나님의 계획의 관계

(h) 내적인 사람과 외적인 사람의 관계

(i) 그 외 두드러지게 나타나는 주제

2. 각 주제에 대해, 잠언이 제공하는 다양한 통찰력에 대해 올바로 평가하는 이해력을 형성해 보라. 일부 주제에 대해서는 442를 참조하라.

3. "바벨론 잠언"(Babylonian Proverbs, 442 참조)을 읽고 성경의 잠언과 비교해 보라(바벨론 잠언은 대부분 이해하기 어렵다. 쉬운 것들만 시도해 보라).

4. 애굽의 아메네모페 교훈집(Instruction of Amenemope, 442 참조) 서른 장을 읽고 유사한 자료인 잠언 22:17-24:22의 서른 가지 격언과 비교해 보라(잠 22:20).

5. 읽은 내용에 내해 "이것은 사실"이라고 생각하라. 이러한 반응은 잠언과 경험 또는 일반 계시와의 연결에 대한 통찰력을 줄 것이다.

잠언은 사물을 흑백논리로 바라보지만 때로는 삶을 통해 배우는 교훈이 복잡하다는 사실을 인식하는 것이 분명하다(특히 잠 26:4-5을 보라). 이런 때는 융통성 없는 해석에 매달리지 않아야 한다.

잠언은 잠언의 원리가 백 퍼센트 작동되는 것은 아니지만 종종 효력을 발휘하며, 따라서 삶의 원리로 삼을 가치가 있다는 사실을 말한다(잠언에 따른 자녀 교육에 대해서는 442 참조).

430 잠언 1-9장: 신실한 삶

잠언 1-9장은 성경 가운데 성적 신실함(sexual faithfulness)에 가장 지속적인 초점을 맞춘 본문이다. 이 문제에 대해 두 번째로 많은 관심을 가진 책은 고린도전서이다. 따라서 이스라엘 백성의 삶은 물론 신약 시대의 교회에도 성적 부정이 특별한 문제가 된 때가 있었다. 두 책은 이 문제가 제기된 다양한 상황에 대해 보여 준다.

1. 고린도는 부도덕한 이교적 도시로 유명하다. 일부 문화는 사람들에게 다른 요소들보다 더 많은 압력을 가했다.
2. 고린도 교회는 위대한 영적 갱신을 경험했다. 이러한 상황에서는 성이 문제가 될 수 있다.
3. 잠언 1-9장은 (포로기 이후) 하나님의 백성 가운데 이전의 확실한 것이 사라지고(전도서 참조) 이전의 사회적 구조를 더 이상 기대할 수 없는 사회적 상황에서 나온다.
4. 잠언 1-9장은 심오한 신학적 문제를 연구하는 청중에 대해 제시한다.
5. 잠언 1-9장은 지혜 부인(Ms. Wisdom)으로 구현된 통찰력을 제시하며, 고린도전서는 여자의 예언에 대해 언급한다. 둘 다 여자에게 배우는 것에 대해 열려 있다.
6. 잠언 1-9장과 짝을 이루어 전체 본문을 감싸는 양괄식 구조를 형성하는 잠언 31장은 단순히 남자를 따르는 것이 아니라 책임 있는 일을 하는 여

자에 대해 묘사한다. 고린도전서 11장 역시 고전적 구속에서 벗어난 여자에 대해 언급한다. 두 본문의 평행적 내용을 감안할 때 성적 부도덕이 오늘날 서구의 교회와 신학교 및 목회자 사회에서 문제가 된 것은 놀랍지 않다. 교회는 이성간의 부정보다 동성 관계로 말미암아 더욱 고통스러워 하지만 그로 말미암아 이성간의 부정이라는 큰 문제가 묻혀서는 안 될 것이다.

잠언 1-9장은 남자의 관점에서 이 문제에 접근한다. 당시 상황에서 신학을 하는 여자는 거의 없었을 것이다. 그리고(또한) 그런 상황에서 여자가 부도덕한 경우는 적었을(덜 "해방되었을") 것이다. 오늘날 서구 사회에서 성에 관한 정책은 적어도 두 가지 관점에서 접근해야 할 것이다. 그러나 이 책에서 나는 잠언이 제시하는 성별에 따를 것이다.

잠언 1-9장은 이 문제를 다음과 같이 본다.

1. 하나님의 백성 가운데 결혼한 남성은 성적으로 부도덕했다.
2. 그렇게 된 이유 가운데 하나는 처음 사랑이 식었고(또는 "식었거나") 불륜에 대한 충동으로 인해 다른 사람과의 관계에 스릴을 느끼기 때문이다(잠 5:20; 9:17).
3. 결혼한 여성 역시 성적으로 부도덕했다. 본문은 그들을 외부인(이방 계집)으로 제시한다. 이것은 에스라-느헤미야에 언급된 주변국 여자와 유사한 개념이다. 그러나 "다른 여자(정부)"라는 전통적 개념이 이방 계집과 같은 외부인을 나타낼 수 있다.
4. 잠언의 핵심 포인트는 이러한 부정이 사실상 어리석다는 것이다. 특히 잠언은 지혜서로서 옳고 그르다는 표현 대신 지혜와 미련이라는 용어를 사용하지만 결국 같은 의미이다. 다른 사람과 사랑에 빠졌든, 스릴을 즐기기 위해서든, 결국 부정은 고통과 파멸을 가져오고 마침내 생명을 잃게 할 것이다.
5. 잠언은 부정한 행동이 하나님을 경외하며 순종하는 삶에 부합되지 않

는다고 덧붙인다. 신자는 다른 이성과의 관계에 대해 이러한 사랑은 하나님의 선물이 아닌가라고 물어볼 수 있을 것이다. 진정한 사랑의 행위라면 잘못이라고 할 수 없다는 것이다. 그것은 큰 잘못이다. 잠언에는 이러한 내용이 함축되어 있다.

긍정적인 면에서, 잠언은 유혹에 빠지지 않는 몇 가지 지침을 제시한다.
1. 잘못을 인정하라. 본문은 이 문제를 공개적으로 표면화 한다.
2. 침착하라(지혜로우라). 감정이나 감각의 노예가 되지 말라.
3. 자신의 삶에 대해 날마다 하나님과 교제하라. 잠언 3:1-8을 읽으라.
4. 마음을 지키라. 잠언 4:23을 읽으라.
5. 아내에 대한 열정을 키우라. 잠언 5:15-19을 읽으라(아가서의 교훈은 더욱 풍성하다).

431 아가서 읽기

● ● ● ● ●

아가서를 읽어 보라.

1. 이 책은 어떤 관계에 대해 묘사하는가?
    (a) 하나님과 이스라엘의 관계인가?
    (b) 예수님과 신자의 관계인가?
    (c) 남편과 아내의 관계인가?
    (d) 약혼한 두 사람의 관계인가?
    (e) 사랑에 빠진 남녀의 관계인가?
    (f) 솔로몬과 그가 사랑한 여자의 관계인가?
    (g) 다른 어떤 관계인가?

2. 일련의 시로서, 아가서는 이야기인가?, 아니면 단지 독립된 시를 모은 것인가?

3. 아가서는 그것이 묘사하는 관계에 대해 무엇이라고 말하는가?

4. 여러분은 남자와 여자 및 그들의 교제에 대해 무엇을 배울 수 있는가?

다음은 아가서에 대한 다섯 가지 이해이다. 여러분이 읽은 내용에 비추어 판단해 보라.

1. 아가서는 이스라엘에 대한 하나님의 사랑에 대한 비유인가?

유대인은 수백 년 동안 각 유월절마다 이 책을 이스라엘에 대한 하나님의 사랑에 대한 비유로 읽는다. 실제로 성경은 인간의 사랑을 하나님의 사랑에 비유하기도 한다(cf. 호 1-3장; 사 5:1-7, 이 본문은 동산에 대한 사랑의 노래이기 때문에 특히 흥미롭다; 엡 5장). 많은 책은 아가를 성경 정경에 포함시킨 이유는 이러한 해석 때문이라고 주장하지만 구체적인 증거로 드러난 것은 없다.

2. 이 책은 두 신(Tammuz and Ishtar?) 또는 제사장과 여제사장(Pope, *Song of Songs*)의 결혼을 축하하는 노래인가?

이러한 주장은 셈족과 애굽 사회의 다른 시들에 나타나는 평행에 기초한다(cf. 렘 44:17-18).

3. 아가서는 고대 애굽의 사랑 노래처럼 단지 성적인 사랑에 대한 노래인가?(442 참조).

여성의 주도권에 대한 강조와 관련하여 여성의 역할에 대해 어떤 관점을 가지고 있는지 주목하라.

> 남성의 지배나 여성의 복종 및 어느 쪽의 진부함도 나타나지 않는다…이 여자는 아내로 불리지도 않으며 아이를 요구하지도 않는다. 실제로 아가는 결혼이나 출산 문제에 대해 언급하지 않는다. 사랑을 위한 사랑이 아가의 메시지이며, 여성에 대한 묘사는 이러한 메시지를 더욱 강조한다(Trible, *Rhetoric of Sexuality*).

4. 아가서는 지혜와 언약이라는 상황에 성을 도입한 책인가?

이 책은 "솔로몬의 아가"라는 묘사로 시작한다. 솔로몬은 위대한 지혜자이며 아가서의 서두는 잠언 및 전도서와 평행을 이룬다. 아가서는 단순한 세속적 시가 아니다. 이 책은 지혜라는 신앙적 궤도에 진입했다. 아가서는 성에 대한 세속적 관점을 배제한다(Childs, *Old Testament as Scripture*).

> 아가서는 언약의 두 당사자가 시급히 만나려는 간절한 열망과 부단한 의지 및 철저한 준비에 대한 긴 묘사이다…나는 저자가 성 문제를 이런 식으로 접근하여 무조건적 절제 대신 에로스에 대해 과감하게 언급하는 방식으로 결혼과 후손에 대한 나름대로의 메시지를 전하려는 용기가 어디서 나왔는지 물어보고 싶다(Barth, *Church Dogmatics* III.1, 313).

5. 아가서는 사랑이 여러분을 에덴동산으로 데려갈 수 없다는 사실을 의식한, 약화된 사랑 예찬인가?

이 책의 동산 이미지에 주목하라.

> 이 노래의 낙원은 타락한 세상에 의해 제한된다. 사망은 멸망당하지 않고 세상은 연인들에게 치욕을 부과하며 시간은 그들을 불가피하게 헤어지게 한다. "내 사랑하는 자는 내게 속하였고 나는 그에게 속하였도다"라는 이상적인 조화는 마지막 구문에서 사라진다. "나는 내 사랑하는 자에게 속하였도다 그가 나를 사모하는구나"(Landy, *Paradoxes of Paradise*; cf. 아 7:10 및 창 3:16).

아가서의 의미에 대한 나의 관점에 대해서는 442의 "아가는 백성에게 어떤 유익을 주는가"("What Might the Song of Songs Do for People")를 참조하라.

432 욥기 읽기

　욥기는 하늘의 궁전에서 논쟁의 주제가 된 한 사람이 무너져 내린 삶을 경험한 한 사람(욥 1-2장)에 관한 드라마 형식의 신학적 사색이다. 이 책은 욥과 세 친구가 이러한 경험에 대한 올바른 반응에 대해 나누는 대화(욥 3-27장)에 초점을 맞춘다. 이 문제에 대해 묵상한 시인은 욥의 최후 진술(욥 28-31장), 나중에 와서 대화에 참여한 엘리후의 격앙된 반응(욥 32-37장)을 제시한다. 이어서 하나님이 나타나 말씀하시며(욥 38-41장) 마침내 욥의 삶이 회복된다(욥42장). 이 이야기는 에돔의 우스 땅에서 일어난다(애 4:21). 에돔은 지혜로 유명한 곳이며 우스는 창세기에 나타난다(창 10:23; 22:21; 36:28). 욥은 에스겔 14:12-20에 노아와 함께 언급되며 엘리바스는 에서/에돔의 아들 이름이다(창 36:4-16). 엘리후는 사무엘상 및 역대상에 나오는 몇 사람의 이름이다(삼상 1:1; 대상 12:20; 26:7; 27:18). 빌닷과 소발에 대해서는 언급된 곳이 없다. 따라서 이스라엘의 조상 시대를 배경으로 하는 몇 가지 이름이 제시되지만 모두 이방인이다.

　욥기에 나오는 사람들은 대부분 시로 대화하는데, 이것은 이 책이 일련의 실제적 대화가 아님을 보여 준다. 이 책은 순수한 픽션일 가능성이 있다. 그렇다고 해도 메시지의 진정성이 훼손되는 것은 아니다. 그러나 백성의 비극적 삶, 하나님과의 논쟁, 하나님의 응답과 회복 및 새롭게 하심에 대한 경험이 아주 특별한 이야기는 아니다. 따라서 이 책은 실제적 사건을 고도로 각색한 이야기로 보는 것이 좋을 것이다. 서두에 나오는 하늘의 장면에 대한 이야기는 저자의 신적 영감에 의한 상상력에서 나온 것으로 보인다. 이것은 특별한 사람의 삶과 관련된 특별한 상황이긴 하지만 하늘에서 일어났거나 일어날 수 있는 일이다.

이 이야기는 평범한 이스라엘 사람(또는 그리스도인)에 대한 이야기는 아니다. 또한, 하늘의 장면은 이야기 진행을 위한 극적 기법일 수 있다. 따라서 예수님의 비유에 나오는 세부적인 내용이나 요한계시록의 환상과 마찬가지로 이 장면의 신학적 함축을 지나치게 강조해서는 안 될 것이다.

욥기의 저자는 알 수 없다. 이 책은 일반적으로 포로기 이후에 기록된 것으로 알려져 있으나 기록 연대와 관련된 구체적인 증거는 없다. 그러나 연대 문제는 메시지에 큰 영향을 주지 않는다. 이 책에는 약간의 매끄럽지 못한 부분이 있다. 특히 욥과 세 친구의 세 번째 주기의 대화는 불완전하다. 그리고 욥기 28장의 시 및 엘리후의 말(욥 32-37장)은 생략되어도 무방하다.

아마도 이 책은 단번에 기록되지 않고 오랜 세월 동안 기록되었을 것이다. 그러나 반복된 말이지만 구체적인 증거는 없다. 또한, 이 책의 일부를 제거한다면 더욱 초라해질 것이다. 따라서 현재의 상태대로 받아들이는 것이 가장 바람직하다.

우리는 때때로 욥기를 신정론(theodicy)이나 고난 문제에 대한 해법으로 생각한다. 그러나 이 책은 이러한 문제에 대해 어떤 대답도 제시하지 않는다(다른 성경도 마찬가지이다). 욥기는 우리가 고난에 대해-특히 아무런 답이 없을 때-어떻게 접근해야 할 것인가에 초점을 맞춘다. 그러나 욥기는 이 문제에 대해 많은 부분적 대답을 제공한다. 이 책은 우리에게 완전한 답이 없음을 인정하고 수많은 부분적 통찰력(우리가 그것으로 살기에 충분해야 할 것이다)에 주목하는 포스트모던 방식(postmodern way)으로 진술된다. 따라서 욥에게 적용하기 쉬운 대답이 있고 덜 용이한 대답도 있지만 틀린 대답과 바른 대답이 있는 것은 아니다.

욥기를 읽어 보라. 원하면 짧은 드라마 버전을 읽어도 된다(442 참조: 욥기가 장례식에 사용된 이야기도 나타난다).

1. 욥기는 무엇에 관한 책이라고 생각하는가?
    이 책이 제시하는 문제는 무엇이며 욥기는 이 문제를 해결하는가?
2. 이 책에 등장하는 다양한 인물들이 주장하는 요지는 무엇인가?

이어서 "바벨론의 신정"("The Babylonian Theodicy") 및(또는) "바벨론 욥기"("The Babylonian Job")를 읽어 보라(442 참조).

1. 여러분은 이러한 바벨론 자료가 무엇에 관한 책이라고 생각하는가?
    이 책이 제시하는 문제는 무엇이며 이 책은 그 문제를 해결하는가?
2. "바벨론의 신정"에는 논쟁에 참석한 자들은 각각 어떤 주장을 제시하는가?
3. 바벨론 문헌은 욥기와 어떻게 비교되는가?
    유사성은 무엇이며 차이점은 무엇인가?

433 두 가지 통찰력

● ● ● ● ●

욥기는 하나님이 사람에게 일어나게 하신 끔찍한 일에 관심을 가진다. 이 문제는 하나님과 우리의 관계는 무엇에 기초하며 우리는 하나님이 세상을 어떻게 주관하시는지 알 수 있느냐라는 두 가지 문제를 제기한다. 또한, 이 이야기는 우리가 고난에 대해 어떻게 접근할 것이며, 동일한 통찰력으로 다른 사람을 도울 수 있을 것인지에 초점을 맞춘다.

욥기는 우리에게 질문(들)에 대해, 일정한 진리를 담고 있지만 다양한 상황에서 분별력 있게 적용해야 하는 여러 가지 대답을 제시하는 방식으로 전개된다. 욥의 친구들의 근본적인 문제는 그 작업을 할 수 없다는 것이다.

다음은 이 책에 나타난 두 가지 통찰력이다(434에는 네 가지의 통찰력이 더 제시된다).

- **고난은 시험이다**

이 책의 서론은 하나님과 욥의 관계가 진정한 인격적 관계인가 아니면 계약적 관계인가라는 문제를 제기한다. 욥의 문제는 그로 하여금 하나님은 의로우시다는 사실을 깨닫게 하기 위한 것이었다. 이 관계는 인격적이며 계약적인 관계가 아니다. 이러한 대답을 정립하기 위해서는 욥은 거의 완전한 인물이라는 가정이 필요하다. 또한, 이 드라마는 대부분의 역본에서 "사탄"으로 번역한 존재가 수행하는 역할에 의존한다.

그러나 이 번역은 오해의 소지가 있다. (119 참조). 사탄(śāṭān)이라는 단어는 히브리어에서 일반적으로 법적, 군사적 개념의 "대적"을 가리킨다. 본문에 나오는 대적은 하나님의 신하 가운데 하나로 사람들이 자신에게 주어진 일을 피하지 못하게 하는 책임을 맡은 자이다(이러한 역할은 하나님이 사람들에게 엄하시지 않기 때문에 때에 따라 엄하시도록 설득하는 것이 필요하다는 인식에서 나온다).

하나님은 백성을 신뢰하는 경향이 있으며 대적자(소문자 s)의 책임은 날카로운 질문을 던지는 것이다. 따라서 사탄(대문자 S로 시작한다)의 역할과 겹치는 부분이 있지만, 둘 다 힘이 없는 존재라는 의미 있는 연결에도 불구하고 완전히 일치하지는 않는다. 그들은 하나님이 허락하신 만큼의 올가미만 가지고 있다.

이처럼 욥의 고난은 그와 하나님의 관계의 진정성에 대한 시험으로 제시된다. 고난이 시험이라는 사상은 성경에 자주 나타난다. 예수님은 마귀(헬라어로 디아볼로스[*diabolos*]는 어원학적으로 "거짓 고소자"라는 뜻이다)에게 시험을 받으셨다. 이 시험의 리얼리티를 살리는 중요한 요소는 하나님은 시험의 결과를 모르신다는 사실이다. 이처럼 고난의 문제에 대한 첫 번째 대답은 고난은 우리와 하나님의 관계를 입증하기 위해 올 수 있다는 것이다. 이 관계는 우리가 그것으로부터 얻을 수 있는 것에 기초하지 않는다.

▪ 고난은 인간의 죄의 결과이다

고난은 개인적인 죄의 결과이다. 엘리바스와 빌닷 및 소발은 우리와 하나님의 관계는 우리의 바른 삶에 기초한다는 성경적 통찰력을 확인한다. 하나님은 그를 존중히 여기는 자를 존중히 여기시며 그를 멸시하는 자를 경멸하신다는 것이다(삼상 2:30). 또는 예수님이 말씀하신 것처럼, 우리는 죄로 인해 질병에 걸릴 수 있으며 따라서 단순한 치유뿐만 아니라 죄사함이 필요하다(막 2:5; cf. 고전 11:29-32).

따라서 고난의 문제에 대한 두 번째 대답은 고난은 우리의 개인적 죄로 말미암아 온다는 것이다. 잠언에 나타나는 통찰은 이러한 통찰이다. 그러나 이러한 통찰의 일반화는 자칫 확고한 법칙으로 바뀔 수 있다. 욥의 세 친구의 접근이 그런 식이었다. 그들은 더 이상 침묵을 지킬 수 없었을 때 자신의 생각을 관철시키려 했다. 그들은 욥의 고난은 그가 하나님과의 관계에서 실패했음을 보여 준다고 생각했다.

이때 세 친구의 문제는 그들의 신학적 이론이 전적으로 잘못되었다는 것이 아니라 그것이 욥의 특정 사안과 무관했다는 것이다. 진리는 그들이 생각하는 것보다 복잡하다. 욥기에서 그들이 수행한 보다 큰 역할은 고난당하는 자의 친구들이 실제적 대답을 제공해야 한다는 위험한 발상을 구체화했다는 것이다. 그들은 고난당하는 자에게는 대답이 필요하며 따라서 그들은 결코 부당하지 않으신 하나님을 변증할 수 있어야 한다고 생각했다. 아이러니하게도 이 책을 연구하는 사람들도 이 문제에 대한 답을 찾아 고난당하는 자와 나누고 싶어 한다. 그들은 이런 식으로 욥의 친구들과 동일한 실수를 반복하고 있는 것이다.

그러나 욥은 친구들과 논쟁하는 가운데 자신은 구속자가 살아계시며 때가 되면 하나님을 볼 것이라는 선언을 한다(욥 19:25). 조지 프리데릭 헨델(George Frideric Handel)은 그의 유명한 합창곡 "메시아"(The Messiah)에서 이 구절을 가장 중요한 자리에 둔다. 욥 자신에게 이 구절은 어떤 식으로든 하나님을 만나 하나님에 대한 자신의 헌신을 입증 받을 것이라는 분명한 선언이다. 욥은 자신을 죄에서 구원할 누군가를 기대한 것이 아니다. 그는 친구들의 고소로부터 자신의 정당성을 입증해 줄 누군가를 필요로 한 것이다.

434 욥기: 추가적 네 가지 통찰력

고난은 우리에게 사실을 가지고 하나님과 직면할 것을 도전한다. 욥은 자신이 친구들이 주장하는 것처럼 거짓된 삶을 살지 않았다고 생각한다. 그는 자신이 다른 사람과 마찬가지로 죄인이라는 사실을 인정한다.

그러나 그는 자신의 고통이 자신의 죄에 비해 과하다고 생각한다. 따라서 욥은 하나님을 만나 자신의 사정을 토로하여 하나님이 자신의 무고함을 인정해 주기를 원한다. 현재로서는, 또한, 그렇게 할 수 있기까지, 하나님과 자신의 관계는 수수께끼이다. 문제는 분명하다. 본서에서 욥이 맡은 역할은 사실을 가지고 하나님을 직면하는 확고한 모델을 나타내는 것이다.

따라서 고난에 대해 어떤 반응을 보일 것인가라는 문제에 대한 세 번째 대답(433도 참조)은 하나님이 우리가 기대하는 것과 같은 방식으로 행동하지 않을지라도 언제나 그곳에 계신다는 확신을 가지고 하나님께 자신의 고통을 주장하고 그것에 대해 항변해야 한다는 것이다.

욥기에 접근하는 한 가지 방법은 이 책을 하나의 거대한 항변시로 보는 것이다(416-18 참조). 욥의 친구들이 보인 좋은 반응은 이 대답과 관련된다. 그들이 고통 가운데 있는 욥과 함께 앉아 우는 장면은 그들이 보인 가장 훌륭한 목회적 돌봄(pastoral care)에 해당한다.

- **고난은 영성을 배양할 것을 촉구하기 위해 주어진다**

엘리후는 욥에게 이런 식으로 문제를 보라고 촉구한다. 하나님과의 관계는 하나님에 대한 겸손한 복종에 기초하며, 고난은 이러한 복종을 격려한다. 엘리후의 진술과 야훼의 결론적 말씀 사이에는 중복되는 부분이 있다. 이것은 마치 엘리후가 야훼의 길을 준비한 것처럼 보이게 한다.

첫 번째 세 친구는 욥기 끝 부분에서 책망을 받지만 하나님은 엘리후에 대해서는 책망하지 않으신다. 고난 문제에 대한 이 네 번째 대답은 기독교 영성에서 되풀이 되며, 욥의 세 친구들보다 통찰력이 있는 그리스도인에 의해 종종 제기되는 주제이다. 그러나 이것은 하나님의 대답을 준비하는 것일 수는 있지만 하나님의 대답은 아니다.

- **고난 문제에 대한 답은 있다고 하더라도 제시되지 않는다**

마침내 야훼께서 나타나신다. 하나님은 욥의 정당성을 입증하시기 전에 먼저 그를 꾸짖으신다. 야훼는 욥을 피조 세계로 데려가 수많은 많은 피조물은 인간의 필요를 중심으로 배회하고 있지 않다는 사실을 보여 주신다. 모든 피조물은 자신만의 세계를 가지고 있다. 시편 기자와 마찬가지로 욥이 야훼에게 자신의 고통에 대해 항변한 것 자체는 잘못이 없다. 그러나 그의 문제는 마치 자신이 세상의 중심인 것처럼 말한다는 것이다(독자로서 우리는 이 이야기가 한 개인과 하나님의 관계를 넘어서는 거대한 배경 아래 진행되고 있음을 안다).

하나님은 두 번째 말씀을 통해 욥이 하나님보다 세상을 잘 운영하고 악을 진압할 수 있을 것인가라는 주제로 옮겨 가신다. 하나님은 거대한 하마와 리워야단을 주관하시는 능력에 초점을 맞추신다. 이 두 괴물은 대적(adversary)이라기보다 사탄에 가까운 존재이다. 이들은 하나님을 대적하는 세력을 나타내지만 하나님의 지배를 받는다. 욥이 할 일은 하나님과의 관계 및 자신의 한계에 기초하여 자신의 문제를 받아들이고 하나님을 신뢰하는 것이다. 야훼의 말씀의 특징은 욥의 고난의 배경에 대해서는 언급하지 않는다는 것이다. 그러나 독자는 욥기 1-2장을 통해 그것을 알고 있다. 욥기와 관련하여 가장 기막힌 사실은 욥이 고난을 당한 데에는 그러한 이유가 있었지만 욥에게는 이유가 제시되지는 않는다는 것이다.

따라서 고난 문제에 대한 다섯 번째 대답은, 고난 문제에 대한 답이 있을지라도 그 답이 제시되지 않는다는 것이다. 따라서 욥은 다른 사람과 동일한 경험을 하며 하나님을 (흑암과 하마와 리워야단을 주관하시는 분으로) 신뢰하고, 이해는 되지 않더라도 하나님을 하나님으로 인정하는 삶을 살아야 한다. 욥이 책망을 받은 것은 온 세상과 계시가 자신을 중심으로 일어난다고 생각했기 때문이다.

▪ 결국 모든 것은 행복하게 끝날 것이다

이러한 결말은 확실히 욥과 그 가족에 해당된다. 그들은 이름이 제시되며(욥의 아들 일곱은 이름이 나오지 않는다) 기업을 유산으로 받는다. 두 가지 모두 구약성서의 특이한 요소이다. 욥기의 결말은 욥이 기대하던 무고함을 입증한다. 고난은 끝났으며 하나님과의 관계는 바른 관계임이 드러났다.

결론 부분에는 아이러니가 나타난다. 어떤 면에서 친구들은 결국 옳았다. 하나님은 자기를 존귀히 여기는 자를 존귀히 여기신다. 물론 모든 고난 당하는 자가 다 이와 같이 "행복하게 오래 오래 살았다"는 결말을 맞는 것은 아니다. 그러나 욥의 고난에 관한 이야기는 하나님의 신실하심에 대한 약속을 구현한다.

고난 문제에 대한 여섯 번째 대답은 결국은 모든 것이 행복하게 끝난다는 것이다. 이 땅에서는 이러한 결말이 비현실적일 수 있으나 이것은 하나님이 마침내 모든 것을 바로 잡으실 것이라는 사실을 보여 주는 중요한 진술이다. 예수님의 말씀과 욥기의 가장 중요한 차이는 예수님의 부활이 이러한 기대에 대한 보다 확실한 근거를 제시한다는 것이다.

435 전도서 읽기

- **전도서 읽기**
  1. 인생의 중요한 면들은 무엇이며, 그것은 이러한 요소들에 대해 각각 무엇이라고 말하는가?
  2. 반복되는 주제, 태도, 구절, 확신 또는 질문은 무엇인가?
  3. 여러분은 왜 성령께서 이 책을 영감하셨다고 생각하는가?
  4. 이 책은 무엇이라고 말하는가?

- **전도서의 기원 및 본질**

  전도서는 이중적 서론(double introduction)으로 시작한다. 한편으로 전도서는 "다윗의 아들 예루살렘 왕 전도자(코헬렛[qōhelet])의 말씀"이다. 코헬렛(qōhelet)이라는 히브리어는 회중이라는 의미의 "카할"(qāhāl)이라는 단어에서 나온 것이다. 따라서 우리는 이 단어를 "회중 가운데 한 명"이나 "회중의 지도자"라는 뜻으로 받아들일 수 있다. 이 단어는 종종 "설교자"로 번역되기도 한다. 어느 것이 옳든, 저자는 이스라엘의 정통 종교에 속한 신자로 규명된다.

  다윗의 아들이라는 묘사는 이러한 사실을 잘 보여 준다. 이 묘사를 적용할 수 있는 사람은 많지만 특히 지혜로운 선생(지혜자)으로 부를 수 있는 다윗의 아들은 한 명이며 이 책 마지막 부분에는 이러한 의미로 코헬렛이라는 단어를 사용한다(전 12:9). 이 묘사는 솔로몬을 생각나게 한다. 이것은 이 책을 지혜로운 가르침의 구현으로 받아들이라는 권면을 강조한다.

그러나 이러한 첫 번째 소개 후 이어지는 두 번째 소개는 놀랍다. 전도자의 첫 번째 말은 "헛되고 헛되며 헛되고 헛되니 모든 것이 헛되도다"라는 것이다. 그는 이 주제에 초점을 맞추기 위해 즉시 이 책 전체에 흐르는 관점에 대한 설명을 시작한다. 우리가 아는 한 우리가 보고 있는 세상은 어디로 가는지 알 수 없다. 세상은 계속해서 돌고 돌 뿐이다(전 1:3-11).

어떻게 이것이 지혜로운 회중의 가르침이 될 수 있다는 말인가?

이러한 생각을 드러내는 책이 어떻게 성경에 포함될 수 있는가?

두 서론 간의 긴장은 이 책 전체에 흐르는 긴장을 시작한다. 여기에는 잠언에 제시된 고전적 지혜와, 이러한 가르침이 경험에 의해 입증되지 않는다는 선언 사이에서 반복되는 흐름이 포함된다.

전도서의 첫 줄은-솔로몬을 저자로 제시하지 않은 것은 이상하지만-우리에게 이 책의 배후에 있는 솔로몬을 보라고 초청하는 듯하다. 솔로몬은 전도서 1:12-2:26에서도 암시된다. 본문은 "나 전도자(코헬렛[qōhelet])는 예루살렘에서 이스라엘 왕이 되어"라는 구절로 시작한다. 우리가 솔로몬을 저자로 생각하는 이유는 분명하다. 그것은 이 증언이 부와 지혜, 쾌락 및 소유를 얻고 많은 업적을 이룬 사실에 대해 언급한 후 이러한 것들은 유익하지만 결국 허무하다는 결론을 내리기 때문이다. 솔로몬은 이러한 증언을 하기에 가장 적합한 인물이다. 그는 이 모든 요소와 관련되기 때문이다.

그러나 여전히 그의 이름이 언급되지 않은 것은 실제 저자가 솔로몬이 아니라 이러한 문제들에 대해 사색할 수 있는 다른 인물일 가능성을 제시한다. 전도서의 다른 내용은 이 책의 저자가 솔로몬이 아니라는 사실을 보여 준다. 왕 및 왕에 관한 내용에 대한 전도서의 진술(전 4:13-15; 8:2-4; 10:16-20)은 왕이 말하는 것처럼 들리지 않는다.

또한, 전도서의 히브리어는 다른 구약성서 히브리어와 다르며 구약 시대 이후에 사용된 히브리어와 유사하다. 전도서는 바사에서 가져온 두 개의 용어를 사용하는데, 이것은 유다가 바사 제국의 속국이 된 이후 시대인 제2성전 시대임을 암시한다.

그리고 이 책의 문법은 구약 시대 말에 유다의 대중어가 된 아람어의 영향을 받았다. 따라서 이 책의 연대에 관한 유일한 현실적 대안은 주전 4세기나 3세기, 또는 주전 2세기에 기록되었다는 것이다.

이 논쟁과 관련하여 또 하나 생각할 수 있는 것은 전도서의 의문 제기 방식이 유사한 질문을 제기하는 헬라의 저서를 알고 있었음을 보여 주느냐라는 것이다. 그러나 메소포타미아 저서들 가운데서도 이 문제를 다룬 책이 있다는 사실은 전도서가 헬라 사상과 교류가 있다는 주장을 불필요한 가정으로 만든다. 욥기도 마찬가지이다.

연대 문제는 이런 책들을 이해하는 데 크게 중요하지 않다. 욥의 질문은 시대와 관계없이 현실로 실재한다. 이러한 사실은 전도서의 서두를 아이러니하게 예시한다. 즉 발전이라는 것은 존재하지 않는다는 것이다.

436 전도서: 특징적 경향

　전도서의 구성이나 구조를 찾으려는 시도는 수차례 있었으나 접근 방식은 모두 다르다. 이 책에는 흐름이 없다. 그러나 이것이 무작위적 배열이라는 말은 아니다. 전도서는 정통 지혜의 가르침 및 위대한 증여자이신 하나님에 대한 신앙(전 5:18-20; 우리는 이것을 "성경적 가르침"이라고 부를 수 있다)과 "해 아래" 세상의 암울한 "현실"을 번갈아 제시하는 방식을 유지한다. 전도서는 어떤 지혜서보다 경험을 강조한다.

　그렇다면 정통 진술과 음울한 진술 사이에는 어떤 관계가 존재하는가?

　전통적 비평 학계는 전도서를 정통에 의해 순화된 음울함으로 보았다. 먼저 비관적 내용을 진술한 후 이러한 분위기를 바로 잡는 긍정적 진술이 덧붙여지는 방식이다. 따라서 우리는 전자를 세상의 관점으로, 후자를 인간의 비극에 관한 문제에 대한 이스라엘의 대답으로 볼 수 있다.

　전도서는 궁극적으로 복음이 비춰어야 할 어둠을 표현한 것으로 볼 수 있다. 복음주의는 전도서를 종종 이런 식으로 사용해 왔다. 따라서 아마도 저자는 이러한 목적을 가지고 이처럼 비관적인 방식으로 기록했을 것이다. 또는 하나님이 이처럼 비관적 표현을 성경에 포함시켜 이런 식으로 사용되도록 섭리하셨을 것이다.

　다른 전통의 비평 학계는 전도서에 대해 우리가 얼버무리는 사실들에 관해 정통 신학을 현실로 순화시킨 책이라고 말한다. 전도서는 우리에게 "해 아래"에서의 허무함을 피하지 말고 그럼에도 불구하고, 믿으라는 도전을 받아들여야 한다고 말씀한다. 이 책은 우리가 가진 진리가 모든 면에서 관리 받고 있다는 생각을 하지 말라고 경고한다.

이 책은 욥기에서 욥의 위로자들의 지나치게 단순화된 진리를 반대한 것과 같은 반박을 제시한다. 이 책은 성경이 의심을 허락한다는 사실을 보여 준다. 성경적 진리도 때로는 허점을 가진 것처럼 보이지만 그럼에도 불구하고, 우리는 성경적 진리보다 나은 대답은 없다는 사실을 안다. 따라서 전도서는 욥과 같다. 문제는 전도자가 낙심한 것이 아니다. 그가 낙심했다고 해도 그것은 현실을 직면한 때문이다. 전도서는 어떻게 의심 없이 살 것인지에 관한 책이다.

전도서에는 긍정적인 관점과 부정적인 관점이 함께 제시되기 때문에 어느 쪽이 옳은지 결정하려 해서는 안 된다. 어떤 독자는 이런 식으로, 어떤 독자는 저런 식으로 읽을 수 있다. 또는 시기에 따라 다른 관점에서 접근할 수도 있다.

이 책의 끝 부분에 나오는, 이중적 서론(double introduction)과 연결된 이중적 결론(double conclusion)은 이러한 생각을 뒷받침한다. 모든 것이 헛되다는 결론적 진술(전 12:8)은 서두의 진술(전 1:2)과 연결되며, 이 책 전체를 양괄식으로 감싼다. 이 진술은 전도서의 질문을 염두에 두고 첫 번째 서론(전 1:1)에 대해 확인하는 일련의 관찰(전 12:9-14)로 이어진다. 이 관찰은 지혜자의 말씀에 대해 채찍과 같다고 진술한다. 채찍은 말을 움직이게 하지만 말씀은 독자로 하여금 "아야! 제발 그만 말해"라고 소리치게 한다.

이어지는 구절은 구약성서를 공부하는 학생들이 좋아하는 구절로, 많은 책들을 짓는 것은 끝이 없고 많이 공부하는 것은 몸을 피곤하게 한다는 것이다(전 12:12). 이 구절의 요지는 한 권의 전도서는 훌륭하지만 모든 성경이 전도서로 가득하다면 그렇지 않다는 것이다. 계속해서 전도자는 진리를 말하는 지혜로운 스승이며, 한 목자로부터 말씀을 받아 전한다는 관찰이 제시된다. 이것은 목자가 하나님이든 전도자이든, 긍정적인 진술이다. 끝으로 재판장이신 하나님을 경외하고 그의 명령들을 지키라는 기본적 지혜의 호소로 모든 관찰을 마친다.

죽음은 전도서가 주장하는 핵심적인 경험이다. 우리는 우리가 죽음으로 향하고 있다는 사실을 직시하지 못하는 한, 인생을 이해할 수 없다. 이러한 사실을 이해함에 있어서 지혜의 한계까지 강조된다.

예수님의 부활은 죽음이 끝이 아니라는 사실을 보여 준다는 점에서 전도서 시대에는 알 수 없었던 증거를 제공하지만, 전도서가 제시하는 죽음에 관한 사실에는 큰 영향을 주지 않는다.

엘사 타메즈(Elsa Tamez, *When the Horizons Close*)는 전도서에는 인생에 대한 세 가지 관점이 나타난다고 주장한다.

(a) 우리가 할 수 없는 것에 대해 인정하라(시간을 깨닫고, 공의를 달성하고, 죽음을 피하는 것).
(b) 먹고 마시는 것과 일하는 수고 및 관계를 즐기라(전 2:24-26; 3:12-13, 22; 5:17-19; 8:15; 9:7-10; 11:9-10).
(c) 하나님이 주신 분량에 따라 행하고 하나님을 경외하라.

437 다니엘서: 내러티브, 예배 및 지혜

성문서에는 내러티브와 예배와 지혜가 포함된다. 다니엘서는 이 모든 것을 결합한다.

- **내러티브로서 다니엘서**

다니엘서의 절반 이상은 일련의 이야기로 이루어진다. 내러티브는 대칭 구조로 이루어진 다니엘 2-7장의 대부분을 차지한다.

(A) 네 나라에 대한 환상(단 2장)
    (B) 신실함에 대한 시험 및 놀라운 구원(단 3장)
        (C) 징조에 대한 해석 및 한 왕에 관한 이야기(단 4장)
        (C') 징조에 대한 해석 및 한 왕에 관한 이야기(단 5장)
    (B') 신실함에 대한 시험 및 놀라운 구원(단 6장)
(A') 네 나라에 대한 환상(단 7장)

따라서 세 쌍이 제시된다(A와 A' 등). 각 쌍의 두 요소를 비교해 보고 공통점과 차이점을 찾아보라.

다니엘 1장은 포로기 및 포로기와 관련된 문제들에 관한 내용으로 이루어진다. 이 내용은 서두 부분에서 대략적으로 제시된 후 이어지는 장들에서 확장된다. 다니엘 8-12장은 다니엘 1장 및 2-7장에서 제시한 문제들이 어떻게 처리되는지 보여 준다.

다른 내러티브와 마찬가지로 다니엘서는 역사인가 비유인가 라는 문제를 제기한다. 다른 책들과 마찬가지로 다니엘서는 사실에 기초한 영화와 같으며, 성령의 영감으로 사실과 픽션을 혼합한 책이라는 것이 나의 생각이다. 주제와 관련하여, 다니엘서는 일련의 동일한 이슈와 반복적 구조 및 이방 나라에서 신앙과 삶을 유지하는 것이 가능한가라는 문제를 다룬다. 이것은 내러티브의 역학을 보여 준다. 즉 배경에 있어서는 에스더서와 평행을 이루지만 주인공이 남자라는 점에서 에스라-느헤미야서와 평행을 이룬다. 이 책은 문제에 접근할 때 하나의 기본적 이슈를 전제한다.

역사 운행의 책임은 누구에게 있는가?

하나님이신가 인간 배우인가?

이 이야기는 하나님의 주권을 강조하지만 모든 사건은 유다 백성과 왕들을 통한 인간의 주도로 진행된다. 이런 의미에서 이 이야기는 긍정적인 의미에서 해체적(deconstructs)이다(Fewell, *Circle of Sovereignty*). 이 이야기는 우리로 하여금 긴장 관계에 있는 두 가지 진리에 대해 숙고하게 한다.

이 내러티브는 바벨론이 유다를 포위하고 사람들을 포로로 잡아간 내용으로 시작하지만 열왕기나 역대하처럼 이 사건을 죄로 말미암은 하나님의 심판으로 언급하지 않는다. 이 책은 이러한 이해를 가정하지만 초점은 다른 곳에 맞춘다. 에스더서의 이야기에서 볼 수 있는 것처럼 이방 나라에서의 삶은 이 이야기의 청중의 삶의 한 단면일 뿐이다. 그들은 포로로 살고 있다. 이 이야기는 이처럼 어려운 삶에 직면한 그들을 격려한다.

- **예배서로서 다니엘서**

예배는 이 이야기에서 특히 반복되는 주제이다.

다니엘 1:1-2: 성전의 그릇을 바벨론으로 빼앗긴다.

다니엘 2:20-23: 다니엘이 기도하며 기도 응답에 대한 반응으로 경배한다.

다니엘 3장: 제국이 이스라엘 백성에게 강요하는 예배 형식을 보여 준다.
다니엘 4:1-3, 34-37: 이방 왕이 경배한다.
다니엘 5:1-4: 예배를 위한 그릇이 참람한 용도로 사용된다.
다니엘 6장: 기도를 못하도록 압력을 가한다.
다니엘 9장: 다니엘이 죄를 고백하는 기도를 드린다.

▪ 지혜서로서 다니엘서

이 책의 서두에 몇 명의 청년들이 통찰력 있는 자들로 소개된다. 이러한 통찰력은 이야기가 진행되면서 다양한 방식으로 드러난다. 또한, 이 장들은 하나님의 지혜에 대해 언급하며, 소위 바벨론 지혜자들의 "지혜"에 대해서도 수차례 언급한다. 청년들이 가진 통찰력은 궁전에서 어떻게 행할 것인지 아는 자들이 가지고 있는, 잠언 10-31장에 나오는 유형의 통찰력에 해당한다. 그것은 역사 속에서 어떻게 살 것인지에 대한 지혜이다.

다니엘 7-12장에서는 역사에 대해 어떻게 접근해야 하는지에 대한 신학적 지혜로 초점을 옮긴다. 이 부분은 잠언 1-9장이 하나님과 피조 세계에 대해 말할 때 언급한 지혜에 가깝다. 이곳의 지혜는 신적 계시(묵시)의 형태로 온다. 다니엘 9장은 이해(understanding)에 대해 특별한 관심을 보인다.

▪ 예언서로서 다니엘서

헬라어 성경 및 영어 성경에서 다니엘서는 예언서에 포함되며 예수님은 다니엘에 대해 선지자로 언급하신다(마 24:15). 그러나 모든 선지자가 참 선지자는 아니다(301 참조). 다니엘서에서 다니엘이 본 환상은 미래적 사건에 대한 내용이지만 예언은 아니다. 다니엘이 특별히 선지자로 행동한 경우는 한 번 있었다. 다니엘 4:27에서 다니엘은 예레미야와 같은 방식으로 왕과 마주한다.

438 다니엘서 읽기

다니엘서에는 다니엘과 그의 친구들에 대한 이야기(단 1-6장)와 다니엘이 받은 환상(단 7-12장)이 포함된다. 이 이야기는 하나님이 세상을 어떻게 통치하시는지 보여 주며 환상은 하나님이 종말에 역사하실 것이라는 사실을 약속한다. 이 이야기는 이방 땅에서의 삶을, 주전 6세기 인종적 약소국의 한 단면으로 제시하며, 정치적으로 어떻게 살아남을 것인지에 초점을 맞춘다. 또한, 다니엘이 본 환상은 주전 2세기 예루살렘의 상황을 보여 주며 백성은 이방 통치자의 압박을 받는다(단 8:19-25; 11:29-39; 12:1).

■ **다니엘 1-6장**

본문을 읽고 여섯 개의 이야기를 상호 비교해 보라.

1. 비슷한 점은 무엇인가?
2. 어떤 이슈를 제기하는가?
3. 어떤 도전 또는 복된 소식을 제시하는가?(단 2장에 나오는 네 나라에 초점을 맞추지 말라. 이 부분에 대해서는 단 7-12장과 관련하여 보다 상세히 살펴볼 것이기 때문이다).
4. 다니엘과 세 친구의 성품은 어떠한가?
5. 이 이야기에 등장하는 왕의 성품은 어떠한가?
6. 왕의 "지혜자들"의 성품은 어떠한가?
7. 이 이야기에 나오는 다른 사람들의 성품은 어떠한가?

8. 이 이야기의 중요성은 무엇이라고 생각하는가?

- **다니엘 7-12장**

본문에는 포로기 이후 미래에 대한 네 가지 환상이 포함된다. 각 환상은 다니엘 시대부터 종말까지 확장되며 따라서 유다백성에게 포로기 부터 종말까지 이어지는 세계 역사 전반에 대한 관점이 주어진다.

다니엘 7장: 네 나라가 네 짐승으로 묘사되며, 교만의 절정 및 위대한 구원으로 이어진다.
다니엘 8장: 메데, 바사 및 헬라가 양과 염소로 묘사되며, 끔찍한 파괴 및 위대한 구원으로 이어진다.
다니엘 9장: 예레미야의 70년 포로기간에 대한 예언이 일흔 이레에 대한 예언으로 바뀌며, 악하여 가증한 것 및 위대한 구원으로 이어진다.
다니엘 10-12장: 이 환상은 바사에서 일어날 세 왕, 헬라제국의 전쟁, 멸망하게 하는 가증한 것 및 위대한 구원을 포함한다.

다니엘 7-12장을 읽고 네 가지 환상에 대한 상호 비교 및 다니엘 2장과 비교해 보라.
1. 이 환상들의 목적 및 의미에 대한 첫 번째 가정은 무엇인가?
2. 다섯 가지 환상의 유사성은 무엇인가?
3. 각 환상의 특징은 무엇인가?
4. 오늘날 이 환상들은 역사적 사건 및 정치적 사건에 대해 어떤 통찰력을 제공하는가?
5. 이 환상들은 어떤 생각할 거리와 어떤 격려를 제공하는가?
다니엘에서 이 네 나라는 어떤 나라인가?

기독교 이전 시대 중동에는 앗수르, 바벨론, 메데-바사, 헬라 및 로마 등 다섯 개 제국이 있었다. 다니엘과 그의 친구들은 주전 600년대에 바벨론의 포로로 잡혀갔다. 메데-바사는 주전 539년에 바벨론을 정복했다. 헬라의 알렉산더 대왕은 주전 333년에 바사를 정복했으며 로마의 폼페이 장군은 주전 63년에 예루살렘을 공격했다.

1. 그렇다면 네 나라는 앗수르, 바벨론, 메데-바사, 헬라인가?

이들은 구약성서에 나오는 네 나라이다. 그러나 이 환상은 포로기, 즉 바벨론부터 시작하는 것으로 보인다.

2. 바벨론, 메데-바사, 헬라, 로마인가?

이 네 나라는 신구약성서에 나오는 네 제국이다. 그러나 로마를 포함한다는 것은 다니엘서(주전 500년대 및 안티오쿠스 시대)에 또 하나의 역사적 정황을 덧붙이는 것이다.

3. 바벨론, 메데, 바사, 헬라인가?

이런 식의 규명은 다니엘 8장 및 다니엘 10-12장의 보다 상세한 환상과도 일치한다(439 참조). 이것은 이 환상들이 동일한 메시지를 네 가지 관점에서 제시함으로써 하나의 단위를 형성한다는 것을 의미한다. 네 가지 환상은 포로기부터 구원이 약속된 안티오쿠스 시대까지 이어지는 역사에 대해 묘사하며, 따라서 네 환상 모두 박해 받는 하나님의 백성에게 큰 격려가 된다.

439 출발점으로서 다니엘 11장

　다니엘의 환상은 장이 거듭될수록 모든 것이 더욱 구체적이고 분명해진다. 따라서 이 책은 뒤에서부터 읽어야 한다는 말도 있다. 이 책의 마지막 부분인 다니엘 10-12장은 하나의 긴 환상으로, 편의상 세 장으로 나눈 것일 뿐이다. 이 환상에서 11장은 다니엘 시대 이후 전개되는 역사에 대한 묘사로, 헬라 시대에 초점을 맞춘다.

　이 장은 알렉산더 대왕이 주전 336년에 마케도니아(Macedon)의 통치자가 되어 주전 333년에 중동을 침략하고 바사를 정복한 후 터키로부터 인도까지 이어지는 제국을 건설하는 과정을 묘사한다. 알렉산더는 아시아로 건너간 후 10년도 못 되어 죽는다. 그의 제국은 분열되었으며, 이후 네 개의 세력이 등장한다. 하나는 애굽을 중심으로 모인 세력으로 알렉산더의 장군 톨레미(Ptolemy)와 그의 추종자들이 장악했다. 또 하나는 시리아와 바벨론을 중심으로 모였으며 또 다른 장군 셀류쿠스(Seleucus)와 그의 추종자들이 장악했다. 유다 양편에 자리 잡은 두 세력은 양국의 분쟁의 원인이 되었던 유다와 직접적인 이해 관계가 있었다.

　따라서 다니엘 11장의 이야기는 이 "북쪽" 왕과 "남쪽" 왕과의 관계에 대해 많은 언급을 하며, 특히 북쪽의 안티오쿠스 3세 및 안티오쿠스 4세 에피파네스(Antiochus IV Epiphanes)에 대해 많은 지면을 할애한다. 주전 175년에 왕권을 차지한 안티오쿠스 4세는 토라 준수보다 그와 손을 잡고 예루살렘에서 세력을 구축하려 했던 토비아(Tobiad) 가문의 도움을 받았다. 안티오쿠스는 애굽과 전쟁하는 중에 예루살렘을 두 차례 공격했다. 두 번 모두 성전을 탈취하고 토비아에 반대하는 보수적 유다인의 반역을 진압하기 위해서였다. 그는 계속해서 예루살렘에 시리아 용병을 주둔시키고 혹시 있을지 모를 반역을 막게 했다.

그러나 이 조치는 시리아 용병의 예배를 예루살렘으로 들여오는 결과를 초래했다. 안티오쿠스는 이러한 조치에 반발한 유다에 대해 정통 예배를 금지시켰다. 보수적인 유대인은 이교도를 섬기거나, 아니면 그와 맞서 싸워야 했다. 그들은 과감히 저항하여 성전 예배를 회복했으며 안티오쿠스는 유다에서 철수했다. 그는 주전 164년 말에 암살당했다. 이런 의미에서 환상에서 보여 준 것과 같은 종말이 다가오고 있었던 것이다.

외경에 해당하는 마카비1서(1 Maccabees)에는 이 사건과 관련된 끔찍하면서도 흥미로운 기사가 나타난다(507 참조). 다니엘 11장의 환상은 이러한 내용을 예언으로 묘사하지만, 하나님이 이 모든 정보를 이 사건이 발생하기 수 세기 전 사람인 다니엘에게 주신 사실은 의아함을 준다. 우리는 중동 여러 곳에서 역사를 마치 예언처럼 기록한 사례를 알고 있다. 다음 자료는 아카드(Akkad, 바그다드에서 멀지 않은 곳에 위치한 성읍이다)의 통치 역사에 관한 이야기이다(Vanderkam, *From Revelation to Canon*; Collins, *Apocalyptic Imagination*).

> 한 왕이 일어날 것이다. 그는 13년을 통치할 것이다.
> 엘람(Elam)이 아카드를 공격할 것이며,
> 아카드의 전리품을 가져갈 것이다.
> 위대한 신들의 성전은 멸망할 것이며 아카드의 패배가 선포될 것이다.
> 이 땅에는 혼란과 소란, 불행한 사건들이 있을 것이며,
> 통치자는 축소되고 이름을 알 수 없는 한 사람이 일어날 것이며,
> 그가 왕권을 잡을 것이며 자신의 신하들을 죽일 것이다.

이런 문서는 다니엘 11장과 마찬가지로 작자 미상 또는 익명의 글이다. 이 자료는 선견자나 선지자의 글로 불릴 수 있다. 이 글은 그 시대의 역사를 아는 사람만이 이해할 수 있는 수수께끼 같은 표현을 한다. 이 글의 마지막은 실제 예언으로 이어질 수 있다. 이 글은 하늘과 지옥, 창조 및 종말에 대한 계시보다 역사적 사건에 초점을 맞춘다. 이 글은 현 상황에 대한 메시지의 평가나 끝 부분에 제시된 실제적 예언에 대해 믿게 할 수 있다.

그러나 기자는 사람들을 속여 이 메시지를 실제 예언으로 믿게 하는 방법을 사용하지 않는다. 그리고 독자는 이런 글을 어떻게 읽어야 하는지 알고 있다. 따라서 다니엘 11장은 (주로) 예언이 아니라 예언의 형식을 빌린 역사이다. 그는 이처럼 익숙한 형식의 진술을 통해 야훼는 실제로 중동의 사건들을 지배하는 분이심을 선포한다.

440 다니엘 7장과 나라들

다니엘 8장 및 다니엘 10-12장의 환상들은 우리에게 그 본문들이 메데-바사 및 헬라 제국에 대한 언급임을 보여 준다. 환상의 정점은 주전 167년에 있었던 안티오쿠스(Antiochus)의 학살 행위이다(439 참조). 다니엘 7장 및 다니엘 9장의 환상들은 우리에게 무엇에 대한 언급인지 알려 주지 않지만 이 환상들이 상호 연결되었다고 생각하고 기존의 지식을 대입해 보면 두 장의 본문 역시 헬라 시대에 정점에 이른다는 결론을 내릴 수 있다.

다니엘 7장의 네 나라는 바벨론, 메데, 바사 및 헬라이다. 다니엘 9장의 490년은 바벨론 포로 시대로부터 안티오쿠스의 박해 시대까지의 기간이다. 모든 환상은 다니엘 시대부터 안티오쿠스가 성전을 더럽힌 때까지의 기간을 다루며 하나님이 예루살렘을 놀랍게 구원하실 것이라고 약속한다.

이 환상에 이어지는 사건들은 성경에 대한 해석에 따라 달라진다. 후기 독자들은 이 본문이 당연히 자신의 시대에 대한 언급으로 생각하며 그런 관점에서 성경을 해석한다. 외경에 해당하는 에스드라스 2서(the book of 2 Esdras)는 한 예가 된다(507 참조). 에스드라스 2서는 환상으로 가득한 책으로 주후 70년 예루살렘 함락 후에 기록되었으나 마치 주전 587년 예루살렘 함락 후에 기록된 것처럼 제시한다. 에스드라스(에스라)는 꿈에서 다니엘과 비슷한 환상을 본다. 하나님은 그에게 저자와 청중이 살고 있는 당시 로마 제국에 대한 내용이라고 말씀하신다. 하나님은 다음과 같이 설명하신다.

이것은 네가 본 환상에 대한 해석이다. 네가 본 바다에서 나온 독수리는 네 형제 다니엘이 본 환상 나타난 네 번째 나라이다. 그러나 그에게는 해석하지 않은 내용을 이제 네게 알게 하겠노라(2 Esdras 12:10-12).

다시 말하면 에스드라스는 다니엘이 본 네 번째 짐승을 로마로 규명하지만 이 해석이 원래적인 것은 아니라고 말한다. 즉 원래 다니엘의 저자와 당시 청중에게 주신 환상의 의미는 아니라는 것이다. 따라서 에스드라스 2서가 네 번째 나라를 로마로 본 것은 원래적 환상의 의미가 아니라 재해석이다.

같은 맥락에서 예수님이 멸망의 가증한 것을 자신의 사후에 로마 제국이 예루살렘에 행할 일로 보신 것은 다니엘서를 로마 시대에 재적용한 것으로 볼 수 있다(단 7; 9장). 따라서 로마는 복음서에서도 마지막 제국이다.

예수님은 에스드라스 2서처럼 다니엘서를 자신의 시대에 적용하신 것이다. 그 후의 해석자들은 네 번째 제국을 터키, 이슬람, 교회, 교황, 나치즘, 공산주의, 자본주의, WCC, EC 및 미국 등으로 본다.

본문이 상징(symbolism)을 사용한 것은 후대 독자로 하여금 본문을 자신의 시대에 적용하게 했다. 세상 역사는 유사한 실재가 반복되기 때문이다. 메시지의 내용이 수수께끼 같다는 것은 텍스트로부터 정확한 의미를 도출하기 어렵다는 것을 뜻한다. 마음에 드는 해석을 찾을 수 있는지의 여부는 자신의 정치적 및 교회적 상황과 어떻게 연루되었느냐에 달려 있다. 무엇에 대한 환상인지에 대한 언급이 없다는 것은 이어지는 다양한 상황에 적용할 수 있게 한다. 예수님의 해석도 같은 맥락에서 볼 수 있다.

본 장(7장)은 상징을 사용함으로써 메시지의 효과를 충분히 거두었다. 이러한 상징은 암시적 내용을 제거하지 않고도 메시지를 전달할 수 있게 한다. 상징적 방법을 사용하여 역사적 실재에 대해 언급한 것은 미스터리한 무엇인가가 있다는 암시를 준다. 이 방법은 숨은 의미를 드러내지 않고도 그것에 담긴 다양한 요소를 보여줌으로써 잠재적인 효과를 거둔다.

상징은 이스라엘의 초기 전승에서 나온 것으로 그들에게 특별한 감명과 힘을 주었다. 또한, 그들은 제국이란 동시대에 구현된 원초적 힘(세력)이라는 고대의 신화적 모티프(mythic motifs)를 사용한다. 이러한 방법은 끔찍한 요소들을 덧붙이지만, 한편으로는 전혀 새로운 내용이나 심판을 면하게 하는 내용이 아니라는 사실을 보여 준다. 뿐만 아니라 이러한 신화적 요소를 사용한 방식은 그들이 전하는 실재의 본질이 다른 방법이나 사실적 묘사로는 전달하기 어렵다는 것을 보여 준다.

다니엘 7:9의 "옛적부터 항상 계신 이"는 존경받는 연로한 사람을 가리킨다. 다니엘 7:13의 "인자 같은 이"는 덜 연로한, 평범한 사람이다. 이 아람어의 문자적 의미는 "사람의 아들"(a son of man)이라는 뜻이지만 일반적인 "사람"(human being)을 가리키는 매우 평범한 표현이다("중요함의 사람"[man of importance]이 "중요한 사람"[important man]을 가리키듯이).

이것은 호칭이 아니다. 이 환상은 어떤 사람이 사람 같은 다른 인물에게 권세를 부여하는 장면을 묘사한다. 첫 번째 인물은 하나님을 나타내며, 두 번째 인물은 하나님의 백성을 나타낸다(단 7:27 참조). 이것은 이스라엘을 가리키거나 천사를 가리킬 수 있다. 예수님은 재해석된 의미를 통해 다니엘의 환상에 나오는 인자 같은 이가 되신다.

441 다니엘서: 두 단계의 기원, 이중적 신학

● ● ● ● ●

- **다니엘서의 기원**

다니엘 1-6장에 나오는 이야기들은 바사 제국에 거하는 디아스포라처럼 흩어진 백성의 필요에 대해 직접 언급한다. 이와 달리 다니엘 7-12장의 환상들은 주전 2세기 예루살렘에서 안티오쿠스 에피파네스에게 박해당하고 있는 공동체(지도자들은 순교당했다)에게 직접 언급한다. 하나님이 주전 500년대에 흩어져 있던 백성에게 이러한 환상을 계시하신 것은 의아스럽다. 그들은 주전 2세기 예루살렘 백성과 사실상 무관하기 때문이다. 그러나 이 이야기가 이러한 예루살렘의 상황에서 아무런 사전 지식도 없이 나온 기록이라는 사실 역시 이상하다. 따라서 나는 다음과 같은 가설을 세워보았다.

1. 하나님은 바사 시대(주전 539-536년) 바벨론에 사는 백성에게 도전을 주고 격려하기 위해 성령의 영감으로 다니엘과 그의 친구들에 관한 이야기를 기록하게 하셨다.

2. 이 이야기에 포함된 다니엘 2장은 원래 바벨론 및 이어지는 바사 왕들에 대한 하나님의 주권적 개입을 약속한다(이 내용은 후기 버전보다 덜 구체적이다).

3. 이어지는 수 세기 동안 예루살렘으로 돌아간 유다 백성(에스라나 느헤미야와 같은 사람들)은 이 이야기를 그곳으로 가져갔으며, 안티오쿠스 시대의 백성은 자신이 당하고 있는 압박에 대해 어떻게 말해야 할지 알았다 (cf. 1 Macc 2:59-60).

4. 한 명, 또는 다수의 사람이 예레미야 25장의 예언으로부터 영감을 받

아 하나님이 다니엘 시대 이후 수 세기 동안 하신 일 및 자신의 시대에 하실 일에 대한 새로운 통찰력을 얻었다(단 9장 참조). 또한, 그들은 다니엘의 환상(단 2장) 및 다른 성경으로부터 영감을 얻어 하나님이 다니엘 시대 이후 수 세기 동안 하신 일 및 자신의 시대에 하실 일에 대한 또 하나의 새로운 통찰력을 얻었다(단 7-8; 10-12장). 고대 사회에서는 자신의 저서를 자신에게 "영감을 준" 사람의 이름으로 돌리는 일이 비일비재했다. 그것은 기만이 아니라 신앙과 겸손의 행위였다.

5. 하나님의 백성이 안티오쿠스로부터 놀라운 구원을 얻은 사실 및 그의 몰락은 그들의 새로운 환상이 사실상 하나님으로부터 온 것임을 보여 준다. 따라서 다니엘서는 즉시 성경으로 인정받았다.

■ 다니엘서의 신학

앞서 언급한 대로 이 책의 전반부와 후반부는 흩어져 있는 백성과 주전 2세기 예루살렘의 압박 받는 백성이라는 다른 배경을 가진다. 그들은 이러한 차이에 따라 일련의 핵심 이슈들에 대해 다른 관점을 제시한다(442 참조).

1. 하나님과 백성의 관계 및 세상에 대한 하나님의 개입하심에 대해

하나님은 처음부터 끝까지 전능하시고 주권적이시다("하늘의 하나님" 및 "만군의 주"와 같은 호칭은 이러한 사실을 강조한다). 하나님은 다니엘서의 전후반부 모두에서 자기 백성에게 알려지셨으나 전반부에서는 지금 현재 역사하고 계신 하나님으로 알려지지만 후반부에서는 그렇지 않다. 후반부의 환상들은 하나님이 다시 역사하실 것을 약속한다.

2. 하나님의 나라에 대해

이 주제는 성경의 어떤 책보다 다니엘서에 두드러지게 나타나는 핵심 내용이다. 다니엘서의 이야기에서 하나님은 종종 백성의 지도자들에게 도전을

요구하지만 하나님을 실제적인 왕으로 믿는 이교도 왕을 통해 역사하신다. 다니엘서의 환상에서 왕은 하나님의 통치를 대행한다. 하나님의 통치가 정치를 통해 시행될 때가 있으며 그렇지 못할 때가 있다.

3. 정치적 역사의 의미에 대해

다니엘서의 이야기에서 하나님은 세상 역사에 개입하시며, 우리는 그의 자비와 은혜, 의도 및 공의를 볼 수 있다. 다니엘서의 환상에서 하나님은 폭동을 진압하는 교도소 소장처럼 다스리신다. 아무것도 그의 손에서 완전히 빠져나갈 수 없다. 하나님이 역사에 개입하시는 손길은 종말에만 드러날 것이다. 다니엘서의 전반부와 후반부는 둘 다 하나의 목표를 향해 진행하고 있는 일원론적 역사를 보여 주지 않는다.

4. 공동체의 신실한 지도자에 대해

다니엘서 이야기는 국사에 관여할 수 있는 지도자들에 대해 묘사한다. 이것은 로마서 13장의 내용과 일치한다. 그러나 환상에는 이러한 가능성이 나타나지 않는다. 이것은 요한계시록 13장과 일치한다. 이곳에서 지도자가 해야 할 일은 백성으로 하여금 하나님과 관련하여 사건들을 이해하도록 돕는 것이다. 전반부와 후반부 모두에서 지도자의 핵심 역할은 기도이다.

5. 디아스포라의 삶과 예루살렘에서의 삶에 대해

다니엘서에는 두 곳에 대해 환상이 나타난다. 디아스포라의 삶은 단순히 죄로 말미암은 결과가 아니라 하나님의 주권적 결과이며, 그곳은 유다 백성이 제국을 섬길 수 있는 곳이다. 그러나 예루살렘은 하나님의 성소와 성전이 있는 곳이다. 두 곳 모두에서 삶은 불확실하다.

442 웹 자료

이 책 서두에 제시된 웹 자료에 관한 내용을 참조하라.

443 신학으로서 역대기

444 역대기: 질문에 대한 대답

445 에스더: 희곡 버전

446 에스더: 질문에 대한 대답

447 룻: 희곡 버전

448 룻: 질문에 대한 대답

449 시편: 자료
(a) 신약성서의 시편
(b) 시편은 특정 예배 절기와 관련이 있는가?
(c) 애굽의 태양 찬양(Hymn to Aten)
(d) 치유를 위한 기도에 사용되는 시편

(e) 시편이 무역센터 자리에서 사용된 방식

(f) 시편 72편의 찬양 버전

(g) 조국을 위해 기도하는 방법

(h) 바벨론의 용서를 위한 기도

450 Psalms: 시편 해석과 관련하여 아타나시우스(Athanasius)가 마르셀리누스(Marcellinus)에게 보낸 편지

451 시편: 질문에 대한 대답

452 예레미야애가: 질문에 대한 대답

453 지혜서: 페미니스트 접근

454 잠언: 자료

(a) 아메네모페(Amenemope)의 교훈

(b) 아슈르바니팔의 장서(Ashurbanipal's Library)에서 나온 바벨론 잠언

(d) 잠언 및 신체적 형벌

(e) 인생의 선택: 잠언의 여덟 인물에 기초한 희곡(Life's Choices: A Play Based on Eight Characters in Proverbs)

(f) 잠언에 대한 묵상

455 잠언: 질문에 대한 대답

456 아가: 자료

(a) 고대 애굽의 사랑 시

(b) 아가는 백성을 위해 무엇을 할 수 있는가?

457 아가: 질문에 대한 대답

458 욥: 자료
(a) 바벨론 욥기(Ludlul Bel Nimeqi)
(b) 고난당하는 자와 한 친구의 대화("The Babylonian Theodicy")
(c) 장송곡으로서 욥기
(d) 욥: 희곡 버전

459 욥: 질문에 대한 대답

460 전도서: 질문에 대한 대답

461 다니엘: 신학

462 다니엘: 질문에 대한 대답

463 (본서가 출간된 후 내가 계획하는 것들)

PART 5
전체 구약성서 되돌아보기

501-3	전체 구약성서 되돌아보기
504-6	정경 내 본문 상호 간의 대화
506	구약성서와 신약성서의 관계
507	웹 자료
508	참고문헌

501 전체 구약성서 되돌아보기: 내러티브

▪ 구약성서의 다양성

구약성서는 놀라울 정도로 다양한 종류의 책들로 구성되어 있을 뿐만 아니라, 그 내용과 양식도 매우 다양하다. 그 주된 양식으로는 내러티브, 교훈, 예언, 지혜, 그리고 시편 찬양이 있다.

1. 내러티브는 과거에 발생한 사건들과 미래에 일어날 것을 상상할 수 있는 사건들을 기술한다.

2. 교훈은 취해야 할 행위들[그리고 하지 말아야 할 행위들]에 대해 당부한다.

3. 예언은 미래에 발생할 어떤 일과 관련하여 하나님의 꿈과 악몽을 미리 드러내고 폭로한다.

4. 지혜는 인간의 일상적인 경험을 통해 획득할 수 있는 의미있는 결과와 그 영향에 대해 숙고한다.

5. 시편 찬양은 그 찬양을 통해 하나님을 높이고 감사를 올려 드리는가 하면, 그분께 이의를 제기하기도 한다.

구약성서에 이처럼 다양한 형태의 양식들이 사용된 것은 결코 우연이 아니다. 어떤 대상에 대해 기록을 남기거나 말로 설명하려고 할 때에는 그 다루려는 대상과 글이나 말의 양식에 따라 각기 다른 방법을 취하기 마련이다. 당연히 그 양식들은 각기 다른 방식으로 의미를 전달한다. 위에 언급된

다섯 가지의 양식들은 그것들이 각각 전달하고자 하는 대상과 내용에 따라 꽤 일관되게 분류된 것이긴 하다. 그러나 그 대상의 다른 면모에 초점을 맞추고 있다.

이 다섯 가지 양식들이 모두 구약성서에서 발견된다는 사실은 우리에게 구약성서 자체의 특징에 대해서 그리고 그 구약성서를 통해 자라나게 될 믿음과 관련하여 매우 중요한 의미를 갖는다.

■ 내러티브

구약성서는 거의 대부분 내러티브로 기록되어 있다. 이 점은 히브리 성경의 배열 순서를 살펴보면 더욱 확연히 드러난다. 왜냐하면, 히브리 성경은 에스라서, 느헤미야서, 그리고 역대기를 제일 마지막에 배치함으로써 거기에 포함된 나머지 책들을 내러티브 틀 안에 위치시키기 때문이다. 또한, 구약성서가 내러티브로 기록된 것은 구약성서가 수 세기 동안 하나님이 하신 일들로 채워진 이스라엘 이야기에 관심을 두고 있기 때문이기도 하다.

구약성서에 묘사된 신앙은, 단순히 하나님이 어떤 분이신지 혹은 하나님이 이스라엘에게 기대하시는 것들에 대한 진술들을 하나로 묶어 놓았다기보다는, 이야기에 녹아 들어 있다. 이스라엘이 누구인지는 바로 그 이야기에 의해 규정되며, 하나님 역시 그 이야기를 통해 그분이 누구이시며 어떤 분이신지를 드러내신다. 야훼는 하나님이시다:

- 하나님은 세상을 창조하셨다.
- 하나님은 아브라함과 언약을 맺으셨다.
- 하나님은 이스라엘을 애굽에서 인도해 내셨다.
- 하나님은 시내산에서 이스라엘과 언약을 체결하셨고, 모압 평지에서 그 언약을 갱신하셨다.

· 하나님은 이스라엘에게 땅을 주셨다.
· 하나님은 이스라엘과 수 백년 동안 씨름하셨다.
· 하나님은 이스라엘이 왕을 세우고 성전을 세우는 일에 반대하지 않으셨다.
· 하나님은 또 다시 이스라엘 백성들과 수백 년 동안 씨름하셨다.
· 하나님은 주변 초강대국들이 이스라엘을 유린하는 것을 용인하셨다.
· 하나님은 이스라엘이 지속적인 공동체로 자리매김하며 성전을 다시 재건할 수 있는 가능성을 열어 놓으셨다.
· 하나님은 이스라엘이 언약 백성으로 그 삶을 다시 영위해 나갈 수 있는 토대로 토라를 주셨다.
· 하나님은 이스라엘을 존속하게 하셨고 세계 도처에 흩어진 상태에서도 승리를 경험하게 하셨다.
· 하나님은 이스라엘을 셀류시드 왕조의 압제에서 구원해 내셨다.

이스라엘은 그 전체 역사를 통틀어 그리고 페르시아와 셀류시드의 통치기 이후까지를 포함하여 위에 간략히 요약적으로 기술해 놓은 이야기와 맥락을 같이 하는 삶을 살아왔다. 에스라와 느헤미야 그리고 다니엘이 본 환상은 어떤 의미로는 그 이야기가 완성되지 않았음을 의미한다. 이스라엘을 향한 하나님의 목적은 초강대국의 통제 아래 놓여있던 유다 백성만을, 즉 [혈연과 지연으로 한정된] 어떤 축소된 하나의 공동체만을 위한 것으로 끝날 수 없기 때문이다.

이 세상에 오신 예수님은 하나님이 당신의 백성의 생명과 삶에 대한 주권을 다시 선언하실 것과 머지않아 실현될 하나님의 다스림을 실현하는 도구가 되실 것임을 선포하셨다. 환언하자면, 유대인과 이방인을 아우르는 실로 엄청난 규모로 확대된 이스라엘 백성은 이제 위에 제시된 이야기보다 더 확대된 형태의 이야기-예수님에 관한 이야기와 하나님이 이루고자 하시는 계획의 완성에 대한 이야기-에 걸맞은 삶을 영위해 나가도록 규정되었다는 것이다.

그러나 그 목적과 의도는 아직 완전히 성취되지 않았으며, 하나님의 계획도 여전히 그 정점에 도달하지 않았다. 그 이유로 여러 가지 사안들을 거론할 수 있겠지만, 무엇보다도 유대 백성이 하나님의 통치와 다스림이 예수 그리스도를 통해 역사적인 실제가 되었음을 인정하려 들지 않았다는 사실과 대체적으로 이방 교회가 구약성서가 그 원대한 이야기의 한 부분을 형성함을 간과한 경향을 들 수 있다.

구약성서 내러티브가 이스라엘에 관한 이야기를 주로 소개하는 것은 사실이지만, 구약성서는 앞서 언급한 더 큰 이야기의 구성원이 된 하갈과 한나와 같은 평범한 인물들은 물론 다윗과 히스기야처럼 한 인물이 하나님과 어떤 성격의 관계를 맺는지를 구체적으로 보여 주는 "중요한" 인물들의 이야기도 함께 담고 있다. 이러한 특징은 룻기, 요나서, 에스더서 등 구약성서 내러티브의 주된 흐름 바깥에 놓인 책들에서도 거듭 발견된다.

이렇게 구약성서 내러티브는 그 구체성을 바탕으로 우리가 인생 여정에서 마주치게 되는 실제적인 상황에 대해 생각하게 해 주며, 또 우리로 하여금 그 상황에 맞설 수 있는 이야기들을 제공한다.

502 전체 구약성서 되돌아보기: 교훈과 예언

교훈. 출애굽기와 신명기 안에는 내러티브가 그 앞과 뒤를 감싸되, 삶의 본질이 무엇인지에 대해 이스라엘에게 교훈하는 상당량의 문헌이 포함되어 있다. 그러한 문헌이 다량 포함되어 있다는 사실은 몇 가지 통찰을 제공해 준다.

첫째, 하나님이 이스라엘과 맺으신 관계가 어떤 것인지를 설명해 주는 이 이야기는, 하나님이 이스라엘을 통해 구체적으로 이루시기를 원하시는 삶이 과연 어떤 삶인지를 묘사해 주는 설명이다.

둘째, 또 이 이야기는 하나님이 이스라엘을 통해 실현되기를 바라시는 삶이 바로 그 이야기의 맥락에서 적절히 드러나야 함을 기술하는 내러티브 기사들과 상응해야만 완성될 수 있음을 시사한다.

이와 같은 인식은 이스라엘이 야훼를 향한 헌신도 없이 야훼와 맺은 약속의 수혜자로 자리매김할 수 있는 모든 가능성을 완전히 배제한다. 이 사안은 나중에 다음과 같은 신학적 진술로 표현되기도 했다.

> 하나님과 이스라엘의 관계는 전적으로 하나님의 은혜에 의존하는 것이지 이스라엘의 순종이라는 반응을 필요 조건으로 간주하지는 않는다.

그러나 이 진술은 하나님의 은혜를 조건적인 것으로 오해하게 할 소지가 다분하다. 그래서 바울은 로마서 4장에서 특별히 아브라함의 믿음과 언약을 거론하며 이 사안을 분명하게 꼬집어 말한다. 그럼에도, 하나님의 은혜는 이스라엘의 헌신적 반응과 태도 없이는 하나님이 계획하신 그 최종적인 목적을 이룰 수 없다.

하나님이 기대하시는 방식은 이스라엘을 향한 하나님의 헌신을 이야기 형식으로 풀어 나가는 정황 가운데 드러난다.

> 이스라엘의 순종은 이스라엘과 하나님의 관계를 가능케 하는 근본적인 방식이 아니다.

비록 기독교인들은 자신들의 헌신이 그들과 하나님 사이에 관계를 진전시키는 결정적인 요인이라고 믿지는 않지만, 실제 삶에서는 종종 그렇게 생각하고 행동하는 경우가 다반사다. 구약성서는 이를 바로 잡는다.

하나님의 교훈과 관련된 문헌들은 "하나님을 사랑하고, 네가 원하는 바를 행하라"는 진술만으로는 충분치 않음을 잘 보여 준다. 예수님이 하신 것처럼, 교훈은 하나님을 사랑하라는 계명과 네 이웃을 사랑하라는 계명을 더욱 풍성하게 설명한다. 예수님은 사람들이 어떻게 살아가기를 원하시는지 구체적으로 설명하신다. 그리고 바울과 야고보도 그와 똑같은 방식으로 설명을 이어 나간다. 이런 사도들이 잘 보여 준 것처럼, 계명을 더 자세히 설명하는 것은 시대의 변화와 더불어 요구되는 변화이기도 하다.

교훈적 문헌에 관하여 한 가지 더 언급해야 할 중요한 사안이 있다. 기독교인들은 흔히 야웨 하나님의 행위 그리고/혹은 인간 존재의 행위가 창세기에서부터 이야기 형식으로 시작되어 에스더서를 거쳐 오늘을 살아가는 우리 역시 그 행위나 행동을 모델로 삼아 따르게 하려는 목적이 있다고 생각한다. 물론 그 행위나 행동들 중에는 본보기로 삼을 수 있는 것들이 많이 있다. 그러나 꼭 그렇다는 표지는 거의 찾아볼 수 없다.

하나님은 하나님이시다. 따라서 하나님이 하신 모든 행위들을 꼭 우리

행동의 본보기로 삼을 필요는 없다. 구약성서에 등장하는 인물들은 우리와 같이 실수나 죄를 범하는 평범한 사람들이었다. 따라서 그들이 구약성서에 나오는 이유는 단순히 야훼 하나님의 제자들이 어떠한 존재인지 그 실례를 보여 주기 위함이 아니다. 즉 교훈적 문헌이 내러티브 문맥에 포함되어 있는 것은 우리로 하여금 어떻게 살아야 하는지를 보여 주려는 데 그 목적이 있는 것이다.

- 예언

내러티브는 교훈적 문헌을 포괄한 채 이미 지나간 과거에 초점을 맞추는 반면, 예언은 미래에 그 초점을 둔다. 그러나 아무리 예언이라고 해도, 예를 들어, 21세기에 발생할 정치적 사건들처럼, 현재에 있어서 아무런 의의를 갖지 못하는 그런 먼 미래를 내다보는 것은 아니다. 흔히 예언이 갖는 미래적 관점은 시간적 차원에서 곧 다가올 일들과 관련이 있다. 예레미야서와 에스겔 그리고 이사야 40-55장은 장차 이루어질 이스라엘의 회복을 말한다. 그럼에도 그 예언서들에 기록된 예언이 선포될 당시에 그 예언을 접한 사람들과 그 다음 세대 자녀들이 살던 시대까지 그 예언에 포함된 모든 내용들이 전부 성취된 것은 아니다.

예언은 세상이 새롭게 변화될 그 때에 궁극적으로 절정에 이르게 될 하나님의 계획과 목적을 예견한다. 물론 그것은 아직 [최종적으로] 성취되지는 않았지만 오늘을 살아가는 하나님의 백성에게 매우 중요한 의의와 가치가 있다.

하나님의 백성에게 다시 오실 주님에 대한 믿음과 기대를 가지고 오늘을 살아가라고 당부한 바울의 권고를 우리는 바로 앞에서 살펴본 방식으로 이해한다. 비록 (우리는 알고 있지만) 주님의 다시 오심은 바울이 세상을 떠나고 몇 백 년이 지난 지금까지도 일어나지 않았지만 말이다. 따라서 하나님의 백성은 하나님이 이스라엘을 향한 당신의 계획을 성취하실 것이라는 사실에 비추어 하루하루를 살아가야 한다.

예언자들은 하나님의 꿈과 비전을 공유한다. 그러나 그 꿈과 비전을 말하기에 앞서서 그들은 하나님의 백성이 변화되지 않을 때에 일어나게 될 악몽을 먼저 공유한다. 다시 말해, 예언자들이 이스라엘과 세상을 향한 하나님의 마지막 심판이 실행되고 있음을 선언하는 예언과 관련해서, 그들이 당대에 일어난 사건을 말하고 있는 것이 아님을 알아야 한다는 것이다.

하지만 또 다른 의미에서 예언자들은 당대에 실제로 성취된 사건들에 대해서도 예언했다. 왜냐하면, 그들은 사마리아의 멸망과 예루살렘의 몰락을 포함하여 앗시리아, 바벨론, 페르시아의 패망과 주전 164년에 있었던 셀류시드의 붕괴와 같은 역사적인 사건들을 통해 "야훼의 날"의 실현(embodiment)을 내다보았기 때문이다.

503 전체 구약성서 되돌아보기: 지혜와 시

- **지혜**

지혜서들은 하나님이 하신 일들을 서술한 내러티브들과 그 하나님이 하신 말씀들을 다룬 교훈적인 문헌 모두를 보완해 준다. 지혜서들은 공동체와 개인의 삶을 향해 지속적으로 그리고 변함없이 개입하시는 하나님에 대해 이야기한다. 지혜서들은 인간은 자신의 삶을 들여다봄으로써 또 다른 사람들의 경험에 귀를 기울임으로써 앞에서 말한 그 하나님의 개입을 공감하고 인식할 수 있다고 말한다.

이처럼 인간에게 피조 세계의 사물들과 그 원리를 이해할 수 있는 능력이 있다는 전제는, 중동 지역을 기반으로 한 여타 문화권에서 살고 있는 사려 깊은 남녀들이 인생에 관해 물음을 던지고 난 다음 한참 후에 도달하게 된 나름의 합리적인 결론을 기록으로 남긴 문헌들과도 어느 정도 연관성이 있다. 그들이 인간의 경험에 대해 깊이 사색한 것처럼, 지혜서들 역시 우리가 우리의 삶에 개입하시는 하나님과, 선과 악의 실제에 대해 진지하게 생각하고 숙고함을 전제로 한다.

뿐만 아니라 이 지혜서들은 사물의 이치를 온전히 깨닫지 못하는 인간의 한계에 대해서도 잘 인식하고 있다. 예를 들어, 전도서는 그 한계를 거두절미하고 확고한 어조로 선언하는가 하면, 욥기는 매우 독특한 방식으로, 즉 보편적인 인간 경험을 기초로 하는 모든 지혜의 관점을 뿌리 채 뒤흔드는 방식으로, 욥에게 나타나신 하나님을 묘사함으로써 그 한계에 대한 성찰을 제시한다. 인간의 지혜 역시 내러티브나 교훈적 문헌에 관여하기도 한다. 그러나 내러티브는 그 자체로 어떤 사건들에 대해 신적으로 영감된 관점을 직접적으로 제공하지는 않는다. 설령 앞에서 언급한 공동체가 [구약성서] 내러티브를 통해 그러한 점을 깨닫게 되었다고 하더라도 말이다.

누가가 자신이 남긴 기록들을 어떻게 기록하게 되었는지를 설명한 글들을 통해 판단하건대, 성경 저자들은 그들의 이야기를 지극히 일상적인 인간의 언어와 방법을 사용하여 기록으로 남긴 것이다. 성경 저자들은 예언자들이 잘 보여 주었듯이 어떤 신적인 존재가 한 말을 그냥 받아쓴 것 마냥 그렇게 말하지 않는다. 오히려 성경 저자들은 자신들의 지혜를 사용했다. 창세기에서부터 에스더서까지 이스라엘의 역사에 적용되고 반영된 것은 다름 아닌 (하나님을 경외하는 것으로 시작되는) 인간의 지혜이다. 잠언, 욥기, 그리고 전도서 역시 모두 일상적인 인간의 경험을 바탕으로 한 인간의 지혜이다.

토라에 포함된 교훈적 문헌들이나, 그 문헌들과 인간의 지혜와의 관계 역시 그렇다. 흔히 이스라엘의 지혜 문헌이 다른 민족들의 지혜 문헌과 유사성을 갖는 것처럼, 토라에 나오는 가르침 중 상당 부분이, 지혜서에 언급된 처신에 관한 가르침과 유사한 것은 당연하거니와, 고대 근동의 여러 법전에 포함된 가르침과도 비슷한 면모를 공유하고 있다는 것은 부인할 수 없는 사실이다. 그 어떤 문화권에 살고 있다고 하더라도, 살인과 도둑질, 그리고 음행은 거의 대부분 잘못된 행위로 간주된다. 즉 인류는 그와 같은 행위들에 대해 동일한 인식을 갖고 있다는 것이다.

실제로 흔히 "일반 계시"(general revelation) 혹은 "자연 신학"(natural theology; 하나님께로부터 직접적으로 주어진 것 이외의 것이라는 의미에서의 자연)이라고도 불리는 이러한 전제들은 토라에 포함된 교훈들로 자리매김하고 있으며, 하나님이 확실히 제가한 것이기도 하다. 요컨대, 인간의 지혜는 그 모든 과정에 수반된다.

예를 들어, 하나님은 모세에게 문자 그대로 받아쓰기를 하듯이 말씀하지 않으셨다. 출애굽기 25-31장에 기록되어 있듯이, 하나님이 시내산 정상에서 성막을 건립하는 방법에 대한 지침들을 모세에게 주셨던 것처럼 말이다. 하나님이 그렇게 하신 것으로 묘사되어 있는 이유는, 이스라엘 백성이 하나님이 거처로 삼으신 곳(성막을 뜻함)을 만들 때, 성령이 그 백성의 생각과 마음을 사용하여 그 모든 과정에 개입하고 그 일을 마무리 지었다는 사실을 비유적으로 표현한 것과 다르지 않다.

■ 시편과 애가

내러티브와 교훈적 문헌 그리고 지혜 문헌에서는 한 인간 존재가 또 다른 인간 존재에게 말하고, 또 하나님이 인간 존재에게 말씀하신다. 그러나 대부분의 시편과 애가에서는 인간 존재가 하나님을 향해 그 속마음과 감정을 쏟아 놓으며 아뢴다. 이처럼 내러티브와 교훈적 문헌 그리고 지혜 문헌과는 또 다른 형태에 해당하는 시편과 애가는 하나님이 받으시는 인간의 언어이며, 우리를 향한 하나님의 권고이기도 하다. 그런 의미에서 시편과 애가 역시 성령으로 영감된 하나님의 말씀이다. 이는 하나님과 이스라엘의 관계가 행위적인 차원(하나님은 어떤 행동을 취하시고, 인간 존재도 행동한다)뿐만 아니라 언어적인 차원(하나님은 말씀하시고 인간 존재들도 말한다)에도 관련이 있음을 잘 입증해 준다.

시편에서 사람의 입을 통해 터져 나오는 말들은, 내러티브로 구성된 역사서에 묘사되어 있거나 지혜 문헌이 말하는 거룩한 하나님의 신적 행위와 그 신적 본성에 대한 인간의 반응인 경우가 대부분이다. 그럴 경우, 인간의 말은 하나님이 행하신 일들과 하나님의 하나님 되심을 높이는 찬양과 그 하나님 되심과 하나님의 백성인 오늘 우리와 나 자신을 위해 행하신 하나님의 모든 역사에 대한 감사로 구체화된다. 이와 달리 시편과 애가에서 들리는 인간의 외침은 때때로 하나님의 본성이나 지난 날 하나님이 역사해

오신 방식과 일치하지 않는 현실 상황에 대한 고발로 표현된다. 그리고 또 다른 한편으로 그 신적 본성에 따라 역사하실 것을 촉구하는 도전 내지는 저항어린 반응으로 표현되기도 한다.

- **장르의 다양성이 갖는 의미**

앞에서 살펴보았듯이, 구약성서를 형성하는 다양한 종류의 장르들은 결국 구약성서가 과거와 현재 그리고 미래를 아우를 수 있게 해 주는 도구로 기능한다. 하나님이 과거 어느 시점에 행하신 사건들과 또 지금 계속적으로 이루고 계신 일들, 하나님의 일하심과 우리의 행위들, 하나님의 말씀들과 우리 인간의 말들, 머지않아 닥치게 될 복과 어려움, 그리고 최종적인 하나님의 계획과 목적의 성취로 이어질 복과 고뇌를 모두 포함해서 말이다.

504 정경 내 본문 상호 간의 대화: 복잡한 실체

그렇다면 [앞서 살펴본 것처럼 내러티브와 예언, 교훈과 지혜, 그리고 시편 찬양과 애가 등의 다양한 장르들이 한데 섞여 있다는 특성을 포함하여] 구약성서 안에 존재하는 다양한 특징들을 하나로 묶어 주는 것은 무엇일까?

하나의 일관된 신학이 그러한 역할을 담당하는 것일까?

그렇지 않다면, 도대체 구약성서는 어떻게 성령에 의해 한 권의 책으로 영감된 것일까?

이 물음에 대한 가장 신학적인 토대는 다음의 말씀에서 마련된다.

> 여호와는 자비롭고 은혜롭고 노하기를 더디하고 인자와 진실이 많은 하나님이라 인자를 천대까지 베풀며 악과 과실과 죄를 용서하리라 그러나 벌을 면제하지는 아니하고 아버지의 악행을 자손 삼사 대까지 보응하리라(출 34:6-7).

실제로 이 구절은 많은 구약성서 본문에서 다시 언급된다. 우리는 야훼의 거룩함에 관하여 구약성서에서 발견되는 여러 진술들을 통해 이와 비슷한 이해를 이미 살펴보았다. 호세아 11장에서 야훼는 어린 아들 이스라엘을 사랑하셨던 시절과 그 아들이 성장한 후 하나님을 떠난 사실을 떠올리며 깊은 상념에 잠기신다. 그러나 야훼는 그를 포기하지 못하신다.

내가 나의 맹렬한 진노를 나타내지 아니하며 내가 다시는 에브라임을 멸하지 아니하리니 이는 내가 하나님이요 사람이 아님이라 네 가운데 있는 거룩한 이니 진노함으로 네게 임하지 아니하리라(호 11:9).

그런데 흥미롭게도 이 구절에는 "사람"에 해당하는 히브리어로, 성(gender)과 관련하여 중립적인 의미를 갖고 있는 아담('ādām) 대신에, 한 사람의 남자를 지칭하는 이쉬('īš)가 사용되었다. 야훼는 "나는…네 가운데 있는 거룩한 이니"라는 선언과 함께 그 진술을 이어 나가신다. 그리고 "거룩한 이"라는 문구는 야훼가 진노함이나 멸시함과 같은 심판의 행위를 행할 수 없음을 의미한다.

그러나 반대로 유다를 향한 최종적인 심판을 선언하는 이사야 5:15-16은 그 전반부를 "여느 사람은 구푸리고 존귀한 자는 낮아지고 오만한 자의 눈도 낮아질 것이로다"라고 시작한 다음, 곧 이어 후반부에서 "오직 만군의 야훼는 정의로우시므로 높임을 받으시며 거룩하신 하나님은 공의로우시므로 거룩하다 일컬음을 받으시리라"라고 선포한다. 여기서 "만군의 여호와"와 "거룩하신 하나님"은 같은 하나님에 대해서 서술하는 두 가지의 서로 다른 방식이다.

다소 진부해 보일 수도 있는 이 두 개의 문구가 만들어 내는 평행적 의미를 설명하자면 다음과 같다.

> 만군의 여호와요 거룩하신 하나님은 높임을 받으시며 공의를 행하심으로 정의로우심을 나타내시리로다.

이러한 본문의 정황으로 미루어 볼 때 하나님이 권위를 올바른 방식으로 사용하는 행위는 곧 유다를 심판하는 행위와 연관된다. 요컨대, 야훼가 거룩하신 하나님이라는 사실은, 곧 공의에 따라 반드시 심판하셔야 함을 의미한다는 것이다.

호세아서와 이사야서는 출애굽기 34:6-7에 묘사된 하나님의 본성상 두 가지 측면을 훨씬 더 상세히 설명한다. 한편으로 거룩함은 자비와 긍휼을 의미하지만, 또 다른 한편으로는 심판을 암시한다. 여느 부모님과 마찬가지로, 야훼도 애타는 심정으로 [자녀인 이스라엘이 돌아오기를] 기다려야 할지 아니면, "이제 그만!"이라고 말해야 할지를 결정하신다.

호세아서와 이사야서가 자비와 심판으로 점철된 야훼의 거룩함을 직시한다면, 미가서 6:8은 그 거룩하심과 자비 그리고 심판 이 세 가지 요소들이 만들어 내는 화음에 대해 인간이 어떻게 반응하는지를 바라보고 계신 야훼가 이스라엘에게 바라시는 것이 무엇인지를 요약적으로 기술한다. 하나님은, 하나님이 함께 행하시는 것(예를 들어, 압제에 저항하는 행동)과 같이 우리도 사랑으로 헌신하고 거룩하신 하나님 앞에 겸손히 살아가되, 우리를 향하여 무엇을 원하시는지 그리고 도대체 정의를 행한다는 것이 무슨 뜻인지를 알려 주신다. 이처럼 우리는 거울에 비추인 하나님과 우리 자신의 모습을 바라보며, 구약성서 전반에 흐르고 있는 신앙을 한 문장으로 요약하여 표현한 다음의 진술을 발견하게 된다.

나는 너희의 하나님이요, 너희는 나의 백성이니라.

지혜서는 곧 "너희는 나의 백성이니라"라는 진술이 구약성서를 그 기초로 하되 변개될 수 없는 신앙의 본질적인 핵심이라는 사실에 대한 기대를 담고 있다. 에스더서는 하나님과 이스라엘에 관해 언급조차 하지 않는다. 그럼에도 불구하고, 구약성서에 포함된 많은 책들이 그런 것처럼, 에스더서 역시 자세히 설명되지 않은 많은 진리들을 전제로 깔고 있다. 의심의 여지없이 이스라엘 사람들은 지혜서를 구약성서의 한 부분으로 읽으며 거기에서 자세히 다루어지지 않은 많은 진리들에 대해서도 깨달음을 얻었을 것이다.

호세아서와 이사야서 사이에 존재하는 긴장은 실제 세계가 얼마나 복잡 다단한가를 여실히 드러낸다. 진리가 갖고 있는 다른 측면들은 여타의 정황들이나 다른 사람들에 의해서 확정되어야 할 필요성이 있다. 우리는 이러한 사실을 구약성서에 포함된 다양한 책들을 통해 확인하게 된다. 예를 들어, 욥기는 우리에게 닥친 고난을 어떤 시선으로 바라보고 또 그것을 어떻게 대해야 하는지, 그리고 하나님은 우리와 어떻게 관계를 맺으시는지에 대해 많은 질문들을 던지고 또 그 질문들에 대해 적어도 여섯 개의 답을 제시한다. 다시 말해 욥기는 그 질문들을 통해 부분적인 통찰들이 갖는 다양한 함의를 입증하기 위해서 욥기 안에서 대화를 시도하고 있는 셈이다.

또한, 시편의 경우는 하나님의 구원 행위와 그분의 변함없는 성품을 찬양함과 동시에, 탄식을 토로하는 이들의 삶에서는 하나님이 그렇게 구원의 역사를 베풀지 않으시거나 그분의 성품을 보여 주지 않으심에 대해 격정적으로 항의를 쏟아놓기도 한다. 또한, 다시금 하나님의 구원 역사를 경험하고 하나님께 돌려드리는 감사와 찬송을 가감 없이 있는 그대로 드러내기도 한다.

마지막으로 다니엘서에는 핍박 중에도 인간 왕을 통해 다스리시며 정치적인 역사(political history)의 현장에서도 여전히 일하고 계신 하나님의 보호하심을 인식하고 있는 하나님의 종들에 대한 장들(chapters), 그러한 보호하심을 발견하지 못한 하나님의 종들, 하나님의 통치와 다스리심이 실현되지 못하도록 방해하는 인간 왕, 그리고 종국에는 정치적인 역사가 아무것도 아님을 선언하는 장들이 함께 나란히 배열되어 있다. 즉 각기 다른 정황에 따라 이들 중 어느 하나가 핵심 사안으로 자리매김하게 되는 것이다.

505 정경 내 본문 상호 간의 대화: 다른 강조점들

구약성서에 포함된 저마다의 책들은 그 관점과 강조점이 각기 다르다. 그렇다고 해서 그 책들을 기록한 저자들이 논쟁을 벌이고 있는 것은 아니다. 오히려 우리는 그 저자들이 한 공동체의 일원으로서 서로 대화를 나누고 있다는 것을 얼마든지 상상할 수 있다. 그래서 잠언은 "이 모든 것들이 삶을 위한 지혜와 훈계의 말씀이니 그것을 행하라 그러면 그 오묘한 말씀들을 깨닫게 되리니…"라고 말한다. 그리고 욥기와 전도서는 "우리는 이렇게 살았으나 그들은 그렇지 않았다"고 이야기 한다(Hubbard, "Wisdom Movement," 6).

만일 룻기와 요나서가 에스라서와 느헤미야서처럼, 제2성전 시대에 기록되었다면, 그 저자들 사이에 대화가 오가고 있음을 충분히 상상해 볼 수 있다. 요나서와 룻기는 토라에서 명령(야훼께 나아오고자 준비된 사람이라면, 강력한 힘과 영향력을 가진 대제국이든지 아니면 존재감이 미미한 주변에 처한 한 개인이든지, 그를 위해 반드시 공동체의 문을 열고 환영해야 한다)을 이끌어 내어 그 전제로 삼고 있다. 그래서 룻기는 타민족과의 결혼을 포용함으로써 앞에 제시된 전제가 유효함을 보여 준다.

그러나 반대로 에스라서와 느헤미야서는 그 동일한 토라에서 이스라엘 공동체 자체의 순수성을 지켜야 한다는 것과 주변 민족들 가운데 자신의 정체성을 잃지 말아야 한다는 전제를 도출해 낸다. 따라서 에스라서와 느헤미야서는 타민족과의 결혼을 배제함으로써 그 전제를 실현하려고 한다.

이 두 가지 입장 모두 각자 처한 상황에 입각하여 토라로부터 각기 다른 전제를 이끌어 내며, 이스라엘의 정체성은 물론 이스라엘을 통해 열방이 야훼를 찾게 될 것이라는 관심사를 반영한다.

사람들은 어떤 정황에서는 직관적으로 룻기와 요나서의 전제에 공감을 갖게 되어 에스라서와 느헤미야서의 전제에 대해서는 반감을 표하기도 한다. 반면, 또 다른 정황에서는 정반대의 현상이 벌어지기도 한다. 그러나 어떤 직관을 갖고 있든지 간에, 정반대의 관점이 시사하는 중요성과 함의를 이해하려고 노력해야 한다.

만약에 앞에서 제기한 가능성과 달리, 룻기와 요나서가 제2성전 시대에 기록된 것이 아니라면, 이 두 권의 책을 에스라서-느헤미야서와 함께 대화 관계에 놓이게 한 것은 정경인 구약성서 자체에 의한 것이라는 결론에 도달하게 된다.

이와 같은 방식으로 다른 책들 사이에 이루어지는 대화들도 얼마든지 추정이 가능하다. 예를 들어, 레위기와 역대기 그리고 시편은 예배에 대해서 열변을 쏟아 놓는다. 하나님은 제물을 바른 절차와 방법을 통해 드리는 것에 관심을 가지고 계실 뿐만 아니라, 성전에서 올려 드리는 제사를 기뻐 받으시며, 하나님의 백성이 찬양과 탄식어린 저항 그리고 감사의 마음을 있는 그대로 표현하기를 원하신다.

반면, 이사야와 아모스 같은 예언자들은 [그 제물은 물론 제사의 방법과 절차, 그리고 그 제사가 갖는 정신과 의미가 부패했기 때문에] 바로 앞에서 말한 것들에 대해 분통을 터뜨리며 격분한다(예를 들어, 사1:15; 암5:21-22). 물론 레위기, 역대기, 그리고 시편 역시 이스라엘 사회가 [토라에 입각하여] 바르게 유지되어야 한다는 인식을 반영하고 있으며, 아모스서와 이사야서도 예배와 기도의 중요성을 분명히 인식하고 있다. 그럼에도 불구하고, 이 책들은 각기 처한 정황에 따라 보다 더 중요한 사안들을 강조하거나 부각시킨다. 이처럼 구약성서는 그 전체를 하나로 묶어 대화의 장을 열고 있는 셈이다. 어떤 맥락에서는 사회적인 행위를 강조한 후에 예배가 지니는 중요성을 다룰 필요가 있을 것이다. 그러나 또 다른 맥락에서는 예배를 강조한 다음 교회 밖에서의 삶과 교회 안에서의 삶 사이의 일치의 중요성을 확실히 해야 할 필요성이 있을 수도 있다.

창세기 37-50장, 출애굽기 1-15장, 그리고 에스더서는 하나님의 백성이 처한 정치적인 상황에 하나님이 개입하시는 방식을 세 가지 차원으로 각기 다르게 묘사한다. 먼저 요셉 이야기에서는 모든 사건들은 인간의 의지적 결정과 "우연의 일치"(coincidences)로 이루어진다. 실제로 가나안 땅에 기근이 닥치자 야곱의 가족은 애굽에서 식량을 구한다. 당시 애굽의 총리였던 요셉은 그 형제들에게 다음과 같이 말한다.

> 당신들은 나를 해하려 하였으나 하나님은 그것을 선으로 바꾸사 오늘과 같이 많은 백성의 생명을 구원하게 하시려 하셨나니(창 50:20).

그러나 이스라엘이 출애굽하는 이야기는 앞서 살펴본 요셉 이야기와는 현저히 다른 방식으로 진행된다. 즉 인간이 내리는 의지적 결정은 출애굽 사건과 관련해서는 아무런 구실도 하지 못한다. 바로는 이스라엘을 보내지 않으려고 완강하게 저항한다. 그러나 이러한 바로의 저항은 오히려 그의 연약함과 함께 하나님의 위대하심을 대조적으로 부각시킨다.

모세는 바로의 압제와 착취에 대해 반역을 도모하도록 이스라엘을 부추기지 않는다. 이스라엘도 애굽을 향해 그 어떤 저항의 행동도 취하지 않는다. 오직 하나님이 역사하신 까닭에 바로는 이스라엘에게 애굽에서 떠나라고 명한다. 애굽 군사들이 바다에 빠져 몰살당한 것 역시 하나님이 하신 일이다.

에스더서는 출애굽기와는 또 다른 방식으로 기술된다. 에스더서는 출애굽 사건만큼이나 기이하고 놀라운 방식으로 [유다 사람들이] 위험을 모면하는 이야기를 다루고 있기는 하지만, 그 사건은 앞서 창세기 37-50장에 묘사된 역사와 똑같은 방식으로 이루어진다. 모르드개와 에스더 모두 요셉이 고백한 것과 같은 말을 남기지는 않지만 말이다. 공교롭게도 에스더서는 하나님과 이스라엘에 대해 언급도 하지 않는다.

결론적으로, 이 세 가지 이야기들은 독자들로 하여금 그들의 이야기를 읽고 말하는 세 가지의 방법을 제공한다.

다음은 구약성서를 구성하고 있는 각각의 책들이 상호 의존성을 형성하고 있음을 보여 주는 또 다른 예들이다.

- 잠언서는 바람직하지 못한 성적 행태들에 대해서 경고하지만, 아가서는 성과 관련하여 꽤나 열정적인 담론을 펼쳐 놓는다.
- 애가는 [인간의] 죄를 인정하는 반면, 시편은 고집스럽게 [시편 기자 자신의] 신실함을 주장한다.
- 열왕기는 이스라엘 민족의 잘못을 부각시키는 반면, 역대기는 하나님의 은혜를 강조한다.
- 에스겔서는 새로운 다윗을 약속하지만, 이사야 40-55장은 다윗의 소명이 이스라엘 민족 전체를 통해 성취될 것을 예견한다.

506 구약성서와 신약성서의 관계

초기 기독교인들에게 구약성서는 구약이 아니었다. 당시에는 신약성서가 없었기 때문에 구약(old one)이라는 개념 자체가 존재하지 않았다. 구약성서는 말 그대로 성경(Scriptures)이었다. 아무튼 구약성서와 신약성서는 성령으로 영감된 것으로서 교회를 위한 주된 자원이고 수단이었으며, 교회는 예수님의 이야기와 성령의 주도적으로 이끄는 역사에 큰 관심을 가지고 있었다.

반면, 성령 역시 초기 기독교인들이 예수님을 바르게 이해하도록 돕기 위해서 구약성서를 사용했다. 신약성서를 언뜻 들여다보면, 성령이 구약성서를 어떤 방식으로 사용했는지를 금방 알아차릴 수 있고, 신약의 기자들이 구약성서에 포함된 여러 책들과 복음서의 관계를 어떤 방식으로 이해했는지도 확인할 수 있다. 그 질문에 대해서 마태복음, 로마서, 히브리서, 그리고 요한계시록은 가장 체계적인 통찰력을 제시하는데, 그중에서도 신약성서를 시작하는 첫 장들, 즉 마태복음을 여는 첫 장들은 매우 체계적이다.

1. 마태복음 1:1-17은 구약성서를 되돌아보면서, 그것을 예수님과 함께 절정에 도달하는 이야기로 간주한다. 따라서 우리는 구약성서를 그 절정을 향해 진행하는 이야기로 보아야 가장 잘 이해할 수 있으며, 또한, 그 이야기의 마지막 항목이 다름 아닌 그 예수님에 관한 것임을 인식할 때에만 예수님을 바르게 이해할 수 있다.

2. 마태복음 1:18-2:23은 예수님이 어떤 분으로 이 세상에 오셨는지를 가르쳐 주는 출처로 구약성서를 지목한다. 그 중 한두 개의 구절은 "메시아적 예언"(messianic prophecies)을 언급하는데, 예수님은 바로 그 예언의 성취이다. 그러나 이 단락 전체가 메시아적 예언을 형성하는 것은 아니다.

신약성서는 예수님을 시작으로 거꾸로 구약을 되돌아본다. 그리고 해당 구절들은, 본래 저작 의도가 그것이 아니었다고 하더라도, 예수님이 어떤 분인지를 조명해 준다. 이러한 방식으로 이 단락은 단순히 "성취되어 가는 것"(fullfilled)이 아니라 "채워져 나간다"(filled out).

3. 마태복음 3:1-17은 예수님을 깨닫기 위한 여러 가지 이미지들과 아이디어들 그리고 단어들을 통해 구약성서를 거꾸로 되돌아본다. 세례 요한은 회개와, 하나님의 통치와 다스림, 그리고 나무와 열매에 대해서 선포한다. 성부 하나님은 예수님을 (다윗 왕과 같은) 하나님의 아들이요, (아브라함에게 있어서 이삭과 같은) 하나님의 사랑하는 자요, (이사야서에 등장하는 [고난의] 종과 같은) 하나님이 기뻐하시는 자로 말씀하신다. 이상의 호칭들은 모두 구약성서의 조명 아래 이해되어야 한다.

4. 마태복음 4:1-11은 어떻게 하나님과 함께 살아가야 하는지를 알고자 하는 목적으로 구약성서를 되돌아본다. 광야에서 시험을 당하신 예수님에게 그 시험의 의미들을 평가하는 기준을 제공한 것은 다음 아닌 신명기이다.

5. 마태복음 5:1-12는 과연 영성(spirituality)이 무엇인지를 알려 주는 지침을 적어 내려가는 데 필요한 근거 자료를 얻기 위해 구약성서로 눈을 돌린다. 예수님의 "팔복"(beatitudes)은 거의 대부분 시편과 이사야서를 기초로 한다. 결국 예수님은 시편과 이사야서를 통해 완전히 새로운 세계를 창출해 낸 것이다.

6. 마태복음 5:17-48도 윤리적 체계를 수립하는 데 필요한 근거 자료를 얻기 위해 구약성서로 눈을 돌린다. 구약 시대의 예언자처럼 예수님은 토라(모세오경)와 예언서들을 "채우고" 또 "성취한다."

때로는 다른 덧붙여진 것들을 일소해 버리기도 하고, 때로는 그 책들이 제공하는 교훈들의 토대 위에 그 체계를 세우기도 하고, 또 때로는 인간의 완고함이 어떻게 허용되는지를 보여 주기도 한다.

구약성서를 통해 신약성서는 우리에게 다음과 같은 일련의 질문들을 던진다.

구약성서는 예수님에 의해 절정에 이르는 이야기의 일부분에 해당하는가?

그렇다면 그런 방식으로 구약성서 을 통해 예수님에 대해 어떤 깨달음을 얻을 수 있는가?

또한, 구약성서가 생명을 태동케 하는 약속인지의 여부는 차치하더라도, 그 구약성서가 예수님이 성취할 약속을 의미하는 것인가?

구약성서는 예수님을 따르는 하나님의 백성인 우리가 이 땅에서 어떻게 살아가야 하는지를 안내해 주는 적실한 안내서인가?

구약성서는 성자 하나님이신 예수님을 믿는 믿음을 소유한 하나님의 백성이 영성을 형성하는 일에 어떻게 기여하는가?

마지막으로 구약성서는 우리가 인생을 살아감에 있어서, 특히 인간의 완고함을 고려해야 하는 사안들과 관련하여, 그 행동의 기준이 되는 윤리적 차원에서의 행동 원리를 형성하는 데 어떤 영향을 끼치는가?

그렇다면 신약성서는 구약성서를 넘어서는 것일까?

이 질문들에 대해 "그렇다"라고 말할 수 있는 근거를 신약성서에서 찾기란 매우 어려운 일이다. 초기 기독교인들에게 이 질문은 "구약성서가 복음에 잘 부합되는가?"라는 물음이기 보다는 "복음이 구약성서에 잘 부합되는가?"라는 물음이었다.

예수님에게 오경과 예언서는 하나님 사랑과 이웃 사랑을 상세히 풀어서 설명한 해설서와 같은 것이었다. 이러한 선언적 진술은 여호수아서와 이사야 53장에 선명하게 드러난다. 히브리서 1장에 따르면, 예수님은 예언서를 통해 전해진 하나님의 계시의 실제적인 전형(embodiment)으로서, 사람들을 하나님의 진노가 아니라 사랑으로 취하신다. 결론적으로 이야기 하자면, 구약성서에 포함된 모든 책들은 하나님이 생기를 불어넣으신, 즉 하나님의 감동으로 기록된 것으로서, [예수님의] 제자들인 우리를 교훈과 책망과 바르게 함과 의로 교육하기에 유익하여 우리로 하나님의 사람으로 온전하게 하며 모든 선한 일을 행할 능력을 갖추게 한다(딤후 3:16-17).

507 웹 자료

이 책 서두에 제시된 웹 자료에 관한 내용을 참조하라.

509 외경

510 우리에게 신약성서가 필요한가?

511 구약성서의 전쟁

512 전체를 되돌아보기: 질문에 대한 대답

513 (본서가 출간된 후 내가 계획하는 것들)

참고 문헌

Alexander, T. Desmond, et al., eds. *Dictionary of the Old Testament.* 4 vols. IVP Bible Dictionary Series. Downers Grove, IL: InterVarsity Press, 2003-2012.

Alter, Robert. *The Art of Biblical Narrative.* New York: Basic Books, 1981.

Alter, Robert, and Frank Kermode, eds. *The Literary Guide to the Bible.* Cambridge, MA: Belknap Press of Harvard University, 1987.

Bauckham, Richard. *The Bible in Politics: How to Read the Bible Politically.* 2nd ed. Louisville: Westminster John Knox, 2011.

Borowski, Oded. *Daily Life in Biblical Times.* Society of Biblical Literature Archaeology and Biblical Studies 5. Atlanta: Society of Biblical Literature, 2003.

Brueggemann, Walter. *The Prophetic Imagination.* Philadelphia: Fortress, 1978.

Coogan, Michael D., ed. *The Oxford History of the Biblical World.* Oxford: Oxford University Press, 1998.

Dever, William G. *What Did the Biblical Writers Know, and When Did They Know It? What Archaeology Can Tell Us About the Reality of Ancient Israel.* Grand Rapids: Eerdmans, 2001.

Ebeling, Jennie R. *Women's Lives in Biblical Times.* London: T&T Clark, 2010.

Fritz, Volkmar. *The City in Ancient Israel.* Biblical Seminar 29. Sheffield: Sheffield Academic Press, 1995.

Jenni, Ernst, and Claus Westermann, eds. *Theological Lexicon of the Old Testament.* Translated by Mark E. Biddle. 3 vols. Peabody, MA: Hendrickson, 1997.

Josipovici, Gabriel. *The Book of God: A Response to the Bible.* New Haven: Yale University Press, 1988.

MacDonald, Nathan. *What Did the Ancient Israelites Eat? Diet in Biblical Times* Grand Rapids: Eerdmans, 2008.

Martens, Elmer A. *God's Design: A Focus on Old Testament Theology.* 2nd ed. Grand Rapids: Baker Books, 1994.

Miles, Jack. *God: A Biography.* New York: Simon & Schuster, 1995.

Perdue, Leo, et al. *Families in Ancient Israel.* Louisville: Westminster John Knox, 1997.

Trible, Phyllis. *God and the Rhetoric of Sexuality.* Philadelphia: Fortress, 1978.

_____. *Texts of Terror: Literary-Feminist Readings of Biblical Narratives.* Philadelphia: Fortress, 1984.

van der Toorn, Karel. "Nine Months Among the Peasants in the Palestinian Highlands: An Anthropological Perspective on Local Religion in the Early Iron Age." In *Symbiosis, Symbolism, and the Power of the Past: Canaan, Ancient Israel, and Their Neighbors from the Late Bronze Age Through Roman Palaestina*, edited by W. G. Dever and S. Gitin, pp. 393-410. Winona Lake, IN: Eisenbrauns, 2003.

von Rad, Gerhard. *Old Testament Theology.* Translated by D. M. G. Stalker. 2 vols. New York: Harper & Row, 1962.

Wolff, Hans Walter. *Anthropology of the Old Testament.* Translated by Margaret Kohl. Philadelphia: Fortress, 1974.

Wright, Christopher J. H. *Old Testament Ethics for the People of God.* Downers Grove, IL: InterVarsity Press, 2004.

Other works cited in this book

Ackroyd, Peter R. *Exile and Restoration: A Study of Hebrew Thought of the Sixth Century B.C.* Old Testament Library. Philadelphia: Westminster, 1968.

Adamo, David Tuesday. *Reading and Interpreting the Bible in African Indigenous Churches*. Eugene, OR: Wipf & Stock, 2001.

Alt, Albrecht. *Essays on Old Testament History and Religion*. Translated by R. A. Wilson. Garden City, NY: Doubleday, 1967.

Alter, Robert. *The Art of Biblical Poetry*. New York: Basic Books, 1985.

Arbuckle, Gerald A. *Grieving for Change: A Spirituality for Refounding Gospel Communities*. London: Geoffrey Chapman, 1981.

Arnold, B. T. "Pentateuchal Criticism, History of." In *Dictionary of the Old Testament: Pentateuch*, edited by T. Desmond Alexander and David W. Baker, pp. 622–32. Downers Grove, IL: InterVarsity Press, 2003.

Augustine of Hippo. *Expositions of the Psalms*, 121–150. Translated by Maria Boulding. Edited by Boniface Ramsey. The Works of Augustine 3/20. New York: New City Press, 2004.

Bahnsen, Greg L. *No Other Standard: Theonomy and Its Critics*. Tyler, TX: Institute for Christian Economics, 1991.

Bal, Mieke. *Death and Dissymmetry: The Politics of Coherence in the Book of Judges*. Chicago Studies in the History of Judaism. Chicago: University of Chicago Press, 1988.

Barth, Hermann. *Die Jesaja-Worte in der Josiazeit*. Neukirchen: Neukirchener, 1977.

Barth, Karl. *Church Dogmatics*. Edited by G. W. Bromiley and T. F. Torrance. 5 vols. in 14. Edinburgh: T&T Clark, 1956–1977.

Berg, Sandra Beth. *The Book of Esther: Motifs, Themes, and Structure*. Society of Biblical Literature Dissertation Series 44. Missoula, MT: Scholars Press, 1979.

Berger, Peter L. *A Rumor of Angels: Modern Society and the Rediscovery of the Supernatural*. Anchor Books. Garden City, NY: Doubleday, 1969.

Beuken, Willem A. M. "The Unity of the Book of Isaiah." In *Reading from Right to Left: Essays on the Hebrew Bible in Honour of David J. A. Clines*, edited by J. Cheryl Exum and H. G. M. Williamson, pp. 50–62. Journal for the Study of the Old Testament: Supplement Series 373. London: Sheffield Academic Press, 2003.

Bimson, John. *Redating Exodus and Conquest*. Journal for the Study of the Old Testament: Supplement Series 5. Sheffield: JSOT Press, 1978.

Bonhoeffer, Dietrich. *Life Together; Prayerbook of the Bible*. Translated by Daniel W. Bloesch and James H. Burtnes. Edited by Geffrey B. Kelly. Minneapolis: Fortress, 1996.

Brenner, Athalya, ed. *A Feminist Companion to Judges*. Feminist Companion to the Bible 4. Sheffield: Sheffield Academic Press, 1993.

Bright, John. *A History of Israel*. Westminster Aids to the Study of the Scriptures. Philadelphia: Westminster, 1959.

Brueggemann, Walter. "Bounded by Obedience and Praise." *Journal for the Study of the Old Testament* 50 (1991): 63–92.

———. *Finally Comes the Poet: Daring Speech for Proclamation*. Minneapolis: Fortress, 1989.

———. *Hopeful Imagination: Prophetic Voices in Exile*. Philadelphia: Fortress, 1986.

———. *Israel's Praise: Doxology Against Idolatry and Ideology*. Philadelphia: Fortress, 1988.

———. *The Message of the Psalms: A Theological Commentary*. Minneapolis: Augsburg, 1984.

Buber, Martin. *On the Bible: Eighteen Studies*. Edited by Nahum M. Glazer. New York: Schocken, 1968.

Bultmann, Rudolf. *Existence and Faith: Shorter Writings of Rudolf Bultmann*. Translated by Schubert M. Ogden. New York: Meridian, 1960.

Capps, Donald. *Biblical Approaches to Pastoral Counseling*. Philadelphia: Westminster, 1981.

Childs, Brevard S. *Introduction to the Old Testament as Scripture*. Philadelphia: Fortress, 1979.

———. "Psalm Titles and Midrashic Exegesis." *Journal of Semitic Studies* 16 (1971): 137–50.

Clements, Ronald E. *Isaiah 1–39*. New Century Bible Commentary. Grand Rapids: Eerdmans, 1980.

Clines, David J. A. "David the Man: The Construction of Masculinity in the Hebrew Bible." In *Interested Parties: The Ideology of Writers and Readers of the Hebrew Bible*, pp. 212–41. Journal for the Study of the Old Testament: Supplement Series 205. Sheffield: Sheffield Academic Press, 1995.

Collins, John J. *The Apocalyptic Imagination: An Introduction to Jewish Apocalyptic Literature*. 2nd ed. Grand Rapids: Eerdmans, 1998.

Conrad, Edgar W. *Reading Isaiah*. Overtures to Biblical Theology. Minneapolis: Fortress, 1991.

Craigie, Peter C. *The Book of Deuteronomy*. New International Commentary on the Old Testament. Grand Rapids: Eerdmans, 1976.

Crenshaw, James L. *Prophetic Conflict: Its Effect upon Israelite Religion*. Beihefte zur Zeitschrift fur die alttestamentliche Wissenschaft 124. Berlin: de Gruyter, 1971.

Davies, Graham I. "Was There an Exodus?" In *In Search of Pre-exilic Israel: Proceedings of the Oxford Old Testament Seminar*, edited by John Day, pp. 23–40. Journal for the Study of the Old Testament: Supplement Series 406. London: T&T Clark, 2004.

Douglas, J. D., and N. Hillyer, eds. *The Illustrated Bible Dictionary*. 3 vols. Wheaton, IL: Tyndale, 1980.

Duhm, Bernhard. *Das Buch Jesaia*. Handkommentar zum Alten Testament 3/1. Gottingen: Vandenhoeck & Ruprecht, 1892.

Durham, John. *Exodus*. Word Biblical Commentary 3. Waco, TX: Word, 1987.

Eichrodt, Walther. *Theology of the Old Testament*. Translated by J. A. Baker. 2 vols. Old Testament Library. Philadelphia: Westminster, 1961, 1967.

Ellul, Jacques. *The Politics of God and the Politics of Man*. Translated and edited by Geoffrey W. Bromiley. Grand Rapids: Eerdmans, 1972.

Fewell, Danna Nolan. *Circle of Sovereignty: A Story of Stories in Daniel 1–6*. Journal for the Study of the Old Testament: Supplement Series 72. Sheffield: Almond Press, 1988.

Finkelstein, Israel, and Amihai Mazar. *The Quest for the Historical Israel: Debating Archaeology and the History of Early Israel*. Edited by Brian B. Schmidt. Society of Biblical Literature Archaeology and Biblical Studies 17. Atlanta: Society of Biblical Literature, 2007.

Fox, Michael V. *Character and Ideology in the Book of Esther*. 2nd ed. Grand Rapids: Eerdmans, 2001.

Fretheim, Terence E. *Exodus*. Interpretation. Louisville: John Knox, 1991.

Fuerst, Wesley J. *The Books of Ruth, Esther, Ecclesiastes, the Song of Songs, Lamentations: The Five Scrolls*. Cambridge Bible Commentary. Cambridge: Cambridge University Press, 1975.

Fung, Raymond. *The Isaiah Vision: An Ecumenical Strategy for Congregational Evangelism*. Risk Book Series 52. Geneva: World Council of Churches, 1992.

Githuku, Sammy. "Taboos on Counting." In *Interpreting the Old Testament in Africa: Papers from the International Symposium on Africa and the Old Testament in Nairobi, October 1999*, edited by Mary Getui, Knut Holter and Victor Zinkuratire, pp. 113-18. Bible and Theology in Africa 2. New York: Peter Lang, 2011.

Gnuse, Robert. "Israelite Settlement of Canaan." *Biblical Theology Bulletin* 21 (1992): 56-66, 109-17.

Goldman, Stan. "Narrative and Ethical Ironies in Esther." *Journal for the Study of the Old Testament* 47 (1990): 15-31.

Golka, Friedemann W. *The Leopard's Spots: Biblical and African Wisdom in Proverbs*. Edinburgh: T&T Clark, 1993.

Gordis, Robert. "Religion, Wisdom and History in Esther." *Journal of Biblical Literature* 100 (1981): 359-88.

Gottwald, Norman K. "Rethinking the Origins of Ancient Israel." In *Imagining Biblical Worlds: Studies in Spatial, Social, and Historical Constructs in Honor of James W. Flanagan*, edited by David M. Gunn and Paula M. McNutt, pp. 190-201. Journal for the Study of the Old Testament: Supplement Series 359. London: Sheffield Academic Press, 2002.

_____. *The Tribes of Yahweh: A Sociology of the Religion of Liberated Israel, 1250–1050 B.C.E.* Maryknoll, NY: Orbis, 1979.

Grant, J. A. "Editorial Criticism." In *Dictionary of the Old Testament: Wisdom, Poetry and Writings*, edited by Tremper Longman III and Peter Enns, pp. 149-56. IVP Bible Dictionary Series. Downers Grove, IL: InterVarsity Press, 2008.

Greenspahn, Frederick E., ed. *The Hebrew Bible: New Insights and Scholarship*. Jewish Studies in the 21st Century. New York: New York University Press, 2008.

Gregory of Nazianzus. *Select Orations*. Translated by Martha Vinson. Fathers of the Church 107. Washington, DC: Catholic University of America Press, 2003.

Gunkel, Hermann. *Introduction to the Psalms: The Genres of the Religious Lyric of Israel*. Completed by Joachim Begrich. Translated by James D. Nogalski. Mercer Library of Biblical Studies. Macon, GA: Mercer University Press, 1998.

_____. *The Psalms: A Form-Critical Introduction*. Translated by Thomas M. Horner. Philadelphia: Fortress, 1967.

Han, Kuk Yom. "Migrant Women and Intermarriage in Korea." In *Korean Feminists in Conversation with the Bible, Church and Society*, edited by Kyung Sook Lee and Kyung Mi Park, pp. 90-100. Bible in the Modern World 24. Sheffield: Sheffield Phoenix Press, 2011.

Hawk, Dan. *Every Promise Fulfilled: Contesting Plots in Joshua*. Literary Currents in Biblical Interpretation. Louisville: Westminster John Knox, 1991.

Hoffmeier, James K. *Israel in Egypt: The Evidence for the Authenticity of the Exodus Tradition*. New York: Oxford University Press, 1997.

Holladay, William L. *Jeremiah: A Commentary on the Book of the Prophet Jeremiah*. Edited by Paul D. Hanson. 2 vols. Hermeneia. Philadelphia: Fortress, 1986-1989.

Hubbard, David Allan. "The Wisdom Movement and Israel's Covenant Faith." *Tyndale Bulletin* 17 (1966): 3-33.

Hudson, Don. "Come, Bring Your Story." www.leaderu.com/marshill/mhr01/story1.html.

Hyatt, J. Philip. *Commentary on Exodus*. New Century Bible. Grand Rapids: Eerdmans, 1980.

Johnson, Vivian L. *David in Distress: His Portrait Through the Historical Psalms*. Library of the Hebrew Bible/Old Testament Studies 505. London: T&T Clark, 2009.

Keel, Othmar. *The Symbolism of the Biblical World: Ancient Near Eastern Iconography and the Book of Psalms*. Translated by Timothy J. Hallett. New York: Seabury, 1978.

Kidner, Derek. *Genesis: An Introduction and Commentary*. Tyndale Old Testament Commentaries. Downers Grove, IL: InterVarsity Press, 1967.

Kim, Uriah Y. "Postcolonial Criticism: Who Is the Other in the Book of Judges?" In *Judges and Method: New Approaches in Biblical Studies*, edited by Gale A. Yee, pp. 161-82. 2nd ed. Minneapolis: Fortress, 2007.

Knight, George A. F. *Ruth and Jonah: Introduction and Commentary*. Torch Bible Commentaries. London: SCM Press, 1950.

Kugel, James L. *The Idea of Biblical Poetry: Parallelism and Its History*. New Haven: Yale University Press, 1981.

Landy, Francis. *Paradoxes of Paradise: Identity and Difference in the Song of Songs*. Bible and Literature Series 7. Sheffield: Almond Press, 1983.

Lee, Kyung Sook. "Neo-Confucian Ideology in the Interpretation of the Book of Ruth." In *Korean Feminists in Conversation with the Bible, Church and Society*, edited by Kyung Sook Lee and Kyung Mi Park, pp. 1-13. Bible in the Modern World 24. Sheffield: Sheffield Phoenix Press, 2011.

Levenson, Jon D. *The Death and Resurrection of the Beloved Son: The Transformation of Child Sacrifice in Judaism and Christianity*. New Haven: Yale University Press, 1993.

Lewis, C. S. *Reflections on the Psalms*. New York: Harcourt, Brace, 1958.

Lowth, Robert. *Lectures on the Sacred Poetry of the Hebrews*. Translated by George Gregory. 2 vols. London: J. Johnson, 1787.

Mazar, Amihai, ed., *Studies in the Archaeology of the Iron Age in Israel and Jordan*. Journal for the Study of the Old Testament: Supplement Series 331. Sheffield: Sheffield Academic Press, 2001.

Mendenhall, George E. "The Biblical Conquest of Palestine." *Biblical Archaeologist* 25, no. 3 (1962): 68-87.

———. "The Monarchy." *Interpretation* 29 (1975): 155-70.

Metz, Johannes Baptist. "The Courage to Pray." In Karl Rahner and Johannes Baptist Metz, *The Courage to Pray*. New York: Crossroad, 1980.

Moberly, R. W. L. *Genesis 12-50*. Old Testament Guides. Sheffield: JSOT Press, 1992.

Moltmann, Jurgen. *Experiences of God*. Translated by Margaret Kohl. Philadelphia: Fortress, 1980.

Mowinckel, Sigmund. *The Psalms in Israel's Worship*. Translated by D. R. Ap-Thomas. 2 vols, in 1. Biblical Resource Series. Grand Rapids: Eerdmans; Dearborn, MI: Dove Booksellers, 2004.

Nicholson, E. W. *Deuteronomy and Tradition*. Oxford: Blackwell, 1967.

———. *Preaching to the Exiles: A Study of the Prose Tradition in the Book of Jeremiah*. Oxford: Blackwell, 1970.

Nissinen, Martti. *Prophets and Prophecy in the Ancient Near East.* Edited by Peter Machinist. Society of Biblical Literature Writings from the Ancient World 12. Atlanta: Society of Biblical Literature, 2003.

Noth, Martin. *The Deuteronomistic History.* Journal for the Study of the Old Testament: Supplement Series 15. Sheffield: JSOT Press, 1981.

———. *The History of Israel.* 2nd ed. New York: Harper, 1960.

Nussbaum, Martha C. *Poetic Justice: The Literary Imagination and Public Life.* Boston: Beacon, 1995.

Olson, Dennis T. "Negotiating Boundaries: The Old and New Generations and the Theology of Numbers." *Interpretation* 51 (1997): 229–40.

Petersen, David L., and Kent Harold Richards. *Interpreting Hebrew Poetry.* Guides to Biblical Scholarship: Old Testament. Minneapolis: Fortress, 1992.

Peterson, Eugene H. *Five Smooth Stones for Pastoral Work.* Grand Rapids: Eerdmans, 1992.

———. *Where Your Treasure Is: Psalms That Summon You from Self to Community.* Grand Rapids: Eerdmans, 1993.

———. *Working the Angles: The Shape of Pastoral Integrity.* Grand Rapids: Eerdmans, 1987.

Pope, Marvin H. *Song of Songs: A New Translation with Introduction and Commentary.* Anchor Bible 7C. Garden City, NY: Doubleday, 1977.

Pritchard, James B., ed. *Ancient Near Eastern Texts Relating to the Old Testament.* 3rd ed. Princeton, NJ: Princeton University Press, 1969.

Propp, Vladimir. *Morphology of the Folktale.* Translated by Laurence Scott. Austin: University of Texas Press, 1968.

Quinn-Miscall, Peter D. *Reading Isaiah: Poetry and Vision.* Louisville: Westminster John Knox, 2001.

Reid, Stephen Breck. *Experience and Tradition.* Nashville: Abingdon, 1990.

Rendtorff, Rolf. *Canon and Theology: Overtures to Old Testament Theology.* Translated and edited by Margaret Kohl. Overtures to Biblical Theology. Minneapolis: Fortress, 1993.

Richardson, Alan. *Genesis I–XI.* London: SCM Press, 1953.

Ross, Maggie. *Pillars of Flame: Power, Priesthood, and Spiritual Maturity.* San Francisco: Harper & Row, 1988.

Rushdoony, Rousas J. *The Institutes of Biblical Law: A Chalcedon Study.* Nutley, NJ: Craig Press, 1973.

Schaeffer, Francis A. *Genesis in Space and Time: The Flow of Biblical History.* Downers Grove, IL: InterVarsity Press, 1972.

Schiffman, Lawrence. Participant in a dialogue reported in "Losing Faith," *Biblical Archaeology Review* 33, no. 2 (March–April 2007): 50–57.

Slackman, Michael. "Did the Red Sea Part? No Evidence, Archaeologists Say." *New York Times*, April 3, 2007.

Stager, Lawrence. "The Archaeology of the Family in Ancient Israel." *Bulletin of the American Schools of Oriental Research* 260 (1985): 1–35.

Tamez, Elsa. *When the Horizons Close: Rereading Ecclesiastes.* Translated by Margaret Wilde. Maryknoll, NY: Orbis, 2000.

———. "The Woman Who Complicated the History of Salvation." In *New Eyes for Reading: Biblical and*

Theological Reflections by Women from the Third World, edited by John S. Pobee and Bärbel von Wartenberg-Potter, pp. 5-17. Quezon City: Claretian Publications, 1987.

Thompson, J. A. *Deuteronomy*. Tyndale Old Testament Commentaries. Downers Grove, IL: InterVarsity Press, 1974.

Tollefson, Kenneth D., and H. G. M. Williamson. "Nehemiah as Cultural Revitalization." *Journal for the Study of the Old Testament* 56 (1992): 41-68.

Vanderkam, James C. *From Revelation to Canon: Studies in the Hebrew Bible and Second Temple Literature*. Supplements to the Journal for the Study of Judaism 62. Leiden: Brill, 2000.

van der Toorn, Karel. "The Exodus as Charter Myth." In *Religious Identity and the Invention of Tradition: Papers Read at a NOSTER Conference in Soesterberg, January 4-6, 1999*, edited by Jan Willem van Henten and Anton Houtepen, pp. 113-27. Studies in Theology and Religion 3. Assen: Van Gorcum, 2001.

Vischer, Wilhelm. "The Book of Esther." *Evangelical Quarterly* 11 (1939): 3-21.

von Rad, Gerhard. *Genesis: A Commentary*. Translated by John H. Marks. Old Testament Library. Philadelphia: Westminster, 1961.

Weinfeld, Moshe. *Social Justice in Ancient Israel and in the Ancient Near East*. Minneapolis: Fortress, 1995.

Weippert, Manfred. *The Settlement of the Israelite Tribes in Palestine: A Critical Survey of Recent Scholarly Debate*. Translated by James D. Martin. London: SCM Press, 1971.

Wenham, Gordon J. *Genesis 1-15*. Word Biblical Commentary 1. Waco, TX: Word, 1987.

———. *Genesis 16-50*. Word Biblical Commentary 2. Nashville: Thomas Nelson, 1994.

Westermann, Claus. *Basic Forms of Prophetic Speech*. Translated by Hugh Clayton White. Philadelphia: Westminster, 1967.

———. *Isaiah 40-66: A Commentary*. Translated by D. M. G. Stalker. Old Testament Library. Philadelphia: Westminster, 1969.

———. *Praise and Lament in the Psalms*. Translated by Keith R. Crim and Richard N. Soulen. Atlanta: John Knox, 1981.

White, Sidnie Ann. "Esther." In *Gender and Difference in Ancient Israel*, edited by Peggy L. Day, pp. 161-77. Minneapolis: Fortress, 1989.

Wines, Michael. "In the Land of Homemade Names, Tiffany Doesn't Cut It." *New York Times*, October 1, 2007.

Wright, Christopher J. H. *Walking in the Ways of the Lord: The Ethical Authority of the Old Testament*. Downers Grove, IL: InterVarsity Press, 1995.

Yoo, Yani. "Han-Laden Women: Korean 'Comfort Women' and Judges 19-21." *Semeia* 78 (1977): 37-46.